유민영·전성희 편

차범석 전집
6

희곡
1977-1984

태학사

차범석 전집 - 희곡 6(1977~1984)

초판 1쇄 인쇄 2018년 11월 23일
초판 1쇄 발행 2018년 11월 30일
엮은이 유민영·전성희
펴낸이 지현구
펴낸곳 태학사
등록 제406-2006-00008호
주소 경기도 파주시 광인사길 223
전화 마케팅부 (031) 955-7580~2 편집부 (031) 955-7584~90
전송 (031) 955-0910
홈페이지 www.thaehaksa.com **전자우편** thaehak4@chol.com

저작권자 (C) 유민영·전성희 2018, *Printed in Korea*.
이 책은 저작권법에 의해 보호를 받는 저작물이므로 저자와 출판사의 허락 없이
내용의 일부를 인용하거나 발췌하는 것을 금합니다.

값은 뒤표지에 있습니다.

ISBN 978-89-5966-997-4 04680
ISBN 978-89-5966-991-2 (세트)

〈손탁호텔〉 포스터

「학이여 사랑일레라」 표지

〈학이여 사랑일레라〉 포스터

〈학이여 사랑일레라〉 공연사진

〈학이여 사랑일레라〉 공연사진

〈꿈하늘〉 공연사진

〈꿈하늘〉 공연사진

발간사

유민영

차범석 선생은 생전에 감투 쓰는 것에 그렇게 연연하지는 않았지만 그의 비중에 걸맞게 문화예술계 인사들이 오르기 어려운 큰 자리를 모두 거쳤다. 가령 한국문예진흥원장과 대한민국예술원 회장, 그리고 예술대학장 등이 바로 그런 자리였는데, 그 외에도 각종 잘디잔 감투를 누구보다도 많이 썼었다. 그러나 그가 어디에 글을 쓸 때, 붙이는 호칭에는 언제나 극작가라고 적었다. 이처럼 그는 여러 가지 감투는 잠시 지나가는 자리고 자신은 어디까지나 극작가로서 자부하고 있었지 않나 싶다.

그럴 수밖에 없는 것이 그의 평생을 놓고 볼 때 교사, 방송국 PD, 교수, 그리고 문예진흥원장 등 고정월급으로 생활한 기간보다는 극작가로서 원고료를 받고 산 기간이 더 길 것이기 때문이다. 그만큼 그는 자신이 일생을 보내면서 역사 속에 남길 유산은 어떤 자리가 아니라 문화예술계에 던져놓는 방대한 작품이라고 확신했던 것으로 보인다.

따라서 그가 생전에 가장 갈망했던 것은 전집출판이었고, 사후에는 자신의 이름을 딴 희곡상 제정이었다. 그래서 그는 만년에 12권짜리 전집을 발간하려고 목차까지 다 짜놓고 출판사와 접촉하다가 출판사정이 여의치 않아 무산됨으로써 생전의 꿈을 이루지 못하고 소천했지만 사후의 꿈인 희곡상 제정만은 유족과 조선일보사의 협조로 잘 되어 유망한 후진을 계속 양성하고 있다.

저간의 사정을 가장 잘 아는 이는 유족이지만 필자 역시 선생과 가까이 지내면서 그에 관한 이야기를 많이 했던 터라서 항상 숙제를 안고 있었다. 그러다가 이번에 유족 측의 용단과 태학사의 호의로 그의 꿈인 12권짜리 전집을 발간케 되어 숙제를 푼 것 같아 기쁘다. 그런데 이번에 전집을 준비하면서 선생을 잘 안다고 생각했던 필자마저 놀랄 정도로 그가 방대한 작품을 남겼음을 발견케 되었다. 희곡사적으로는 유치진에 이어 소위 리얼리즘극을 심화 정착시킨 작가지만 그의 창작범위는 상상을 초월한다. 즉 희곡을 필두로 하여 무용극본, 오페라극본, 시나리오, 악극대본, 그리고 방송드라마 등에 걸쳐 편수를 헤아리기 어려울 정도로 엄청난 작품을 남긴 것이다. 그가 작품만 쓴 것도 아니고, 자전을 비롯하여 수많은 연극평론과 에세이도 남겼다.

그런데 더욱 놀라운 것은 그 많은 글을 그가 순전히 수작업 手作業으로 해냈다는 사실이다. 선비적인 기질 때문인지 그는 일평생 컴퓨터, 운전, 휴대폰, 카드까지 거부하고 만년필과 볼펜으로 수십만 장의 원고지를 메꾼 셈이다. 문제는 작품이 너무 넘쳐서 12권 속에 모두 주어 담을 수가 없다는데 있었다. 그래서 할 수없이 나머지 작품들은 다음 기회에 별도로 내기로 하였다.

이 전집이 순탄하게 나올 수 있도록 도와준 차범석재단 차혜영 이사장 및 유족, 작품을 열심히 찾아내고 교정까지 보아준 전성희, 이은경 교수, 지방에서 멀리 올라와서까지 도와준 김삼일 석좌교수와 홍미희 목포문학관 학예사, 그리고 박명성 대표 등에 감사하고 태학사 지현구 사장 및 직원들에게도 고마움을 표한다.

아버지의 전집 발간에 부쳐

차혜영

사랑하는 아버지!

아버지 가신지 12년이 지났습니다.

세월이 흘러도 아버지는 생전의 그 모습 그대로 카랑카랑한 목소리는 제 가슴에 남아 아버지의 못 다 이룬 이야기들을 들려주시는 듯, 문득 문득 부족한 제 자신에 죄송한 마음이 들곤 합니다.

쓰고 싶은 일 하고 싶은 일이 너무 많아 83년의 시간이 너무나도 부족하셨나요? 바람처럼 살다보니 시간조차 쫓아오지 못해서 늙지도 않는다는 아버지의 욕심이 사단이었나 싶습니다.

아버지 가신 뒤 우리는 그저 무력하게 아무것도 할 수 없었습니다. 그 때 저희를 일깨워 준 '신시뮤지컬 컴퍼니'의 박명성 대표의 은혜는 영원히 잊지 못합니다.

머뭇거리지 말고 하루 빨리 '차범석 재단'을 만들어 다음 해 부터라도 아버지를 기리는 일을 해야 한다고 우리를 설득했지요.

참 복도 많으신 우리 아버지! 아버지의 양아들 박 대표는 우리가 해야할 일이 무엇인지 아버지의 뜻을 알고 있었답니다. 거기에 평생 아버지의 행동대장이시던 어머니는 사시던 집을 팔아 부족하지만 결코 부끄럽지 않은 재단이 탄생되었습니다. 10여 년 재단을 운영하며 아버지께서 가장 안타까워하시던 『차범석 전집』을 숙제처럼 가슴에 지니고 있었습니다. 그러던 지난 2016년 6월 6일 아버지의 10주기 날 저녁 유민영 교수님께서 전화를 주셨습니다.

"『차범석 전집』을 내야지? 오늘 문득 그 생각이 나서 말이야. 더 늦으면 나도 힘들어" 교수님은 그 날이 아버지 기일인지 모르셨다며 놀라셨습니다. 저는 순간 아버지께서 교수님의 생각을 빌어 말씀해 주시는 것 같은 착각에 가슴이 떨렸습니다.

그때부터 유민영 교수님의 기획 하에 전성희 교수님의 집요한 열정은 폭풍처럼 아버지의 여든 세 해의 시간을 무섭게 파고 드셨습니다. 가끔 저는 교수님의 일 하시는 모습에서 아버지의 깐깐한 모습을 보는 듯 깜짝 놀라기도 했습니다.

세월이 지나도 변함없는 의리와 애정으로 저희를 지지 해주시는 포항의 김삼일 교수님, 아버지의 발자취가 모조리 남아있는 목포 문학관의 홍미희 학예사님의 아낌없는 성원, 또한 첫 작업부터 완성까지 무조건으로 힘든 일 함께 해 주신 이은경 교수님, 그리고 저희의 풍족치 못한 재정에 항상 고민 하시면서도 출판을 맡아 주신 태학사 지현구 대표님이 계셔서 꿈같은 『차범석 전집』이 세상에 빛을 보게 되었습니다.

사랑하는 아버지!

『차범석 전집』의 책 커버는 아버지께서 어머니께 선물하신 저고리를 모티브로 어머니의 영정사진에서 전성희 교수님의 기발한 아이디어로 진행되었지만 이 모든 것에서 또 하나의 기적을 보는 듯 합니다. 아버지께서는 저 세상에 계시면서 우리를 총지휘 하시는 것 같은 착각 말입니다. 저희는 아버지라면 어떠셨을까를 항상 염두에 두고 하나하나 조심스럽게 만들어 나갔습니다.

아버지의 흡족해하시는 모습을 훗날 만날 수 있기를 기대합니다.

아버지의 영전에 아버지 여든 세 해의 소중한 작품을 바칩니다.

차범석의 생애와 예술

전성희

차범석은 한국연극사에서 최고의 사실주의 희곡작가이며 64편의 희곡을 발표한 다작의 작가다. 한국에서 사실주의 연극의 시작은 유치진에 의해서였지만 찬란하게 꽃을 피운 것은 차범석이다. 그러나 무용, 뮤지컬, 오페라, 국극, 악극에 이르기까지 다양한 예술 분야뿐만 아니라 방송 대본에 이르기까지 전방위적인 활동을 펼쳤던 차범석을 연극계의 인물로만 한정할 수는 없다. 그가 가장 애착을 가졌던 분야는 연극이었지만 그의 뛰어난 극작술과 다양한 예술에 대한 이해는 여러 장르의 대본을 창작할 수 있는 바탕이 되었고 그 결과 연극 이외의 분야에도 많은 작품들을 남길 수 있었다.

차범석은 1924년 11월 15일(음력 10월 19일) 전라남도 목포시 북교동 184번지에서 아버지 차남진(車南鎭) 어머니 김남오(金南午) 사이에서 3남 3녀 중 차남으로 태어났다.

일본 유학생 출신의 아버지는 중농 규모의 할아버지 유산을 잘 관리했을 뿐만 아니라 간척사업에 착수, 농토를 늘려 천석지기 지주가 되었는데 이는 아버지가 진취적이면서도 이재와 치산에 밝았기 때문일 것이다. 그 덕에 차범석은 유복한 가정에서 성장할 수 있었고 이러한 안정적인 가정환경은 차범석이 식민지의 궁핍한 상황에서도 교육과 일정부분 제도적 보살핌을 받을 수 있었다.

차범석은 외향적이며 저돌적인 형이나 소유욕이 강하고 고집스러운 아우의 성정과는 달리 말수도 적었고 자기주장을 하기 보다는 조용히 책을 읽거나 어머니의 곁을 지켰다. 보통학교 4학년 때 교지 「목포학보」에 〈만추〉라는 글을 실어 '예사롭지 않은 문재'가 엿보인다는 말을 듣고 소설가를 꿈꾸기도 했다.

이 무렵부터 차범석은 목포극장과 평화관을 드나들며 영화 관람에 빠졌고 1930년대 전후의 영화를 두루 섭렵, 극예술에 대한 이해를 넓힐 수 있었다. 6학년이 되던 해 그는 최승희의 무용 발표회를 보고 큰 충격과 감동을 받았다. 최승희는 차범석에게 '무대라는 세계, 막이 객석과 무대를 갈라놓은 공간, 보여주는 자와 봐주는 자 사이의 공존의 의미를 깨우쳐 준 첫 번째 예술가'였다.

어릴 적 차범석의 이름은 평균(平均)이었는데 중학교 입시를 앞두고 범석(凡錫)으로 개명, 이후 줄곧 범석이라는 이름으로 활동했다. 광주고등보통학교(후에 광주서중으로 개칭) 진학을 위해 목포를 떠나 광주로 갔지만 소극적인 성격은 변함이 없었다. 호기심이 많았던 그는 책방을 드나들며 하이네나 바이런의 시집, 일본 소설들을 읽고 장차 문학가가 되어야겠다는 꿈을 키웠다. 그러면서도 차범석은 어린 시절 목포에서 그랬던 것처럼 광주에서 보낸 5년 동안 약 4, 50편의 영화를 관람하고 영화 잡지까지 사서 보는 등 적극적으로 영화의 세계에 빠져 들었다. 후에 연극으로 진로를 변경하기는 했지만 극의 세계라는 같은 뿌리의 영화에 마력을 느꼈다. 방학이 되면 목포 본가에 내려가서 골방에 있었던 세계문학 등을 독파했다.

아버지는 차범석이 의사가 되기를 원했지만 그는 의사보다는 문학과 예술에 뜻을 두고 있었다. 아버지와의 불화는 권위적인 아버지가 어린 시절부터 형과 차별 대우를 했던 것에서 비롯, 그를 내성적이고 비사교적인 반면 '회의적이고 반항적이면서 한편으로는 미지의 세계에 대한 도전성과 공격성'을 갖고 있는 사람으로 성장하게 했다.

학교를 졸업하고 진학을 위해 도쿄로 건너가 2년 동안 입시 준비를 하면서도 극장에를 드나들었다. 이 극장은 '예술적인 호기심에다 불붙인 하나의 매체이자 기폭제'였으며 차범석에게 '직접적으로 드라마가 무엇인가를 암시하고 시사하고 터득해 준 교실'이었다. 이 무렵 차범석은 영화뿐만 아니라 일본 연극에도 관심이 생겨 자주 관람했다.

연이어 입시에 실패한 차범석은 재수 준비를 하고 있었는데 전쟁으로 위험하니 귀국하라는 아버지의 명령으로 급히 돌아왔다. 차범석은 귀국하자마자 군대를 가야하는 징집의 위기를 맞았지만 병역면제의 혜택을 받기 위해 1년 과정의 관립광주사범학교 강습과에 입학을 했다. 교육에 뜻이 있었던 것이 아니었기 때문에 현실도피 생활에서 오는 자포자기의 심정과 허무는 그를 술로 이끌었고 이후 차범석의 건강과 삶에 큰 영향을 미쳤다. 교사 발령 4개월 만에 징집, 4개월간의 군대생활 중 해방이 되고 다시 모교에 복직하게 되었다.

그는 1946년 문학공부를 위해 연희전문학교 전문부 문과에 입학, 뒤늦게 사회적 정치적으로 개안을 하게 되었다. 친일세력에 대한 과거청산이 역사적 필연성에 있다는 것과 동학혁명정신이 광주학생독립운동이나 3.1운동 정신과도 맥을 같이 한다는 것이다. 이러한 역사의식의 재확인은 자아각성으로 연결되고 그 결과 문학이나 연극에 대한 인식과 태도도 달라질 수밖에 없었다. 그래서 차범석은 일제 말기에 폐간되었던 문학잡지 「문장」의 전 질을 구해 읽으며 다시 문학공부를 하는 등 문학의 참다운 뿌리를 찾기 위해 노력했다. 자신이 가야할 길이 문학과 연극에 있다는 신념으로 문학서클 '새마을회'에서도 활동하고 '연희극예술연구회'를 조직하기도 했다.

대학 시절 "우리가 처해있는 현실을 그대로 거울 속에 비춰보고 싶다"는 그에게 유치진의 강의는 사실주의에 대한 확신을 갖게 해주었고 이후 자신의 연극관으로 삼게 되었다. 그러면서 차범석은 직업극단의 공연과

차범석의 생애와 예술

연습장까지 찾아다니는 등 점차 연극 세계에 깊이 빠져들어 갔다.

1949년 유치진이 만든 제 1회 전국남녀대학 연극경연대회에 '연희극예술연구회'가 차범석 역/연출의 〈오이디프스 왕〉으로 참가, 우수상을 수상했다. 차범석은 연극경연대회에 함께 참가했던 각 대학의 연극인들을 모아 '대학극회'를 조직하는데 앞장섰다. 그리고 1950년 초 국립극장이 설치되자 당시 유치진 극장장의 배려로 전속단원이 되어 현장에서 활동할 기회를 가질 수 있었다. 그러나 그것도 잠시 한국전쟁이 발발하자 고향으로 피난을 갔던 차범석은 목포중학에서 교편을 잡았다. 교직생활 중에도 습작을 게을리 하지 않으면서도 '목중예술제'를 만들었다. 목중예술제에서 1951년 처녀작 〈별은 밤마다〉를 무대에 올리고 주연까지 맡았다. 이 시기에 〈닭〉, 〈제4의 벽〉, 〈전야〉, 〈풍랑〉 등의 습작품을 정훈잡지에 발표했다.

대학 다닐 때 방학이면 고향에 내려와 목포청년들과 주변의 섬들을 여행하며 얻었던 소재를 바탕으로 〈밀주〉를 창작, 1955년 조선일보 신춘문예에 가작으로 입선하였다. 가작 입상에 만족을 못한 차범석은 이듬해 조선일보 신춘문예에 재도전, 〈귀향〉이 당선되었다. 〈밀주〉는 흑산도, 〈귀향〉은 해남을 무대로 그가 나고 유년시절을 보낸 바닷가 마을이 배경이다. 차범석은 〈밀주〉에서 가난한 어민들의 찌든 삶을 그렸지만 〈귀향〉에서는 가난한 농민을 묘사하면서 그 이유가 사회의 부조리와 모순 때문이라는 것을 지적했다. 이 지점에서 그의 희곡의 특성, 즉 로컬리즘을 바탕으로 한 사실주의 출발을 확인할 수 있다.

신춘문예 당선을 계기로 서울로 이주, 덕성여고에서 교편을 잡고 중앙무대를 향한 열정을 불태우며 창작에 몰두했다. 그러면서도 대학극회에서 같이 활동했던 김경옥, 최창봉, 조동화, 박현숙, 노희엽, 이두현 등과 '제작극회'를 결성, 한국연극에 새로운 바람을 일으켰다. 이 시기에 차범석은 활발하게 희곡을 창작, 문예지에 〈불모지〉, 〈4등차〉, 〈계산기〉, 〈상주〉, 〈분수〉, 〈나는 살아야 한다〉 등을 발표했다. 앞서 발표했던 로컬리즘을 바탕으로 한 사실주의극과는 다르게 고향을 벗어나 전쟁으로 좌절한 사람들을 사실적으로 묘사했다. 특히 〈껍질이 째지는 아픔 없이는〉은 4·19 1주년 기념공연으로 제작되었는데 혼탁한 정치 상황에서 드러난 신, 구세대 간의 갈등을 형상화한 것으로 차범석의 정치, 사회의 비판적 인식을 확인해 볼 수 있는 작품이다.

이러한 창작 경향은 이후에 〈산불〉(1961년)로 절정을 이루었다. 차범석의 대표작이며 '한국 사실주의 희곡의 최고봉'이라고 일컬어지는 〈산불〉은 6·25전쟁을 겪은 작가가 전쟁을 객관화시키는 사유의 시간을 통해 이데올로기가 인간을 어떻게 파괴하는지를 리얼하게 보여주었다. 그러한 점에서 〈산불〉은 한국 사실주의 연극의 수준을 한 단계 끌어올렸다고 할 수 있다. 차범석은 당시의 연극들이 '답답한 소극장 응접실 무대' 위주였던 데에서 벗어나 대숲이 있는 마을을 무대로 "이념의 대립과 갈등이 동족 전쟁을 야기하고 궁극적으로 인간 그 자체를 파괴해 간다는 강렬한 메시지"를 전달, 차범석 전후의 대표작이 되었다.

〈산불〉은 국립극장 초연 당시 큰 인기를 얻었고 이후 영화로, 방송 드라마로, 오페라로, 뮤지컬(〈새도우 댄싱〉)로 다양한 매체의 전환을 통해 관객과 만날 수 있었다. 원 소스 멀티 유즈라는 측면에서 보면 〈산불〉은 원천컨텐츠로서의 가치가 충분한 작품이다.

차범석은 〈산불〉의 성공 이후 신협 재기를 위한 이해랑의 요청으로 〈갈매기떼〉를 집필, 국립극장 무대에 올려 〈산불〉 못지않은 인기를 끌었다. 목포 부둣가에 있는 영흥관이라는 식당을 둘러싸고 벌어지는 정치권력과 조직폭력배간의 갈등, 그리고 그로 인해 무구하게 희생당하는 서민들을 그려냈다.

〈산불〉과 〈갈매기떼〉의 성공으로 고무된 차범석은 전문적인 극단을 창단하기로 마음을 먹었다. 당시 연극계가 동인제 극단시대로 진입하기

차범석의 생애와 예술

시작했고 드라마센터의 개관이라는 연극상황의 변화가 일어나고 있었기 때문에 이전의 아마추어적인 '제작극회'로는 변화에 대처할 수 없을 것이라는 판단에서였다. '제작극회' 다른 멤버들의 반대를 무릅쓰고 1963년 연극의 대중화와 전문화를 지향하는 극단 '산하(山河)'를 창단했다. 현실과 동떨어진 번역극 대신 창작극을 주로 공연했고, 극단 창단 당시 의도했던 대로 지방공연도 가지면서 왕성하게 활동을 이어갔다.

이 무렵 차범석은 MBC로 직장을 옮겨 바쁜 와중에도 극단 '산하'의 일뿐만 아니라 창작에도 매진, 〈청기와집〉, 당시 유명 배우 강효실을 위해 집필, '산하'에 상업적 성공을 안겨준 〈열대어〉, 〈풍운아 나운규〉, 동성애 문제를 다룬 〈장미의 성〉, 〈대리인〉, 정치와 정치인을 풍자한 〈왕교수의 직업〉 등의 희곡 외에도 '산하'의 공연을 위해 여러 편의 각색 작업과 연출로도 참여하였다.

1969년 사단법인 한국연극협회 제 7대 이사장으로 선출되면서 협회 일에 열심을 냈고 원래 하고 있었던 방송국 일과 작품 집필, 극단 운영 등으로 건강에 이상이 생겼다. 1970년 봄 간염으로 병원에 입원, 방송국까지 그만 두었지만 발병 전에 국립극장에서 차기공연작으로 위촉한 장막극 〈환상여행〉을 집필했다. 그는 책임감 때문에 와병 중에도 약속을 지키기 위해 무리를 하면서도 완성을 했다.

차범석이 병원에서 퇴원 후 1년간의 요양생활을 하는 동안 같이 활동했던 사람들이 이런저런 이유로 그의 곁을 떠났다. 그는 인생이 철저하게 외로운 것이며 이 길은 자신이 원해서 가는 것이니 누구도 원망하지 않겠다는 결단을 내렸다.

1972년 차범석은 MBC-TV 요청으로 일일연속극 〈물레방아〉를 집필했다. 〈물레방아〉는 당시로서는 드물게 5개월 동안 방영, 100회를 넘겼으며 이러한 롱런은 MBC-TV 사상 최초였다. 이전에 라디오 드라마와 TBC(동양방송) 단막극, 〈태양의 연인들〉과 같은 특집극을 쓰기도 했지만 TV

일일연속극은 그로서도 처음이었지만 성공적이었다. 드라마의 성공은 차범석에게 경제적 안정을 가져다주었고 그래서 차범석은 연극 현장으로 돌아올 수 있었다.

1974년 6년 동안 맡았던 한국연극협회 이사장직을 이진순에게 내주고 그 해 봄 극단 산하의 사무실도 마련하고 연극현장의 기록이 소실되는 것이 안타까워 〈극단 산하 십년사〉를 펴내는 등 다각적인 연극활동을 펼쳤다. 그런데 1975년 동양극장과 '산하' 간의 전속 계약을 체결, 계약금과 중도금을 지불하고 의욕적으로 공연을 준비하던 차에 동양극장의 매각 사실을 알게 되었다. 속수무책 사기를 당한 차범석은 잔금은 안 털렸으니 다행이라고 스스로를 위로했다. 이러한 차범석의 긍정적 태도는 이후 창작태도에도 영향을 미쳤다.

유신의 시대를 거치면서 유신을 지지하기보다는 오히려 부정적인 시선을 견지하고 있었던 그였지만 〈약산의 진달래〉, 〈활화산〉 같은 새마을 극본을 쓰기도 했다. 그렇지만 새마을운동의 찬양이 아니라 "나와 함께 살아가는 이 시대의 이야기"로 가난과 싸우는 농촌여성의 "삶을 리얼하게 묘사함으로써 우리가 안고 있는 퇴영적이면서도 부정적인 행태를 드러내"려 했다. 이 시기에 그의 역사인식은 자연스럽게 개화기를 향했다. 〈새야새야 파랑새야〉에서는 동학도와 같은 민중의 저항을, 〈손탁호텔〉에서는 외세의 압력에도 불구하고 꿋꿋이 자존을 지키기 위해 투쟁하는 서재필과 같은 진보적 청년들의 연대를 그리면서 창작의 지평을 넓혀갔다.

1970년대 중반에 들어서면서 연극계는 상업주의가 팽배하고 있었는데 이것은 '산하'가 지향하는 연극 대중화와는 달랐다. 차범석은 연극에 있어 앙상블을 중요하게 생각했기 때문에 한두 명의 스타에 의존, 웃음을 파는 연극을 극도로 경계했다. 그런데 상업주의가 판치던 당시의 연극현실은 동인제 시스템을 고수했던 차범석에게는 절망적이었다. 그런 상황에서도 문학성과 연극성을 지닌 레퍼토리라면 승산이 있을 것이라고 판단,

차범석의 생애와 예술

1979년 〈제인 에어〉를 무대에 올렸다. 그러나 관객들의 외면으로 흥행에 실패하고 말았다. 일련의 일들로 차범석은 '산하'가 추구하는 대중성에 대한 회의가 일어나고 '산하'의 해산문제까지 생각하기도 했다. 그렇지만 차범석은 유신정권의 횡포와 비민주적 정권욕으로 급격하게 경색되어가는 시대에 연극을 통해서 이야기를 해야겠다는 결심을 했다. 연극대본의 사전심사제로 창작극의 공연이 어렵게 되자 숀 오케이시의 〈쥬노와 공작〉연습에 들어갔다. 1980년 5월 공연을 보름 앞두고 광주민주화항쟁이 일어나자 차범석은 공연중지를 선언했다. 그 이유는 사람들이 총칼에 쓰러지고 있는데 연극을 하고 있을 수 없다는 것이었다.

실의에 빠진 차범석에게 MBC-TV에서 농촌드라마 의뢰가 들어왔다. 옴니버스 형식의 농촌드라마 〈전원일기〉를 1년 동안 총 48회 집필했다. 1980년 10월 22일 '박수칠 때 떠나라'를 시작으로 1981년 10월 20일 '시인의 눈물'까지 꼭 1년을 썼는데 어수선한 시국에 농촌에 대한 향수를 자극해 최고의 드라마로 자리를 잡았고 이후 20년 동안 방송되면서 최장수 드라마로 남았다. 그런데 차범석은 연극을 하기 위해 방송국의 간청에도 불구하고 〈전원일기〉 집필을 포기했다.

'산하'에 돌아와 1980년에 준비하다 중단했던 〈쥬노와 공작〉을 무대에 올려 보았지만 흥행에 참패하고 말았다. 그리고 '산하'의 재기를 위해 옛 멤버들을 규합해 보려했지만 이마저도 여의치 않았다. 결국 〈산불〉공연마저 실패하고 1983년 '산하'를 해단하는 어려운 결정을 내렸다.

그를 무대로 이끌었던 유년시절의 최승희 공연의 영향과 대학시절 춤을 배우러 다녔던 경험 때문이었는지 1982년 조영숙무용단의 〈강〉을 시작으로 최청자무용단의 〈갈증〉 등 무용극으로 창작의 장르를 확대해 나갔다. 이후에 무용극 〈도미부인〉(1984년 국립무용단, LA 올림픽참가공연), 〈십장생도〉(1988년 홍정희발레단), 〈저 하늘 저 북소리〉(1990년 국립무용단), 〈고려애가〉(1991년 국립발레단), 〈꿈의 춘향〉(1992년 서울시

립무용단), 〈파도〉(1995년 국립국악원 무용단), 〈오데로〉(1996년, 국립무용단) 등 여러 편의 무용극 대본을 창작했다.

1983년 차범석은 청주대학교의 요청에 의해 연극영화과 교수로 부임했다. 조용한 곳에서 창작의 기회를 가질 수 있다는 점이 그에게 매력적으로 다가왔고 학생들과의 생활이 연극판에서 지친 그에게 활력을 주었다. 그러나 그가 예술대학장직을 맡으면서 휴식은 끝나고 말았다. 당시는 학원민주화 운동이 번지고 있었을 때였다. 누구보다도 민주화를 열망해왔던 그였지만 과격해진 학생들의 기물파괴 등의 파괴적인 행동은 받아들일 수 없었다. 목포 북교초등학교, 덕성여고에서 교사로 재직하고 있을 때 불의를 보면 참지 못하고 투쟁을 했던 그로서도 학생들의 그런 행동은 받아들일 수 없었고 결국 보직에서 물러났다.

그 때 '서울88예술단'이 조직되면서 차범석에게 단장을 맡아달라는 제의가 들어왔다. 단장직을 수락했지만 총체가무극이라는 것이 그가 생각했던 연극의 방향과 맞지 않았을 뿐만 아니라 관의 간섭이 싫었던 그는 창립공연으로 〈새불〉을 올리고 다시 대학으로 복귀했다. 생래적으로 구속을 싫어하고 자유를 추구했던 그로서는 이러한 상황이 견디기 어려웠을 것이다. 오죽했으면 목포북교 초등학교 시절 자신이 담당했던 학급의 급훈이 자유였을까.

대학으로 돌아간 그는 특정사회단체의 요청이기는 하지만 신채호를 다룬 〈식민지의 아침〉, 김대건 신부의 일대기를 그린 〈사막의 이슬〉 등 활발하게 창작활동을 이어갔다. 1989년 학교 측에서 총장으로 추대하려는 움직임이 보이자 교수직을 사퇴하고 이후 서울예술대학의 교수로 자리를 옮겨 창작에 몰두했다. 이 시기에 차범석은 창작방식에 있어 변화가 일어나 이전의 창작방식에서 벗어나 형식과 주제가 다양한 작품을 발표했다.

1992년 징용 노무자의 딸 야마네 마사코의 자전적 수기를 바탕으로 쓴 〈안네 프랑크의 장미〉는 '일본제국주의의 만행을 용서와 화해의 차원에서 접근' 하였으며, 〈통곡의 땅〉은 백범 김구의 삶을 작품화하면서 한국현대사에서 이념문제를, 〈나는 불섬으로 간다〉에서는 소작쟁의와 그로 인해 생긴 연좌제 문제를 제기하기도 했다. 작가적 연륜이 깊어가면서도 차범석의 의식은 언제나 날카롭게 깨어 있어 부당하거나 문제가 있는 것에 대해서는 비판적 태도를 취하는 스탠스만큼은 변함이 없었다. 이색적으로 〈바람 분다, 문 열어라〉에서는 여성들의 변화를, 〈그 여자의 작은 행복론〉에서는 어머니와 아들 간의 근친상간적 욕망을 그려내는 등 소재의 영역도 넓혀갔다.

차범석은 본래 대중예술과 고급예술을 경계 짓는 것에 대해 우려를 해왔다. 어떤 작가보다 사회의식이 있는 작품을 쓰면서도 대중성 또한 중요하게 생각했다. 노년의 차범석은 그 경계를 허물고 〈가거라 38선〉같은 악극의 대본을 쓰거나 의뢰를 받은 것이긴 하지만 뮤지컬 〈처용〉, 오페라 〈백록담〉, 〈연오랑 세오녀〉의 대본 등을 썼다. 그러면서도 〈옥단어!〉(2003년)와 같은 작품에서는 깊은 사유의 절정을 보여주었다. 이 작품은 '단순한 연극이 아닌 우리의 현대사와 그 아픔을 되돌아보자는 데에 그 의미를' 두고 있다. 차범석은 〈옥단어!〉에서 자신이 '평생 동안 삶의 방식으로 지켜온 자유정신을 투영'시켰으며 떠돌이 옥단이를 통해 인생의 허망함을 보여주면서 한국적 사실주의의 진전을 이루어 냈다는 평가를 받았다.

2006년 세상을 떠날 때까지 차범석은 다양한 장르를 경계 없이 넘나들며 많은 작품들을 발표했던 현역 작가였으며 연극인이었다. 자리에 욕심을 낸 적이 없었던 차범석이지만 한국연극협회 이사장, 한국문예진흥원장, 대한민국예술원회장 등을 지내 예술인으로서 영광도 누렸다.

차범석 전집 6

■

차례

일러두기

* 명백한 오자, 탈자 외에는 가능한 원본을 그대로 수록했음을 밝힌다.

* 신문기사·작품 〈 〉, 책제목 「 」로 표기했다.

* 잘 사용하지 않아 의미가 명확하지 않은 단어는 각주를 붙여서 설명했다.

손탁호텔 (5막 4장)

- **등장인물**

  고종

  엄상궁

  세자

  이완용

  이범진

  서재필

  이상재

  미스 손탁

  임철규

  기꾸시마 겐조오 菊島謙三

  현주실(손탁호텔 지배인)

  웨벨 공사(러시아)

  웨벨 공사 부인

  홍종우

  브리네르(러시아인)

  모오스(미국인)

  신기선

  조병식

  민영기

  일본헌병

  독립협회원 A, B, C

독립협회원 갑, 을, 병

기타 황국협회원·독립협회원·호텔 손님·국내외인 다수

• 때

1896년부터 1899년까지

• 곳

1막 – 손탁호텔

2막 – 러시아공사관 안 고종 어소

3막 1장 – 손탁호텔

3막 2장 – 손탁호텔

4막 – 경운궁

5막 1장 – 손탁호텔

5막 2장 – 손탁호텔

제1막

무대

손탁호텔 내부.

1896년 이른 봄.

2층으로 된 양식 건물 무대 좌편에 바깥 출입문이 층계 위에 있다.
따라서 1층은 평지보다는 서너 단의 층계를 내려서야 된다.

아래층은 3분의 2 정도의 넓이가 살롱으로 쓰이고 3분의 1은 접수와
회계를 겸한 사무실이다.

무대 중앙에 2층으로 올라갈 수 있는 층계가 곡선을 이루며 설치되어
있고, 2층은 숙박을 할 수 있는 객실 문이 나란히 있다. 손탁의 거실도
2층에 설정되어야 한다. 그 층계 아래 벽에 주방으로 통하는 출입문이
있고, 무대 우편 벽에 뒤뜰과 베란다로 통하는 문이 있다. 유리창 너머
로 후원이 내다보인다. 살롱에는 대여섯 개의 원탁을 중심으로 의자가
네 개씩 놓여 있다.

원탁 위에 빨간 튤립이 한 송이씩 꽂혀 있다. 살롱은 무도회나 집회장
으로 쓰인다.

방 전체는 초록빛 빌로도가 기조 基調로 되어 있어 르네상스식의 건축
미를 나타내고 있다.

벽에는 몇 개의 가스등이 걸려 있고, 천정에서부터 호화로운 샹들리에
가 내려져 있다.

현관문 옆에 영문으로 '손탁호텔' 간판이 걸려 있다.

막이 오르면 몇 쌍의 외국인 손님과 내국인이 각각 자리를 하고 차를
마시며 담소하고 있다.

무대 한 귀퉁이 자리에 검은 두루마기 차림의 임철규가 초조하게 앉아

있다. 사람을 기다리는 듯 이따금 벽시계를 쳐다보곤 한다. 생소한 분위기를 의식해서인지 외국 사람들의 웃음소리가 터질 때마다 그쪽으로 시선을 던진다. 왼편 사무실에는 현주실이 장부를 정리하고 있다. 이지적인 여성이다.

무대 중앙에 미국인 모오스와 러시아인 브리네르가 마주 앉아 커피를 마시고 있다. 모오스의 표정이 자못 굳어 보인다. 일이 잘 안 되나 보다. 시가를 물고 있다. 미스 손탁이 화사한 옷차림으로 2층 계단을 내려선다. 모두들 손을 들기도 하고 윙크를 하며 인사를 나눈다.

임철규는 그들의 대화를 들으면서 이따금 훔쳐본다.

손탁   안녕하세요 여러분. (브리네르를 보자) 브리네르 씨. 아직 안 떠나셨군요. 압록강 유역까지 가신다더니……

브리네르 미스 손탁. 사업이야 받아놓은 밥상이나 다름없지만 모오스 씨가 안 되셨군.

손탁   무슨 일이 있었나요? 미스터 모오스. 경인철도 부설권을 차지하셨으면 되었지 욕심도 많으시지. 홋호……

브리네르 그게 잘 안 되는 모양이오.

손탁   잘 안 되다니요? 자금 때문인가요?

브리네르 자금난 때문만도 아니라오.

모오스 (내뱉듯) 그 일본놈들 등살에 되는 게 없군요!

손탁   일본 사람들 때문이라고요?

브리네르 한동안 쥐죽은 듯이 잠잠하던 일본놈들이 근자에 또 고개를 쳐들고는 끈질기게 방해공작을 하는가 봐요.

손탁   그래요?

브리네르 경인철도 부설권을 일본 측에다가 양도하게 되었다는군요. 그 아까운 이권을 말이에요.

손탁 미스터 모오스! 그게 사실인가요?

모오스 나는 조선하고는 인연이 없는가 보오. 이 브리네르 씨는 압록강 일대와 울릉도의 산림 채벌권을 독점해서 하루아침에 백만장자가 되었는데 나는 가까스로 얻은 경인철도 부설권을 남의 손에 넘기게 되었으니…… 그것도 하필이면 일본놈에게 말이오.

손탁 제가 알기에는 알렌 공사께서 애써 왕실에 부탁해서 허가를 얻었다고 들었는데…… 안 됐군요. 큰 손해 보셨겠어요.

모오스 뭘 손해될 건 없지만 국제적인 망신이지요. 우리 미국으로서는……

손탁 손해가 없다고요?

브리네르 미스 손탁! 일본에다 얼마로 양도한지나 아시오?

손탁 얼마인데요?

브리네르 한 장!

손탁 한 장?

브리네르 백만 달러!

손탁 오! 하나님 맙소사! 백만 달러! 모오스 씨! 그럼 손해는커녕 큰 이익을 보셨네요!

모오스 그러니까 손해는 안 봤다고 하지 않았소!

손탁 한 턱 쏘세요! 철도부설권을 놓친 건 애석하지만 앉은 자리에서 백만 달러나 벌어들이셨으니!

브리네르 이거야말로 손 안 대고 코 푸는 격이지요! 헛허! 역시 장사 속으로는 뭐니 뭐니 해도 미국 사람을 당해낼 사람은 없다니까! 헛허!

모오스 왜 이러시오? 브리네르 씨! 압록강 일대의 원시림과 울릉도의 산림 채벌권을 몽땅 독차지하신 러시아 사람의 상술은 어떻고요? 헛허……

브리네르 독차지라니? 우린 순이익의 25퍼센트를 조선 정부에다가 납부한다는 게 계약 조건입니다. 얼마나 양심적이오?

손탁호텔

모오스 그 대신 앞으로 20년 기간 아닌가요? 게다가 줄잡아서 그 면적이 내가 보기엔 약 5천 9백만 평방킬로이니 그 이윤이 얼마입니까. 이거야말로 갈퀴로 가랑잎 긁듯 돈을 쓸어담는 격이지! 헛허… 게다가 러시아에서는 동해에다 포경 어장을 획득했다니 조선 땅을 산에서 바다에서 모조리 훑어갈 작정이신가? 헛허……

브리네르 헛허……

손탁 들리는 얘기로는 프랑스의 백만장자 피브 그레이유도 경부철도와 서울 공주 간의 철도부설권을 허락받았다죠?

모오스 그렇죠. 미국이나 일본에만 허락하고 프랑스에는 허락 안 할 수 없는 게 조선 정부지요. 헛허……

브리네르 울면서 겨자 먹기로? 헛허……

그들의 웃음소리가 귀에 거슬리는 듯 임철규는 자리에서 불쑥 일어나 저편 카운터 쪽으로 간다. 현주실이 주판을 놓느라고 여념이 없다.

임철규 (조심스럽게) 저…… 말씀 좀……

현주실 예? (하며 고개를 든다)

임철규 서 박사님은 언제쯤이나……

현주실 이제 곧 오실 거예요. 조금만 더 기다려 보세요.

임철규 (마음에 내키지 않는 듯) 이런 곳은 처음이라서 앉아 있기가 쑥스럽군요.

현주실 (생긋 웃으며) 그럼 여기 앉아서 기다리세요. (하며 의자를 한 개 꺼내서 준다)

임철규 죄송합니다. (의자에 앉는다)

현주실 외국 사람들이 모이는 곳이라서 처음엔 누구나 어색하고 쑥스러워 하죠. 그렇지만 이내 익숙해지면……

임철규　오래 되셨나요? 여기 계신 지가……

현주실　저 말인가요? (빙그레 웃으며) 예, 이력저력 이년쯤 되죠.

임철규　어떻게 이런 데서 일을 보시게 되었나요? 남자들도 감당하기 힘
　　　든 일인데……

현주실　(잽싸게) 여자라고 얕잡아 보시는군요?

임철규　그 그런 게 아니라……

현주실　(일을 계속하며) 아녀자가 이런 곳에서 일하는 걸 못마땅하게 여기
　　　는 조선의 남자들의 사고방식부터 뜯어 고쳐야겠어요.

임철규　(어리둥절해서) 예?

현주실　아직도 케케묵은 유교사상이나 봉건제도의 담벼락 속에서 늘어
　　　지게 낮잠자는 남자들이 문제라구요. 안 그래요?

임철규　동감입니다.

현주실　(눈빛을 번뜩이며) 예? 지금 뭐라고 그러셨죠?

임철규　동감이라고 했습니다. 잘못 되었습니까?

현주실　(활짝 웃으며) 반가운 소리 들려주셔서 고마워요. 역시 서 박사님
　　　을 만나러 온 분은 생각이 다르시군요. 어디서 오셨죠?

임철규　예. 저…… 홍천서 올라온 임철규올시다.

현주실　그러세요? 저는 현주실이라고 해요.

임철규　현주실 양?

현주실　지금 미스 손탁의 도움을 받고 있지만 저에게도 저 나름대로의
　　　큰 꿈은 있답니다.

임철규　꿈이라구요?

현주실　이화학당에서 공부할 때부터 늘 그런 생각을 했었어요.

임철규　(압도당한 듯) 이화학당을 나오셨나요?

현주실　예. 선교사님이 미스 손탁하고 친구분이셨지요. 그래서……

이때 일본인 기자 기꾸시마 겐조오 菊島謙三가 개화기 특유의 양복 차림에 단장을 휘두르며 등장. 한 손에는 가죽 트렁크가 들렸다. 그는 카운터 위에 놓인 초인종을 두어 번 치고는 방안을 둘러본다.

국도는 거만한 태도로 대한다. 그의 작달막한 키와 짙은 수염이 첫눈에도 일본 사람임을 알 수가 있다.

현주실 어서 오십시오.

국도 방 있나?

현주실 손님 한 분이신가요?

국도 그래.

현주실 (훑어보며) 어디서 오셨나요?

국도 일본서 왔지.

현주실 (표정이 약간 정지되며) 그럼 일본 사람이시군요?

국도 물론이지. 신분증 보여주지. (하며 패스포트를 꺼낸다)

현주실 죄송하지만 빈방이 없는데요.

국도 뭐라구? 금방 방이 있다고 했잖아.

현주실 그 그건 제가 잘못 알았어요. 지금 호텔은 만원입니다.

국도 (화를 내며) 무슨 잠꼬대를 하는 거야? 장난을 하는 거야? 응? (하며 단장으로 카운터를 쾅 친다)

그의 고함소리에 살롱에 있던 손님들이 깜짝 놀라 돌아본다.

현주실 그렇게 소리를 지르지 마세요. 여긴 호텔입니다!

국도 호텔이니까 방을 달라는 게 아니야? 그런데 금방 방이 있다고 하더니만…… 옳아 차별대우하는군?

현주실 차별대우라뇨?

국도	일본 사람이니까 거절하는 거야? 응? 돈을 치른다는데 왜 방을 안 주는 거야?
현주실	글쎄 돈이 문제가 아니라 방이 없다니까요.
국도	닥쳐라! 보아하니 너 조선 계집 같은데 어디서 그런 콧대 높은 소리를 배웠어?
현주실	말씀 삼가하세요! 조선 계집이 뭐예요, 계집이!
국도	그럼 네년이 계집이지 사내니? 응? 사내냐구! 말을 해! (하며 단장으로 주실의 앞가슴을 찌른다. 그 서슬에 주실이 뒤로 넘어진다)
현주실	앗!
국도	내가 누구라는 걸 모르는군! 헛허!
임철규	이게 무슨 짓이오? 점잖지 못하게.
국도	너는 또 뭐냐? 조선놈이군?
임철규	눈은 제대로 붙었군. 그래 나는 조선 사람이다.
국도	웬 참견이냐! 저리 비켜! (하며 단장으로 철규를 후려치려 하자 철규는 잽싸게 단장을 빼앗는다) 이 자식이!
임철규	단장은 짚고 다니는 것이지 사람을 치는데 쓰는 건 아니라는 것쯤은 아실 텐데!

손탁이 살롱에서 나온다. 그녀는 태연하고도 여유 있는 태도로 대한다.

손탁	지배인, 무슨 일이죠?
현주실	예, 저…… 그 글쎄 빈 방이 없다니까 이 분이 마구 행패를……
손탁	(꾸짖듯) 지배인이 말을 잘못했겠지. 손님에게는 언제나 정중하게 봉사정신으로 대해야 한다고 타일렀잖아요? (국도에게 생긋 웃어보이며) 용서하세요. 지배인의 실수를 주인인 제가 대신 사과드리겠어요. (하며 스커트를 잡고 고개를 숙인다)

손탁호텔

국도	(손을 털며 약간 멋쩍어한다) 당신이 주인이요?
손탁	예. 미스 손탁이라고 합니다.
국도	아! 당신이 바로 그 유명한 손탁이시군! 음… (하며 훑어본다)
손탁	앞으로 많이 지도 편달 부탁드리겠어요.
국도	(명함을 꺼내며) 나 기구시마 겐조오요. 일본 「국민신문」 경성 특파원이죠.
손탁	어머! (명함을 받고서) 신문기자? 정말 훌륭하신 직업이죠. 우리 조국 독일에서는 신문기자라면 무관의 제왕이라고 시민들은 한결같이 존경하지요.
국도	그런데 조선 사람은 존경은커녕 똥강아지 취급을 하는 판국이니 야만인은 별 수 없군! 흥! 방 하나 주시오. 미스 손탁.
손탁	죄송합니다. (시침을 떼며) 사실 지금 방이 없어요.
국도	방이 없어?
손탁	만원이에요. 요즘 외국 손님들이 부쩍 많이 찾아오셔서요. 진고개 쪽에 가면 일본 여관이 있을 텐데요.
국도	누가 몰라서 온 줄 아시오? 이 호텔에 투숙할 필요가 있어서 왔지!
손탁	서울엔 호텔이 우리 집 뿐이라서…… 정말 죄송해요.
국도	(약간 당황한 빛을 보이며) 그래요? 그럼 며칠 후에 다시 들릴테니 예약을 합시다.
손탁	곤란하군요. 지금 투숙 중인 손님은 장기 체류 예정이어서 언제 방이 날지 예측하기가 매우 곤란하군요. 그렇지요? 지배인.
현주실	예.
국도	(불쾌해지며) 예측하기 곤란하다고? 흥…… 마치 발칸반도의 정세 같군!
손탁	죄송합니다. 호텔을 증축하기 전에는 당분간은 만원일 거예요.
국도	빌어먹을! 그럼 어느 때고 좋으니 방이 나거든 그 명함에 쓰인

장소로 연락 좀 해주시오.

손탁 그렇게 하고말고요. 방이 비었을 때 말이에요. 정말 죄송합니다. 멀리 일본서 여기까지 오셨다는데…… 커피라도 한 잔 드시고 가실 걸……

국도 (트렁크를 들며) 천만에! (지배인을 노려보며) 앞으로 말조심하라구! (하며 밖으로 나간다. 손탁과 주실은 억지로 참아오던 웃음을 터뜨린다)

모오스가 자리에서 일어나 2층으로 올라가고 브리네르는 살롱으로 나간다.

현주실 홋호…… 거짓말하기는 정말 힘들어요. 미스 손탁.

손탁 직업상 별 수 없지.

현주실 금방 단장으로 후려칠 것처럼 덤비는 덴 소름이 끼쳐 혼이 났어요.

손탁 미스 현 잘 돌려보냈어요. 일본 사람이 우리 호텔에 드나드는 날엔 다른 외국인 손님들이 발길을 끊게 되는데 어떻게 해. 이것도 사업인 걸. 일본 사람은 가는 곳마다 골칫덩어리라니까!

브리네르 (살롱에서 나오며) 그래요. 일본놈들은 어디 가나 말썽이죠! 나갔다 오겠소.

손탁 다녀오세요. (브리네르 퇴장. 그를 배웅하고 돌아선다. 임철규를 본다) 누구죠?

현주실 예, 서재필 박사를 만나러 오신 분이에요.

손탁 (유심히 바라보며) 닥터 서를?

현주실 이 분이 아니었던들 아까 그 일본 사람 단장에 크게 다칠 뻔했어요. (철규에게) 정말 고마웠어요.

임철규 원 별말씀을…… 다치신 덴 없습니까?

현주실 제가 커피 한잔 대접하겠어요. 살롱으로 가시죠! 서 박사님도 오

27   손탁호텔

실 때가 되었으니.

임철규 예. (그는 살롱으로 가서 자리에 앉는다)

손탁 눈빛이 여느 사람하고는 다른데…… 미스 현, 나도 커피 한잔 줘요.

현주실 예…… (하며 주방으로 퇴장. 손탁이 장부를 살핀다)

철규는 살롱으로, 현주실은 주방으로 퇴장한다.

이때 서재필과 이상재가 들어선다.

서재필은 양복 차림에 모자를 썼고, 이상재는 흰 두루마기를 입었다.

이상재는 수염을 길렀다.

손탁 어서오세요, 닥터 서.

서재필 안녕하십니까? 미스 손탁.

이상재 그런데 지금 나간 사람…… 혹시 일본 사람 아닌가요?

손탁 예 맞아요. 이 선생님께서 아시는 분인가요?

이상재 아뇨. 역시 그 자가 틀림없었군. 어디서 꼭 본 적이 있다 했더니 만……

손탁 예?

이상재 혹시 우리 얘길 묻던가요?

손탁 아뇨, 방이 없다고 했더니 마구 행패를 부리지 뭐예요. 일본 사람은 야만적이지요.

서재필 누굽니까?

이상재 신문 기자지요. 기꾸시마 겐조오라는……

손탁 맞아요. 여기 명함이…… (하며 명함을 서에게 준다)

이상재 재작년 명성황후* 시해 사건에 연루된 하수인의 한 사람이지!

---

* 원래 대본에는 '민비'로 기록되어 있으나, 현대에 와서는 '명성황후'로 불리기에 이후 내용에서 전부 수정함.

서재필 뭐라구요? 명성황후 시해 사건의 하수인? 이 선생, 그런 인간이
　　　　어떻게 또 여길 왔을까요?

이상재 일본 히로시마 형무소에 수감되었다더니 두 달 후에는 증거불충
　　　　분이라는 명목으로 석방을 했답데다.

서재필 파렴치한 자식들! 증거불충분이라니……

이상재 서 공! 그게 다 나라 힘이 약하고 백성의 깨우침이 얕은 탓이지
　　　　뭐겠소.

서재필 이 선생 말씀이 옳아요. 일본놈들이 백주에 강도질을 해도 그들이
　　　　내세우는 구실과 법조문 해석 앞에선 누구 한 사람 떳떳하게 반대
　　　　할 사람이 없던 게 우리 조정이니 한심스럽지 뭡니까?

손탁　　오…… 끔찍해라. 그런 살인범이! 백주에 활보하다니……

서재필 그런데 왜 그 자가 다시 서울에 나타났는지 모르겠군요.

이상재 글쎄…… 또 무슨 꿍꿍이속을 꿈꾸고 있는지 모르죠. 세상이 하
　　　　도 어지러워서 밤새 무슨 일이 일어날지 예측불허지요.

서재필 미스 손탁! 혹시 나를 찾아온 손님 없었나요?

손탁　　오…… 이 멍청한 두뇌가 또 큰 실수를 했군요. 홋호…… 아까부
　　　　터 젊은 남자분이 닥터 서를 기다리고 있어요.

서재필 그럼 벌써 와 있었군요.

손탁　　어서 들어가 보세요.

서재필 커피 좀 주십시오. 미스 손탁.

손탁　　예!

　　　그녀는 주방으로 퇴장하고, 서재필과 이상재는 살롱으로 들어선다. 임
　　철규가 자리에서 일어선다. 서재필이 반갑게 악수를 청하자 임철규는
　　황송해하며 손을 쥐고 흔든다. 이 사이에 브리네르와 모오스는 2층으
　　로 퇴장한다.

　　　　　　　　　　　　　　　　　　　　　　　　손탁호텔

서재필 임철규 군이죠? 늦어서 미안하오.

임철규 바쁘신 박사님을 괴롭혀드린 제가 도리어 송구스럽습니다.

서재필 무슨 말을…… 참 이 어른께 인사를 드리지. 이상재 선생이셔.

임철규 예? 월남 이상재 선생님이 바로…… 저 임철규라고 합니다. (하며 꾸벅 절을 한다)

이상재 이상재요. (의자에 앉으며 서재필 박사에게) 임철규라면 서 공이 언젠가 얘기해 주던 임학성 의사의?

서재필 바로 맞혔소. 강원도 홍천에서 의병을 일으키다가 왜군에게 쫓기어 분사하신 임학성 의사의 자제분이오.

이상재 반갑소. 훌륭하신 어른의 대를 이어 큰일을 하셔야지.

임철규 앞으로 여러 가지로 배우고 또 채찍질을 받고 싶습니다.

이상재 가풍이 그러한데 배우긴 또 뭣을 배우겠다는 거요?

서재필 나와 함께 일을 하고 싶다는군요. 그동안 여러 차례 서신으로만 교분을 나눠온 처지였는데…… 어떻게 하면 좋겠습니까? 이 선생.

이상재 새 동지가 늘었으니 반갑지 않소.

서재필 그렇지만……

임철규 언젠가 글월로도 올렸지만 저는 보수를 바라서가 아닙니다. 여러 선생님들께서 평소에 주장하시는 말씀은 바로 저의 심장의 고동 소리라고 느꼈기 때문입니다. 선친께서 늘 말씀하신 가르침도 가르침이거니와 젊은이로서 뭔가 민족과 겨레를 위해 일을 하고 싶습니다. 때마침 박사님께서 귀국하시어 말씀하시기를 "백성이 깨우치지 못하고서 무슨 자주독립이 있으며 자유가 있는가"라고 기회 있을 때마다 역설하시던 일! 지금 이 시간까지도 저는 잠시도 앉아 있을 수가 없었습니다. 그래서 염치불구하고 서신을 올렸고, 또 꼭 만나 뵙고 부탁 말씀을 드릴까 하고……

서재필 나도 불덩이 같은 임 군의 포부와 패기가 얼마나 소중한가를 알 고는 있지만 막상 현실적인 여건을 생각해볼 때는 막연해지는군.

임철규 현실적인 여건이라뇨?

서재필 우선 숙소도 그렇고 최소한 침식 문제는 해결을 해야 할 텐데 …… 알다시피 나는 미국에서 단신 나온 지가 얼마 안 된데다가 지금 임시로 아펜젤러 선교사님 댁에 기숙하는 형편이라서……

임철규 마구간도 좋고 처마 밑도 개의치 않겠습니다. 오직 선생님 곁에 서 지내면서 선생님께서 하시는 일에 참여할 수만 있다면 어떠한 고난도 감수할 각오가 되어 있습니다. 선생님! 저는 잠든 세계에 서 깨어나고 싶습니다. 넓다란 세계를 알고 싶습니다.

그의 눈에 이슬이 핑 돌며 꼭 쥔 주먹이 부르르 떨린다.
서재필과 이상재는 젊은 임철규의 정열에 감동된 듯 시선을 마주친다.

서재필 (문득) 참 외국어를 체득하고 있다고 했지?

임철규 예. 영어와 일본어를 약간은……

이상재 (감탄한 듯) 영어와 일본어를?

서재필 어디서 어떻게 배웠지?

임철규 외국어 학교에 일 년 다녔고, 일본어는 독학으로 익혔습니다.

이상재 어떤 연유로 외국어를 배우게 되었던가?

임철규 적을 물리치기 위해서는 먼저 적을 알아야겠고, 그러기 위해서는 먼저 말을 알아야 되겠다고 깨달았기 때문입니다. 지난날 선친께 서 동학 의병을 이끌어 서울로 진격했을 때 일본군에 의해 무참 한 죽음을 당하신 것은 바로 제가 일본을 미워하게 된 도화선이 기도 합니다.

서재필 음……

임철규 그러나 지금 우리 조정 안팎은 온통 친로파 親露派에 의해 난도
질을 당하고 있다고 들었습니다. 이범진·이완용·이윤용을 비
롯해서 김홍육·이용익까지 부화뇌동한데다 제가 듣기에는 아
라사 정부가 일본의 뒤를 이어 이 강토에서 모든 이권을 삼키려
하고 있습니다. 지난날 친일파가 날뛰더니 이제는 친로파가 득세
를 하고…… 그런데도 국왕은 지금 대궐을 떠나 남의 공관 구석
에서 안이하게 소일하는 형편이 아닙니까! 그러나 따지고 보면
우리를 넘어다보고 있는 건 아라사만도 아니죠. 프랑스·독일·
미국·일본…… 이러한 역경 속에서 우리가 이겨나가려면 서양
각 나라의 동정을 알아야겠고, 그러기 위해서는 외국어를 배워야
겠다고 느꼈기에 부족한 대로 혼자서……

이상재 (감동되어) 훌륭한 젊은이군!

서재필 선생께서도 그렇게 보셨습니까?

이상재 서 공! 저 눈을 보시오. 불덩이가 타고 있소. 그리고 저 곧은 콧대
를 보시오. 젊은이란 저래야 해요. 저 기백, 저 열기, 저 맥박이
있어야 해!

임철규 무슨 일이든 하겠습니다. 이끌어만 주십시오. 인도해 주십시오!
이렇게 이렇게…… (하며 두 주먹을 마주 쥔 채 고개를 떨어뜨리며
마치 기도하는 자세이다)

서재필과 이상재는 난처한 표정으로 바라본다.
이때 손탁이 은쟁반에 커피를 들고 주방에서 나온다.
그녀의 얼굴엔 더욱 상기가 도는 것 같다.

손탁 기다리게 해서 죄송합니다. 글쎄 주방에 일손이 모자라서요. 이
제는 제가 커피 심부름까지 하게 되었으니…… 훗호.

그녀는 차례로 커피잔을 세 사람 앞에 놓는다. 그러다 말고 경직된 분위기를 문득 느꼈는지 의아한 표정으로 바라본다.

손탁   왜들 그러고 계시죠? 커피 드시지. 닥터 서 무슨 일이라도 있습니까? 그렇게 심각한 표정을 짓다니…… 어울리지 않아요…… 홋호…… (장난기가 섞인 어조로) 옳아. 미국에 두고 온 사랑스러운 부인 생각이 나십니까? 홋호…… 미시즈 서는 얼마나 행복하고 아름다울까? 이렇게 알뜰한 남편이 계시다니…… 홋호……

묵묵히 앉아 있는 서재필이 문득 좋은 꾀라도 생각해낸 듯 손탁을 쳐다본다.

서재필   미스 손탁!
손탁   예?
서재필   혹시 사람이 필요하십니까?
손탁   사람이라니요?
서재필   지금 그랬잖소? 일손이 모자란다고요.
손탁   그건 사실이에요. 그런데 닥터 서가 왜…… (하며 의자에 앉는다)
서재필   취직 부탁을 드릴까 하고요.
손탁   취직 부탁? 아니 누군데요?
서재필   꼭 채용해 주셔야겠습니다. 그 인물의 모든 것은 제가 책임지고 보장하겠습니다. 부탁합니다.
손탁   홋호…… 난데없이 닥터 서가 취직 부탁을 하시다니…… 남자? 아니면 여자?
서재필   남자지요. 젊고 똑똑하고…… 게다가 영어와 일본어도 웬만큼 할 줄 아는 청년입니다.

손탁	어머! 그것 잘 되었네요.
서재필	그럼 허락하신 거죠?
손탁	실은 주방도 주방이지만 객실 담당하는 보이가 한 사람 있어야겠는데 외국어를 할 줄 아는 사람이 어디 흔해야지요. 그래 어디서 무엇 하는 사람인가요?
서재필	바로 여기 앉아 있는 이 청년이죠.
손탁	예?
임철규	박사님. 그, 그건…… (어리둥절해서 몸둘 곳을 모른다)
손탁	(임을 훑어보며) 이 청년이에요?
서재필	예. 어떻습니까?
손탁	글쎄요. 용모는 그만하면 됐지만…… (두루마기를 만지며) 몇 살이죠?
서재필	스물세 살이라고 했지?

임철규가 고개만 숙인다.

손탁	(과히 싫지 않다는 눈치로) 닥터 서께서 책임을 지시겠다면야…… 안 될 것도 없지만……
서재필	고맙습니다. 책임 아니라 그보다 더한 것도 지겠소! 고맙습니다.
손탁	닥터 서께서 그토록 열을 올리다니 제가 질투를 느끼겠어요! 홋호……

이상재와 서재필이 호탕하게 웃는다. 그러나 임철규의 표정은 굳은 채로 고개를 숙이고 있다.

서재필	그럼 승낙하신 거죠?
손탁	그 대신 조건부예요.

서재필 조건부?

손탁 한 달 동안 수습 기간을 거친 다음 정식으로 채용 여부를 결정짓 겠어요.

서재필 고맙습니다. 미스 손탁.

손탁 아직 감사할 시간은 아니에요. (손가락을 하나 펴보이며) 결정은 한 달 후인 걸요 훗호…… 그럼 얘기를 하세요. (하며 자리에서 일어나 다른 좌석으로 가서 서로 인사를 나누고는 우편 문으로 퇴장한다)

이상재 (차를 마시며) 임 군은 운이 좋았어. 저 여자한테 인정을 받은 건 다행한 일이지.

서재필 손탁이라는 여성은 저래 뵈도 공사를 구별할 줄 아는 여자지. 형 부가 아라사 공사 웨벨이지만 한 번도 정치적으로 말려들지 않은 공정무사한 자세를 취했거든. 우리 조선 사람들의 문제에 대해서 도 비상한 관심을 가지고 있으면서도 결코 허황된 마음은 없는 여자야. 민족 사상이 투철한 점, 그리고 사업가적 수완이 뛰어나 며 사교적인 점은 세상에 잘 알려진 사실이지. 이 호텔에서 일하 게 되면 많은 걸 배우게 될 거야. 이 손탁호텔에서 외국 사람 만 나보고 세계를 내다보고, 그래서 우리 조선 청년이 나아갈 길을 찾는 것도 보람이 있는 일이지.

임철규 (심각한 표정으로) 박사님 호의는 감사하지만…… 그건 사양하겠 습니다.

서재필 사양하다니?

이상재 호텔에서 일하기 싫다는 말인가?

임철규 예. 손탁호텔은 제가 있을 곳이 못됩니다.

서재필 (약간 불쾌해지며) 이유는?

임철규 그리고 솔직히 말씀드려서 서 박사님께서 왜 이런 곳에 드나드시 는지 이해가 안 갑니다.

서재필 뭐라구? 내가 이곳에 드나드는 게 잘못이란 말인가?

임철규 예. 조선 사람에게는 불쾌하기 짝이 없는 곳입니다.

서재필 무슨 뜻이지?

임철규 조선 동포가 바로 서고 바로 가는 길을 그 누구보다도 실감하신 박사님이 왜 이런 곳에 드나드시는지 알 수가 없군요.

서재필 이해가 안 가는 건 바로 날세. 임 군이 무슨 뜻으로 그런 말을 하는지…… 차근차근히 얘기해 보게.

임철규 손탁호텔은 조선을 좀먹는 상인들이 드나드는 곳입니다. 아까도 박사님을 기다리는 동안 옆자리에서 얘기하는 외국인들의 얘기를 들었지요. 저마다 조선에서 이권을 앗아가는 사람들이었어요. 이 호텔을 본거지로 정보를 얻어 본국에 보고하는, 본국의 지령을 받고 이 땅을 좀먹으려는 그런 정상배가 들끓는 곳이 아닙니까? 그런데 왜 박사님 같은 분이 이곳을 즐겨 찾으십니까?

서재필 친구가 있으니까 오는 거지 누가 놀러 다니는 줄 아나?

임철규 알고 있습니다. 미국 선교사도, 장군도, 정치가들이 모여 자주 이곳에서 모임을 가진다는 것도 알고 있죠. 그러나 서 박사님이 그런 분들하고 사귀고 친분이 있다는 것만으로 우리나라가 바로 잡히는 길은 아니라고 봅니다.

서재필 (화를 내며) 말조심하게. 나를 모욕하려는 건가?

임철규 그게 아닙니다. 서 박사님이 미국에 오래 지내셨으니까 외국 사람들과 친교를 맺는다는 건 당연하시겠지만 일부에서는 그러한 박사님을 매도하는 소리가 드높다는 걸 아셔야 합니다.

서재필 나를 매도한다고?

임철규 서 박사님께서 지난날 개화당의 일원으로 갑신정변을 일으켰을 때는 일본의 세력을 등에 업더니……

서재필 내가 일본 세력을 등에 업었다고? 미친 놈들!

임철규 그런데 이제 와서는 양인들의 허리띠만 붙잡고 늘어지는 사대주의자라고 험담을 하고 있습니다.

서재필 사대주의자? 내가?

이상재 서 공! 개의치 마오! 그런 무식한 시정배들의 험담은……

임철규 물론 저도 그 말은 안 믿습니다. 그러나 박사님이 이런 곳에서 서양 사람들과 사교하는 것으로 자랑을 삼는 이상 일단 오해는 받게 되었지 뭡니까, 박사님.

서재필 내가 지난날 박영효, 김옥균 등 친일 세력들과 한때 어울렸던 건 사실이지. 그러나 그건 외세에 대한 아부나 야합은 아니야. 우리나라가 오랜 잠에서 깨어나기 위해서는 누군가가 먼저 십자가를 져야 했고, 또 그러기 위해서는 일본의 힘을 빌려야만 했을 뿐이지. 우리 개화당을 사대주의로 욕하는 건 국수주의자들이다!

임철규 그럴수록 박사님께선 조선 민중과 친하셔야 해요. 교육은 미국에서 받았을지언정 정신은 바로 조선 사람의 것이라는 걸 보여주셔야 합니다. 박사님! 조선 사람이 서양사람 힘을 등에 업고 큰소리치는 소리가 아니라 우리 자신의 목소리로 외치고 노래했으면 합니다.

서재필 (빙그레 웃으며) 그건 나도 동감일세.

임철규 예? 그렇다면……

서재필 내가 사대주의자인가 아닌가는 곧 밝혀질 거야. 임 군 말대로 우리의 목소리로 우리의 노래를 부르는 날이 곧 올 걸세.

임철규 그게 언제입니까? 예?

이상재 임 군. 서 박사와 나는 이미 그 준비를 하고 있네. 머지않아 말이 아닌 실천으로 보이게 될 걸세.

임철규 무슨 말씀이신지? 어떻게 실천을 해 보이시겠다는 겁니까?

서재필 (품에서 서류 봉투를 꺼내 보이며) 이걸 보게.

임철규 (겉봉에 쓰인 글을 읽으며)「독립신문」발간준비위원? 아니「독립
　　　　신문」이라니요?

서재필 신문이지, 신문. 헛허……

이상재 우리나라에서는 처음 찍어낸 신문일세.

임철규 신문을 만드신다고요?

서재필 (의욕적으로) 그렇지. 누구나 쉽게 읽을 수 있고, 누구에게나 새로
　　　　운 지식과 판단을 가르치는 신문을 낼 작정일세. 낡은 둑을 무너
　　　　뜨리고 도도히 밀려드는 신흥 사회 세력의 주장을 사상과 지식의
　　　　차원으로 높여서 나라를 개혁하는 데 힘이 될 신문을 내겠네. 그
　　　　때 가서도 이 서재필을 사대주의자요, 외국인의 허리띠에만 매달
　　　　리는 인간이라고 욕하는 소리가 들린다면 내 스스로 조선을 떠날
　　　　각오까지 되어 있으니 염려 말게.

임철규 (감격에 목이 메이며) 박사님! 그럼 역시 박사님께서는……

서재필 욕할 사람에겐 욕하라고 내버려두는 거야. 그 대신 우리는 우리
　　　　의 신념과 의지로서 잠자는 백성을 깨워주고 무능한 조정은 개혁
　　　　을 해서 조선 사람을 위한 자유스런 나라를 만들고 말테니까!

임철규 박사님! 죄송합니다! 그런 줄도 모르고 아끼는…… (그는 마룻바
　　　　닥에 무릎을 꿇고 회한의 눈물을 흘린다. 서재필이 그의 어깨를 쓰다듬
　　　　는다. 살롱 안의 손님들이 의아하게 바라본다. 저만치서 현주실이 그들
　　　　을 지켜본다. 이때 마차 소리가 현관에 멎는다. 현주실이 현관 쪽으로
　　　　나가자 러시아 공사 웨벨이 들어선다. 그 뒤에 브리네르가 따른다)

현주실 (사뿐히 절을 한다) 어서 오십시오.

웨벨 음, 요즘 호텔에 손님은 많은가?

현주실 예. 덕분으로요…… 미스 손탁을 나오라고 할까요?

웨벨 아니, 난 브리네르 씨와 요담이 있어서 왔으니까. (하며 살롱으로
　　　　들어서고 브리네르는 현에게 뭐라고 소곤거린다)

현주실 예. (메모를 하며) 객실로 식사를요, 샴페인하고……

브리네르 특별 메뉴라야 해!

살롱에 들어선 웨벨이 서재필과 시선이 마주치자 매우 불쾌한 표정으로 들어선다. 그러나 그는 브리네르에게 뭐라고 소곤거린다. 브리네르 귀띔을 해준다.

웨벨 (거만하게) 오…… 서재필! 그 유명한…… 핫하……

이 소리에 서재필이 홱 그를 돌아본다.

브리네르 아십니까? 각하.

웨벨 알고말고. 이 정동 일대에서…… 아니 이 나라 외교가에서 서재필을 모른다 해서 말이 되나! 헛허……

그가 서재필에게 경멸의 일별을 던지며 2층으로 올라간다. 브리네르가 따른다.

이상재 서 공! 누구요?

서재필 (2층 쪽을 응시하며) 러시아 공사 웨벨이오!

이상재 웨벨 공사?

암전

제2막

무대

1897년 봄. 전막 약 2개월 후. 러시아 공사관 안에 임시로 마련된 고종의 어소. 그다지 넓지는 않으나 오밀조밀하게 꾸며진 장식이며 조도품 調度品은 개화기의 서양문명을 그대로 받아들인 것들이다. 그러나 화려한 색조가 도리어 고종의 비운과 대조되어 어딘지 삭막한 느낌이다. 무대 우편에 침대가 있고 침대의 삼면과 천정은 보드라운 조도 세트가 장막처럼 드리워져 있다.

무대 중앙에 큼직한 안락의자를 중심으로 탁자와 몇 개의 의자와 소파가 있으며 바로 그 위 천정에 샹들리에가 걸려 있다.

좌편에 큼직한 집무용 책상과 의자와 일상용 장이 한 개 놓여 있다. 출입문을 제외한 벽과 천정은 큼직한 무늬가 박힌 벽지로 도배를 했고, 무대 정면 벽과 좌편 벽에 각각 육중한 출입문이 있다. 중앙은 외부로 통하고 좌편은 엄상궁과 궁녀들이 거처하는 방으로 통한다.

침대가 놓여 있는 우편 벽에는 폭보다는 길이가 더 긴 유리창이 있어 화사한 태양 광선을 이 방안으로 빨아들이고 있다.

바닥에 깔린 푹신한 융단엔 화려한 꽃무늬가 수놓여 있고, 방 전체의 색조는 보랏빛과 황금빛을 기조로 하여 일국의 왕이 거처하는 방임을 과시하려는 듯 안간힘을 나타내 보인다.

막이 오르면 중앙 소파에 고종이 자리하고 있고, 그 좌우에 왕세자와 엄상궁이 서 있다. 엄상궁이 화란제 도자기 커피포트에 담긴 커피를 따르고 있다. 커피잔에서 김이 춤추듯 피어오르는 광경이 창에서 흘러드는 광선을 받아 더욱 뚜렷하다.

차범석 전집 6

엄상궁 폐하, 커피 차를 드십시오. 어제 웨벨 공사님이 보내온 차올습니다.

고중 (잔을 들며) 웨벨 공사가?

엄상궁 예, 본국에서 새로 가지고 온 차라 합니다. 아라비아에서 사들인 커피라서 그 향과 맛이 각별하다면서 웨벨 공사 부인이 손수 끓이는 법을 가르쳐주고 가셨습니다.

고종 (커피잔을 코끝 가까이 대며) 과연 향기가 훌륭하구나. (세자를 향해) 세자도 들거라.

세자 예.

세자가 잔을 들어 한 모금 마신다. 음미하듯 입을 몇 번 놀린다. 고종도 마시고 나서 실눈을 뜨며 세자를 바라본다. 극히 만족해하는 표정이다.

세자 전에 마신 커피차와는 그 맛이 완연히 다른 것 같습니다.

고종 내가 듣기에도 커피차의 진미는 중동 아세아와 북아프리카 지방에서 나는 것을 첫째로 꼽는다고 들었느니라. 웨벨 공사도 그리고 미국 알렌 공사도 그 점에서는 의견을 같이 하더니…… (하며 그는 다시 커피를 마신다. 지극히 만족해하는 고종의 표정을 보자 엄상궁도 비로소 마음이 놓인 듯 미소를 지으며 다가선다)

엄상궁 커피는 품종도 품종이려니와 끓이는 데도 정성을 들여야 한다고 들었습니다. 그래서 웨벨 공사 부인에게서 여러 차례 끓이는 법을 배웠더니 이제야 폐하께서 흡족해 하시니 마음이 한결 가볍습니다.

고종 엄상궁은 원래 음식 솜씨엔 출중한 편이 아니었던가? 헛허……

엄상궁 황공하신 말씀을…… 그러하오나 이 아라사 공관으로 옮겨오신 이래 폐하께서는 주야로 심려를 거듭하신 일이 한두 가지가 아니

손탁호텔

시라 옥체 보전하실 일이 무엇보다도 급선무라 여겨 음식에는 각별히 정성을 들인 건 사실이옵니다.

고종 그걸 내가 왜 모를까…… (길게 한숨을 내뱉고) 생각하면 그저 무서운 꿈이요. 밤길 같은 시간이었지. (세자에게) 오늘이 며칠이지?

세자 5월 초여드레입니다.

고종 그러니 경복궁을 떠나온 지가 어언……

세자 석 달이 다 되었나 봅니다.

고종 석 달…… (눈을 스르르 감는다)

엄상궁 그날이 바로 2월 열하루 새벽이었으니까요. (무서운 추억을 되새기려는 듯) 사인교에 실려 영추문을 빠져나오던 일…… 생각만 해도 등골이 떨리기만 합니다. 이범진 대감과 웨벨 공사께서 길목을 지켜 계셨기에 망정이지 그 어른들이 아니었던들 지금과 같은 평안을 어찌 상상이라도 하였겠습니까.

고종 (커피잔을 든 채로 상념에 잠기며) 옳은 얘기요. 나와 세자의 신변에 닥쳐오던 위험을 막아준 건 웨벨 공사를 위시하여 이범진, 이완용, 이윤영 등 여러 조신들의 충성이었음을 내 모르겠소? (세자를 돌아보며) 어떻게 생각하느냐?

세자 지당하옵신 말씀이옵니다. 소자도 아라사 공관으로 옮겨온 이후는 잠자리도 편안하거니와 입맛도 돌아 마치 시들은 화초가 소생하는 느낌이 듭니다.

고종 헛허…… 소생하는 느낌에 이르러서는 누구보다도 내 심정을 먼저 두고 일러야 할 말이니라. 헛허……

엄상궁과 세자가 따라 웃는다.
멀리서 군악대가 연주하는 행진곡이 울리는 순간 고종은 입에 대어진 커피잔을 반사적으로 탁자 위에 놓는다.

어떤 공포와 당혹감에 안면근육에 경련이 일어난다.

고종　무, 무슨 소리인고?

엄상궁　아마 아라사 군대가……

고종　(길게 숨을 돌리며) 아라사 군대? (쓰게 웃고 나서) 나는 또……

세자　군악 소리입니다. 아바마마께서는 큰소리만 나도 깜짝 놀라시니
　　　……

엄상궁　창문을 닫겠습니다.

엄상궁이 급히 창가로 가서 창문을 닫고 레이스 커튼을 제치자 군악소리
가 아련히 멀어지고 방안은 금시 차분한 안방처럼 조용해진다.

엄상궁　아라사 수병들이 훈련을 하는 날은 소란하기 십상이니 웨벨 공사
　　　께 여쭈어 훈련장을 다른 곳으로 옮기도록 부탁을 할까 하옵니다
　　　만……

고종　그럴 필요는 없소. 소리란 처음 들었을 때만 괴로운 것을. 듣고
　　　있노라면 귀에 익혀지고 익히면 도리어 예사로운 것을…… (잠시
　　　행진곡을 듣다가) 참 페테르부르크에 간 민영환 공사로부터는 아
　　　직 아무런 소식이 없으니 일이 잘 되고 있는지 아니면 무슨 실수
　　　라도 있는지 자못 궁금하기만 하오. (하며 다시 차를 마신다)

세자　니코라이 황제의 대관식은 5월 스무엿새 날이니 아직도 시간 여
　　　유가 있는 줄로 아옵니다만……

고종　민영환 전권공사는 바쁘다 치고라도 학부협판 윤치호는 수석 수
　　　행원이니 그날그날의 진행사항을 신속히 알릴 수도 있는 일이
　　　아닌가. (약간 짜증스럽게) 나라 밖에 나가면 매사가 불편할 줄은
　　　알지만 나라 안에서 기다리는 사람의 답답하고 궁금한 심사도

43

알아줘야지……

엄상궁 황공하옵니다. 이제 이범진 대감께서 납실 시간이니 무슨 기별이 없는지 여쭈어 보겠습니다.

고종 이범진 법무대신을 기다릴 것이 아니라 웨벨 공사에게 전갈을 보내어 페테르부르크에서 무슨 기별이 없었는지 알아보도록 이르오.

엄상궁 예. (커피포트를 들며) 더 드시겠습니까?

고종 음…… 세자도 더 들거라.

세자 예.

엄상궁이 커피를 따르는 동안 군악 소리는 멎고 훈련장에서 들려오는 구령소리에 행진하는 군의 소리가 들려온다. 세자가 창가로 가서 밖을 내다본다.

세자 아바마마.

고종 응?

세자 들리는 말에는 아바마마께서 아라사 공관으로 파천하신 일을 흠 잡는 소리가 드높다 하옵니다만……

고종 (미간이 흐려지며) 흠을 잡아?

세자 예. 손탁호텔에 매일같이 모이는 무리들이 있어서……

고종 손탁호텔? (엄상궁을 돌아보며) 손탁호텔이라니?

엄상궁 웨벨 공사의 처제인 손탁이라는 처녀가 경영하는 객사 이름입니다.

고종 손탁?

엄상궁 예…… 독일 태생의 영특하고 어여쁜 규수인 데다가 여러 나라 말에 능통할 뿐만 아니라 서양의 새로운 문물을 익혀서 여러 사람의 칭송을 적지 않게 받고 있다 하옵니다.

고종	그래? 나는 아직도 그런 얘기를 듣지 못하였는데 세자는 어데서 들었는고?
세자	예…… 여러 대신들에게서 들었습니다. 특히 지난번 파천 직후 김홍집, 정병하, 유길준, 조희연, 장박 등 다섯 대신을 역적으로 규정했고, 그 후 총리대신을 세 번이나 역임했던 김홍집을 정당한 재판도 거치지 않고 학살토록 방치했다고 비난과 불평이 퍼지게 된 것도 바로 그 손탁호텔에 모이는 자들의……
고종	(손에 들었던 커피잔을 거칠게 내려놓고) 일본 정부에 아첨한 무리들에게 그만한 응징은 당연하지 않았던가?
세자	그러하오나 세론이……
고종	그만 거두어라!

고종이 자리에서 불쑥 일어난다.
예상 외로 경직된 고종의 태도에 세자는 약간 압박감을 느낀 듯 자리에서 일어난다.

세자	아바마마 용서하십시오. 소자는 다만……
고종	(창 쪽을 내다보며) 이 흉중에 사모치는 아픔과 울분은 그 누구도 모를 일이니라. 대궐을 빠져나와 외국 공관에 몸담게 되는 이 심정을 낱낱이 일러야만 알겠는가? 작년 팔월 일본 흉도들의 진흙발에 의해 짓밟힌 경복궁과 침전에서 있었던 그 몸서리치는 참상을 누구보다도 내가 잘 아는 일이니라. (세자를 돌아보며) 아니 세자도 그 자리에 있었지 않았던가? 곤녕전 깊숙이 쳐들어온 그 왜놈 흉도들이 왕후 폐출을 강요하는 문서에 서명하라고 온갖 위협과 공갈을 감행했던 현장을 목도하지 않았던가?

고종의 손이 부들부들 떨린다.

세자는 묵묵히 서 있고 엄상궁은 초조하게 눈치만 살핀다.

고종　(침대 쪽으로 가며) 일국의 왕이 흉도들에게 의관을 찢기고 서슬이 퍼런 칼날 앞에 떨고…… (흥분이 극도에 달하자 부들부들 몸을 떨며) 급기야는 옥호루 침전에서 떨고 있는 궁녀들의 머리채를 끌어당기며 왕후의 소재를 탐색하더니 마침내는…… (얼굴을 가리며 침대가에 주저앉는다) 아…… 그럴 수가 없느니라. 인간이면 그리는 못 하느니라! 금수만도 못한 그 왜적들의 만행을 무엇으로 보상하고 어떻게 변명할 수 있단 말인가? 나는 용서 못 한다…… 그런데 그러한 왜적들의 앞잡이로 일하던 김홍집을 처형한 게 무엇이 잘못이며 흠이란 말인가?

고종은 거의 안정을 잃고 몸 둘 바를 모른다.

엄상궁　폐하 고정하십시오. 옥체 보전하셔야 하옵니다. 이미 지나간 일은 지나간 일, 앞으로 헤쳐나가셔야 할 길이 첩첩 길이온데…… 옥체 보전하옵소서, 폐하.

고종은 이마에 손을 짚고 눈을 감은 채 허공을 향해 얼굴을 들고 있다. 왕세자는 일종의 죄책감에 사로잡힌 듯 말을 잃고 고개를 푹 수그리고 있다.

엄상궁　폐하. 커피가 식습니다. 드십시오. 더운 커피차는 마음을 진정시킨다고 들었습니다.

고종　(담담하게) 엄상궁, 그만 물리시오.

엄상궁 예?

고종 잠시 혼자 있게 하오. 그리고 세자도 별실로 물러가거라.

세자 아바마마 황공하옵니다. 소자가 그만 실언을 하여 아바마마의 마
음을 이토록 어지럽게……

고종 물러가 있으래도.

이때 정면 벽에 있는 출입문 밖에서 궁녀가 크게 손님의 내방을 알린다.

궁녀 (소리만) 법무대신 이범진 대감, 외무대신 이완용 대감께서 드십
니다.

고종 이범진과 이완용이?

엄상궁 예. 다음으로 미루시는 게 어떠실지……

고종 들라 하여라.

엄상궁 (밖으로 향하여) 듭시라 하신다. (세자는 가볍게 목례를 하고 좌편으로
퇴장한다. 잠시 후 이완용과 이범진이 등장한다. 관복을 차려 입었다)

이완용 신하 이완용……

이범진 신하 이범진 문안드립니다. (하며 두 사람이 정중히 허리를 굽힌다)

고종 (자리에서 일어나 중앙 소파로 오며) 어서 드오. 그렇지 않아도 궁금
하기 이를 데 없었소.

이범진 황공하옵니다. 실은 오는 길에 웨벨 공사 관저에서 이야기가 늘어
진 까닭으로……

고종 앉으오.

이범진 예. (하며 조심스럽게 앉는다. 엄상궁을 돌아보며) 수고가 많으시겠
소. 폐하께서는 오늘 수라는 얼마나 드셨는지요?

엄상궁 예, 이곳으로 오신 후부터는 눈에 보이게 식욕이……

이완용 식성이 좋아지셨단 말이오?

47   손탁호텔

이범진　고맙소. 모두가 엄상궁의 충성과 지성의 덕이 아니고 무엇이겠소.

엄상궁　과찬의 말씀을……

고종　(엄상궁에게) 물러가오.

엄상궁은 구석에 서 있는 궁녀에게 커피 그릇을 챙기게 하고 좌편으로
들어간다.
훈련장에서 들려오는 군악대의 경쾌한 행진곡이 들려온다.

고종　무슨 특별한 기별이라도……

이범진　(품에서 서류를 꺼내며) 페테르부르크에서 전보가 왔습니다.

고종　민영환 대감으로부터 말이오?

이범진　예.

고종　기쁜 소식이라도 있소?

이범진　(약간 흐려지며) 그게…… 실은 아라사 외무대신인 로마노프를 가
　　　　운데 두고 일본은 야마가다 아리또모 전권대사와 밀담을 하고
　　　　있고, 청국은 이홍장 전권대사를 보내어 밀약을 맺게 하고 있다
　　　　고 합니다.

고종　(약간 긴장하며) 그럼 민영환 대감은 로마노프 외무대신을 못 만났
　　　　단 말이오?

이범진　만났습니다.

고종　(금시 밝아지며) 만났어? 그래 뭐라고 했소? 무슨 성과라도 있었단
　　　　말이오?

이완용　여기 수석 수행원으로 간 학부협관 윤치호 대감의 서신이 와 있
　　　　습니만…… (하며 편지를 꺼낸다)

고종　대충 읽어보오.

이완용　예. 간추려 말씀드리자면 민영환 대감과 로마노프 두 분은 정식

조약 체결이 아닌 회담 형식으로 다섯 가지 조항에 합의를 보았
다고 씌었습니다.

고종　회담 형식으로 다섯 가지라? (못마땅하여) 아니 정식으로 조약을
　　　계약할 일이지 회담 형식은 무엇이며, 다섯 가지 조항은 또 무엇
　　　인고?

이완용　예. 첫째는 아라사 정부는 조선국왕의 안전을 보장할 것이며, 둘
　　　째는 아라사 장교로 하여금 조선군사를 훈련시킬 것이며, 셋째는
　　　조선의 경제 및 정치를 돕는 뜻에서 고문관을 파견할 것이며, 넷
　　　째는 양국 경제 발전을 위해 차관 약정을 검토할 것이며, 끝으로
　　　다섯째는, 아라사의 전신 電信을 조선과 연결시킬 것을 승인하고
　　　여기에 대한 원조를 즉각 실시하리라는 내용으로 되어 있습니다.

고종　(고개를 끄덕이며) 그럼 우리나라로서는 잘된 내용이겠지?

이범진　그러하옵니다. 아라사 정부 측은 어디까지나 우리나라를 일본의
　　　위협과 지배력에서 보호하고 협조를 아끼지 않을 것이며, 따라서
　　　그만큼 일본의 실권이 약화되었다는 결론이 되겠습니다.

고종　(길게 안도의 숨을 돌리며) 그것 참 잘 되었소. 일본이 우리를 넘겨다보
　　　지 못한다는 것 한 가지만으로도 금시 잠이 잘 올 것 같소.

이범진　폐하, 이제 아라사 정부가 우리 뒤에 있는 한 그 누구도 조선을
　　　넘겨다보지 못할 것입니다.

고종　(약간 고개를 갸웃거리며) 그런데 일본과의 밀약이나 청국과의 조
　　　약 내용이 무엇인지 잘 알 수 없으니, 궁금하오.

이완용　(약간 당황하며) 그 그 문제에 관해서는 아무런 기별이 없습니다만
　　　민영환 전권대사가 귀국하게 되는 날에는 만사가 백일하에 밝혀
　　　지게 될 것이온즉……

고종　수고가 많았소. 이렇게 한 가지씩이라도 실오라기 풀리듯 풀려가
　　　야만이 마음이 놓이니 정말 요즘 같아서는 시간을 보내기가 형벌

같기만 하구려.

이범진 무료하시면 웨벨 공사님께 말씀드려 크게 주연이라고 베풀게 하겠습니다.

고종 아직은 외부 사람을 만나고 싶은 심사는 없소. 그런데 한 가지 궁금한 일이 있는데…… 외무대신은 잘 알겠구려.

이완용 무슨 말씀이시온지……

고종 손탁호텔이라는 게 있다고 들었는데……

이완용 폐하께서 어떻게 그곳을……

고종 어떤 사람들이 모이는지 궁금하오.

이범진 웨벨 공사의 처제 되시는 미스 손탁이 경영하는 객사입니다마는 그보다도 그곳에는 여러 나라 외교관들이 드나들며 사교를 하는 곳이기도 합니다.

고종 여러 나라라면?

이범진 예. 미국 공사 H. B. 시일, 영국 영사 아스튼, 독일 영사 라인돌프, 프랑스 영사 뿔랑시, 미국 선교사 언더우드와 아펜젤러 그리고 알렌 선교사도 자주 드나드는 곳입니다.

고종 오…… 알렌 선교사도? (안도의 빛이 보이며) 그럼 과히 염려할 곳은 아니군.

이범진 그러하옵니다. 주로 미국과 구라파 각 나라의 인사들이 모인 곳이니만큼 (의미 있는 미소를 지으며) 일본 사람들은 좀체로 낄 곳이 못 되는 곳입니다. 훗흐……

고종 그래?

이범진 게다가 숙박료도 엄청나게 비싼 집입니다. 북촌에 있는 일본식 특등 여관의 하루 숙박료보다 세 곱이나 비싼 곳이라 왜소한 일본인들은 아예 문턱도 넘을 수 없게 되었다고 합니다. 헛허…… 따라서 남산 왜장대에 자리하는 일본 공관은 외톨박이 꼴이니 손탁호텔은 마치 우리 조정을 보호하기 위해 있는 셈입니다. ……핫하……

이완용 그러하오나 방심을 하기에는 아직도 때가 이른가 하옵니다만……

고종 무슨 뜻인고?

이범진 (불쾌하게) 그럼 대감은 아라사의 국력을 못 믿겠다는 말씀이오?

이완용 아라사의 국력을 못 믿는 게 아니라 일본의 집요한 세력이 아직도 이 땅에 뿌리박혀 있다는 뜻이죠. 대감은 손탁호텔에선 일본 사람이 얼씬도 못하게 되었으니 마치 이 땅에서 일본 세력이 완전히 물러나간 양 말씀하시지만 사실은 그게 아닌 줄로 압니다.

고종 외무대신으로서 책임 있는 얘기요?

이완용 예, 일본 세력은 아직도 꿈틀거리고 있습니다. 폐하, 다만 그들이 경성이나 정동 한복판에서 빛을 못 보는 것 뿐 결코 그네들의 세력을 무시할 것이 못 되옵니다.

이범진 (화를 내며) 대감! 그럼 대감은 일본 세력을 인정하시겠다는 뜻이오?

이완용 인정하는 게 아니라 경계할 여지가 있다고 했을 뿐입니다. 경인 철도 부설권을 백만 달러나 치르고 사들인 한 가지 사실만으로도 일본이 이 강토에 아직도 미련을 품고 있다는 증거가 아니겠소? 지난날 청일전쟁 때 부산서 경성까지 군량미와 병기 수송하는데 큰 곤욕을 치른 체험을 그들은 잊지 않고 있습니다. 게다가 들리는 말로는 일본 정부가 전보다 더 많은 낭인들과 상인들을 우리나라로 내보내고 있을 뿐만 아니라 제주도며 남해 도서지방에서는 일본 어선이 침입하여 고기를 잡아가지만 우리 측은 속수무책이라 하옵니다.

고종 당장에 붙들어 넣지 못하는고?

이완용 우리 어선은 설비도 설비려니와 고기 잡는 기술면에도 뒤져 있는 까닭으로 일본 어선들이 마구잡이 하는 것을 발을 구르며 먼발치로 보고만 있는 실정이옵니다.

고종   무슨 잠꼬대 같은 소리요? 일본 세력이 다시는 이 강토에 들어서지 못하도록 하시오.

이완용   그러하오나……

이범진   (가로막듯) 대감! 어전이오. 대감은 아까부터 하시는 말투가 마치 일본 세력을 환영하고 찬양하는 빛이니 정말 이해하기 곤란합니다. 듣기조차 거북합니다. 삼가해 주시오.

이완용   그렇게 감정적으로 말씀하실 일이 아닙니다. 사태를 냉철하게 관찰한 다음 대응책을 강구하자는 것뿐입니다.

이범진   그래 대응책이 있으면 말씀하시오.

이완용   (계면쩍어 말문이 막힌다)

이범진   (신랄하게) 왜 말을 못하시오? 일본 세력을 그토록 침이 마르게 말씀하시면서 왜 대응책 하나 연구해내지 못하셨소? 아니 그럼 대감은 일본이 다시 쳐들어오면 그대로 받아들이자는 속셈이오?

이완용   (화가 나서) 대감! 이 이완용의 인격을 어찌 보고 하시는 말씀인지 심히 불쾌합니다.

고종   (사태가 악화됨을 경계하며) 잠깐! 두 대감의 말을 듣고 있자니 아직도 일본이 세력 부식에 여념이 없음은 틀림없는 사실이오.

이범진   폐하, 그러하오나 아라사 국이 우리 배후에서 돌봐주고 지켜주고 있는 한은 해가 서쪽에서 솟아오르지 않는 한 조선국의 안정은 믿을 수가 있습니다. 민영환 대감이 로마노프와 묵계를 교환한 그 사실만으로도 입증이 되는 일입니다.

이완용   그 정도의 묵계는 일본도 마찬가지였습니다. 고무라 일본 공사는 수차에 걸쳐 조선이 독립국임을 인정했고, 동양 평화를 위해서는 조선과 일본이 힘을 합하자고 제의를 해왔지만 폐하께서 알현을 허락지 않으신 것뿐입니다.

고종 (자리에서 불쑥 일어나며) 그만들 두시오. 모처럼 가벼워진 머리가
또 이렇게……

그는 창가로 간다. 이범진과 이완용은 송구스러운 듯 크게 궁극한다.*
훈련장에서 구보하는 군화소리가 간헐적으로 가까웠다 멀어졌다 하
는 게 파도와도 같다.

고종 (넌지시) 그런데 어떤 연유로 나를 험담하는지 모를 일이오. 이토
록 주야로 나라를 걱정하는데……

이범진 무슨 말씀이시온지……

이완용 누가 험담을 한다는 말씀이십니까?

고종은 서서히 방안을 거닐며

고종 일국의 국왕이 궁을 벗어나 외국 공관에 머물러 있다는 걸, 헐뜯
는다고 들었는데……

이범진 서재필을 두고 하시는 말씀입니까?

고종 서재필?

이범진 예. 얼마 전 미국 유학에서 돌아온 젊은이로 학식이 풍부하고 사
리에 밝다고 들었습니다만……

고종 서재필이라……

이범진 예. 미국서 의학 공부를 하고 왔으나 지금은 미국 선교사 아펜젤
러의 집에 기숙하고 있다 합니다.

---

* 궁극하다: 윗사람이나 위패 앞에서 존경하는 뜻으로 몸을 굽히다.

고종	아펜젤러 집에서?
이완용	소신이 알기에는 서재필은 미국에서 의학 공부를 하고 돌아왔지만 관직보다 국민계몽에 더 큰 뜻을 품고 있는 것으로 알고 있습니다.
고종	국민계몽이라고?
이완용	예. 그리하여 전 대무대신 유길준의 주선으로 중추원 고문직에 있으면서 신문을 내기가 소원이었으나, 이미 일본 사람이 발행하던 「한성일보」가 방해를 놓는 까닭에 뜻을 이루지 못하다가 마침내 근자에 와서 「독립신문」을 펴냈습니다.
고종	(눈이 번쩍 뜨이며) 「독립신문」이라?
이범진	예. 이미 한 달 전인 4월에 나온 걸로 알고 있습니다.
고종	그러고 보니 나도 어지간히 세상엔 눈이 어두워져 버린 셈이오. 헛허……
이완용	무슨 말씀이시온지……
고종	눈이 있어도 보지도 못하고 귀가 있어도 듣지를 못하니…… (쓸쓸하게) 아라사 공관 속에 편히 있는 동안에 세상은 또한 그만큼 저만치 앞서 간 게 아니오. 그런 일도 모르고 지내다니…… (이범진에게) 그 초인종을 울리시오.
이범진	예? 예……

이범진이 침대 옆에 길다랗게 늘어진 줄을 두어 번 잡아당기자 맑은 종소리가 옆방에서 울려 퍼진다.

| 이완용 | 폐하. |
| 고종 | 그 「독립신문」이 어떻게 생긴 것인지 읽고 싶소. 외국에는 일찍이 신문이라는 게 있다고는 들었지만 아직 한 번도…… |

이때 엄상궁이 한 궁녀를 거느리고 옆방에서 나온다.

엄상궁 폐하, 부르셨습니까?

고종 두 대감의 말을 듣자니 「독립신문」이라는 게 나오고 있다는데 왜 내게는 한 번도 안 보였는고?

엄상궁 (당황하며) 도…… 「독립신문」? (하며 반사적으로 이완용과 이범진에게 시선을 돌린다. 그들 역시 난처한 표정이다)

이범진 폐하, 그건 소신이 부러 시킨 일이옵니다.

고종 시키다니?

이범진 이곳으로 파천하신 이래 폐하께옵서는 심신이 극도로 쇠약하실 뿐만 아니라 사말적*인 외부의 자극은 가능한 한 멀리 하심이 옳을까 하여……

고종 (약간 못마땅하여) 그럼 차라리 금강산으로나 피신하는 게 좋았을 것을.

이완용 잠시 동안이나마 폐하께 심려를 끼쳐드리지 않으려고……

고종 (엄상궁에게) 신문을 모두 거둬오게 하오.

엄상궁은 몸둘 곳을 모르고 이완용, 이범진을 보더니 서로 눈짓을 하자 총총히 물러간다.

고종 일국의 왕이 비록 대궐을 떠나 있을망정 나라의 꼴과 세태의 변모는 소상히 알아 마땅하지 않겠소? 경들이 나를 위하는 충정은 이해가 가면서도 보지도 듣지도 못하는 불구가 되기를 원할 만큼 심약한 사람은 아니오.

---

* 자질구레하여 중요하지 아니한 또는 그런 것.

손탁호텔

이완용 황공하옵니다.

이범진 오늘부터 즉각 시정토록 하겠습니다, 폐하.

고종 (창을 향해 길게 한숨을 몰아쉬고) 간밤에는 경복궁 연못의 비단잉어가 떼지어 죽어가는 꿈을 꾸었더니만 오늘은 공연히 심란한 소리만 한 것 같소. (돌아서서 크게 웃으며) 그밖에 무슨 반가운 소식은 없소?

이범진 한 가지 아뢰올 말씀이……

고종 말하시오.

이범진 일본 공사 고무라 주따로오가 다시 폐하께 알현코자……

고종 고무라가? (의연히) 일본 사람은 만날 수 없소. 절대로 아니 되오.

이완용 예. 몇 차례 그 뜻을 전달한 바 있는데도 끈질기게시리……

고종 아직도 나를 만나겠다는 거요?

이범진 예. 웨벨 공사께서도 폐하께서 환궁을 거역하신 이유를 밝혔음에도 아니 믿는 눈치입니다.

고종 지난 2월 15일에 이미 칙지를 보낸 바 있는데 아직도 아니 믿다니……

이완용 그런데도 불구하고 일본 정부에서는 폐하를 마치 아라사 정부 측에서 강제로 유폐시키기라도 하는 양 오해를 하고 있습니다.

이범진 그것보다도 구미 열강의 공사와는 알현을 허락하시면서 유독 일본 공사에게는 허락지 않음에 불만을 품고 그 대열에서 소외당하고 있다고 자인한 까닭인가 합니다.

고종 어리석은 것들! 일국의 국모를 시해한 천인공노할 만행을 뉘라서 용서한단 말인고!

이완용과 이범진은 묵묵히 공수를 하고 서 있다.

이때 엄상궁과 왕세자가 신문을 들고 들어선다. 이완용과 이범진이 세자에게 인사를 하자 세자는 건성으로 응답한다.

세자　아바마마 「독립신문」을 가져오라 분부를 내리셨습니까?

고종　응…… 그것인가?

세자　예. (그 가운데 한 장을 올린다)

고종　음…… 눈이 어두워서 읽을 길이 없구나. 세자가 대신 읽어 보아라.

세자　예?

이완용　폐하.

이범진　일독의 가치도 없는 잡다한 글입니다.

고종　읽어보아라.

세자　어느 글을……

고종　서재필인가 하는 자가 미국까지 가서 학문을 닦고 왔다니 어디 들어보자. 읽어보아라.

세자　예. 여기 오늘 날짜 신문 사설이 있습니다.

고종　서재필의 글인가?

세자　예.

세자가 신문을 펴들고 한걸음 앞으로 나서자 무대는 차츰 어두워지며 스포트라이트가 신문을 읽는 세자를 비춘다.

세자　근일 일본 신문들은 아라사와 일본이 조선을 같이 보호한다는 말을 자주 쓰고 있습니다. 그러나 우리 생각에는 이 말이 실상은 없는 것 같거니와 우리가 이런 일을 원하는 바도 아닙니다. 조선 이 독립국이라고 한다면 세상에 행하기도 독립국 같이 해야 할 것이며 남에게 대접 받기도 독립국 같이 받아야 할 터인데 실상 은 그와 반대되는 일이 한두 가지가 아닙니다. 만일 남의 보호국

　　　　　　　　　　　　　　　　　　손탁호텔

이 되면 독립이라는 두 글자는 없어지는 것이고, 만일 두 나라의 보호국이 되려면 두 상전을 얻은 일이니 조선이 상전을 동시에 둘씩이나 얻을 지경이면 아무리 조선 사람이 어리석고 남의 천대를 분히 여길 줄 모르더라도 할 말은 있는 법입니다. 조선이 이왕에 청국의 속국이라고 하였으되 말만 그러했지 청국에서는 조선 국내 정치에 상관이 없었고, 조선 정부에서는 임의로 무슨 일이든지 몇 백 년씩 해왔습니다. 근년에 형국이 원세개를 보내어 조선 정부 일을 속으로 아는 체 한 것은 조선 정부가 자청한 일입니다. 그런데 청일전쟁이 끝난 후에는 조선이 독립이 되었다고는 하나 사실인즉 일본의 속국이나 다름이 없는지라 조선의 내정과 외교 및 정치는 모두 진고개에 있는 일본 공사관에서 조처하였으니 독립국에도 남의 나라 사신이 그 나라 정부 일을 결정하는 나라도 이 세상에 또 있는지 묻고 싶습니다. 우리 생각에는 조선은 어디까지나 조선 사람의 나라이니 외국 사람들과 교제를 하더라도 조선 사람 생각을 먼저 하고 외국 사람은 둘째로 할 터이니 전 국민이 모두 이 마음을 먹어야 합니다. 그런데 국왕은 지금 대궐을 버리고 남의 나라 공관에서 살고 백성과 국토는 여러 외국이 넘어다보고 찢어가려고 노리고 있습니다. 바라옵건대 국왕께서는 대궐로 돌아가셔야 합니다. 이 나라는 폐하의 땅이요, 이 백성은 폐하의 백성입니다. 이 땅과 백성을 버려서는 아니 됩니다. 백성과 땅을 떠나서는 나라가 설 수 없습니다. 폐하, 빨리 대궐로 돌아가십시오. 한 나라의 임금으로 대궐에 계시지 않고 남의 나라 공사관에 계신다면 우선 체면이 손상될 뿐 아니라 남의 나라 사람들이 웃을 것입니다. 폐하 돌아가셔야 합니다.

세자가 신문을 읽어나가는 동안 또 하나의 스포트라이트가 고민하는 고종을 비춘다.

암전

제3막

제1장

무대

전막과 같음. 전막부터 약 2주일 후 오후. 살롱은 한두 사람의 외국인이 담소하고 있을 뿐 전에 비해서 한산하다.

막이 오르면 2층에서 미국인 모오스가 가방을 들고 내려온다. 그 뒤에 손탁이 따라 내려온다. 모오스는 먼 길을 떠나는 행장을 하고 있다.

손탁 미스터 모오스, 섭섭하게 되었군요. 이렇게 떠나시게 되어서……

모오스 아마 조선 땅에서 돈벌이하기에는 시기상조인가 봅니다.

손탁 그럴 리가 있나요. 제가 듣기에는 운산이며 안산 같은 데서 금광이나 철광을 캐내는 사람들은 그래도 재미를 톡톡히 본다나 봐요. 미스터 모오스도 그 방면으로 손을 대보시지 그러세요. (두 사람 의자에 앉는다)

모오스 그것도 옛말이지요. 내가 보기엔 장사를 해먹기가 까다로워졌지요.

손탁 그럴까요?

모오스 역사적으로 봤을 때 미개국에서 상품시장으로 호경기를 누리는 시기는 그 민도와 반비례하는 법이죠. 다시 말해서 민도가 낮으면 낮을수록 시장 확대는 용이해지죠. 민도가 높아질수록 시장성은 후퇴하게 마련이지요.

손탁 그럼 조선은 바로 그 후자에 속한다는 것인가요?

모오스 요즘은 불경기예요. 내가 알기에도 독일 상인 가운데도 이미 철수한 사람이 있는가 하면 영국 사람도 떠날 준비를 하고 있으니

까요. (시가에 불을 붙인다)

손탁 글쎄요. 저는 호텔 일 밖에 모르지만 그리고 보니 요즘 손님도 줄어드는 것 같군요.

모오스 미스 손탁이야 든든한 후견인이 있는데.

손탁 어머! 그렇지도 않아요. 여러분들 사업이 번창해야 호텔업도 경기가 좋아지는 건 빠한 사실인데요. 그래 언제 떠나시나요?

모오스 이틀 후 인천에서 배편으로 일단 중국으로 건너갈 작정입니다.

손탁 중국? 오…… 저도 한 번 가보고 싶군요. 조선에 정착한 지 어언 4년이나 되고 보니 또 어디론지 훨훨 날아가고 싶군요. (쓸쓸하게 웃는다)

모오스 미스 손탁이 정 그런 생각이시라면 가시게 해드리지요! 흠…… (하며 음흉한 시선으로 넘어다본다)

손탁 예? 어떻게요?

모오스 (덥석 손목을 쥐며) 나와 함께 떠나죠. 어려울 게 있소?

손탁 어머! 농담도…… 홋호. (하며 점잖게 그의 손을 떼어 놓는다)

모오스 사람은 한 자리에 오래 머물러 있으면 발전성이 없는 법이라오.

손탁 너무 자주 옮겨 심는 나무는 뿌리가 자라지 않는 법이지요. 홋호……

모오스 헛허…… 미스 손탁의 재치엔 그저 무조건 항복이라니까.

이때 2층에서 브리네르가 씨근덕거리며 내려온다. 그의 손에 신문이 들려 있으며 매우 흥분된 표정이다.

브리네르 빌어먹을! 이 자식들을 그저……

손탁 어머나, 미스터 브리네르, 무슨 일이 있으셨기에……

브리네르 도대체 이 나라에는 법도 없는가 말이오!

모오스 무슨 일이오? 브리네르.

브리네르 이 신문 좀 읽어 봐요. (하며 손에 들고 있던 신문을 탁자 위에다 내던
진다)

손탁 「독립신문」이군요? 무슨 걱정이겠소? 헛허……

브리네르 이건 「독립신문」이 아니라 고립신문이지…… 빌어먹을. (하며 앉
는다)

모오스 (신문을 펴들며) 무슨 기사가 났기에 그러시오?

브리네르 그 건방진 자식들이 쥐둥아리만 까져서 큰소리만 칠 줄 알았지
도대체 국제 정세가 어떻게 흘러가는지도 모르는 주제에…… (손
탁에게) 미스 손탁은 그 자식을 잘 아시겠구먼!

손탁 예?

브리네르 서재필이라는 피라미 말이오.

손탁 알고는 있지만…… 무슨 일이라도 있었나요?

브리네르 그 자식은 우리 러시아 사람과 무슨 억지 심정인지 모르겠어. 사
사건건이 물고 늘어지니 말이요.

모오스 비단 러시아뿐이 아니지요. 외국 사람이라면 불구대천지 원수처
럼 여기는 쇼비니스트예요!

브리네르 옳은 말씀이나 이 자식들은 신문마다 우리를 날강도처럼 험담만
하니…… 자 여기 이 기사 좀 읽어 보시오! (하며 신문을 펴들고
안경을 쓴다) 이게 신문인지 인신공격인지 원…… 내가 읽어볼
테니 듣고 나서 얘기합시다.
(하며 읽는다)
만약에 러시아 제국이 조선 제국을 진정한 독립 국가로 인정한다
면 정치, 군사, 재정, 그리고 무역계에서 모든 간섭을 즉각 중지
해야 마땅할 것이다.
(신문에서 눈을 떼고)

우리가 언제 간섭을 했어? 우리가 언제 간섭을 했던가 말이야! 그리고 그 다음 좀 들어보시지. 이 미친 녀석들이 뭐라고 썼는 지……

(다시 읽는다)

그런데도 러시아 정부는 조선을 보호 육성한다는 미명 아래 군대를 주둔시키고, 군사 훈련을 시킨다는 구실로 기실은 군사 지휘권을 장악하였고, 탁지부 고문관인 영국 사람 J. M. 브라운 대신 러시아인 알렉시에프를 교체한 이유는 무엇인가?

이것은 형식상은 고용 계약이었으나 그 속셈은 우리의 경제권을 러시아의 손아귀에 귀속시키고 자기네의 감독권 아래 두자는 음흉한 계획이다. 뿐만 아니라 러시아는 부산 앞바다에 있는 절영도를 조차하여 극동함대의 저탄소로 사용하려는 흉계를 꾸미고 있다 하니 우리는 전체 국민의 이름으로 결사반대하는 바이다.

(신문을 탁자 위에 내던지며)

이게 신문이요 응? 어떻게 생각하오?

손탁   (거침없이) 사실로 인정해요.

브리네르 뭐라구요? 아니 지금 뭐라고 했소?

손탁   조선국민이라면 그만한 생각은 누구나 가질 수도 있고, 그런 주장은 누구나 할 수 있는 권리와 자유라고 봐요.

브리네르 (어이가 없어) 권리와 자유라고?

손탁   조선 사람은 오랫동안 쇄국정책에 갇혀 살아왔기 때문에 세계로 뚫린 창을 모르고 있었지만 서재필, 이상재, 윤치오, 박기양, 이건호, 구연소 같은 외국에 다녀온 경험이 있는 분들은 그만한 민권사상은 익히 알고 있다고 봐요. 미국이나 유럽 각 나라에서만 자유와 민권이 허락되라는 법은 없다고 봐요. 안 그래요?

모오스 미스 손탁도 머리가 어떻게 된 게 아니요?

손탁　약소민족일수록 민족의식이 강해지면 배타감정이 격해지는 법이지요. 그러나 그 근원은 언제나 외국 상인들의 부당한 착취에서 비롯된다는 것도 상식이에요. 그러니 제 생각 같아서는 서재필 일당이 「독립신문」에 그런 기사를 쓰지 않도록 막는 방법은 하나 밖에 없다고 봐요.

브리네르　방법이라니요?

손탁　(자리에서 일어나며 여유 있게) 손을 떼는 일이죠.

브리네르　누가?

손탁　러시아가 조선으로부터!

모오스　(크게) 손탁! 돌았소?

브리네르　당신은 도대체 어느 편이오?

손탁　저는 어느 편도 아니죠. 다만 제삼자로서 냉철하게 비판하는 것뿐이에요.

모오스　제삼자라고요? 미스 손탁이 어째서 제삼자란 말이오? 아까도 불경기라고 해놓구서⋯⋯

브리네르　이것 봐요. 미스 손탁이나 나나 그리고 모오스 씨나 우리는 모두가 피해자란 말이요! 아시겠소?

손탁　피해자라구요?

브리네르　그렇지. 이 서재필인지 하는 놈 때문에 사업에 막대한 손해를 입고 있어요! 우린 정치가 뭔지도 모르지만 이 자식들이 밤낮 신문에다 이따위 씨도 안 먹히는 기사만 써 갈기어 우리가 사업을 하는데 지장이 있다는 건 부인 못하지 않소? 응? 일 년 전만 하더라도 이런 일이라곤 없었는데⋯⋯ 황해도 어느 광산에서도 조선 인부들이 노임이 적다고 말썽을 부려서 영국인 광산주가 진땀을 뺐던 일이 있지요. 이게 다 이 「독립신문」 때문이니 어디 사람이 살겠는가 말이야! 미스터 모오스! 어떻게 생각하시오?

모오스 동감입니다. 못된 송아지가 엉덩이에 뿔이 난다더니 그 서재필이란 친구 미국에서 고름이나 짜고 살 것이지 공연히 기어나와서 말썽이지 뭐요. 그래서 나는 아예 떠나기로 작정했지요.

브리네르 제까짓 게 신문을 알면 얼마나 알고 민주주의를 알면 얼마나 안다는 거야? 아니 설사 알고 있다손 치더라도 제 놈 혼자서 알고 있으면 되었지 이렇게 허무맹랑한 기사를 써서 민심을 소란케 하고 선동하는 이유가 뭐냐구? 이건 무슨 꿍꿍이속이 있다구!

손탁 그럴 리가 있나요. 제가 알기엔 서재필이란 사람은……

브리네르 관둬요! 당신은 그 서재필 얘기만 나오면 두둔인데 어떤 관계라도 있소?

손탁 관계라뇨?

브리네르 정말 알다가도 모를 일이군! 당신 황색인종 편에 서서 두둔한다는 건 당신 형부인 웨벨 공사와 그 조국 러시아에 대해서 반기를 들고 있다는 걸 모르겠소?

손탁 어머! 무슨 말씀을 그렇게 하세요? 저는 어디까지나……

브리네르 (쾅 하고 탁자를 치며) 변명은 듣고 싶지 않아요! 나도 이까짓 서재필 하나 갈아 먹으려면 식은 죽 마시기지. 내가 러시아 공사관에 가서 한 마디만 하면 서재필 아니라 그 할애비일지라도……

얼마 전부터 들어와 서 있던 서재필이 빙그레 웃으며 다가온다.

서재필 교수형에라도 처하시겠소? 헛허……

손탁, 브리네르, 모오스는 당황한다.

손탁 닥터 서! 언제 오셨어요?

서재필 죄송합니다. 어찌나 토론에 열을 올리고 계시는지 저도 그만 감동이 되어 근청을 하느라고…… 안녕하십니까? 브리네르 씨.

브리네르가 매섭게 쏘아본다.
서재필이 저쪽 의자에 앉으려 하자 브리네르가 부른다.

브리네르 바쁘시지 않으면 얘기 좀 하실까요?

서재필 저하고 말씀인가요?

브리네르 예! (유들유들하게)「독립신문」잘 읽고 있소. 그런데 한 가지 의견이라고 할까…… 부탁이라고 할까…… 헛허……

서재필 신문 발행에 대해서 일가견을 가지고 계신 선생의 고견을 듣고 싶습니다. (신문을 집어 들며) 제가 쓴 기사가 매우 못마땅하신 모양인데.

브리네르 아니죠. 그저 우리 상인들은「독립신문」에 사설이 좀 부드러워지기를 부탁드릴 뿐이죠. 서 박사, 제발 그 사설에서 배타적인 논조는 지양하시는 게 이로울 게요.

서재필 브리네르 씨는 뭔가 오해하고 계시는 모양인데요, 우리「독립신문」은……

브리네르 오해? 이것 봐! 나는 이래봬도 대러시아 제국의 실업가예요. 외국에도 다녀봤고, 신문도 많이 읽었지만 이런 젖비린내 나고 치기 어린 신문은 좀 곤란해! (태도가 표변하며) 왜 남의 사업을 방해하는가 말이야.

손탁 왜 이러세요? 브리네르 씨. 조용히 얘기하세요, 남들이 봐요.

브리네르 내가 할 일이 없어서 이따위 같잖은 신문을 읽고 있는 줄 아나?

서재필 (일부러 태연하게) 그토록 바쁘신 가운데도 우리「독립신문」을 읽어주셨다는 그 성의와 관심에 대해서 진심으로 감사하고 싶습니다.

브리네르 누굴 비아냥거리는 거냐?

서재필 아닙니다. 나는 다만 서구의 민주사상에 익숙치 못한 우리나라 국민들에게 진정한 민권사상과 자유사상을 가르쳐주고 싶은 욕심뿐인데 그 방법이 잘못되었으면 가르쳐주십사 하고…… 이를테면 이 기사가 사실과 전혀 다르든가, 아니면……

브리네르 그럼 한 가지만 묻겠는데, 외국 상사가 이 나라와 통상을 하는 건 마치 침략 행위인 양 떠들어대는데 그게 왜 침략인가 말이오?

서재필 제국주의의 일차 단계가 시장 개척이란 걸 잊으셨소?
아프리카, 차이나, 중국, 그리고 이제는 우리나라까지……

브리네르 핫하…… 무식한 소리! 한 국가가 정치적으로 독립하려면 경제적 자립이 필수조건이라는 걸 모르는군! 그런데 국민을 선동함으로써 자신의 이름을 팔려는, 그 매명적 영웅주의의 가면을 벗는 게 좋을 거다!

서재필 가면을 벗을 사람은 조선 사람이 아니라 당신네들이죠. 황색 인종이 아닌 백색 인종이죠! 안 그래요?

브리네르 뭐라구?

모오스 그런 모욕적인 언사를……

서재필 지난 5월에 민영환과 로마노프가 각서를 교환했을 때도 우리 조선의 주권을 인정하고 자주독립국임을 천명해놓고도 그 이면에서는 조선을 침략하려는 야욕을 키워온 장본인이 누구죠? (신문을 집어 들고) 여기에 쓰인 기사가 허위날조라면 고소를 하시지. 명예훼손도 좋고 무고죄도 좋으니 이 서재필을 고소하시지요. 그 대신 이 기사가 사실과 다름이 없다면 그 가면을 벗으시오. 조선을 우호적으로 보호한다는 가면 말이오!

브리네르 (벌떡 일어나며) 네놈이 지금 한 말 잘 기억해라! 내가 이 길로 우리 공사관에 가서 말을 하게 되면 그 결과는 어떻게 될지 알 테지?

서재필 좋으실대로 하시오. 웨벨 공사는 우리 성상 폐하를 공사관에다 모셔놓고 입안에 혀 끝 돌아가듯 마음대로 이용할 수 있을 테니 신문을 폐간시킬 수도 있고 서재필을 체포할 수도 있을 테요. 그러나 조선 국민의 가슴속에 흐르는 더운 피는 어쩔 수 없을 걸…… 헛허…… 그것도 마음대로 하실 수 있다면 해보시지.

브리네르 어디 두고 보자!「독립신문」이 언제까지 계속되는가 보자! (하며 급히 밖으로 뛰어나간다. 모오스도 회중시계를 꺼내보더니 트렁크를 들고 나간다)

손탁 안녕히 가세요. 미스터 모오스!

모오스 잘 있어요! 미스 손탁.

그는 손탁에게 키스를 하고는 급히 나간다. 그동안 서재필은 아직도 가라앉지 않은 흥분을 억제하느라고 눈을 감고 길게 심호흡을 한다. 손탁이 가까이 다가온다.

손탁 커피 드시겠어요?

서재필 (눈을 감은 채) 내가 경솔했을까요?

손탁 예? (앉는다)

서재필 브리네르가 웨벨 공사에게 내 얘기를 뭐라고 하건 상관없지요. 다만 만약에 신문이……

손탁 그럴 리가 있나요? 그이는 무식한 장사치인 걸요.

서재필 무식한 사람일수록 엉뚱한 짓을 하게 되는 법이지요. (한숨을 몰아쉬며) 내가 경솔했어요.

손탁 그 정도의 말은 해도 무방하다고 봐요.

서재필 (눈이 번쩍 뜨이며) 예?

손탁 사실「독립신문」을 경원하고 있는 것, 비단 러시아 사람만이 아니니까요. 경성에 나와 있는 모든 외국인이면 예외 없이 「독립신문」의 사설을 경계하고 있어요. 심지어는 「독립신문」 때문에 장사가 망한다는 사람까지 있어요. 아까 떠나간 모오스 씨도 그 중의 한 사람인 걸요. 홋호……

서재필 그럼 미스 손탁께서는?

손탁 글쎄요, 어떻게 말해야 좋을지…… 이를테면 호텔 사업은 적자이지만 조선 사람을 이해하는 마음은 흑자라고 해 둘까요?

서재필 (얼굴이 밝아지며) 진심으로 하시는 말이죠?

손탁 그럼 저보고도 가면을 벗으라고 하시겠어요?

서재필 고맙습니다. 언제나 미스 손탁에게는 신세만 지고 있어서……

손탁 피차일반이죠. 빚지기는……

서재필 예?

손탁 닥터 서께서 하시는 일을 돕고 싶은 건 제 마음에서 우러나오는 일이니까요. 누가 시켜서도 아니고 어떤 의무감에서도 아니고…… 마치 물이 높은 데서 낮은 곳으로 흘러내리고 봄이 오면 저 뒤뜰에 목련이 피는 것과 다름이 없어요.

서재필 정말 고맙습니다. 실은 그렇지 않아도 미스 손탁에게 어려운 부탁이 있어서 의논하려고 왔는데……

손탁 말씀하세요. 정치적인 일을 제하고는 뭣이든 돕겠어요.

서재필 고맙습니다. 실은 이 호텔을 하룻밤 빌리고 싶습니다.

손탁 호텔을?

서재필 예. 「독립신문」 발행지 3천부 돌파를 기념하는 자축회를 열까 하고요.

손탁 오…… 근사한 계획이군요. 그래 언제쯤이나!

서재필 돌아오는 토요일 밤입니다.

손탁 오! 그럼 며칠 안 남았군요. 다행히 현재 투숙 중인 손님이 얼마

손탁호텔

안 되니까…… 잠깐만요. 지배인한테 들어봐야겠어요. (사무실 쪽으로 가서) 지배인, 지배인, 숙박인 대장 좀 가지고 나와요.

현주실이 나온다. 손에 대장이 들었다.

현주실 부르셨습니까?

손탁 지금 우리 호텔에 체류 중인 사람이 몇이죠?

현주실 (대장을 펴며) 다섯 사람이네요.

손탁 토요일까지 투숙할 사람은?

현주실 내일이면 두 사람이 떠날 게고…… 토요일은…… 다 나가겠는데요.

손탁 마침 잘 됐군요. 닥터 서.

서재필 고맙습니다.

현주실 무슨 일이 있나요?

손탁 지배인! 토요일 밤 우리 호텔에서 굉장한 파티를 여신데요. 닥터 서께서요! 홋호……

현주실 파티를요?

서재필 예. 「독립신문」 3천부 돌파 자축 파티죠!

현주실 어머나! 「독립신문」이 벌써 3천부나 나가나요?

서재필 국민 여러분의 덕택이죠.

현주실 아니죠. 서 박사님의 의지의 힘이죠.

손탁 그렇고말고요. 닥터 서의 희생정신과 애국정신이 아니고서는 그렇게 되어질 수가 없지요.

서재필 사실, 처음에는 겁도 나고 불안 때문에 잠도 제대로 못 이루었는데…… 이렇게 발행 부수가 늘어가니까 보람을 느끼게 되는군요. 그만큼 나의 친구가 늘었다는……

손탁　　친구가 아니라 동지겠지요!

현주실　그럼 저도 서 박사님의 동지겠네요. 전 「독립신문」을 창간호부터
　　　　한 번도 빼놓지 않고 읽어왔으니까요.

서재필　(악수를 청하며) 동지. 고맙소!

현주실　수고하셨어요. 동지!

일동　　핫하……

　　　　이때 홍종우가 들어선다.
　　　　사치스럽지는 않으나 세련된 양복 차림이며 안경을 썼다.
　　　　사무실에 아무도 없는 걸 알자 살롱 쪽을 기웃거린다.
　　　　서재필을 보자 긴장의 빛을 나타내며 방 한구석으로 몸을 돌려 앉는
　　　　다. 그리고 탁자 위에 있는 신문을 펴들며 얼굴을 가린다.

서재필　그럼 오늘부터라도 초대장을 발송해야겠습니다.

손탁　　그날 밤은 공사관에 연락해서 악단을 내달라고 해서 멋진 음악과
　　　　춤을 추기로 하겠어요.

현주실　그럼 저도 지난번에 배운 폴카와 왈츠를 추겠어요.

손탁　　지배인은 남의 잔치에 끼어든 장돌뱅이가 되겠어! 홋호……

현주실　아무러면 어떻습니까? 조선 속담에 원님 덕분에 나팔 분다는 말
　　　　이 있는데요.

일동　　홋호……

손탁　　그럼 지배인, 오늘부터라도 차근차근 계획을 세워봐요.

현주실　예.

서재필　그럼 저도 이상재 선생과 초청자 명단을 작성해야겠는데요. (하
　　　　며 자리에서 일어선다. 이때 임철규가 들어선다. 인쇄 공장에서 일을
　　　　하다가 나왔는지 잉크가 옷에 묻었다)

　　　　　　　　　　　　　　　　　　　　　　손탁호텔

임철규	서 박사님, 여기 계셨군요.
손탁	어서 와요. 미스터 임! 이제 신문사 일 다 익혔소?
서재필	무슨 일이 있었나?
임철규	사무실에서 손님이 기다리십니다.
서재필	손님이? 누군데……
임철규	처음 보는 사람이던데요! 무슨 황국협회에서 나왔다면서……
서재필	황국협회? 아니 그 사람들이 나를 무슨 일로……
임철규	글쎄요. 꼭 좀 만나뵙겠다고 고집을 부리니까 이상재 선생님께서 박사님을……
서재필	무슨 일일까?
현주실	황국협회면 친일파들의 집합체가 아닌가요?
임철규	그렇지요. 이기동, 홍종우 등이 주동이 되어 만든 단체이지요.
서재필	나도 그렇게 알고 있는데……
손탁	닥터 서, 몸조심하셔야 돼요. 요즘 세상이 어수선하니까.
서재필	감사합니다. 그렇지만 나야 죄 지은 거라고는 없으니까요.
손탁	죄 지은 사람이 문제인가요? 미국의 링컨 대통령이 죄인이어서 암살당했던가요? 난세에는 사람의 가치를 몰라주는 법이에요.
서재필	충고 감사합니다. (임에게) 가지.
임철규	만나보시게요?
서재필	만나자는데 피할 건 뭔가?
임철규	그렇지만…… 어쩐지 이상한 예감이 드는군요.
서재필	이 사람 이러다간 무당 얘기를 들어보고 처신해야겠군! 가세! 헛 허!

서재필과 임철규가 밖으로 퇴장하자 손탁은 2층으로 올라가고 현주실
은 사무실로 가서 서류를 챙긴다. 신문을 읽고 있던 홍종우가 사무실

쪽으로 간다.

홍종우   실례합시다, 아가씨. (빙그레 웃는다)

현주실   예?

홍종우   좋은 호텔이군요. 한 가지 물어봐도 괜찮겠지요?

현주실   무슨 말씀인데······

홍종우   서재필 씨에 관해서인데······ (하며 담배를 피워문다. 그 솜씨가 능
        숙함에 현은 약간 놀라는 표정이다)

현주실   예? 서 박사님은 지금 막 다녀가셨는데요. 만나시려면「독립신문」
        사로 가시면······

홍종우   아니에요. 그 사람에 관해서 몇 가지 알고 싶어서······ 이 호텔엔
        자주 들리나요?

현주실   예, 대개 하루 두 번은······

홍종우   어떤 사람하고 만나죠? 물론「독립신문」사원 이외 말이에요.

현주실   여러 사람들이죠. 알렌 공사, 언더우드 씨, 아펜젤러······ (얘기하
        다 말고) 그런데 왜 그러시죠?

홍종우   뭐 듣자하니 토요일 밤에 무슨 회합이 있다면서요?

현주실   그래요. 그 대신 초청장을 가진 분이라야 참석하게 될 거예요!
        그런데 댁은 누구신데······

홍종우   나요? 나 홍종우라는 사람이요. 그럼 이만 실례하겠소. 좋은 호텔
        이군요! 헛허······ (하며 퇴장)

현주실   홍종우? 홍종우? 그자가 무슨 일로 서 박사를······ (문득 어떤 불길
        한 예감에 사로잡힌 듯) 가만 있자, 혹시 그 자가······ (그녀는 급히
        자리에서 일어나 문밖을 내다본다) 응? 벌써 어데로 가버렸네.

이때 마차 소리가 멀리서부터 들려온다.

손탁호텔

현주실 어머! 저건 웨벨 공사님의 마차인데…… 이쪽으로 오고 있는데
……

그녀는 돌아서 2층으로 급히 뛰어올라 가려는데 손탁이 내려온다. 마
차 소리가 더 가까워진다.

현주실 미스 손탁! 웨벨 공사님이 오셔요.
손탁   응? 형부께서?
현주실 예. 마차 소리가 멎었어요.

마차 멎는 소리 들린다.

손탁   무슨 일일까? 아무런 기별도 없이 오시다니……
현주실 어서 나가보세요.

두 사람이 사무실 쪽으로 가려 할 때 웨벨 공사 부부가 들어선다. 손탁
과 현주실이 정중히 절을 한다. 그러나 웨벨은 잔뜩 찌푸린 표정을
지으며 살롱으로 간다. 현주실만 남기고 그 부인과 손탁이 따른다.

부인   손탁. 얘기가 있어 왔어요!
손탁   그럼 내실로 들어가요.
웨벨   여기도 상관없어요.

그는 단장과 장갑을 벗어 놓으며 손탁을 노려본다.

부인   도대체 어떻게 된 일이니?

손탁	무슨 일이죠?
부인	「독립신문」 발행 3천부 돌파를 기념하는 자축파티를 이 호텔에서 가진다면서?
손탁	알고 있었군요.
웨벨	알다 뿐이오? 지금 그 일 때문에 발칵 뒤집혔소. 지금도 나는 고종 황제 폐하를 뵙고 나오는 길이지만……
손탁	고종 황제께서요?
웨벨	그렇지. 고종 황제께서 그 소문을 들으시고는 식사를 거르실 정도로 역정을 내시면서 내게 이 일을 해결할 방법이 없는가 하고 ……
손탁	해결할 방법이라뇨?
웨벨	내게 그 전권을 위임하신 셈이지요!
부인	그러니 너도 형부의 처지를 생각해 봐요. 그 중책을 맡으셨으니까……
손탁	그럼 나더러 어떻게 하란 말씀인가요?
웨벨	고종 황제의 괴로움을 덜어드리는 길은 오직 한 가지 뿐이죠.
손탁	한 가지라뇨?
웨벨	오늘부터 서재필 일당은 이 호텔에 못 드나들게 해요! 그리고 「독립신문」에 관계된 자들도 일체 금족령이요! 알겠소? 이건 형부로서가 아니라 대러시아 공사 웨벨의 권한과 명예로서요. 알겠소?
부인	이 일 때문에 지금까지 조선 제국의 국왕하고도 숙의 끝에 양해를 얻었으니까 그렇게 알고서……
손탁	저더러 시키는 대로 하라는 뜻이우? (웨벨에게) 인형이 되라는 거예요? 꼭두각시가 되란 말씀이세요? (하며 웨벨을 노려본다)
웨벨	(능청스럽게) 내가 언제 인형이라고 했소? 언제 꼭두각시 취급을 했는가 말이지! 나는 다만……

손탁호텔

손탁   이 호텔은 제가 경영하고 있는 호텔이에요. 물론 개업 당시는
       제냥*께서 조선 정부와 왕실의 허가를 얻으시느라고 애쓰신 건
       잘 알아요. 허지만 저는 이 호텔을 나의 사업이자 생활로 여기고
       오늘날까지 열심히 키워왔어요. 그리고 최대한도로 형부의 요구
       도 받아들였고, 그리고 때로는 부당한 지시를 받았던 것도 사실
       이에요. 그 증거로 일본 사람은 절대로 받아서는 안 된다는 명령
       에 순종했잖아요?

부인   (주위를 살피며 의자에 앉는다) 손탁, 무슨 말씀을 그렇게 함부
       로…… 제발 조용히 좀 얘기해요.

손탁   형부는 정치가요, 외교관이시지만 저는 평범한 여자예요. 누구에
       게나 대등하게 우의를 가지고 대하고 싶을 뿐이에요. 그런데 어째
       서 그 사람들을 여기 못 드나들게 해야 하는가 말이에요!

웨벨   (단호하게) 이유는 간단하지. 나와 반대되는 편에 있으니까!

손탁   반대되는 편?

웨벨   (시가를 피워 물며) 더 정확하게 말해서 우리 러시아 제국과는 적
       이지.

손탁   뭐라구요?

웨벨   물적 증거를 대면 더 알기 쉽겠지? 서재필 일당이 내고 있는 「독
       립신문」의 기사의 논조는 철저한 배타주의로 일관되어 있거든.
       우리 러시아 제국을 위시해서 모든 외세를 침략자로 규정짓고
       있단 말이오! 여기 어제 신문이 있어요. (품에서 신문을 꺼내 편다)

부인   여보.

웨벨   당신은 잠자코 있어요. 나는 당신 언니와 토론 중이니까. (짝안경
       을 꺼내 눈에 끼고 신문을 읽는다) 만약에 러시아 제국이 조선 제국

---

*동생의 남편 제부를 일컫는 전라도 말.

을 진정한 독립국가로 인정한다면……

손탁   저도 읽었어요.

부인   이제 알겠어?

손탁   몰라요.

부인   몰라?

웨벨   (다시 화가 나서) 지금 어느 편에 서서 하는 얘기요?

손탁   저의 국적은 독일이에요. 저는 독일 여성이지요. 그러니 제삼자의 입장에서 공정하고 무사하게 판단하고 자유와 민권의 소중함을 주장할 뿐이에요.

웨벨   어쩌면 말 마디마디가 그렇게도 「독립신문」 기사 같소? 민권이니 자유니 공정무사니 민족의식이니…… 누구 때문에 오늘의 손탁이 되었는지 그 은혜를 잊었군요?

손탁   아니죠. 그 은혜의 본성을 알게 되었지요. 저로 하여금 호텔을 경영시킴으로써 조선 정부와의 교섭을 원활하게 하고 국왕의 환심을 사게 하기 위해 서양의 풍물을 소개하려는 얄팍한 장삿속. 흠…… 그러나 저는 이미 그 속셈을 알고 있었어요. 무지하고 몽매한 조선 민족을 몽땅 털어먹으려는 각국의 정상배와 간상배가 우리 호텔에 묵고 있다는 건 어쩌면 내게도 그 책임이 있지요. 그렇지만 여기는 누구나 자유스럽게 드나들 수 있는 호텔이자 사교장인데 어떻게 「독립신문」 발행인들만을 못 들어오게 합니까? 그건 인간의 기본 권리를 유린하는 만행이에요. 저는 정식으로 거절하겠어요.

웨벨   마음대로 해요. 그 대신 한마디 일러두지만, 끝내 이런 식으로 나온다면 나는 다른 방법을 쓸 수도 있어요. 내가 지금이라도 돌아가서 고종 폐하에게 한마디 흘리면 「독립신문」은 즉각적으로 폐간시킬 수도 있어요.

손탁　그렇게 될까요?

웨벨　고종 폐하께서 이 웨벨의 의견을 물리치는 일이라곤 없었거든.

손탁　국민의 의사를 물리칠 수 있단 말인가요?

웨벨　뭐라구?

손탁　어려울 걸요. 「독립신문」의 독자 수가 얼마나 되는지 아세요? 지난 4월 7일 발간된 이래 약 4개월 동안에 3천부로 늘어나고 있다는 사실을 잊어서는 안 될 거예요. 애당초에는 단 몇 십 부에 불과했던 것이 기하급수적으로 늘어난 이 사실은 무엇을 말하는지 모르세요? 민의는 억지로 못 막을 거예요. 그 어떤 힘일지라도 민중 속에서 스스로 자라고 번지는 뜻은 꺾을 수 없을 거예요. 고종 폐하께 무슨 구실을 대든지 그건 자유이시겠죠. 그러나 제가 보기엔 「독립신문」이 그렇게 되면 국제적 여론이 더 귀찮게 될 거예요.

부인　너는 도대체 누구 편에서 말하는 거니?

손탁　미국 선교사들은 누구보다도 「독립신문」을 지지하고 있고, 그 사람들을 후원하고 있다는 것도 참고로 알아야 해. 아펜젤러, 언더우드, 알렌……

웨벨　듣기 싫소. 이쯤 되면 나와 처제는 남남이 되는 수밖에 없어요!

부인　언니와는 오늘부터 연을 끊겠어요.

손탁　좋아. 어차피 나는 외톨박이 아니겠어? 바람에 흔들리는 가냘픈 갈대, 꺾이면서도 새봄에는 또 싹이 돋아나는 갈대, 형부나 동생은 러시아 제국을 위해 충성을 바치겠지만 저는 전 세계 사람을 위해 인정을 바치고 싶은 것 뿐이니까요.

웨벨　무슨 잠꼬대를! 아무튼 파티는 중지해요! 내 명령이니까! 알았소? (부인에게) 여보, 갑시다.

부인　(손탁에게) 잘 생각해 봐. 고집부리지 말고 「독립신문」 발행 축하

연은 취소해라, 알겠니?

웨벨과 부인이 사무실 쪽으로 나간다. 그러나 손탁은 바위처럼 움직이
지 않는다.
현주실이 사무실에서 나와 손탁의 을씨년스런 뒷모습을 훔쳐본다.
마차 떠나가는 소리가 멀어진다.
현주실은 손탁이 손수건으로 눈물을 닦는 것을 보자 자기도 모르게
콧등이 저려오는 것을 느끼며 그녀에게로 다가간다.

현주실   (넌지시) 너무 상심마세요. 어떻게 잘 되겠지요.
손탁   (긴 한숨)
현주실   서 박사의 실망이 얼마나 클까요.
손탁   (힘없이) 어느 세상이고 앞서 가는 사람은 외로운 법이에요.
현주실   예?
손탁   사람이 사람을 이해한다는 것처럼 어려운 일은 없지요.
현주실   그렇지만 「독립신문」은 어느 개인을 위해 내고 있는 건 아니니
        까요.
손탁   그러나 한 개인의 압력이 수백 수천 명의 권리를 짓밟을 수도
        있는 이 나라의 현실은 무시 못할 거예요.
현주실   그렇지만 「독립신문」을 읽고 있는 국민들은 다 알 수 있을 걸요.
        우선 저부터라도!
손탁   알면 뭘 하나요? 행동이 따르지 못하는 지식이란 이미 죽은 거예
        요. 실천을 못하는 이론은 휴지조각에 불과해요!

그녀는 갑작스레 터져나오는 울분이 울음으로 변하자 수건으로 입을
막는다.

손탁호텔

현주실 (불안해지며) 그럼…… 어떻게 하실 셈이세요?

손탁 뭘?

현주실 토요일 밤 파티 말이에요. 취소하시겠어요?

손탁 (긴 한숨을 내뿜으며) 나로선 어떻게 할 도리가 없어요.

현주실 그럼 중지하시겠어요?

손탁 (힘없이 의자에 주저앉으며) 할 수 없지요. 이 상황에서는……

현주실 예?

손탁 미스 현이 내 처지라면 어떻게 하겠어요? 난 지금 그것을 생각하고 있는 거예요. 서재필 박사를 택하느냐 아니면 웨벨 공사의 명을 따르느냐 어떤 쪽이 더 현명한가를 생각하고 있어요.

현주실 ……

손탁 미스 현도 아마 이 현실과 이론 사이에서 방황하게 될 거예요. 나는 어려서부터 그래도 새로운 문명과 교육을 받으며 자라왔지만 역시 약한 인간이에요. 아…… 고향에 돌아가고 싶군요. …… (아스라한 기억에 잠기듯) 아…… 지금쯤 우리 고향은 백합꽃이 한창이겠다. 스위스와 인접한 산골짜기지. 사시사철 흰 눈이 쌓인 알프스의 연봉에 저녁 노을이 붉게 타오르면 금세 강바람을 타고 초원의 꽃향기가 코를 자극시켜 주지. 그건 술보다도 더 빨리 취하는 향기였어. 노란 꽃가루가 금세 머리에 날아와 앉을 것만 같은 밤. 느티나무 아래서 구운 감자를 벗겨먹으며 뛰놀던 일! 아…… 그 한스라는 애가 내 치마에다가 낙서를 했을 때는…… 그리고 홀어머니께서 운명하시면서 언니에게 나를 부탁한다고 유언하셨을 때도 나는 울기는커녕 그 한스가 창밖에서 손짓하기를 기다렸거든…… 난 나쁜 여자였어. 어려서부터 사내처럼 거칠었던 것 같아. 그래서 어디고 멀리 멀리 가고 싶었거든요. 그래서 어머니가 돌아가신 뒤 나는 언니를 따라 브뤼셀, 프라아그, 우크

라이나, 페테르부르크…… 나는 그저 흘러 다녔어. 가다가 지치
면 쓰러져 자고 깨어나면 빵조각과 냉수로 배를 채우고……
그렇게 자라다 보니까 어느새 이 동양의 한구석까지 떠밀려왔지
뭐예요. 그래 맞았어. 나는 표류하고 있는 거예요! 언젠가는 이곳
을 떠나 또 다른 곳으로 떠밀려가게 될 거예요. 중국? 일본? 아니
블라디보스토크에서 더 깊숙이 시베리아 벌판으로 갈는지도 모
르지. 그렇게 표류하다가 낙엽더미 속에 푹 파묻혀 잠이 들고 말
것 같아. 영원히……

그녀의 눈에 다시 이슬이 맺혀 넘친다. 현주실은 자기도 모르게 어떤
충격을 받는다.

현주실 오늘따라 왜 그러시죠? 여느 때와는 전혀 다른 분 같아요. 미스
손탁만은 외로움을 모르는 여성이라고 생각했어요. 제가 지금까
지 미스 손탁의 도움으로 이화학당을 마쳤고, 또 이 호텔에서 일해
오는 동안 미스 손탁처럼 외로움을 모르는 여성이 되어야겠다고
마음먹었지요. 자신에 찬 여성, 신념의 여성.

손탁 그럴까?

현주실 가지고 싶은 것, 먹고 싶은 것, 하고 싶은 것 다 갖추었으니까요.
우리처럼 가난하지도 무식하지도 않으니까요. 짓밟히지도 억눌
리지도 않으셨잖아요? 가고 싶은 곳 다 가보고 만날 수 있는 사람
다 만나고…… 아…… 그러고 보면 우리 조선 사람이 세계에서
가장 불행한 민족인가 봐요.

손탁 그건 잘못된 생각이에요.

현주실 그럴까요?

손탁 닥터 서 같은 분도 있잖아요? 요는 행동이에요. 인간은 자기 의사

에 따라 자신 있게 행동할 수 있으면 되는 거예요. 생각은 있으면서 행동 못하는 사람이 불행한 거예요. 닥터 서처럼 신념에 살고 신념을 구체적으로 행동하는……

현주실은 의아한 표정으로 손탁을 내려다본다. 그 시선을 의식한 손탁은 자기도 모르게 얼굴이 달아오른다.

손탁 어머! 내가 공연한 얘기를……

현주실 미스 손탁은 서 박사님을 좋아하시는가 봐요?

손탁 싫지는 않아요.

현주실 예?

손탁 만약에 그분에게 부인이 없었던들…… (말하려다 말고) 내가 왜 이런 얘기를 하지? 홋호…… 어서 들어가 봐요. (하며 자리에서 일어나 사무실 쪽으로 가려는데 서재필, 이상재, 임철규가 들어선다. 신문사의 젊은이들 서너 명도 따라 들어온다)

그들은 매우 흥분한 상태이다.
손탁과 현주실은 불길한 예감에 사로잡혀 그들에게서 어떤 사실을 찾아내려고 하나 이상재와 서재필은 묵묵히 앉아 있다.
이상재 손에 초청장 뭉치가 들려 있다.

현주실 (임철규에게) 무슨 일이 있었군요?

임철규 예. 토요일에 자축회를 강행하는 날엔 폭력배를 투입해서 아수라장을 만들 테니 그리 알라는 협박이지 뭡니까.

현주실 (문득) 그래서 아까 그자가……

임철규 누구 말인가요?

현주실   홍종우가 다녀갔어요.

임철규   홍종우가요? 뭐라고 하던가요?

현주실   서 박사님에 대해서 꼬치꼬치 캐물었어요.

임철규   혹시 서 박사님을 해치려는 흉계가 아닐까요?

서재필   그렇게 될 가능성이 없는 것도 아니지. 그자들은 무슨 짓이라도
할 거야.

이상재   이미 초청장까지 이렇게 다 찍었고, 일부는 이미 발송했는데……
큰 낭패군요. 이제 와서 취소할 수도 없고……

손탁   닥터 서의 의견은 어떠세요?

서재필   (묵묵히 앉아 있다)

임철규   서 박사님. 용단을 내리십시오. 여기서 중단할 수도 없잖습니까?
그자들이 폭력으로 나온다면 우리도 폭력으로 대하죠. 그쪽만 젊
은 사람이 있습니까? 우리도 있어요. 뭉치면 그따위 건달패들쯤
이야 문제가 아니죠! 눈에는 눈으로 대하라고 했어요. 예? 박사
님. 뭐가 겁이 납니까? 우리 배후에도 힘이 있잖습니까?

서재필   힘이라니?

임철규   그자들은 조정 내의 친일 관료들이 돈줄을 대고 있다지만 우리
뒤에는 「독립신문」이 심어놓은 민권사상의 지지자들이 있잖습
니까? 정의는 이긴다는 평범한 진리를 왜 이제 와서 망설이십니
까? 예? 박사님! 우리가 지금까지 투쟁해 나온 게 누구 때문인가
요? 그토록 죽을 고생 끝에 신문을 낸 게 누구를 위해서였는가
말입니다! 여기서 물러서면 안 됩니다! 버티어 나가야 됩니다! 박
사님!

서재필   임 군, 그걸 누가 모르나?

임철규   아시면서 왜 망설이십니까?

서재필   (내뱉듯) 제삼자에게 피해를 입히고 싶지 않아서 그래.

이상재 제삼자라니?

임철규 그게 누구죠?

서재필 (손탁을 돌아보며) 우리가 그 자축회를 감행하는 날엔 이 손탁호텔은 남아나지 못할 거야.

손탁 닥터 서!

서재필 우리 때문에 선량한 외국인이 희생될 수는 없어요. 이 선생 안 그렇소?

이상재 음…… 그렇다면……

임철규 그럼 장소를 변경해서라도 해야 합니다!

현주실 저도 동감입니다!「독립신문」발간 기념 자축회는 취소해서는 안 됩니다. 그렇게 되는 날에는 지금까지「독립신문」을 키워준 민심을 배반하는 꼴이 돼요. 우선 저부터라도 배반당한 격이 되니까요!

임철규 바로 그렇습니다. 민심을 배반하는 건 위선이에요! 사기예요! 박 사님.

서재필 그렇게 흥분만 가지고 되는 건 아니야. 사태를 냉정히 판단할 필요가 있어서 그러는 거야.「독립신문」이 잘 읽히는 데 대해서 질투와 시기를 하는 인사가 많은 것도 문제이지만 더구나 친일 세력들은 친로파에 밀려 한동안 숨을 죽인 듯하더니만 일본 정부가 끈덕지게 낭인배와 첩자들을 대량 투입하고 있다 하니 혹시나 불행한 사태가 일어나면 어떡하나 해서요.

현주실 그럼 자객이라도 들어온단 말입니까?

서재필 전혀 없으란 법도 없지요. 청일전쟁 이후 일본은 삼국 간섭에 눌려 한동안 잠잠한 척 꾸몄을 뿐 내막적으로는 호시탐탐 재침의 기회만을 노리고 있으니…… 게다가 우린「독립신문」사설을 통하여 고종 황제께서 환궁하시라고 끈덕지게 여론 환기를 꾀하여 왔으니 고종 황제도「독립신문」을 탐탁하게 여기지는 않을 게고……

임철규　당치도 않습니다. 그럼 열국의 군왕이 남의 나라 공관에 파천하여 셋방살이하는 게 나라의 위신과 체통이 서는 일입니까?

이상재　서 공! 역시 이건 예정대로 감행하는 것밖에 없겠소. 젊은이들이 이렇게 반발해 나가다간 우리 신문도……

손탁　잠깐만, 제가 의견을 말해도 되겠어요?

서재필　예?

손탁　닥터 서! (미소를 머금고) 예정대로 파티를 가지세요.

서재필　미스 손탁!

손탁　제 걱정은 마세요. 저도 형부한테서 그런 협박 받았어요. 그래서 닥터 서와 꼭 같은 심정이었어요. 그러나 지금 여러분들의 얘기를 듣고 있노라니까 나도 모르게 용기가 치솟는군요. 예정대로 초청장도 발송하세요. 그리고 미스 현, 어서 물건도 사들일 준비해요.

현주실　고맙습니다! 미스 손탁!

임철규　감사합니다!

손탁　닥터 서! 용기를 내세요. 손탁호텔이 아수라장이 되더라도 조선 땅에 민주주의가 심어진다면 저는 더 바랄 것이 없겠어요!

서재필　미스 손탁! 고맙소. 그러나 이런 폭력과 압력으로 이즈러진 공포 분위기에서 어떻게 민주주의가 싹틀 것이며 이 땅에 참다운 여론이 형성될 것인가가 걱정이군요.

손탁　자신을 가지셔야 해요. 이제 와서 포기할 순 없어요.

서재필　물론이죠. 미스 손탁의 정신적인 지주에 보답하기 위해서도 나는 포기는 안하겠소. 그래서 토요일 밤 축하연 석상에서 여러분의 의견을 묻기로 하겠습니다.

손탁　무슨 말씀이세요?

서재필	「독립신문」을 이만큼 키워왔지만 여론을 키워나가기 위해서는 다른 방법이 필요합니다.
손탁	다른 방법?
서재필	이보다 조직적이며 적극적인 민권운동을 펴내는 일 말입니다.
손탁	민권운동이라고요?
서재필	예. 그러기 위해서는 토마스 제퍼슨, 존 록크, 쟝 자크 루소 등의 정신을 기반으로 하여 강연도 하고 토론회도 하고 상소문을 올려 대정부 투쟁도 하고 친일, 친로 세력을 몰아내는 운동도 마땅히 있어야죠.
이상재	그럼 정당을 조직하겠다는 뜻이오?
서재필	필요하다고 봅니다.
이상재	음……
임철규	(불안한 표정으로) 가능할까요?
서재필	자유와 독립을 쟁취하는 길은 그것밖에 없어요. 그리고 자유 민주주의의 개혁을 실현하기 위해서는 우리가 모험을 해야 합니다. 누군가가 앞장을 서야 하고 앞장 서는 사람에게 호응이 있으면 실현이 되고 없으면 그것으로 끝이 나는 게 아니겠소? 그러므로 나는 여러 회원들 앞에서 그 뜻을 밝히고 중론을 모아서 조직적 활동을 펴나갈 생각입니다.
이상재	좋은 생각이오! 서 공!
손탁	저도 힘이 되어드리겠어요.
현주실	저도 하겠어요!
임철규	박사님! 그럼 어서 초청장부터 발송합시다. 저를 주세요!

그는 탁자 위에 놓은 봉투 꾸러미를 집어 든다.

손탁   아…… 오랜만에 흥청거리는 파티를 가지게 되어서 고마워요.
홋호…

일동 웃는다.

암전

제2장

무대

전막과 같음. 전막부터 5일 후 밤. 살롱에는 만국기가 천정에서 사방
벽 둘레로 늘어져 있고 테이블은 치우고 없다. 홀 한구석에 술과 오드
볼이 놓인 식탁이 차려 있다. 현관엔 청사초롱이 켜있다. 중앙 벽 정면
에 '「독립신문」 3천부 발행기념 축하회'라는 글이 붙어 있다.
막이 오르면 회장 여기저기에 남녀 하객들이 삼삼오오 담소하고 있고,
현관 수부에서는 손님이 차례로 몰려든다.
그 가운데는 외국인들도 섞여 있고, 조선 사람들의 복장도 양복과 두
루마기가 뒤섞여 있어 이채롭다.
임철규를 위시한 젊은이들이 술잔을 손님에게 권한다.
성장한 미스 손탁이 공작새처럼 누비고 다니며 인사를 한다.
흰 두루마기를 차려입은 이상재가 한 귀퉁이에 마련된 연단에 올라선다.

이상재   여러분, 그럼 제가 한 말씀을 드리겠습니다. 여러분께서도 아시
는 바와 같이 오늘은 우리 「독립신문」이 발간 부수 3천부를 돌파
하는 기쁨을 나누고자 모인 자리입니다. 이 자리에는 내외 귀빈

여러분은 물론 이 나라의 현재와 장래를 걱정하시는 젊은 동지들도 많이 와 계십니다. 그러나 우리는 단순히 축하에만 그 뜻이 있지 않습니다. 이 보잘 것 없는 「독립신문」을 아끼시는 마음을 보다 더 알차고 영글게 하기 위해 모였고, 단 그것은 뭔가 새로운 형태로 발전되어야 한다고 생각합니다.

여기저기서 박수가 터져 나온다.

이상재 그동안 이 신문을 펴내기 위해 치른 현 업무의 고충도 고충이려니와 날이 갈수록 우리 신문의 참뜻을 이해하려고 협조를 아끼지 않으신 국민 여러분에게 뭔가 성장의 모습과 미래를 향한 굳센 발돋움이 있어야 한다고 생각해오던바, 마침내 하나의 안이 성안되었습니다.

여기저기서 웅성거리며 기대에 부푼 동요가 일어난다. 모두들 환호성을 올리며 박수를 친다. 이때 겐조오가 등장한다.
현주실이 사무실에서 나와 깜짝 놀라며 그 앞을 막는다.

현주실 어델 가는 거예요?
국도 저리 비켜라.
현주실 오늘밤은 초청장을 가진 분만 들어올 수 있어요. 초청장을 내보이세요.
국도 웬 여자가 이렇게 빡빡하게 나온다지? 응? 저리 비켜.

두 사람의 승강이질하는 소리에 살롱에 있던 사람들이 사무실 쪽으로 온다.

이상재, 임철규, 서재필도 끼어 있다.

임철규 주실 씨 왜 그러시죠?

현주실 글쎄 이 분이 못 들어간다고 말리니까……

임철규 초청장 가지고 왔소?

국도 초청장? 그런 것 없어!

임철규 그럼 미안하지만 나가 주시오.

이상재 (국도에게) 우리는 당신을 초청한 일이 없는데 왜 왔지요? 오늘 이 자리에는 일본 사람은 들어올 자격이 없어요.

국도 난 신문기자 자격으로 왔소. 취재차 왔는데 뭐가 잘못인가요?

현주실 숙박을 가장하여 취재차 오셨군요.

국도 말을 삼가하시오. 보도 취재의 자유는 자유 민주 국가의 기본 조건이오.

이상재 옳은 말씀이요. 그러나 일국의 국모 시해 사건에 연루된 하수인을 그대로 받아들일 만큼 조선의 민주주의는 튼튼치는 못하니 나가 주시오.

국도 언론인이 언론인을 몰아내는 법이 어디 있단 말이요.

임철규 당신이 무슨 언론인이요? 가면을 쓴 첩자겠지. 나가요. (하며 떠민다)

국도 뭣이? 나보고 첩자라고?

임철규 물론이죠. 기꾸시마 겐조오 씨가 두 가지 직업을 가지고 있다는 건 천하가 다 알고 있소. 을미정변 때 명성황후 시해 사건에 가담했던 것도, 그리고 일본 「국민신보」의 기자라는 것도 말이오. 그러니 나가 주시오. 이제부터 서 박사님의 연설이 시작되니 나가요.

국도 난 못 나가겠어. 나는 어디까지나 신문기자로서 보도의 사명을 띠고 왔단 말이다.

이상재 그럼 서재필 박사의 연설을 듣고 가겠다는 거요?

손탁호텔

국도 못 들을 것도 없지요!

이상재 좋소! 당신이 방청을 한 뒤 나가겠다고 약속한다면!

국도 염려 말아요. 내가 흉기를 휴대하고 있는 폭도는 아니니까. 헛허
······

군중들이 웅성거린다.

이상재 조용히 합시다, 여러분. 아까 말씀드린······ 그럼 그 계획을 서재
필 박사가 직접 발표하겠습니다.

이 말과 동시에 우레같은 박수가 장내를 뒤흔든다. 국도도 한구석에
선다. 저만치 서 있던 서재필이 단상에 오른다.

서재필 신사 숙녀 여러분, 정말 기쁘고 또 기쁜 저녁입니다. 이 황홀한
밤에 나는 웬일인지 아까부터 자꾸 눈물이 쏟아질 것만 같아 불
안했습니다. 이 보잘 것 없는 신문쪼가리가 무엇이 대단합니까?
초라한 체제에 서투른 글에 퀴퀴한 기름 냄새 밖에 없는 이 신문이
대체 무엇이길래 우리를 여기 모이게 하고 축하하게 했을까요?
독자가 늘었으니 장사가 되었다고 생각하시나요? 아닙니다. 이
름이 팔려서 장하다고 여기시나요? 아닙니다. 그럼 뭣인가요? 그
건 다름 아닌 우리도 말을 할 자격이 있고, 자유를 누릴 권리가
있고, 독립을 쟁취할 자신이 있기 때문이다.

폭발적으로 터지는 환호성과 박수 소리가 그칠 줄 모른다.

서재필 존경하는 신사 숙녀 여러분! 우리에게 소망이 있다면 그건 곧 독

립일 겝니다. 그래서 우리는 지금까지 신문을 찍어내면서 독립의 필요성과 존엄성과 자주성을 국민에게 심어왔습니다. 그것이 날이 갈수록 넓게 깊게 심어졌습니다. 그러니 이제 남은 문제는 그것을 구체적인 행동으로 나타내야 하겠습니다.

찬의를 나타내는 발언과 박수가 터져 나온다.

서재필 그래서 우리 몇몇 사람은 심사숙고 끝에 '독립협회'를 발족시키는데 합의를 봤습니다.

일동 옳소! 옳소!

다시 환호성과 만세 소리가 터지고 서로 얼싸안고 발을 구른다.

서재필 다음으로 우리의 궁극적인 목표가 독립일진대 우리가 펴나갈 사업은 먼저 이 꿈과 의욕의 상징으로 먼저 독립문을 세우기로 합시다.

일동 옳소!

서재필 그러기 위해서 각자가 성금을 내도록 합시다. 가진 자는 많이, 아니 가진 자는 적게, 그 금액이 문제가 아니라 정성을 표시하도록 합시다.

이 말이 떨어지기가 무섭게 여기저기서 돈을 꺼내며 외친다. 임철규와 현주실이 큼직한 광주리를 들고 나와서 돈을 거둔다. 어떤 여자는 반지를 뽑아 던지는가 하면 어떤 신사는 지폐를 내기도 한다. 이때 현관 쪽에서 홍종우가 들어와 군중 속에 끼어든다.

서재필 감사합니다! 감사합니다! 이 순간의 순수한 흥분과 감동은 바로 독립으로 내닫는 원동력이 될 것입니다. 그럼 이제부터 다시 즐거운 춤과 음악으로 즐겨 주십시오. 장소는 저 뒤뜰에 마련되어 있습니다.

손탁 여러분. 오늘만은 마음껏 드시고 즐기세요. 제가 술은 무제한으로 제공하겠어요.

임철규 (국도에게 다가오며) 자 이제 서 박사님의 연설은 끝났으니 약속대로 나가 주실까요?

국도 (눈을 부릅뜨며) 내가 여기 있다고 일이 안 될 건 없잖아!

임철규 약속은 약속이니까 나가시오.

국도 못 나가겠다!

임철규 뭐라구?

국도 나를 어떻게 하겠다는 거냐?

임철규 억지로 끌어내겠다!

장내가 다시 술렁거린다. 이때 군중 속에서 홍종우가 앞으로 나온다. 서재필, 이상재가 크게 놀란다.

이상재 아니…… 당신은?

홍종우 나를 알아보시겠소?

이상재 아다마다! 홍종우 씨죠?

홍종우 (허세를 부리며) 과연 월남 선생의 예리한 눈은 못 속이겠군요?

서재필 이 선생, 아시는 분인가요?

이상재 잘 알죠. 아니 서 공도 아실 거요. 고균 김옥균을 암살한 자객 홍종우요.

서재필 뭐라구?

임철규 홍종우?

현주실 홍종우가 어떻게 감히……

일동이 아연 놀라움과 긴장으로 휩싸여 분위기가 급작스레 경화된다.

홍종우 (이즈러진 미소를 띠며) 나를 뭐라고 해도 좋소. 조선 국민 홍종우
가 구경 왔을 뿐 다른 저의가 있어서가 아니오.

서재필 (불쾌감을 억제하며) 그러시겠지요. 김옥균을 암살했을 때도 다른
저의가 있어서가 아니었듯이 말이죠.

홍종우 (욱해지며) 뭐라구요?

서재필 한동안 외국에 나가 있었다고 들었는데 다시 나타나시는 걸 보니
이번에는 또 무슨 사명을 띠고 오셨죠?

홍종우 프랑스 일본 등지를 유람하다가 엊그제 돌아왔소. 그러나 나는
지금 아무 일도 하는 게 없을 뿐더러……

서재필 그런데 이렇게 일본 신문기자를 대동하고 올 만한 이유가 있었나
요?

홍종우 뭔가 오해를 하고 계시는 모양인데…… 기꾸시마 씨는 내가 일
본에 있을 때 사귄 모모다게 고따로오 百武綱太郞라는 언론인의
친구요. 그래서 그분의 소개로……

임철규 흥, 요즘은 주로 일본 사람과 가깝게 지내시는군요? 그렇다면 오
늘 이 자리에는 나오실 필요도 자격도 없으니 그만 나가 주시오!

홍종우 헛허…… 젊은 양반. 뭔가 오해를 하시고 계시는 모양인데 나는
그런 사람이 아니오.

이상재 그런 사람? 무슨 말이죠?

홍종우 내 나름대로의 조국애를 가지고 있는 사람으로 고민도 번민도
있는 사람이오.

이상재　그리고 야망도 있겠지요.

홍종우　뭐라구요?

이상재　김옥균 선생을 상해까지 뒤쫓아가서 암살한 당신의 조국애는 정
　　　　말 존경하오. 그런데 오늘밤은 또 누구를 노리고 오셨소? 이상재
　　　　인가요 아니면 서재필 박사인가요?

홍종우　헛허…… 알고 보니 월남 선생도 감정의 표출이 보통 이상이군
　　　　요? 이런 일엔 냉철한 판단이 필요한 법인데! 조선의 선비들이란
　　　　잘 참는 것 같으면서도 결정적인 단계에 가서 못 참는 게 흠이지
　　　　요. 안 그렇소? 서재필 박사!

서재필　그렇게 말하는 당신은 마치 이 나라 사람이 아니라는 말투 같군요?

홍종우　오…… 이거 실례했소이다! 헛허…… 내가 프랑스 망명 시절에
　　　　그곳에서 만난 외국 사람들한테서 들은 얘기를 그대로 옮긴 것
　　　　뿐이죠. 헛허……

임철규　그게 무슨 자랑인가 말이오? 그게 무슨 망명이오?

홍종우　오…… 젊은 양반. 장차 큰일을 하려거든 결코 감정에 흘러서는
　　　　안 되는 법이오. 자기를 억제하고 자기 감정을 조절해야지. 안
　　　　그렇소 서 박사!

서재필　그것도 파리에서 배워온 선생 철학인가요?

홍종우　물론! 그리고 또 한 가지 내가 서 박사에게 말하고 싶은 건……
　　　　바로 그 신문에 관해서인데 말씀이에요!

서재필　「독립신문」 말인가요?

홍종우　나는 신문에 대해서는 문외한이지만 비평은 할 수 있지요. 「독립
　　　　신문」? 그것 아주 잘 한 짓이에요. 수고가 많은 거 나도 잘 알아
　　　　요. 그런데 한 가지가 틀렸어. 말하자면 옥에 티라고나 할까요?

이상재　도대체 무슨 얘길 하려는 거죠?

홍종우　잠깐! (그는 궐련을 피워 물며) 내가 파리에 있을 때 불란서 정부의

외무대신과 오찬을 같이 한 일이 있었는데 말씀이야. 그 자리에서 이런 얘기를 하더군요. 그래서 난 그 말을 서 박사에게 선물로 드릴까 하고 오늘 밤 찾아온 거지요. 헛허……

모두들 의아한 표정이다.

서재필 선물? 그래 무슨 애깁니까?

홍종우 그분 말씀이, 신문은 정부 시책을 뒷받침하고 협력함으로써만이 국민 복지에 이바지할 수 있다 이거예요.

서재필 뭐라구요?

이상재 그게 프랑스 외무대신의 말이오?

홍종우 아니죠. 역사적으로 고찰하자면 이건 보나파르트 나폴레옹의 주장이기도 하지만 내 견해로서는 옳게 본 거예요. 정부에 협력 안하는 신문이란 정부와 국민 사이를 이간시키고 나아가서는 사회질서를 어지럽게 하는 독약이라는 뜻이겠지요. 헛허……

서재필 그럼 우리 「독립신문」이 독약이라는 뜻이군요?

홍종우 적어도 조선 정부를 헐뜯고 사사건건 비판을 비관으로 일관하는 그 논조로 봐서는 양약이라기보다는 독약이라는 편이 더 적절한 표현일 수도 있겠죠! 안 그런가요?

서재필 그럼 한 가지만 묻겠소. 우리 정부가 자신의 발상이나 의사에 따라서 시정을 하는 것보다는 외세에 휘말려 태평양 한복판에 떠밀려 가는 고깃배처럼 방향을 제대로 못 잡았을 때 신문은 어떻게 해야 하며 무슨 말을 써야 할까요? (차츰 흥분되며) 갈 길을 모르고, 자기가 서 있는 위치를 모르는 국민들에게 우리의 갈 길을 제시하는 게 잘못된 것일까요? 알 권리를 행사하고 알려야 할 의무를 다하려는 「독립신문」이 독약이라고 한다면 그보다 더한 양약을 제시해 보시오! 그런 양약이 나타난다면 이 시간부터라도 「독립신문」은 폐간을 하겠소!

홍종우 그렇게 흥분을 하시면 안 됩니다. 지식인이란 안으로는 불을, 밖으로는 얼음을 지니고 있어야 해요. 헛허……

서재필 당신은 지금 어떤 흉계를 품고 나와 나의 동지들을 노리고 있는 모양인데 어림도 없소!

홍종우 흉계? 천만에요! 내가 흉계를 품고 있었다면 진작 출세를 했고, 내각의 일원으로 입각해서 대궐 속에서 아방궁 같은 집을 짓고 부귀영화를 누렸지. 하지만 지금 나는 이 몸뚱아리 하나뿐이오. 집도, 가족도, 명예도 없는 떠가는 구름이라오! (날카롭게 쏘아보며) 그런데 나보고 야욕을 품었다고? 야욕을 품은 자는 바로 당신이오!

서재필 뭣이!

홍종우 당신이 지나온 발자취를 돌아봐도 김옥균, 박영효들과 갑신정변을 일으킨 후 삼일천하의 짧은 단꿈에 미련을 느낀 당신이 아니오? 그 야욕을 이제 다시 키우기 위해 「독립신문」을 찍어내더니 이제 와서는 독립협회까지? 헛허…… 그 음흉한 뱃속을 나는 안다!

서재필 뭐 뭣이?

홍종우 말을 해보구려. 야욕이 없는 사람이 미국서 되돌아와서 이렇게까지 일판을 벌인 까닭이 무엇인가 말이오?

임철규 폭력주의의 원흉다운 이론이군. 당신의 지난날을 잊었소?

홍종우 나는 오직 국가와 민족을 위해서 일했을 뿐이오. 개인적인 야욕이 아니라 더 큰 이 나라와 겨레를 위해서……

서재필 흥! 너따위 테러리스트의 입에서 민족이니 국가니 하는 말이 나오다니 구역질이 난다.

홍종우 (비위가 상한 듯) 뭐라구?

서재필 위선자! 양의 탈을 쓴 여우!

홍종우 듣기 싫다!

서재필 지난날 그 누구의 사주를 받고 김옥균을 암살했으며, 그 대가로 무슨 보수를 받았는지 모르지만, 폭력주의가 비겁하고 치사하다는 사실은 씻을 수 없단 말이오. 그러니 나가 주시오! (국도에게) 나가! 나가!

국도 나는 신문기자 자격이지 테러리스트가 아니란 말이다.

서재필 그러나 당신은 명성황후 시해 사건 때도 신문기자 자격으로 왔었죠? 그때나 지금이나 뭐가 다르오? 일본 정부는 말끝마다 조선을 보호한다는 미명 아래 온갖 인권을 앗아가듯이 당신은 신문 취재라는 명목으로 테러를 합법화시키는군요.

임철규 조용할 때 나가요! 어서!

이 사이에 여기저기서 몰려든 젊은이들이 홍종우와 국도를 포위하듯 에워싼다.

국도 무슨 짓들이냐?

홍종우 음…… 완력으로 나오겠단 말이지?

임철규 드디어 테러단의 본성을 드러내는군! 어서 나가라!

홍종우 좋아! 너희들이 이런 식으로 나오겠다면 우리도 방법은 있지! (하며 국도에게 몇 마디 소곤거리더니 품에서 호루라기를 꺼내 요란스럽게 불어젖힌다. 이 소리에 모두들 놀라고 악단이 연주하는 음악도 뚝 그친다) 힘에는 힘으로 대하는 길밖에 없지!

이때 현관 쪽에서 불한당들 십여 명이 머리에 띠를 두르고 방망이를 들고 뛰어든다.

홍종우와 국도를 에워싸고 있던 청년들이 반사적으로 물러서자 두 사람은 자기편 청년 쪽으로 자리를 피해 선다. 양편이 정면으로 대치하고 서는 상태이다.

손탁 무슨 짓들이에요? 여긴 호텔이에요. 외국인 손탁이 경영하는 호텔이지 연병장이 아니란 말이에요!

국도 호텔은 돈만 내면 누구나 들어올 수 있는 곳인데 왜 내게는 방을 안 주는 거요?

손탁 빈 방이 없으니까 못 줬지! 어서들 나가요! 안 나가면 러시아 공사관에 연락을 해서 러시아 군대를 출동시킬 거예요!

국도 그럼 우리는 일본 공사관에 연락해서 일본 군대를 긴급 출동시키지! 헛허……

서재필 아니 저 뻔뻔스러운 것들!

홍종우 뻔뻔스럽기는 당신이지. 당신은 어느 나라 사람인가 말이오?

서재필 뭐라구?

홍종우 나는 조선 국민의 자격으로 이 자리에 나왔소. 아니 내 나라 일을 내가 걱정하는 게 뭐가 잘못인가 말이오? 그런데 당신은 뭐요? 어느 나라 국민의 자격으로 와 있는가 말이오? 응?

그의 오만불손한 언행에 모두들 아연해진다.

서재필 어느 나라 국민의 자격?

홍종우 그렇지. 이런 얘기는 간단하게 끝내는 게 좋지! 당신은 조선 사람이 아닌 미국 사람이지요? 미국 사람이 왜 조선에 나와서 이러쿵저러쿵 말이 많은가 말이오!

서재필 아니!

홍종우 내 말이 틀렸으면 반박을 해보지. 미국 시민권을 가졌고, 미국 여자와 결혼했으며, 미국 의학박사 학위까지 차지한 사람이 뭐가 부족해서 여기까지 와서 말썽만 일으키는가 말이오? (단호하게) 돌아가야 할 사람은 바로 너야! 조선 땅에서 떠나갈 사람은 서재 필이지 홍종우는 아니다!

좌중이 크게 술렁거린다.

서재필 내가 시민권을 얻은 것과 내가 하고 있는 일과 무슨 상관인가 말이다.

홍종우 상관있지 않구! 미국이 우리나라 내정에 간섭하는 것도 용서 못 해! 미국의 힘을 업고 정동클럽에 드나드는 외국인과 친분이 있 는 것을 기화로 우리 국정에 간섭을 하고, 민심을 교란시킬 목적 으로 신문을 내더니, 이제 와서는 독립협회를 만들어 정치운동까 지 하려는 너의 검은 뱃속은 빤하지 뭐냐! 외세에 아부하여 공명 심을 만족시키려는 그 유치한 영웅주의자! 사대주의자!

임철규 이 비열한 테러리스트! (하며 대들자 상대방 청년들이 막아선다. 다시 한 번 술렁인다)

홍종우 나보고 테러리스트라고 해도 좋다! 그러나 나는 조선 사람 자격 으로 조선을 사랑하고 국왕을 받들려는 충성심에서 행동했다. 그 런데 너희들은 뭐냐? 서양 문명을 조금은 안다는 핑계로 자기 것 을 얕잡아 보고 말끝마다 시민 사회가 어떻고, 민권 사상이 어떻 고, 자유가 어떻고! 흥…… 그런 개소리는 태평양에다 쏟아버리 는 게 어때? 헛허……

국도 그렇지! 그래! 헛허……

그를 추종하는 젊은이들이 깔깔대고 웃으나 서재필을 위시한 청년들
은 이를 갈며 분노를 못 참는다.

손탁   신사라면 신사답게 얘기할 일이지 오합지졸들 끌고 와 대중 앞에
        서 망신을 시키다니!

홍종우 예! 예! 이 홍종우는 배운 것이 없어서 무식합죠. 예! 헛허……

서재필 좋아! 네가 무슨 뜻으로 그런 말을 하는지 잘 안다. 그러나 나는
        지금 참는 것뿐이다. 보다 큰일을 해야 할 몸이기에 홍종우 한
        사람을 상대할 여유가 없다는 걸 섭섭하게 여길 뿐이다. 그러나
        분명히 말해두지만 충성심이라는 미명 아래 필요할 때마다 사람
        을 죽이는 테러리스트는 돈을 받고 몸을 파는 창녀와 다를 바가
        없다는 사실이다. 테러리스트의 말로가 무엇인가는 후일의 역사
        가 증명할 터이니 그때 가서 얘기하기로 하자.

홍종우 좋다. 누가 더 조선을 위해서 싸웠는가는 역사가 증명하겠지! 나
        도 오늘밤은 이만 물러가지만 「독립신문」과 독립협회가 백년 가
        리라는 망상은 버리는 게 좋을 걸! 헛허…… (국도에게) 가실까요?
        기꾸시마 씨!

국도   갑시다! (군중들에게) 나가자! 나가!

        홍종우와 국도가 앞장을 서자 군중들이 따라나선다.
        홀 안에 남은 사람들은 미묘한 분위기 속에 파묻힌다.

손탁   (명랑하게) 아니 왜들 이러고 있죠? 오늘은 기쁜 날이에요. 자 어서
        뒤뜰로 나가요. 술과 음악과 안주가 기다려요. (뜰을 향해) 음악!
        음악! 신나게 불어요.

이윽고 뒤뜰에서 음악이 울린다. 모두들 밝은 표정으로 우편 문을 향하여 뒤뜰로 퇴장한다.

경쾌한 폴카 곡이 분위기를 들뜨게 한다. 남녀의 웃음소리며 박자 맞추는 소리가 흥겹다. 방안이 텅 비어 있는데 서재필이 감개무량한 표정으로 허공을 쳐다본다. 임철규가 술잔을 가지고 다가선다.

임철규 박사님. 드십시오.

서재필 임군. 수고가 많았군.

임철규 아까 박사님의 연설…… 정말 감동적이었습니다. (술잔을 건넨다)

서재필 실수가 없었는가 몰라…… (술을 마신다)

임철규 실수라뇨? 구절마다 가슴을 찌르고 피를 끓게 하는 명연설이었죠. 저도 언제나 그런 웅변을 하게 되는지 모르겠습니다.

서재필 어려울 건 없지. 앞으로 독립협회는 강연회를 자주 가지게 되고 그러기 위해서는 연사도 필요하게 될 테니 임 군도 기회를 보아 연사로 나가도록 하게.

임철규 정말입니까?

서재필 이 사람? 그럼 내가 지금 허튼소리를 하고 있을 때인가? 토론회에 나가서 토론도 해야 하네. 그래서 정부 당국에 대해 개혁을 촉구하고 부정부패를 시정토록 요하는 것도 바로 임 군 같은 젊은이들이 맡아야 할 일이지!

임철규 박사님! 눈앞이 활짝 트인 것 같군요. 모든 게 훤히 내다보이는 것 같군요! 돌아가신 아버님께서 이 광경을 보셨다면 얼마나 기뻐하실까요? 세상이 언제 이렇게 달라졌는가 하고 어리둥절하실 거예요. 박사님! 저는 마음껏 외치고 싶군요! 창자 속 깊은 곳에서 썩은 찌꺼기를 깡그리 내뱉고 싶습니다!

서재필 마음껏 외쳐봐! 젊은이의 특권이 바로 그것인데!

손탁호텔

임철규 예! 그럼 오늘부터라도……

임철규가 주방으로 퇴장.
뒤뜰에서 들려오는 음악소리가 다시 드높아지더니 이윽고 박수와 웃음소리가 터지며 일단 음악이 멎는다. 이때 손탁이 들어온다. 약간 술에 취한 듯 상기되어 있다.

손탁 닥터 서. 왜 여기 계세요? 춤도 추고 술도 드시지 않고서.

서재필 미스 손탁, 여러 가지로 고맙습니다.

손탁 별 말씀을…… 아까 홍종우라는 자의 말을 아직도 언짢게 여기시는 모양인데, 그만 잊어버리세요. 말답지도 않은 걸!

서재필 솔직히 말해서 홍종우는 내 심장에다 비수를 꽂은 거나 다름없어요! 나의 가장 아픈 점을 여지없이 찌른 거나 다름없는 말을 했지요.

손탁 무슨 말씀을 그렇게?

서재필 나더러 이 나라 사람이 아니라는 말……

손탁 닥터 서가 왜 조선 사람이 아닌가요? 미국 시민권을 얻은 게 무슨 잘못인가요?

서재필 글쎄요. 어쩐지 가슴이 답답합니다.

손탁 그런 마음 약한 말씀을……

서재필 (사이) 미스 손탁!

손탁 예?

서재필 제 얘기 들어주시겠어요? 내가 왜 미국 시민이 되어야 했던가를 말입니다.

그는 눈을 사르르 감으며 쓰라린 추억을 짓이기려는 듯 잠시 말이 없다.

손탁	알고말고요. 닥터 서가 갑신정변 때 가까스로 조선을 벗어나 미국으로 건너갔을 때의 그 처참한 이야기! 외국인이 타국에 나가서 겪어야 하는 고통은 진실로 겪어보지 않은 사람은 상상도 못할 일이지요.
서재필	그러나 내게는 또 하나의 꿈이 있었지요. 조선이 독립과 자유를 찾는 길은 누군가가 조선 백성을 그 깊은 잠으로부터 일깨워야 한다는 일이었지요. 그 일을 누가 하느냐고 자문했을 때 나는 스스로 십자가를 지기로 원했지요. 그리고 그것을 실현해 나가기 위해서는 나는 미국 사회에 뿌리를 박아야 했고, 그러기 위해서는 미국 여성과 결혼을 하지 않을 수가 없었지요. 솔직히 말해서 나는 내 아내를 이용했는지도 모릅니다.
손탁	이용하다니요?
서재필	그 길 밖에 없었지요. 다행히 내 아내는 외국인인 나를 극진히 사랑해줬고, 장모님도 나를 아껴주셨기에 나는 오직 학업에 열중할 수 있고 나아가서는 조국의 앞날을 걱정할 시간도 가질 수 있었죠. (다시 낙심하며) 그러나 내 아내는 얼마 전부터 위암으로 …… 시한부 인생이죠.
손탁	예?
서재필	그런데도 아내는 자신이 더 살 것 같이 착각하고 있지요. 의사인 나로서는 그 이상 손을 쓸 여지가 없는데도 아내는 언젠가는 회복하리라고 믿고 기다리는 거죠. 그걸 낸들 막을 순 없지요. 왜 그렇게 믿는가 하고 따질 수도 없고 단념하라고 말할 수도 없는 거 아니에요? 뭐라고 하면 되겠소? 예? 그 여자더러 무슨 말을 해야 되는가 말이에요! 나는 그렇게 내 아내를 대해 왔고 그런 아내를 두고 내 고국을 찾은 거예요. 그런데 나를 지금 사대주의자요 매국노로 몰아대니…… 아……

손탁   그래서 외로우신가 보군요?

서재필   미스 손탁처럼……

손탁   서로의 의사가 소통이 안 되는 외로움은 예리한 칼로 찌르는 아픔 이상으로 견디기 어려운 거예요.

이때 뒤뜰에서 감미로운 왈츠곡이 흘러나온다. 손탁이 그의 눈을 뚫어지게 바라보고 있다.

손탁   (낮게) 그보다 춤을 추고 싶군요.

서재필   춤?

손탁   왈츠곡이에요. 제가 좋아하는 곡이에요. 춰요.

팔을 벌리며 춤을 청한다.
서재필이 약간 망설이더니 서서히 다가가 그녀의 허리에 팔을 감는다.
이윽고 스텝을 밟으며 방안을 미끄러지듯 가볍게 돌아간다.
두 사람의 눈과 눈에는 이미 뜨거운 불길이 불붙은 양 잠시도 시선을 떼지 않은 채 춤을 춘다.
춤이 최절정에 달했을 때 갑작스레 서재필은 스텝을 멈추더니 손탁의 손을 놓고 돌아서버린다.

손탁   왜 그러시지요?

서재필   (말없이 돌아서 있다)

손탁   뭐가 언짢으신가요? 부인이 있는 남성에게 안기고 싶어 하는 제가 잘못이겠죠? 부도덕한 행위겠지요.

서재필   미스 손탁!

손탁   그렇지만 솔직히 말해서 저는 닥터 서를 좋아했어요. 사랑했는지도 모르지요. 그런데 그게 그렇게도 어렵고도 까다로운 일인지 …… 처음 알았어요. 여기서는 아무도 나라는 여자에 대해서 아는 분도 없지요. 알려고도 않구요. 다만 러시아 공사의 처제라는 정도로 나의 이력은 끝나게 되어 있지요. 호텔을 경영하는 여자 정도로 충분한가 보죠? 하지만 사실은 그게 아니에요. 제게도 숱한 사연이 있어요. 감정도 있고 고민도 있고 갈망하는 것도 있단 말이에요!

서재필 (압도당하여) 미스 손탁! 그 그건……

손탁 그런데 아무도 누구 한 사람 그것을 물어보려고도 않았어요. 저 여자는 그저 돈을 벌기 위해 조선 땅까지 흘러온 여자로밖에 안 보더군요. 화려한 의상과 웨벨 공사의 처제라는 후광만 믿어주지 제 자신이 지니고 있는 빛은 아예 알아보려고도 않더군요! 그게 싫은 거예요. (차츰 격해지며) 웨벨 공사가 무슨 상관이죠? 나는 나예요! 나는 손탁이에요! 독일 태생의 시골뜨기예요! 어느 처녀처럼 달을 보면 슬퍼지고, 바람 속에선 뛰어가고 싶고, 음악을 들으면 춤추고 싶고, 술을 마시면 취하는 평범한 여자란 말이에요. 평범한 여자가 원하는 소망은 내게도 있을 게 아니에요? 그런데 왜 나는 처음부터 평범하지 않다고 낙인을 찍는 거죠? 내가 남성에게 사랑을 느끼면 안 되나요? 나는 저만치 먼발치로 서 있어야만 하나요? 나는 노래 부르면 안 되나요? 갈증을 풀기 위해 물을 마시면 안 되나요? 예? 나는 뭐예요? 내가 뭐냐구요! 말해 봐요! 닥터 서! 말해 봐요!

그녀는 광적으로 서재필의 가슴을 두 손으로 쌍방망이질하다가 제풀에 지쳐 쓰러져 흐느껴 운다. 서재필은 측은한 시선으로 내려다보더니 서서히 안아 일으킨다.

손탁호텔

서재필 (담담하게) 우린 모두가 외로운 사람들이지요. 고향을 떠나 있건, 고향에 돌아와 있건, 외로운 건 마찬가지예요. 겉으로 외로워하는 기색을 안 나타낼 뿐, 독일이고, 미국이고, 조선이고…… 우린 다 외로운 사람들이에요. 영원히 말이에요.

손탁은 눈물이 얼룩진 얼굴로 서재필을 쳐다본다.

암전

제4막

무대

경운궁 안 어소. 전막부터 약 2년 후, 1898년 가을.

무대 중앙에 용상이 있고, 그 층계 아래로 조신들의 자리가 마련되어 있다. 배경으로 궁궐 안 후원 풍경이 보인다. 막이 오르면 고종을 중심으로 신기선, 조병식, 민종묵, 민영기 등 여러 대신들이 자리하고 있다. 분위기는 매우 침통하고도 경직된 상태이며 불안이 금시 터질 것만 같다. 고종은 손에 든 벽보를 높이 쳐든다.

고종　알다가도 모를 일이오. 이렇게 단 하루도 바람 잘 날이 없으니 무슨 괴변인지 모르겠소. 얼마 전에는 김홍육 일파가 꾸민 음모에 의해 왕세자가 독차를 마시다 중독을 일으켜 대궐 안이 발칵 뒤집히더니, 이제는 또 그 해괴한 벽보가 시내 각처에 나붙어 민심을 흉흉케 하다니…… 그래 왕조가 망하면 경들은 무사할 것 같으오? 이럴 줄 알았기에 나는 아라사 공관에서 더 머물러 있기를 원했었는데 그 독립협회 일당들이 하루가 멀다하고 시폐상소문을 올리고 신문에서 쓰고 하여 괴롭히더니…… 아…… 진정 피곤하고 불안하오! 어디 조용한 곳으로 숨었으면 좋을 것 같소.

조병식　황공하옵니다. 모두가 소신들의 보필이 부족한 죄인가 봅니다.

고종　아라사 공관에서 환궁한 지 이미 이 년. 하루도 편히 잠을 잔 날이라곤 없었으니 어찌하면 좋은가 말이오! (그의 음성은 거의 울음이 섞일 정도로 흐려 있다)

모두들 묵묵히 눈치만 본다.

107　　　　　　　　　　　　　　　　　　　　손탁호텔

고종 왜들 말을 못하오? 밖으로는 각 열강이 다투어 넘어다보고 안으로는 날마다 날아드는 상소문에다 「독립신문」의 여론 때문에 잠 못 이루는 이 지경을 언제까지 수수방관만 해야 옳단 말이오? 백주에 이따위 벽보가 독립문에 나붙도록 방치해야 옳겠소? 누구고 말을 해보시오! 말을!

그러나 역시 말이 없다. 고종은 그럴수록 분노가 머리끝까지 올라 수염이 부르르 잔물결이 인다.

고종 날이 갈수록 독립협회의 거친 입방아는 자는 날이 없으니 무슨 대책이 있어야 마땅하지 않겠소? 경들의 뜻을 모두 합하여도 독립협회의 입 하나 막지 못한단 말이오? 민영기 대감! 뭐라 한마디 하오.

민영기 (국궁하며) 성상 폐하! 사실 서재필이 국외로 추방되면 독립협회도 자연 풀이 죽고 기가 꺾일 줄 알았습니다만 결과는 도리어 그 극성에다 불을 붙이고 기승을 올리게 한 꼴이 되었으니 소신들은 몸 둘 바를 모를 지경이옵니다.

고종 민중묵 대감의 의견은 어떠하오? 독립협회는 지금 누가 실권을 쥐고 있소?

민중묵 윤치호, 이상재, 이승만 등이 주동이라 들었습니다.

고종 윤치호가? 아니 윤치호는 지난날 국록을 받아먹은 자이거늘 어찌 내게 화살을 겨눌 수가 있단 말이오? 적반하장도 유분수지……

신기선 폐하. 아뢰옵기 황송하오나 길은 하나밖에 없는 줄로 압니다만……

고종 신기선 대감, 그 길이란 뭐요? 독립협회 일당의 입을 막을 길이 있다면 말하오.

신기선   예. 소신의 생각으로는 현 시국을 타개해 나가며 독립협회 도당의 힘을 꺾는 길은…… (사이를 두고 조병식을 슬쩍 보다가) 또 하나의 협회를 만드는 길인가 합니다.

고종   또 하나의 협회라니? 그럼 독립협회가 하나 더 있어야겠다는 말이오? 신기선 대감은 노망하셨소? 하나 있는 독립협회 때문에 이 곤욕을 당하고 있는데 또……

조병식   그게 아니옵니다, 폐하.

고종   뭐요?

조병식   지금 신기선 대감이 말한 또 하나의 협회란 독립협회를 뜻하는 것이 아니오라 그 독립협회와 대등한 힘과 조직력을 가진 다른 형태의 협회를 만들자는 뜻인 줄로 압니다.

고종   다른 협회?

신기선   그렇습니다. 그동안 독립협회 도당들은 극히 조직적으로 행동을 하며 끈질기게 국정을 규탄하고 시정을 요구해 왔습니다. 그러나 현재의 실정으로서는 그들의 요구조건을 묵살할 수도 없거니와 그들의 세력 확장을 덮어놓고 억압할 수도 없는 터이옵니다.

고종   그것 하나 못 막는단 말이오? 군대가 있잖소!

신기선   외국 사람들의 눈과 백성의 입이 지켜보고 있는 한은…… 어렵습니다.

고종   그럼 우리는 언제까지나 그들이 끄는 대로 이끌려 가야 옳단 말이오!

조병식   그러기에 남은 길은 정부가 간접적으로 그들을 억압하거나 간섭하거나 회유하는 방법이 필요합니다. 즉 또 하나의 단체를 만들게 하여 그들로 하여금 독립협회를 견제하고 방해케 하여 그 힘을 분산시키는 길이 있을 따름입니다.

고종   (그제야 납득이 간 듯) 그러니까 독립협회를 견제할 다른 세력을 규합하여 다른 압력단체를 만들자는 뜻이군?

신기선 그러하옵니다, 폐하.

고종 그럼 거기에 대해서 무슨 구체적인 안이라도 있소? 그럴 만한 실력을 지닌 자가 있어야 하지 않겠소?

신기선 예. 그동안 여기 모인 조병식, 민종묵, 민영기, 그밖에 유기환, 심상훈, 한규설 등 여러 대감들과 몇 차례에 걸쳐 숙의를 거듭한바 적당한 인재가 있는 것을 알아냈습니다.

고종 그게 누구요? (고종은 사뭇 의욕적이다)

신기선 폐하께서도 친히 알고 계시는 인물입니다.

고종 응? 내가 잘 아는 사람? 설마 박영효를 다시 불러들이자는 건 아니겠지요?

조병식 아닙니다. 홍종우와 이기동, 그리고 길영수 세 사람입니다.

고종 (놀라며) 홍종우? 아니 그 김옥균을 암살한 자객 홍종우 말이오?

신기선 그렇습니다.

고종은 현기증을 일으킨 듯 눈을 감는다.

민영기 폐하, 소신들은 그동안 홍종우 등과 수차 만나 그의 의향을 타진했던바 본인들도 쾌히 승낙했습니다.

고종 홍종우가 승낙을?

민영기 예. 그리고 이미 서재필 일파에 대해서 구체적인 행동을 개시하고 있습니다. 지난번 「독립신문」 발행 부수 3천부 돌파를 축하하는 자리에는 기꾸시마 겐조오와 함께 참석하여 일대 기염을 토하였으며 그들에게 적지 않은 타격을 주었다 합니다, 폐하.

고종 (혼잣소리처럼) 홍종우가 그토록 나를 위해서?

민영기 프랑스 등지를 방랑하다가 돌아온 이후 일정한 직업도 없이 무위

도식하고 있었는 줄 알았는데 사실은 그게 아니라 폐하를 받들고 이 나라를 지키려는 일편단심에서 애국단체까지 조직할 만반의 준비를 갖추고 있습니다.

고종   (당황한 빛을 감추며) 혹시 나를 원망하거나 불평하는 따위의 말투는 없었소?

민영기 그럴 리가 있겠습니까? 지금이라도 폐하께서 불러만 주신다면 분골쇄신 애국충정을 다할 각오가 되어 있다면서……

고종   홍종우가 애국단체까지 조직한다고?

민영기 예. 조병식 대감도 함께 들었습니다.

조병식 (앞으로 나서며) 이기동, 길영수 등과 뜻을 모아 폐하께서 재가만 내리신다면 즉각 행동을 개시하여 사흘 안으로 전국 보부상인 만여 명을 규합하여 황국협회를 조직할 만반의 태세를 갖추고 있다 하옵니다.

고종   황국협회?

민영기 예, 황호보국 皇護保國, 즉 황실을 보필하고 국가를 지키겠다는 충정에 기인한 이름이라 하옵니다.

고종   (거칠게 용상 팔받침을 두들기며 단호하게) 아니 되오! 그건 아니 되오!

뜻하지 않은 고종의 강경한 태도에 좌중이 긴장을 한다.

민영기 폐하.

고종   홍종우의 거동을 믿어도 아니 되거니와 믿을 수도 없소.

일동   예?

고종   홍종우가 나를 위해 충을 다하고 나라를 위해 목숨을 다 바치겠다는 말…… 믿어서는 아니 되오! 그리고 여러 대감들도 홍종우와 가까이 하지 마오. 그 마음속에 어떤 흉계가 숨어 있을지 모르

손탁호텔

오. 그자는 사람을 죽인 살인자라는 걸 잊으셨소?

민영기 폐하, 그러하오나 이것만은 틀림이 없습니다.

조병식 황국협회를 조직하는 계획과 실행은 이미 사전에 합의를 보았고, 그 조직도 완료 단계에 있으며 폐하께서 재가만 내리신다면 전국 보부상인을 즉각 모을 차비를 갖추고 있습니다.

고종 보부상인이라니?

민영기 보부상인은 전국적으로 조직망을 가지고 있는 상인들이며 경우에 따라서는 전투에도 대비할 수 있습니다. 유사시에는 평량자 平凉子라는 흰 갓을 쓰고 물미장 勿尾杖이라는 곤봉으로 무장까지 할 수 있는 조직입니다. 마포에 그 본부를 두고 있어 하루면 삼백 명, 이틀이면 육백 명, 사흘이면 천 명을 거뜬히 불러오게 할 수 있다 합니다.

신기선 폐하. 이제 독립협회의 세력을 막을 길은 황국협회를 동원하는 길밖에 없습니다.

조병식 그리고 성상 폐하께서 하루 속히 심려를 면하시기를 비는 신들의 미미한 충정을 통찰하시와 홍종우를 부르게 하십시오. 폐하, 지금 밖에 대령하고 있습니다.

고종은 자리에서 일어나 잠시 허공을 바라보며 사안에 잠긴다.

일동 폐하 일각이 시급하옵니다. (긴 침묵)

고종 그럼 홍종우를 들게 하시오.

일동 예? 황공하옵니다.

고종 생각하면 5년 전, 고균 김옥균을 암살하려던 것도 궁극에 가서는 나를 위함이오, 이제 황국협회를 조직하려는 것도 나를 위한 충성심의 발로이고 보니 나로서는 받아들일 수밖에 없구려. 내가 친히 홍종우를 만나 치하의 말을 내리고 싶으니 어서 들라 하시오.

일동 예.

한 사람의 신하가 급히 밖으로 나간다.

고종 하긴 5년 전에 홍종우에게 진 빚을 이제야 갚게 되니 마음이 가볍기만 하오. 헛허……

고종의 얼굴에 난데없이 웃음이 피어오르자 조신들은 무슨 영문인 줄 모르고 반신반의 표정이다.

신기선 대체 빚이라니 무슨 빚입니까?

고종 그건 나만이 알고 있으면 되는 일이오. 홍종우가 등청하게 되면 모든 사람을 물리치게 하오. 단 둘이서 할 얘기를 하겠소.

일동 예.

이때 홍종우의 현신을 알리는 내시의 보고가 있자 고종은 약간 긴장이 되는지 다시 좌정을 한다. 이윽고 홍종우가 층계 아래까지 이르자 큰 절을 한다.

고종 모두들 물러가 있거라. 나는 홍종우와 둘이서 얘기를 나누겠으니……

조신들이 일제히 물러간다. 그 사이에도 홍종우는 얼굴을 들지 못한 채 엎드리고 있다.

고종   (약간 떨리는 어조로) 고개를 들거라.

홍종우가 서서히 고개를 든다. 고종도 지난날의 그의 모습을 확인하려
는 듯 뚫어지게 내려다본다.

고종   (뚫어지게 내려다보다) 옛 모습 그대로구나. 그동안 고생이 많았겠
       지? 네가 김옥균을 살해했다는 소문을 들었지만 그때 내가 처해
       있던 환경이 여의치 못해 소상한 경위도 못 듣고 오늘에 이르렀
       구나.

홍종우   황공하옵니다. 폐하께서 국내외적으로 어지러운 와중에서 심려
       를 하신 일 눈앞에 선합니다.

고종   그래 지난날 김옥균을 암살하던 그 충성심은 지금도 변함없이
       품고 있다고 들었는데 사실인가?

홍종우   예.

고종   내가 밉지 않은가? 원망하고 있겠지!

홍종우   아니올습니다. 원망하다니요!

고종   진심인가?

홍종우   맹세합니다.

고종   조건은?

홍종우   예?

고종   원하는 게 있을 테지? 벼슬이든, 돈이든, 아니면……

홍종우   폐하.

고종   두려워할 것 없다. 지난날 김옥균의 경우에 내가 떳떳한 관직 하
       나 주지 못했던 건 갑오경장 이후 일본 정부의 간섭이 하도 심해
       서 미처 그 일까지는 생각지도 못했느니라. 그러나 이번에는 틀
       림없이 약속을 지키겠으니 서슴지 말고 말하여라.

홍종우 (말없이 쳐다본다)

고종 이것을 달리 듣지는 말라. 다만 근자에 와서 독립협회의 독선과 행패, 골수에 사무쳐 견딜 수 없었던 내 심정을 이해할 만도 하겠지?

홍종우 폐하!

고종 독립협회의 세력을 뿌리 뽑아 준다면 네 원하는 대로 보직을 내릴 터이니 그리 알고 소신껏 일을 해봐라. 그래 독립협회의 뿌리를 뽑을 방법은 무엇인고?

홍종우 폐하! 모든 계획은 이미 서 있습니다. 소인은 예나 지금이나 다름없이 오직 폐하를 위해 모든 것을 바칠 각오가 되어 있습니다. 폐하를 위한 충성은 소인에게 있어 아마 운명인가 합니다.

고종 기특하구나. 그래 보부상은 전국에 얼마나 되는고?

홍종우 줄잡아 이만 명은 됩니다.

고종 그렇게 많은가?

홍종우 네. 따라서 소인이 알기에 독립협회 회원이 삼천이니, 오천이니 하지만 우리 황국협회 회원 수에 비한다면 보리가마니 옆에 얹어 둔 밤콩 바가지 격입니다. 그러므로 마포에 있는 보부상 본부에서 영만 떨어지면 그날 안으로 서울 장안은 평량자를 쓴 보부상이 불나비 떼처럼 순식간에 몰려올 것이니 만사는 소인에게 맡겨 주십시오.

고종 (자리에서 불쑥 일어나며) 과연 너는 투철한 충성과 담대한 담력을 지닌 충신이구나! 그 뜻과 힘 앞에서는 독립협회의 무리들도 박살이 날 것이 틀림없겠구나! 헛허…… (웃다 말고 우울하게) 그런데 한 가지 걱정이 되는구나.

홍종우 무슨 말씀이신지요?

고종 그렇게 되었을 경우 국내 여론이며 정동클럽에 드나드는 외국인

손탁호텔

들이 어떻게 생각할지……

홍종우 물론 독립협회를 지지하는 일부에서는 다소의 잡음이 없지도 않을 것입니다. 그러하오나……

고종 그러하오나?

홍종우 소인이 유럽에서 얻은 지식으로는 서구민주사회에서도 실력 행사란 정치 문제에 있어서 불가피한 경우도 있을 뿐더러 또한 그것은 뜻밖의 묘약으로 쓰이는 일이 비일비재하다는 게 실정입니다.

고종 (호기심을 느끼며) 그게 틀림없는가?

홍종우 예. 정권을 장악하는 건 일종의 전쟁이며 투쟁이옵니다. 전쟁을 하는데 적을 사살하는 걸 그 누가 살인이라 탓하겠습니까? 그것이 평화로운 시기이면 몰라도 국가의 안위가 걸려 있을 긴박한 정세 아래서는 폭력주의도 미덕일 수 있다는 게 서구사회의 정치인가 합니다. 그와 같은 실례는 얼마든지 열거할 수도 있습니다. 폐하.

고종 음…… 역시 너의 눈과 머리는 나라 안에서 안일하게 살아가는 사람과는 다르구나.

홍종우 황공하옵니다.

고종 그런데 또 한 가지 걱정이 있구나.

홍종우 예?

고종 서재필을 제거하는 방법이 반드시 폭력이라야만 될는지. 아니면……

홍종우 방법은 있습니다.

고종 어서 말해보아라.

홍종우 예. 서재필은 만만치 않은 재사이나 그에 대한 제거 방법은 합법적이었으면 합니다.

고종 합법적이라? 어떻게?

116

홍종우 미국 정부로 하여금 소환케 하는 일입니다.

고종 (탄복하여) 음…… 소환이라? 미국 정부로 하여?

홍종우 서재필은 법적으로 조선 국민이 아니라 미국 국민입니다. 따라서 미국의 법과 미국 대통령의 지시와 규제를 받을 의무가 있는 몸입니다. 따라서 미국 대통령의 말 한마디면 즉각 출국을 아니할 수가 없을 것입니다.

고종 음……

홍종우 그 점은 폐하께서 미국 공사에게 사람을 보내시어 퇴거를 요청하신다면……

고종 알겠다. 과연 홍종우는 그 용맹도 용맹이려니와 지략도…… 그런데 나는 너와 같은 충신을 여지껏 잊어버리고 있었구나. 과히 허물로 여기지 말아라. 그 대신 이번 일이 성사되는 날에는 꼭 약속을 지키겠으니 그리 알고……

홍종우 황공하옵니다, 폐하.

고종 고마운 일이다. 그래 오랜만에 자리를 같이 하였으니 이 기회에 무슨 말이고 하여라.

홍종우 폐하. 실은 오래 전부터 폐하께 직접 올릴 물건이 있었습니다만 그동안 내외 사정이 어지러워 기회도 여유도 없었습니다.

고종 물건이라니?

홍종우 물건이라기보다는 증거물이라고 해야 할는지……

고종 증거품? 무슨?

홍종우 (품에서 유지로 만든 작은 봉투를 꺼내며) 이건 소인이 과거에 폐하께 몸과 마음을 바쳤다는 증거이자 앞으로도 그것은 변함이 없으리라는 맹세의 표시이기도 하옵니다.

고종 (손을 내밀어 봉투를 받아 펴며) 대체 무엇이기에 이토록 몸에 지니고 다니며…… (알맹이를 보자 크게 놀라며) 아니…… 이건 웬 머리카락인고?

홍종우 김옥균의 머리카락입니다.

고종 뭣이? 기 김옥균의? (고종의 손이 부들부들 떨린다)

홍종우 폐하. 소신 홍종우의 충정을 깊이 통찰하시와……

고종 (감격하여) 홍종우! 고맙소.

이때 비를 몰고 오는 듯 바람소리와 천둥소리가 요란스럽게 울리고 지나간다. 용상 뒤에 드리운 장막이 바람에 크게 물결을 일으킨다. 고종과 홍종우의 눈엔 각각 이슬과 야심이 타오른다.

암전

제5막

제1장

무대

손탁호텔 내부. 전막부터 약 8개월 후 이른 봄. 한산한 살롱에서 임철규와 현주실이 「독립신문」을 읽으면서 커피를 마시고 있다.
임철규는 전보다 훨씬 세련되어 보인다.

현주실 (기사를 읽으며) 따라서 러시아 제국의 이와 같은 처사는 분명한 군사적, 경제적 내정 간섭이요, 침략행위라 규정할 수 있느니라. 그리고 근자에 와서는 부산 절영도를 조사하여 극동함대의 저탄소로 사용하려고 책동하는가 하면 진남포, 목포 두 항구를 강제 개항시키려고 우리 정부를 위협까지 함에 이르러서는 도저히 독립국가로서의 체통은커녕 남부끄러울 지경이다. 이에 본 독립협회는 만천하에 호소하되 끝까지 우리의 주권을 수호하고 독립국으로서의 체면을 회복하기 위하여 러시아의 비우호적이며 침략적인 행위를 규탄하기로 결의하였더니라… (빙그레 웃으며) 정말 잘 쓰셨어요.

임철규 진담이십니까?

현주실 물론이죠.

임철규 감사합니다.

현주실 철규 씨의 필봉도 이제 만만찮은 독기를 품고 있어요. 서 박사님 이상으로……

임철규 과격하다는 말입니까? 근자에 와서 독립협회가 조직된 이래 국

민 계몽 운동에서 탈피, 정치 운동으로까지 본격적으로 움직인
데 대해 말이 많은가 봐요.

현주실 예, 특히 러시아의 남하정책에 대해서 끈질기게 비판하고 외국
상인들의 이권쟁탈전에 초점을 맞추는 기사는 아주 질색을 해요.

임철규 사실입니다. 애당초 독립협회를 조직할 당시의 강령이 바로 우리
조선제국의 주권을 옹호하자는 데 있는 이상 내외국인을 막론하
고 우리의 주권을 침식하는 자는 우리의 적이지요.

현주실 그렇지만 그 여파가 심상치 않아요.

임철규 여파?

현주실 선의의 피해자가 있거든요.

임철규 누구 얘깁니까? 그게……

현주실 손탁. 그것 때문에 요즈음 손님들의 발길도 뜸해진 데다가 러시
아 공사관 쪽에서는 지금도 미스 손탁에게 압력과 간섭이 끊이지
않고 있어요.

임철규 (고개를 끄덕이며) 수긍이 갑니다.

현주실 미스 손탁은 정말 고마운 분이에요. 자신은 호텔이 망하건 흥하
건 문제가 아니라는 거예요.

임철규 (탄복하며) 그래요?

현주실 서재필 박사께서 뜻하시는 일에는 전적으로 찬동하고 지지하신
다면서…… 정말 불덩어리 같은 분이에요.

임철규 그러고 보면 주실 양도 손탁을 닮아가는 것 같아요.

현주실 홋호…… 그럴 리가 있나요? 저는 그 분에게 비하면 아직도 미숙
하고……

임철규 (대답 대신 그녀를 빤히 들여다본다)

현주실 왜 그렇게…… 저를……

임철규 주실 씨의 그 눈에도 불이 있어요. 나는 때때로 그 불길 앞에서

두려워질 때가 있거든요. (쑥스러운 듯) 정말 나는 겁쟁이지요?

현주실　어머나!

임철규　서 박사님 밑에서 신문 제작하는 방법을 배웠고, 지금은 독립협
　　　　회의 일을 맡아보며 이 땅의 정치를 알게 되었지만, 아직도 풀리
　　　　지 않는 게 있지요.

현주실　그게 뭔데요?

임철규　인간에게 진실이 무엇인가 하는 문제지요.

현주실　진실이라구요?

임철규　그렇죠. 인간은 진실을 위해 살아간다는데 우리는 때로는 그 진
　　　　실 때문에 겁쟁이가 되기도 하고 때로는 진실 때문에 망설여지기
　　　　도 하니 말입니다.

현주실　도무지 무슨 말씀인지 알 수가 없군요? 홋호⋯⋯

임철규　주실 양, 가령 한 인간이 한 인간에게 모든 것을 바칠 수 있다고
　　　　말했을 때⋯⋯

현주실　예?

임철규　그것을 무엇으로 어떻게 믿게 되는 것일까요?

현주실　믿게 하는 방법 말인가요?

임철규　방법이라 해도 좋고 그 결과라고 해도 상관없어요. 다만, 한 인간
　　　　의 진실을 어떻게 전달하는 것이 가장 정확한가에 대해서 저는
　　　　이따금 회의적이랍니다.

현주실　의심이 많으시군요?

임철규　그럼 만약에 내가 주실 양을 사랑한다고 한다면 그 진실을 믿을
　　　　수 있겠습니까?

현주실　예?

임철규　그것이 목적인지 아니면 수단인지 분간할 수 있는가 말입니다.

현주실　분간할 수 있을 것 같아요.

임철규   정말이세요?

현주실   예. 철규 씨의 모든 언행에서 그걸 느낄 수 있어요. 다른 사람은
        몰라도 저는 알 수 있어요.

임철규   주실 씨!

현주실   지난번 독립협회 결성 때의 연설을 듣고 저는 직감할 수가 있었
        어요. 서재필 박사는 한 사람의 진실한 동지를 얻었구나 하고요.

임철규   그러나 요즘 서 박사는 고민이 많으십니다.

현주실   그래요? 공갈협박이 잦다죠?

임철규   홍종우 일파의 위협도 위협이려니와 이젠 미국 정국에서까지……

현주실   미국에서?

임철규   예, 심지어는 장모님이 빨리 돌아오라고 성화에 찬 편지까지 보
        냈었다나 봐요. 그게 단순한 애정에서가 아닌 어떤 압력에 의한
        것이고 보니 우울하다 못해 불길하다고 하시던 말씀을 몇 번이나
        ……

현주실   그러고 보면 서 박사님은 행복한지 아니면 불행한지 모를 일이군요.

임철규   그렇죠. 외관상으로는 여러 사람들의 존경도 받고 있지만 내면적
        으로는 고민이 많은 어른이죠.

현주실   외국 여성을 아내로 맞이한 데도 그 원인이 있겠지요.

임철규   그럼 주실 씨는 외국인과의 결혼은 절대 반대하시는군요?

현주실   그래요. 저는 정치적 이념으로는 진보적이지만 도덕적 이념으로
        는 보수적인 것을 택하겠어요.

임철규   욕심도 많으시군! 헛허…… 그럼 외국 유학은 어렵겠군요.

현주실   외국 유학과는 별개 문제지요. 미국으로 갈까 해요. 미스 손탁이
        주선을 해주기로 약속했으니까요. 조선 여성을 위해 일하기 위해
        서는 나라의 여성 교육부터 체험하자는 게 저의 주장이니까요.

임철규   주실 씨가 부럽군요.

현주실 철규 씨도 마음만 먹으면 안 될 것도 없겠네요.

임철규 (꿈꾸듯) 뛰쳐나가고 싶군요. 넓은 세계의 품으로 말입니다. 나가서 직접 숨쉬고 부딪쳐 봐야죠. 인간이란 말이나 생각만으로는 살 수 없는 거예요!

현주실 가시겠다고만 하신다면 제가 도와드리겠어요.

임철규 어떻게?

현주실 길은 있어요.

임철규 그래요? 주실 씨와 함께 외국 유학을 갈 수 있다면야 얼마나 좋겠어요. 미국, 독일, 불란서, 영국…… 일찍이 인간성에 눈을 떴고 인간의 자유를 쟁취한 그네들의 발자취를 직접 보고 싶군요.

현주실 저도 그것만이 소망이죠.

이때 밖에서 마차소리가 들린다.

현주실 손님이 오셨나 봐요! (하며 일어선다)

임철규 (따라 일어서며) 나도 협회에 나가봐야겠습니다. 오후엔 시국 토론회가 있어서요.

그들이 살롱을 벗어나오자 현관에 웨벨 공사 부처가 들어선다. 임철규는 저만치 피해나간다. 현주실은 사뿐히 절을 한다.

웨벨 (약간 경직된 표정으로) 손탁은?

현주실 예?

웨벨 손탁은 어디 있는가 말이다!

현주실 예…… 저…… 2층에……

웨벨 알았어.

현주실 내려오시라고 전할까요?

웨벨 그럴 필요 없어! 우리가 올라갈 테니까. (하며 살롱으로 들어간다)

현주실이 임철규에게 불안한 표정으로 수군거리자 임철규가 급히 밖으로 나간다. 웨벨 부처가 2층 층계로 올라설 때 손탁이 2층에서 내려온다.

손탁 어서 오세요. (부인에게) 오실 줄 알았지요. (두 사람은 가볍게 포옹을 한다)

웨벨 (못마땅하게) 우리가 오는 줄 알고 있었다고요?

손탁 (내려서며) 침대에서 책을 읽고 있노라니까 마차 소리가 들리더군요. (웃으며) 마차 바퀴소리는 유난히 요란스러운 편이죠. 그래 2층 창에서 내려다보니까 마차가…… 흠…… (부인에게) 내 눈치 빠르지? 홋……

부인 지금 그런 농담할 때가 아니에요.

손탁 예?

웨벨 대낮에 침실에서 책이나 읽고 있으니 세상이 어떻게 돌아가는지 알게 뭐람. 흥! (하며 의자에 앉아 시가를 꺼낸다)

손탁 무슨 일이 있었어요?

부인 있지 않고. 이건 비극이라고 할지 아니면 희극이라고 할지……

손탁 인생이란 원래 연극인걸.

웨벨 이건 연극이 아니라 현실이라는 걸 잊어서는 안 돼요!

손탁 예?

부인 서재필도 드디어 출국하게 되었어.

손탁 닥터 서가 떠나신다구?

웨벨 떠나는 게 아니라 추방이라니까! 강제 출국이에요! 흥!

손탁   (의자에 주저앉으며) 정말인가요? 그분이 떠날 의사를 표시했었나
요?

웨벨   안 가고는 못 배겨날걸! 미국 루즈벨트 대통령이 소환장을 보내
왔는데 제놈이 어떻게 하겠소?

손탁   대통령이 소환장을요?

웨벨   내 얘기를 못 믿겠으면 직접 미국 공사관에 가보면 알 게 아니오?

손탁   언니!

부인   유감스럽지만 사실이다. 그동안 서재필의 행적을 여러 사람이 조
사해서 본국에다가 보고했었다나 봐.

손탁   자기 나라 독립을 위해서 일한 것도 죄목 속에 드나요?

웨벨   서재필은 조선 국민이 아니라 미국 국민이에요! 미국 국민이면
미국의 법률과 대통령의 지시에 따를 의무가 있어. 서재필이 진
정으로 법정신을 이해한다면 루즈벨트 대통령의 소환장을 어기
지 못할 테지! 그자는 「독립신문」에다가 항시 그 준법정신을 강
조해 왔으니까! 헛허……

손탁은 자기도 모르게 떨리는 손을 꼭 쥐며 무슨 얘기를 하려고 애쓴다.

손탁   그럴 리가 없어요! 닥터 서는 나갈 수 없을 거예요! 나가서는 안
돼요! (벌떡 일어나며) 미스 현! 미스 현!

사무실 쪽에서 엿듣고 있던 현주실이 섬짓 놀라더니 마음을 가다듬고
살롱으로 들어선다.

현주실   부르셨습니까?

손탁   독립협회에서 아무도 안 왔던가요? 닥터 서가 출국하신다는 얘

기 못 들었어요?

현주실 아까 임철규 씨가 잠깐 들러 갔지만 그런 얘기 없었어요. 그건 유언비어가 아니면 낭설일 거예요.

웨벨 유언비어?

손탁 그렇지. 이건 누군가가 허위날조한 낭설일 테지! 독립협회의 사업을 방해놓는 편에서 지어낸……

웨벨 (화가 나서) 말조심해요! 낭설이라니…… 아니 그럼 내가 허위날조범이란 말인가?

손탁 누가 형부보고 그랬어요? 이건 홍종우나 이기동 같은 반대파에서 서재필을 모함하느라고…

부인 그게 아니란다. 이건 네 형부께서 고종 황제를 직접 만나신 자리에서 확인하신 정보란 말이다. 며칠 내로 관보로 공포될 거라더라. (웨벨에게) 그렇죠?

웨벨 흠…… 어째서 그렇게 고집만 부리시오? 내 얘기보다 독립협회 사람들의 얘기를 더 믿으니…… 그럴 바엔 아예 조선 국민으로 귀화라도 하시지 그래?

손탁 못할 것 없지요!

웨벨 뭐라고?

손탁 이제 호텔 장사도 바닥이 났으니 문을 닫든지 아니면……

부인 앤!

손탁 내 일은 내게 맡겨요. 이제 나도 내 뜻에 따라 처신하겠으니……

웨벨 손탁!

손탁 분명히 말씀드리지만요, 저는 오늘부터는 웨벨 공사의 처제로서가 아닌 독일인 손탁으로서 행동하겠어요. (하며 창가로 가서 후원을 내다본다)

웨벨 잘 해보시지! 어느 때고 이 웨벨의 힘을 빌게 될 테니! (부인에게)

여보, 갑시다!

부인　예!

웨벨 부처가 현관 쪽으로 급히 나간다. 이윽고 마차 떠나가는 소리가 나자 손탁은 지금까지 억눌려 왔던 울음이 터진다. 그녀는 창에 이마를 기댄 채 소리없이 흐느낀다. 현주실이 가까이 다가간다.

현주실　미스 손탁! 너무 상심마세요. 이건 무슨 착오일 거예요. 루즈벨트 대통령이 일개 시민의 퇴거에까지 신경을 쓸 리가 없잖아요? 무슨 착오겠죠.

손탁　(울음을 삼키고 돌아서며) 아니에요, 미스 현. 닥터 서는 추방당할 거예요.

현주실　예?

손탁　예감이란 게 있어요. (의자에 앉는다)

현주실　그렇지만 지금 우리 조선은 서 박사 같은 분이 안 계시게 되면 ……

손탁　물론 그분에게 직접 얘기를 들어봐야 할 일이지만 미국 대통령이 소환장을 낼 정도라면 그분은 불복 안할 거예요. 누구보다도 법 정신이 투철하고 민주주의를 신봉하는 분인데…… 자기 의사가 아니라고 해서 그걸 거역하거나 불복할 분은 아니거든요. (다시 슬픔이 복받치며) 그렇지만, 누가…… 무엇 때문에 그분을……

현주실　사촌이 논을 사도 배 아파하는 백성인데 서 박사 같은 분을 그대로 두겠어요? 그러기에 큰 나무는 바람 잘 날이 없다는 우리 속담이 있어요.

손탁　그래요! 그분은 큰 나무예요. 무성하게 뻗친 나뭇가지며 잎사귀는 넓게 그늘을 지게 하고 그 그늘 밑에 수많은 사람들을 쉬게

　　　　　　　　　　　　　　손탁호텔

했었지. 그런데 그게 죄이며 과오라니! 아…… 정말 이 나라 사람들은 사람을 볼 줄 몰라요! 사람의 가치를 인정할 줄 몰라! 남을 대우할 줄 모르는 사람은 결국 자기 자신도 대우를 못 받는 법인데…… 왜 그걸 모를까? 왜? 왜?

그녀는 격정을 이기지 못해 탁자 위에 얼굴을 파묻고 흐느낀다. 현주실도 눈물을 짓는다. 이때 현관 쪽에 와자지껄하는 소리가 나더니 서재필과 독립협회 회원들이 십여 명 들어선다. 살기가 등등하다. 그러나 서재필은 비교적 담담한 표정이다.

회원 갑 박사님! 절대로 우리는 굴복할 수 없습니다.

회원 을 그런 부당한 처사를 그대로 감수해서는 안 됩니다! 박사님!

회원 병 대체 소환장이란 게 뭡니까? 설사 소환장이 왔다 하더라도 박사님이 왜 소환을 당해야 하는가 하는 이유가 분명하지 않으면 가실 필요 없습니다! 결사반대입니다! 우리 5천여 명 독립협회 회원의 이름으로 반대시위를 하겠소! 동지들 안 그렇소?

일동 옳소! 반대시위를 합시다!

좌중이 갑작스레 격동하는 분위기로 바뀌자 불이 타오르듯 열기가 치솟는다.

회원 A 그러나 이 문제는 그렇게 단순히 생각할 성질의 것이 아니라고 봅니다.

회원 갑 뭐라고?

회원 A 신중을 기해야지 시위운동으론 해결이 안 나요.

회원 을 그럼 구체적인 방법부터 말하시오!

회원 A 방법이 아니라 원칙이 문제라고 봐요.

회원 을 그렇소. 방법으로는 갈 수도 있고 안 갈 수도 있겠지요. 하지만 ······

회원 병 그런 미지근한 말이 어디 있소? 태도를 분명히 하시오! 태도를!

회원 A 아니 내 태도가 어떻단 말이오?

회원 을 갈 수도 있고 안 갈 수도 있다? 흥! 이건 무슨 물건 흥정하기요? 살 수도 있고 안 살 수도 있단가? 헹!

회원 A 여러분! 진정합시다. 그리고 이 사태를 근본적인 면에서부터 분석하고······

회원 병 집어치워요! 지금 우리가 원리원칙을 몰라서 이러고 있소?

일동 옳소! 행동 개시합시다!

회원 B (크게) 행동이 문제가 아니에요!

회원 갑 그럼 뭐요?

회원 B 그 결과가 미치는 영향이지요. 개인적으로는 서 박사에게, 그리고 크게는 우리 독립협회 자체에 닥쳐올 영향을 생각하잔 말이오!

약간 분위기가 가라앉는다.

회원 B 우리는 그 누구도 서 박사님이 미국으로 송환 당하기를 바라지 않아요. 그 점에서는 만장일치죠. 그러나 그 소환장에 불복했을 때 일어날 비극적인 사태에 대해서는 견해가 다를 수도 있어요.

회원 병 구체적으로 말하시오.

회원 B 말하겠소. 소환을 당할 경우는 서 박사 한 분은 안전하게 되지만 독립협회는 불행한 사태를 면치 못할 테니까요? 다시 말해서 개인과 조직! 이 둘 가운데 어느 쪽이 더 중한가를 신중히 저울질해야 하지 않을까요?

129   손탁호텔

회원 갑   비겁한 소리 집어치워!

회원 B   뭐라고?

회원 갑   개인도 조직도 우리는 놓칠 수 없어요!

회원 을   옳소! 그 어느 것도 희생시킬 수 없소!

일동   옳소!

회원 C   그렇지만 현실은 그게 아니잖소. 서 박사를 소환하겠다는 게 어디 미국 대통령 개인 의사입니까? 여기에는 국내적으로는 조정안의 친로파 세력과 친일파의 결탁이 있었을 것이고, 국제적으로는 러시아를 비롯한 여러 국제 정상배들이 야합한 게 틀림없소. 따라서 이 사태는 간단하지 않아요.

회원 정   간단하지 않다는 건 다 알아요. 문제는 서 박사가 출국해야 옳겠는가 말이오!

회원 C   독립협회의 존망도 문제지요! 이보다 조직이 중요하다고 봐요!

회원 갑   그따위 소리 집어치워라!

회원 A   현실을 직시합시다.

찬반양론으로 갈리어 마구 욕설이 오고간다. 서재필은 손탁과 얘기를 주고받다가 그 좌중에 끼어든다.

서재필   여러분! 조용히! 진정하시오! 여러분.

좌중이 차츰 조용해진다.

서재필   먼저 나로서는 여러분에게 사과를 해야겠소. 나 한 사람 때문에 여러분의 의견이 이렇게 엇갈리게 되고 나아가서는 독립협회의 존망 문제까지 오르내리게 되다니 새삼 나로서는 책임감과 송구스러운 죄책감을 금할 수가 없습니다.

회원 갑　박사님! 그러나 소환장에 승복하셔서는 안 됩니다!

회원 C　독립협회의 앞날을 생각해주셔야 합니다.

서재필　잘 알고 있소. 이건 내 개인적인 문제이며 동시에 독립협회의 길
　　　　이므로 나도 나름대로 고민을 해왔소. 하지만 길은 하나뿐입니다.

　　　　모두들 긴장한다.

임철규　박사님 저희들과 함께 생사를 같이 하시겠다고 말씀해 주십시오.

서재필　물론이지! 임 군.

　　　　모두들 안도의 숨을 돌린다.

임철규　그럼 조선에 남아 계시겠다는……

서재필　아니지!

　　　　의아해지는 분위기.

임철규　아니 그럼?

서재필　(잠시 망설이다 말고) 나는 출국하기로 결심했습니다!

　　　　모두들 술렁거린다.

임철규　박사님! 그렇지만 금방 저희들과 생사를 같이 하시겠다고!

서재필　이 서재필의 육신은 조선을 떠날지라도 마음은 언제나 여러분과
　　　　함께 있고, 독립협회와 함께 숨쉴 것입니다!

임철규 박사님!

숙연해지는 좌중에서 손탁은 손수건으로 입을 막고 있다.

서재필 (차분하게) 여러분! 나도 여러 가지로 괴로웠습니다. 특히 여러분들의 의견이 상치되었을 때 그 의견을 말하는 사람도 괴로웠겠지만 그걸 듣고 있어야만 했던 내 자신은 꼭 바늘방석 위에 앉은 기분이었지요. 그러나 분명히 말해둘 것은 나는 세상을 비겁하고 치사하게 살고 싶지 않아요. 배신을 식은 죽 마시듯 하는 그런 인간은 아니라는 점입니다. 하물며 우리가 목숨을 내걸고 이만큼이나 키워나온 독립협회를 나 때문에 쑥밭으로 만들 생각은 없소. 아니 설령 서재필이 죽는 한이 있더라도 독립협회는 살리겠다는 게 나의 신념이요, 소신이요, 신앙이란 말이오. (눈물이 글썽해진다)

임철규 박사님!

서재필 여러분! 그러니 이 일은 이것으로 덮어둡시다. 서재필이 쫓겨간다고 독립협회가 헐리는 건 아니에요. 서재필 하나를 없애버렸다해서 조선 국민을 다 정복했다고 생각하는 어릿광대들에겐 언젠가 역사의 심판이 있을 거요. 그러니 여러분은 내 걱정일랑 말고 더 굳게 합치고 뭉치시오. 그래서 우리의 소망인 자주독립을 찾아야 해요. 겉껍데기 독립이 아닌 명실상부한 주권을 누릴 수 있고 만방에 외칠 수 있는 자주독립을 찾으시오. (양파 사람의 손목을 차례로 쥔다) 분투하시오! 단결하시오!

회원 갑 박사님!

서재필 자기희생 없이 독립은 안 와요!

회원 A 박사님!

서재필　나는 앞으로 며칠 쉰 다음 아무도 모르게 조용히 고국을 떠날 생각이오. 그러니 여러분들도 이 일은 절대 여론화시키지 말아주시오. 세상이 떠들면 그만큼 독립협회에 위급한 일이 닥칠 것이니까요. 알겠죠? 그럼 어서들 돌아가시오. 임 군도 어서 가서 신문을 내야지. 어서!

서재필이 회원들을 일일이 타이르듯 하여 밖으로 내보낸다. 이윽고 손탁만이 남는다. 썰물 같은 분위기다. 서재필이 나가려다가 손탁 곁으로 다가온다.

서재필　미스 손탁.

손탁　(돌아본다. 뺨에 눈물자국이 남았다) 훌륭하셨어요. 정말 훌륭한 고별사였어요. 닥터 서가 오늘처럼…… 이렇게 제 가슴을 마구 휘젓는 순간은 없었어요.

서재필　미스 손탁! 그동안 여러 가지로 빚만 잔뜩 지고 갑니다.

손탁　사람은 누구나 어디론가를 향해 가는 거래요. 아니, 가야 하는 거래요. 한 자리에 오래 머물러 있으면 안 된대요. 썩는다고 그러더군요.

서재필　정말 그렇게 생각하십니까?

손탁　(억지로 웃어보이며) 예. 잘 하셨어요. 닥터 서는 미국으로 가셔야 해요. 조선은 아직도 닥터 서의 가치를 인정하고 이해하기에는 모자라는 사회인 걸요. 가셨다가 적당한 시기에 다시 고국을 찾아오세요.

서재필　꼭 오겠어요. 10년, 20년, 아니 50년 후일지라도…… 내가 뿌린 씨가 얼마나 많은 꽃을 피웠는가 보기 위해서도 꼭 찾아올 거예요. 그렇지만 한 가지 섭섭한 게 있어요.

손탁   섭섭한 거라뇨?

서재필   그때까지 미스 손탁이 조선에 계시지 않으면 어떻게 하죠?

손탁   저요? (쓸쓸하게) 글쎄요. 나도 그때쯤은 세계 어딘가에 살고 있겠
지요. 아프리카가 될지 남아메리카가 될지…… 아니면 태평양의
어느 작은 섬이 될지는 모르지만……

서재필   (방안을 휘둘러보며) 손탁호텔이 그때까지 남아 있어 준다면 얼마
나 좋을까요?

손탁   정말이세요?

서재필   미스 손탁은 이 나라를 떠나시더라도 미스 손탁의 손때가 묻은
이 호텔이 남아 있어 준다면 나는 이 호텔에서 며칠이고 묵을
거예요. 가능하면 미스 손탁이 거처하던 방에서 신문을 읽고, 성
경을 읽고, 그리고 저 아카시아 나무에 흰 꽃이 주렁주렁 열리는
밤이면 잔디 위에 맨발로 서서 따스한 대지의 열을 발바닥으로
느끼며 머릿속에는 손탁의 초상을 그려보겠소. 아카시아 향기 같
은 그림을 그리겠소.

손탁   닥터 서! 그만! 그만! (하며 그의 품에 안긴다)

서재필은 그녀의 머리와 어깨를 쓰다듬는다.

서재필   미스 손탁, 내가 미국으로 돌아가야 하는 또 한 가지 이유를 말할
까요? 이건 지난 갑신정변 때 개화파 동지들의 얘기지요. 김옥균,
홍영식, 박영효 등 자신의 불행도 불행이었거니와 그 가족들이
겪어야 했던 무참한 사실을 모르시겠죠?

손탁은 어떤 불안과 공포에서 서서히 고개를 쳐든다.

서재필 죄 없는 아녀자까지 더러는 형장으로 끌려갔고, 더러는 집안에서
장살을 당했고, 더러는……

손탁 왜 그런 무서운 말씀을 하세요?

서재필 내 처지도 예외가 아니었지요. 나는 이 땅에 혈육이라고는 하나
도 없는 몸이지요. 그럼에도 내가 정과 의지를 심어보려는 내 조
국이 나를 안 받아들이겠다면…… 내가 내 발로 걸어나갈 수밖
에 없지요. 워싱턴에서 나를 기다리는 아내, 병상에 누워있으면
서도 자신의 운명을 점칠 줄 모르는 가엾은 아내에게 돌아가는
길밖에 없지요. 인간 서재필이 마지막으로 인간으로서의 고백을
하는 거요. 그럼…… 잘 있어요.

손탁 닥터 서. 언제 떠나시겠어요?

서재필 내일이라도 인천에서 배편만 있다면 가야지요.

손탁 그렇게 빨리요?

서재필 내가 하루라도 빨리 떠나면 떠날수록 피해가 없을 테니까요. 그럼.

두 사람은 굳게 손을 잡는다. 이때 독립협회 청년 A, B가 급히 뛰어든
다. 이마에서 피가 흘러내린다.

청년 A 박사님!

청년 B 큰일 났습니다.

임철규 (사무실에서 나오며) 무슨 일인가?

청년 A 임 동지도 여기 있었군!

청년 B 회관이 습격을 당했소!

임철규 습격이라니……

청년 A 홍종우 일당이 신문사에 몰려와 기물을 부수고 난동을 부리고
있소! 빨리 오시오!

서재필   홍종우가?

청년 B   예. 황국협회 폭력배들이 방망이에 갈쿠리까지 휘두르며?

서재필   어서 가 봐야지! (하며 나가려 하자 손탁이 말린다)

손탁   가지 말아요!

서재필   놓으시오. 손탁!

손탁   가시면 안 돼요!

서재필   그렇지만 신문사가……

손탁   그자들은 닥터 서를 찾고 있을 거예요. 위험해요!

서재필   나를?

임철규   박사님은 피하시는 게 좋겠어요. 제가 다녀와서 상황을 보고드릴
          테니 잠시 피하시는 게 좋겠어요.

서재필   그렇지만……

현주실   박사님 그렇게 하세요. 그놈들은 무슨 짓을 할지 몰라요.

손탁   제 방에 가 계세요. 제놈들이 제아무리 날뛰더라도 이 손탁호텔
          까지는 못 쳐들어올 거예요.

임철규   미스 손탁 말씀이 옳습니다!

          이때 멀리서 군중들의 함성과 소요소리가 바람을 타고 파상적으로 들
          려온다.

임철규   박사님! 나오시면 안 됩니다! 제가 돌아올 때까지 2층에 피신하고
          계세요! (청년들에게) 갑시다.

청년 A·B   갑시다!

현주실   철규 씨! 조심하세요!

임철규   (빙그레 웃으며) 박사님을 부탁해요.

세 사람이 급히 뛰어나간다. 군중들의 고함 소리가 드높아간다. 서재필, 손탁, 현주실의 얼굴이 어둡다.

암전

제2장

무대

손탁호텔. 전막부터 약 한 달 후, 늦가을. 살롱엔 별로 손님이 없다. 초췌한 모습의 임철규와 현주실이 마주 앉아 있다. 임철규의 머리엔 붕대가 동여져 있고, 얼굴엔 아직도 상처가 남아 있다. 우울한 기분을 토해내듯 현주실은 긴 한숨을 몰아쉰다. 폭풍이 지나간 뒤 적막 속에 아직도 폭풍이 몰아칠 것 같은 무거운 기운이 감도는 분위기이다. 밖에는 가을비가 뿌리고 있다.

현주실 그래 앞으로 어떻게 하겠어요?

임철규 (손등만 내려다보고 있다)

현주실 우두머리들은 감옥에 갇히거나 죽었고, 졸개들은 뿔뿔이 흩어지고…… 앞으로 독립협회는 어떻게 할 셈이지요?

임철규 (한숨을 몰아쉬며) 캄캄합니다.

현주실 캄캄하다뇨?

임철규 신문사의 활자판은 모두 깨지고 부서지고 기계는 산산조각이 난 데다가 황국협회는 날이 갈수록…

현주실 내가 듣고 싶은 건 상황 설명이 아니라 앞으로의 대책이라니까요. 철규 씨는 어떻게 하겠느냐고요? 무슨 방책을 강구해야지 않겠어요? 언제까지나 이러고만 있을 거예요?

임철규 (고개를 들며) 주실 씨. 어떻게 하면 좋을까요? 예? 저는 어떻게 하면 좋을까요?

현주실 그걸 나보고 말하라는 거예요?

임철규 예, 가르쳐주세요. 당신은 알 수 있을 것 같아요! 나의 갈 길이 어디며 무엇인지 알고 계실 것 같아요.

그의 눈에 이슬이 맺혀 있다. 손탁은 길게 담배연기를 내뱉는다. 허무감이 구름처럼 뒤덮는다.

임철규 나는 이제 자신이 없어졌어요! 아니 싫어졌는지도 모르죠.

현주실 싫어지다니요?

임철규 나 자신도, 이 서울도, 그리고 이 세계가 싫어졌어요. 아니 사람이 싫어졌어요. (쓰게 웃으며) 우습지요? 이런 얘기하는 게 이상하잖아요?

현주실 알 수가 없군요. 철규 씨 입에서 그런 얘기가 나오다니…… 언제나 화사한 웃음을 띠우고 우렁찬 목소리로 노래하듯 말하고 우리에게 꿈과 희망과, 그리고 힘을 주던 당신이 그런 말씀을 하시다니 정말 믿을 수가 없군요.

임철규 (자리에서 일어나며) 아마 지쳤나 봐요. 시달리다 시달리다 못하여……

현주실 철규 씨!

임철규 나는 나로서 해야 할 일, 바쳐야 할 것 다 바쳤어요! 달라는 건 다 주고만 살아왔지요! 그런데 뭐가 남았는가 말이에요. 내 수중에 뭐가 남았지요? 돈? 감투? 명예? 흠…… 아니죠! 그런 건 모두가 값없는 것들이에요. 그건 내가 살아있는 동안에만 값이 있지

내가 없어지면 그만인 거예요. 이 서울의 한 모퉁이 살아있는 동안뿐이에요. 내가 이곳을 떠나가 버리면 모든 영화도 가버리는 거예요. 내가 죽어버리면 더더구나 아······ (슬퍼지며) 그런데······ 그런데 왜 나는······

현주실 철규 씨! 용기를 내세요! 나는 철규 씨가 그런 마음 약한 남자인 줄 몰랐어요!

임철규 미국으로 돌아가신 서 박사도, 지금 옥중에 계신 이상재, 이승만 두 선생도, 그리고 저도 마찬가지죠! 기다리기만 했지 누가 와주겠다고 약속을 받은 적이라고는 없었지요. 막연히 기다렸지요. 짝사랑만 하다가 결국은 그렇게 된 거지요. 우리는 기다리다가 끝이 나는 인생이에요.

현주실 그래 맞아요. 우리는 모두가 막연히 기다리는 인생이라고 해두지요. 오늘은 호텔을 찾아오는 손님이 있겠지 하고 거울 앞에서 아침 화장을 할 때는 제법 행복한 것 같아 흥도 나지만 저녁때가 되고 한밤중이 되어도 아무도 오지 않을 때의 공허감은 견딜 수가 없는 거예요. 더구나 나처럼 이런 직업을 가지게 되는 처지가 되고 보면!

임철규 그 직업이 싫으면 포기하는 것뿐이죠. 이제 우리에게 남은 건 포기하는 자유뿐이요.

현주실 포기하는 자유?

임철규 예. 권리를 주장하는 자유는 없고 포기하는 자유만 남았지! 나라 안에 살고 있는 사람은 죽은 듯이 살아가고 이 나라가 싫으면 외국에 나가 그 나라 사람이 되어 편히 살면 되는 거예요.

현주실 (그녀의 눈이 번쩍 뜨이며) 서 박사를 두고 하시는 말인가요?

임철규 아니죠. 이제 그 어른은 오고 싶어도 못 오시는 거예요. 서 박사가 그대로 여기 머물러 계셨던들 독립협회가 이 꼴이 되지는 않앉을 거예요. 사람 하나 있는 것 별 문제가 안 되는 것 같지만 그게 아니더군요. 우리 조선은 지금 사람이 필요하거든요.

현주실 그건 사실이에요. 아…… 서 박사님께서 미국엘 안 가시고 버티실 걸 그랬어!

임철규 왜 그때 미스 손탁이 안 말리셨는가 하고 나는 때때로 의아해질 때가 있어요.

현주실 미스 손탁이?

임철규 그 여자는 서 박사를 만류할 수도 있었죠. 충분히 있었지요.

현주실 만류했지요.

임철규 예?

현주실 당신이 없으면 독립협회가 일어나지 못할 거라고요.

임철규 그런데도 가셨나요?

현주실 자기가 안 가면 독립협회는 뿌리가 뽑힐지도 모른다고 생각했겠죠. 그래서 잎은 시들어도 뿌리만 살게 되면 어느 때고 그 나무는 되살아날 걸로 아셨기에 서 박사는 가셨어요.

임철규 (한숨) 그러나 지금 우리 독립협회는 이제 잎사귀도 뿌리도 다 말랐어요. 그러나 낙엽이 아무리 쌓여도 새 잎이 나지는 않을 거예요. 그러니 저는 어떻게 하면 좋을지 모르겠군요. 하숙방에 누워 있으면서 줄곧 그 생각뿐이었지요. 다친 상처보다도 가슴이 더 아팠어요. (한숨) 낙엽에서 움이 트지는 않을 거예요. 나는 앞으로 어떻게……

현주실 아직 절망할 단계는 아니에요. 방법은 있을 거예요. 어딘가 있구 말구요!

임철규 과연 우리 조선 사람에게 정치 운동이라는 게 가능한가 하고 생각해 봤는데……

현주실 어떻게 하시는 말씀이죠? (추궁하듯) 그럼 정치 운동은 불가능하단 말인가요?

임철규 불가능할 거예요.

현주실 그 이유는?

임철규 여러 가지죠. 그 중에서도 우리는 단합이 안 돼요. 훈련이 안 돼요. 각자가 자기 의견만을 내세우지 남의 의견을 들으려 하지 않아요. 민주 정치나 의회 정치의 기본은 상대방의 주장을 일단 들어주는 데서 시작된다고 배워왔지만 우린 그게 안 돼요. 관은 민의 소리를 들어야 하고, 상원은 하원의 주장을 존중해야 하는데 우리나라의 실정은 지금 그게 아니오. 아마 앞으로 50년 내지는 60년 있으면 또 모르겠지만 지금은 어려워요.

현주실 그래서 정치에서는 손을 떼겠다는 뜻인가요?

임철규 일단은 포기했어요.

현주실 비겁하시군!

임철규 예?

현주실 정말 실망했어요. 철규 씨가 그런 졸렬한 생각을 품게 되다니……
철규 씨가 초지를 관철하시겠다는 뜻만 있다면 자진해서 철규 씨를 따라 나설 동지도 있었을 텐데…… 그 사람 실망할 거예요.

임철규 나를 따라 나설 사람이라구요?

현주실 진작부터 그런 의사를 표시했어요.

임철규 누굽니까?

현주실 현실 도피자와는 말을 안 할 거예요.

임철규 그럼 나더러 어떻게 하란 말입니까?

현주실 일단 쉴 수는 있을지라도 포기는 안 됩니다. (그의 손을 잡고) 일을 계속 해야 돼요. 설령 그것이 50년이 걸리고 백년이 걸려도 그 길은 가셔야 돼요. 아시겠어요? 철규 씨! 그런 뜻이라면 그 사람도 생사를 같이 할 거예요.

임철규 누굽니까?

현주실 여기 있는 현주실이에요.

임철규 주실 씨가 나와 함께?

현주실 같이 가겠어요. 가서 싸워요. 끝까지!

임철규 주실 씨! 고맙소! 고맙소! (하며 그녀의 손목을 쥔다. 두 사람은 한동
안 말을 잊는다)

이때 2층에서 손탁이 내려오다가 이 광경을 보고 깜짝 놀란다. 그녀는
잠시 지켜보다가 서서히 내려온다.
밖에 까치 소리가 난다.

손탁 (일부러 명랑하게) 손님인가 봐! 손탁호텔을 아직도 찾아주는 사람
이 있군! 지배인!

현주실 (소리만) 예.

손탁 오! 거기 있었군! 손님이 오시나 봐요. 오! 미스터 임도 왔었군!
머리 상처는 어때요.

임철규 예, 덕택으로……

손탁 몸조심이 제일이지. 젊은 사람들에게는 건강과 사랑! 이것이 특
권이지요. 홋호……

이때 헌관문을 열고 국도가 들어선다. 망토에 빗방울이 맺혀 있다. 그
뒤에 일본 헌병이 서 있다.
임철규는 거의 반사적으로 몸을 감춘다.
손탁도 약간 당황하며 임에게 숨으라고 눈짓하자 부엌으로 피신한다.

국도 (살롱으로 들어선다) 빌어먹을! 웬 비가 이렇게 쏟아지나? 조선의

가을 하늘은 세계에서 가장 아름답다고 하더니만 이건 새빨간 거짓말이군! (하며 빗방울을 턴다)

헌병 아마 조선 사람이 거짓말을 잘 한다는 증거로 하느님이 비를 내리신 거겠죠. 헛허……

국도 헛허…… (지배인을 보자) 나를 기억하나?

현주실 (말이 없이 고개를 숙인다)

국도 오늘은 방이 없다고 거절 못할 테지?

현주실 예?

국도 방이 비어있다는 걸 미리 알고 왔으니까. 틀림없지?

현주실 한 분이신가요?

국도 (헌병에게) 당신이 직접 말해요.

헌병 예! 모레 밤에 일본서 귀한 손님이 네 분 오실 텐데 방을 예약해야겠어. (하며 수첩을 꺼낸다)

현주실 네 분이요?

헌병 그래, 따라서 하나는 더블베드가 있는 방, (수첩에 적힌 대로 읽으며) 나머지는 일인용 방 세 개, 알았지?

현주실 예. 네 분인데…… 그 중 하나는 더블베드?

헌병 그렇지. 그 방에 유숙하실 분이 누군지 알게 되면 놀랄걸…… 헛허…… 이 손탁호텔로서는 무상의 영광이지…… 헛허……

현주실 누구신데요?

국도 이토 히로부미 공작 각하!

손탁의 표정에 어떤 긴장이 떠돌더니 서슴지 않고 사무실에서 나온다.

손탁 어서 오세요. 기꾸시마 상! 홋호……

국도 미스 손탁이 어디서 갑자기 솟아나는 거지?

손탁	귀하신 손님이 오셨다기에 땅에서 불쑥 솟았지요. 홋호……
국도	오늘따라 애교가 만점인데 웬일이지?
손탁	호텔에선 손님이 왕이지요. 홋호……
국도	그래? 그런데 왜 그때는 나를 내쫓았지? 신문기자는 호텔 손님 자격이 없다는 뜻인가?
손탁	어머! 그럴 리가 있나요? 홋호.
현주실	저…… 모레 밤부터 방을 넷……
손탁	알았어요. 2층 남쪽의 특실로 모시도록 해요.
국도	아니 웬일이요?
손탁	웬일이긴요…… 이토 히로부미 공작 각하께서 손탁호텔에 드신 다면 이건 무상의 영광이 아니겠습니까? 홋호……
국도	어쩜 나의 의견하고 그렇게 꼭 같소? 헛허……
손탁	눈치로 알지요.
국도	이건 손탁호텔의 영광이 아니라 조선 국민 전체의 영광이지. 각 하께서 경부철도 가설 문제로 시찰차 오시지만 그렇게 귀하신 분이 조선 땅을 밟으신다는 건……
손탁	그렇죠.
국도	그래서 여기 나와 있는 우리 특파원들이 총동원되어 섭외와 접 대, 의전 일을 맡기로 했지. 이건 우리 일본 정부로서도 중대하지 만 앞으로 일본과 조선 두 나라의 유대를 긴밀히 하는데도 굉장 한 의미를 지녔다고 봐야지. 그래서 숙소도 이 손탁호텔로 내가 천거했지!
손탁	감사합니다. 그 대신 제 방에 가서 한 턱 내겠어요. 좋은 술이 있으니까.
국도	그것 고맙군! 헛허…… (웃다 말고 손탁을 응시한다)
손탁	왜 그러세요?

국도	당신은 정말 영리한 여자군!
손탁	예?
국도	아니 무서운 여자야.
손탁	무슨 뜻이죠?
국도	그렇게 나를 대하는 태도가 달라질 수가 있다니…… 그 이유가 뭘까?
손탁	흠…… 잘 아실 텐데!
국도	뭘까?
손탁	시류.
국도	시류?
손탁	그래요. 시대의 흐름. 아니 역사의 흐름이겠죠.
국도	거창하게 나오시는군.
손탁	앞으로의 시대는 일본의 시대지요. 조선에서는 앞으로 일본의 시대가 올 거예요. 청국 시대도 가고, 러시아 시대도 가고, 앞으로의 동양의 맹주는 바로 일본이라는 것.
국도	맞았어! 바로 봤소! 그걸 어떻게 알았지? 손탁!
손탁	손탁호텔은 바로 세계인이 드나드는 곳이에요. 여기는 서울의 정동이 아니에요. 세계 속의 서울이에요. 여기서 살아가노라면 세계의 역사가 어디로 가고 있고 조선의 역사가 어디로 흘러가는지 그 시류를 누구보다도 잘 알 수 있지요. 그래서 모두들 손탁호텔로 모여든 거예요. 이토 히로부미 공작 각하도 예외는 아니실 거예요! 홋호……
국도	정말 놀라운 여자군. 내가 당신과의 인터뷰 기사를 본국으로 써보내겠소. 괜찮지?
손탁	좋아요. 그 대신 기사 타이틀은 제가 붙이겠어요.
국도	뭐라고 붙일까?

손탁	'1898년의 조선 정국의 현장! 미스 손탁의 증언을 들어본다.' 어때요?
국도	음…… 좋았어! 1898년의 조선 정국의 현장이라……
손탁	그리고 조선에서의 일본의 시대가 오는 미래를 위한 예견도 전망도 그리고 교훈도 얘기하겠어요.
국도	교훈이라니?
손탁	청국도 러시아도 미처 다 못한 야망을 일본은 이룩하나 언젠가는 그 야망 때문에 망할지도 모른다고요, 홋호……
국도	야망? 핫하…… 좋았어! 오늘이 아닌 먼 훗날 일이야 내가 걱정할 일이 아니니까! 헛허…… 그럼 잘 부탁해요. (나간다)
손탁	안녕히 가세요. 만반의 준비를 끝내고 기다리겠으니 염려마시고 가세요. 홋호……

국도와 헌병이 나가자 손탁은 돌아서는 순간 자기를 지켜보는 현주실의 엄숙한 시선과 마주친다.

손탁	가버렸어.
현주실	미스 손탁! 드릴 말씀이……
손탁	(살롱으로 걸어가며) 내게?
현주실	(따라가며) 약속이 다르시네요.
손탁	약속? 내가 무슨 약속을 했던가?
현주실	호텔을 그만 닫겠다고 하시더니 그게 아니시군요?
손탁	(쓰게 웃으며) 호텔 문 닫는 일, 보류하기로 했지.
현주실	그 이유는요?
손탁	이유?
현주실	돈 때문인가요? 아니면……

손탁	사람 때문일 거야.
현주실	사람?
손탁	(허공을 바라보며) 난 죽을 때까지 외롭기는 마찬가지인 걸! 한동안은 정을 주기도 하고 받기도 하지만 지나가 버리면 또 잊어버리게 되는 게 인정이지. 이 호텔을 스쳐가는 사람을 모두 기억할 수는 없겠지만 그 많은 사람 가운데서도 다시 만나보고 싶은 사람도 있지. 그렇다고 내가 다시 찾아 나설 순 없잖아? 그러나 내가 이 호텔을 지키고 있는 동안은 누군가가 또 찾아주겠지. 그러면 나는 그분과 마주앉아 커피를 마시면서 그 아련한 얘기들을 나누고 싶어요. 그리고는 그 사람은 또 바람처럼 홀연히 떠나가 버릴 테지! 그럼 나는 또 혼자가 되고…… 흠, 그런 게 아니겠어? 세상이란……
현주실	그렇지만 미스 손탁은 저에게 가르쳐주시기를……
손탁	미스 현, 그건 미스 현처럼 젊은 사람에게만 해당하는 인생 설계이지. 조선의 앞날을 지고 나갈 사람들 말이에요. 그러나 나는 사정이 다르지. 도둑이 자기 자식에게 도둑이 되기를 바라지는 않는 심정이라고나 할까…… 안 그래요? (한숨) 나는 그런 여자예요. 내 인생은 나 하나로 끝이에요. 미래도 포부도 없어요. 시류에 따라 찾아주신 손님을 반기고 떠나는 손님을 보내며 호텔을 지키다가 사라질 인생인데요. 알았어? (웃는 얼굴에 눈물이 흐른다)
현주실	그럼 호텔을 계속 하시겠어요?
손탁	(억지로 태연하려고 애쓰며) 해야지.
현주실	(머뭇거리다가) 미스 손탁. 드릴 말씀이 있어요.
손탁	얘기해요, 무슨 얘기건. 대강 짐작은 할 수 있지만……
현주실	예?
손탁	호텔을 그만 두겠다는 얘기겠지! 안 그래요?

현주실 그걸 어떻게……

손탁 (쓸쓸하게 웃으며) 알 수 있지. 나는 사람의 눈빛은 신통하게 잘
알아맞히는 재주가 있거든! 홋호……

현주실 예? 그럼……

손탁 알고 있었지. 이렇게 되리라는 것. 흠…… 이래봬도 나는 눈치로
살아온 여자인걸! 홋호…… 그래 미스터 임하고 같이 떠나려고?
언제쯤이지? 내일 떠나는 건 아니겠지?

현주실 예? 예……

손탁 (긴 한숨) 잘 생각했어요. 가야지! 젊었을 때는 넓은 세상을 샅샅
이 구경하는 것도 공부지! 이 좁다란 땅덩어리에서 비좁게 붐비
며 살 필요 없지요. 미스터 임 불러와요. 나도 작별인사를 나눠야지!

현주실은 반신반의의 상태에서 주방으로 들어간다.
손탁은 자리에서 일어나 창가로 가서 창문을 연다. 안개비가 내리고
있다.

손탁 (쓸쓸하게) 아…… 모두들 떠나가는군! 내 곁에 남아있을 사람은
떠나가고! 없어도 좋을 사람은 찾아오고. 흠…… 나그네가 깃들
어야 할 호텔이면서 정작 내가 머무를 곳은 없으니…… 흠……
아…… 비는 왜 청승맞게 내린담!

그녀의 눈에 눈물이 고인다.
현주실과 임철규가 부엌에서 나와 그녀의 쓸쓸한 모습을 바라본다.
멀리 종소리가 들린다.

-막

학살의 숲 (4막 5장)

- **등장인물**

  임연숙(26세), 전 ×시 여성동맹위원장

  박상배(27세), 전 신문기자

  윤성하(28세), 전 해운노조원

  안규철(22세), 전 대학중퇴 가정교사

  민철(19세), 그의 동생, 구제중학 5년

  삼철(17세), 그의 동생, 구제중학 3년

  하명호(32세), 이발사

  이숙(25세), 그의 아내

  김가(38세), 공비분대장

  수만(30세), 공비

  근수(33세), 공비

  안교장(59세), 규철의 아버지

  김수녀(40세)

  교도관

  기타 공비 다수

- **때**

  1951년 겨울(1막부터 3막까지)

  1960년(4막)

- **곳**
  - 전남 장흥군 유치면에 있는 속칭 암챙이꼴
  - 교도소

제1막

제1장

무대

전라남도 장흥군 유치면 가지산에 있는 속칭 암챙이꼴. 첩첩산중이다. 우편에 기울어져서 산허리를 뚫어 만든 토굴이 있다.

토굴 바닥엔 가마니와 짚단을 깔았고 석유등이 걸려 있을 뿐이다. 그 안에서도 하나의 질서를 찾으려고나 하듯 벽 쪽으로 두툼한 솜이불과 담요가 즐비하게 포개어 있어 여러 사람이 잡거하는 토굴임을 알 수 있다.

입구는 가마니와 소나무 가지로 가려져 있어 밖에서 보기에는 출입문이 있는지 없는지조차 분간하기가 힘들다.

이 토굴과 맞서서 또 하나의 토굴의 출입구가 있다. 그러나 극의 진행에 따라 내부가 보여진다. 이곳은 최대한으로 널판자를 이용하여 선반도 매달았고, 봉창문도 있어 제법 오막살이집 같은 인상이다. 다만 이 안에는 세 개의 야전용 침대가 각각 떨어져 배치되어 있어 세 사람이 거처하고 있다는 점을 직감할 수가 있다. 방 한가운데 생나무로 만든 탁자가 한 개 놓여 있다.

무대 전체는 소나무며 비자나무 등 상록수가 울창하며 바위와 잡목들도 빽빽하게 밀집되어 있다.

멀리 험준한 소백산맥의 줄기가 내려다보인다.

인물들의 등·퇴장은 무대 어디서나 할 수 있으며 토굴 위에도 사람이 올라설 수 있다. 다만 좌편은 아랫마을과 보림사 쪽으로 통하고 위쪽은 국사봉으로 통한다는 최소한의 약속은 있어야 한다.

막이 오르면, 때는 정월 중순 황혼녘, 여기저기 눈이 쌓이기도 하고 암벽에는 흐르던 물이 그대로 얼어 고드름이 되어 마치 종유석처럼 처졌다.

이따금 불어오는 바람이 나뭇가지에 남은 눈가루를 사정없이 흩날리고 지나간다. 멀리 내려다보이는 눈 덮인 산줄기엔 석양이 비쳐 아름답기보다는 처절함마저 느끼게 하나 이 골짜기는 이미 어둠의 그림자가 가라앉았다.

토굴에는 사람이라고는 없다.

김가가 불어대는 호루라기 소리에 공비들이 집합을 한다.

저마다 머리엔 방한모 아니면 수건 등을 썼고 목도리로 얼굴을 싸매기도 해서 얼굴을 분간하기가 힘들다.

작은 토굴 앞에서 임연숙과 박상배가 제법 긴장한 표정으로 뭔가 수군거린다. 임연숙의 언행은 매우 거칠며 여성다움을 찾아볼 수가 없다. 김가는 대원들에게 두어 번 되풀이해서 번호를 붙이게 하여 점호를 하고 있다.

박상배   이상 없소? 김 동무!
김가   한 사람이 없는디요.
박상배   없다니?
김가   (대원들에게) 옆 사람이 있는가 살펴들 봐! 누가 없어졌는가……

서로들 얼굴을 쳐다본다.

공비 갑 수만 동무가 안 보인디요.
김가   수만 동무가? 금방 여기 있었는디……
임연숙   분명하죠?

학살의 숲

김가　그 그럼이라우. 내가 똑똑히 봤는디.

공비 을　볼일 보러 갔어라우.

김가　어딜?

공비 을　작은 집.

일동이 까르르 웃는다. 임연숙과 박상배도 실소를 한다. 이때 바위 뒤에서 수만이가 허리춤을 추스르면서 어슬렁어슬렁 나온다. 아직도 뒤가 미진한 표정이다.

김가　뭣 하고 있어? 빨랑 나오지 않고.

수만　어제 먹은 그 돼지괴기가 암만 해도 수상하제……

공비 갑　그러길래 내가 뭐라고 혀. 병든 돼지는 재미없다니께.

수만　밤새 급행열차를 몇 번 탔더니만 아주 뱃속이 텅 빈 게 꼭 쌍둥이 내지른 여편네 배라닝께 그려. (하며 아랫배를 문지른다)

공비 을　애기를 낳아봤는갑다. 젠장!

모두들 한바탕 웃어젖힌다.

수만　우리 여편네 뱃가죽을 만져봤제.

공비 병　보나마나 시들은 유자껍질이겄제 허허……

김가　쉰소리들 그만 하고 싸게들 서 봐.

수만이가 대열에 끼어들자 김가는 차렷 자세를 하고 박상배에게 경례를 붙인 다음 보고를 한다.

김가　인원 보고! 정원 33명, 현재 33명, 집합 끝!

박상배는 김가에게 응례를 한 다음 대원들에게 지시사항을 전달한다.

박상배 동무들 수고했소. 그럼 이제부터 오늘 저녁 과업을 지시하겠소.
첫째, 오늘 저녁 여섯 시 보림사 앞 분교 마당에서 제3지구 민청
연대 총궐기대회를 가지게 되어 있소. 특히 이 자리에는 국사봉
에 있는 제3지구 사령관 동지께서 직접 내려오셔서 동무들에게
격려사를 하실 것이며, 남반부 해방전선에서의 우리 용맹한 인민
군대의 전과 보고가 있을 것이며, 축하 예술제가 있을 예정이오.
(모두들 웅성거린다) 따라서 전 대원들은 이제부터 곧 분교 마당으
로 내려갈 것이며 보초당번만 남아서 경계를 철저히 하기 바라
오. 알겠소?

일동 예.

박상배 그럼 다음은 임연숙 동무께서 보충설명이 있겠소.

박상배가 임연숙에게 자리를 내주자 임연숙은 경례를 붙인 다음 대원
앞에 나선다.
그녀의 행동은 더 한층 경직되어 가며 흡사 남성처럼 보이기도 한다.

임연숙 앞서 박상배 소대장 동무께서 지시한 대로 오늘밤 있을 '제3지구
민청연대 총궐기대회'는 우리가 작년 10월 13일 유치산에 집결한
이래 3개월 동안 가장 뜻 깊은 모임이 될 것이오. 그 첫째 이유는
남반부 해방을 위해 남파된 인민군대가 남반부 전 지역을 장악함
에 따라 조국 통일의 날이 바로 눈앞에 다가왔다는 것, 둘째, 우리
민청연대의 사기와 투쟁 이념이 날이 갈수록 공고해지고 있다는
것, 셋째, 우리의 원수 미제국주의 앞잡이인 이승만 도당의 온갖
만행과 발악은 날이 갈수록 혼란 속에 빠져들어 가고 있다는 사

학살의 숲

실들이오. 따라서 이와 같은 객관적 사회 배경과 필연적인 추세로 미루어 볼 때 오늘밤 가지게 될 '제3지구 민청연대 총궐기대회'는 우리의 승리를 다짐하는 총력의 과시가 될 것이오.

일동 옳소! (하며 박수를 치자 임연숙은 만족한 표정을 지으며 한 손을 들어 조용히 하라고 제지를 한다)

임연숙 사령부에서 시달된 바에 의하면 이승만 괴뢰 도당은 최후 발악의 증상으로 얼마 전엔 전투경찰부대를 보내더니 이제는 학도전투대까지 조직하여 광분하고 있다 합니다.

그러나 우리가 접거하고 있는 이 유치면 일대는 일몰 이후는 놈들이 얼씬도 못하는 천연의 요새이며 요지이기도 하오. 지난번에 있었던 장흥 읍내 기마대 소각 작전과 장흥 읍사무소 습격 투쟁은 놈들에게 결정타를 가한 쾌사로 머지않아 우리는 반드시 승리를 차지하고야 말 것이오.

따라서 동무들은 오늘밤의 궐기대회에서 가일층 분발할 것과 아울러 노동자 농민의 해방의 날이 바로 목전에 왔음을 재확인하여야 할 것입니다.

임연숙의 말이 끝나자 모두들 박수를 보낸다. 박상배와 임연숙은 만족스러운 표정이다.

임연숙 끝으로 한 가지 주의점을 시달하겠소. 최근에 놈들은 곳곳에 불온삐라를 살포하여 우리의 투쟁의식을 둔화시키려 하고 있소. 모두들 절대 현혹되지 말 것이며 이에 위반하는 자는 즉결처분에 처할 것을 명심하기 바라오. 이상! (그녀는 경례를 하고 물러선다)

박상배 오늘밤 당직은 누구요?

김가 예. 하명호 동무와 양근수 동무지라우.

박상배 그럼 당직 동무만 남고 모두들 곧 분교 마당으로 출발!

공비 병 저녁밥은 안 먹는감요?

박상배 염려 말아요. 오늘 밤엔 소를 잡아 큰 잔치를 베풀 테니…… 헛허
……

공비 을 옳지, 사흘 전에 반월면에서 잡아온 암소것제.

공비 병 무산면 '비계'에서 잡아온 돼지도 잡는데야. 오랜만에 포식할 것
이여! 헛허…… (모두들 암소라는 말에 손뼉을 치며 기뻐하며 좌편으
로 퇴장한다)

임연숙 윤성하 동무는 왜 안 올까요?

박상배 아마 분교장으로 직행할 모양이지요. (시계를 보며) 사령관 동지
에 대한 상황보고가 시간이 걸리는 모양이오. 갑시다.

박상배와 임연숙은 회심의 미소를 지어보이며 따라 내려간다.
무대에는 하명호와 양근수만 남는다. 까마귀 떼가 울고 지나가자 갑작스
레 주위가 스산해진다. 눈송이가 하나 둘 흩날리기 시작한다.
두 사람은 토굴 뒤에 가서 죽창을 가지고 나온다. 양근수는 아까부터
심한 기침을 한다.
하명호는 바위에 걸터앉아 담배꽁초에 불을 붙이고 나서 길게 들이마
신다. 무대는 전보다 더 어두워진다.

하명호 (문득 생각난 듯) 참말로 임 동무는 잘났제. 탁 티었어!

양근수 임 동무라니? 누구 말인가?

하명호 우리 소대 암닭이지 누군 누구!

양근수 응, 그 여자 정말 똑똑하고 야물제?

하명호 너무 야물다 보니까 씨알이 밖으로 톡 불가져 나와 버려서 흥이
제. 헛허……

155   학살의 숲

양근수 여성동맹위원장까지 지냈다니께 알아줄 만도 하지.

하명호 남편이 대한민국 경찰한테 붙잡혀 죽었다는구먼. 그러니 여자의
        앙심은 오뉴월에도 서리를 내리게 한다는디 알아줄 만도 허것제.

양근수 (길게 한숨을 뱉으며) 하기사 가슴에 원한이 안 박힌 사람 없것제만
        임연숙 동무의 처지가 되고 보면 밉것제. 미울거야.

하명호 밉다 못해 이가 뿌득뿌득 갈리것제. 여자 나이 삼십이면 무쇠를 녹인
        다는디 말이여. 안 그려? (입가에 음탕한 웃음을 짓는다)

양근수 암······ (길게 숨을 몰아쉬며) 그러고 보니께 여편네 궁둥이 구경
        못 한 지가 벌써 석 달째 되나 보구먼! (하며 사타구니를 슬슬 문지르
        면서 장타령조로 노래한다) '일 년 열두 달 굶어도 ×만 땡땡 일어선
        다.' 헛허······

하명호 나도 매일반이제. 혼인한 지 아홉 달 만에 생이별했응께······

양근수 하 동무는 이발관 했다며?

하명호 응. 의자 두 개 놓고 그럭저럭 벌이는 되었는디······

양근수 난 과수원에서 칠 년씩이나 머슴살이 했는디 땅 한 뼘도 못 장만
        했으니······ 염병할 놈! (하다 말고 심한 기침에 시달린다) 오살할
        놈의 감기······

하명호 그놈의 기침 극성이구먼. 양 동무 여긴 내가 맡을 테니까 안에
        들어가 쉬지 그려.

양근수 그렇지만 그 암탉이 아는 날엔······

하명호 걱정 말어. 인기척이 나면 내가 알려줄 테니께 들어가 누워 있어.
        나 살고 남도 있지, 내 목숨 죽어버리면 무슨 소용인감. 사는 날
        까지는 살고 봐야제. 안 그려?

양근수 하긴 그려. 그럼 하 동무 혼자서 수고 좀 해 주것어?

하명호 염려 말랑께. 양 동무나 나나 살아남아야 예펜네도 보고 자식도
        만날 거 아니겠어? 헛허······

양근수　응! 그럼 내 안에 들어가 있을테니께…… 무슨 기척이 나면 알려
　　　　줘 잉?

하명호　알았어. 어서 들어가.

멀리서 꽹과리 장단이 신경질적으로 터지며 환호성이 일제히 터진다.
주위는 완전히 어둡다.

양근수　사령관 동무가 왔는갑제?

하명호　응…… 그나저나 어서 밥이나 왔으면 좋겠는디……

양근수　밥이사 다음 교대할 때까지는 가져올테제. 그럼 수고좀 혀. 하
　　　　동무.

하명호　응.

양근수가 토굴 안으로 들어가자 하명호는 슬슬 비탈길로 올라가서 아
래쪽을 내려다본다.
박수 소리와 환호성이 파도처럼 들려온다. 눈송이가 전보다 많이 내리
기 시작한다.

하명호　올해 보리농사 하나는 잘 되것구먼. 보리농사라도 잘 되어야 굶
　　　　지는 않을 테니까 이새 저새 먹새가 제일잉께!

이때 무대 좌편 숲속에 소복 차림의 이숙이 등에 애기를 업은 채 수건
으로 머리를 싸매고 조심스럽게 등장한다. 손엔 큼직한 보따리가 들렸
다. 그녀는 두리번거리다가 하명호를 발견하자 짐짓 놀라며 나무 뒤에
숨는다.
하명호가 비탈길에서 다시 내려와 무대 중앙으로 내려선다. 그는 다시

　　　　　　　　　　　　　　　　　　　　학살의 숲

담배꽁초를 꺼내 성냥을 그어 붙인다. 그의 거동을 지켜보던 이숙이
남편임을 확인하자 서서히 다가온다.

이숙   (떨리는 목소리로 낮게) 나…… 나 좀 보쇼.

하명호 (자신의 귀를 의심하듯) 무슨 소리가 났는디…… 분명히……

이숙   여, 여기여라우.

하명호 (반사적으로 긴장하여 죽창을 들이대며) 누 누구여?

이숙   (목이 메이고 떨리며) 나요, 나!

하명호 응?

이숙   나라니께요. (하며 나무 뒤에서 나온다)

하명호 워메! 어쩐 일로 여기까지…… (그는 말을 채 잇지 못하고 우루루
        뛰어와 이숙의 손목을 덥석 쥔다)

이숙   살아있었구먼이라우, 살아…… (복받치는 울음을 삼키며 손에 들었
        던 보따리에다 얼굴을 파묻는다)

하명호 어떡굼 된 일이여? 잉?

        여길 어떡굼 알고 왔제? 잉?

        말 좀 하란 말이여! 빨랑! (하며 이숙의 어깨를 붙들고 흔든다)

등에 업힌 애기가 잠이 깨었는지 칭얼댄다.

비로소 애기를 발견한 하명호는 반신반의의 시선으로 애기를 넘어다

본다.

하명호 아니, 이 애기는…… 언제 낳았는가?

이숙   섣달 열 이튿날.

하명호 섣달 열 이튿날?

이숙   (고개만 끄덕거린다)

하명호 그럼 해산한 지 망중이레(삼칠일)도 안 지났겠는디 왜 나와 나오
      긴! 애기 감기들면 어쩔라고. 미쳤어! 잉? (하며 애기를 들여다보며
      포대기로 애기를 더 깊숙이 싸매준다. 어느덧 그의 얼굴에 미소가 떠오
      른다) 헛허…… 눈썹이 시커먼 게 외가 닮았는가 보제. 어메 이
      자식이 나를 알아보는갑다 훗흐……

이숙   (비로소 목을 놓아 흐느낀다)

하명호 (멋쩍어지며) 그만 뚝 그쳐. 그건 그렇고 용케도 여기까지 찾아왔
      구면 그려 잉? 누구한테서 들었제? 내가 암챙이꼴에 있다는 걸.

이숙   (눈물을 닦으면서) 입산한 사람들이 모두 보림사 골짜기며 암챙이
      꼴에 모여 산다는 소식이사 왜 못들었겠소. 영암, 강진, 나주, 목
      포에서 온 사람은 죄다 유치산 암챙이꼴로 모였다는디요.

하명호 (호기심에서) 그래 어떡굼 알았어?

이숙   방앗간집 오동이가 봤답디다.

하명호 오동이는 또 어떻게 만났제?

이숙   자수했지라우.

하명호 자수?

이숙   예. 장흥 경찰서에서 한 보름 고생하다가 풀려나왔다기에 내가
      찾아갔었지라우. 당신 소식 좀 알려고……

하명호 (혼잣소리처럼) 기어코 자수했구면. 지난번 수인산 전투 때 잠깐
      봤었는디……

이숙   (남편의 얼굴을 빤히 들여다보며) 갑시다.

하명호 가다니? 어디로?

이숙   어딘 어디요, 우리 집으로 가사제.

하명호 미쳤어?

이숙   미친 건 바로 당신이지라우.

하명호 뭣이 어째?

이숙 꼭 석 달째요, 석 달. 시월 초나흗날 밤 당신이 떠난 후…… 동지섣달 (손을 꼽다 말고) 세상에 이럴 수가 있나요? 잉? 늙은 부모 처자식은 어떡허라고 이렇게 당신 혼자만 여기 있기요? 예?

하명호 때가 오면 내려갈 테니께 기다려.

이숙 (악에 받치며) 언제까지 기다려요? 손자 환갑날 다가올 때까지 기다려라우?

하명호 이제 얼마 안 남았어. 이북에서 인민군하고 중공군까지 합세해서 내려온다니께 인제 우리도 살판 났다니께! 헛허……

이숙 (어이가 없다는 듯 남편을 멀거니 쳐다보며) 그걸 말이라고 하시오?

하명호 (거드름을 피우며) 우리도 한 세상 살게 된다는디 왜 자꾸 따닥거린다냐.

이때 분교에서 광적인 공비들의 환호성이 울리더니 이윽고 박수소리와 함께 〈유격대의 노래〉가 합창으로 울려퍼진다.
그 순간 하명호의 얼굴엔 긴장과 환희가 뒤섞여 이상야릇한 표정으로 변한다.

하명호 저것 좀 들어봐. 들리제? 잉? 홋흐…… 지금 분교 마당에서 우리 민청연대 궐기대회를 하고 있단 말이여. 그리고 국사봉 본부에서 사령관 동지가 내려와서 연설을 한디여. 인자 시상이 싹 뒤바뀌고 말 것이고 또……

이숙 (악에 받친 듯 울부짖으며) 그 소리가 뭔 소리라요? 인자 입산한 사람은 독안에 든 쥐새끼랍디다. 국군하고 유엔군이 산이라는 산은 이 잡듯이 뒤질 것이라고 하든디 뭐 시상이 싹 바뀌어라우?

뜻하지 않은 아내의 발악에 약간 어리둥절해진 하명호는 눈만 말똥거릴 뿐 말문이 막힌다.

이숙   시상은 벌써 뒤집어졌지라우. 그라고 이제 영락없이 죽게 된 것
         은 당신이지라우. (하며 남편의 가슴을 쾅쾅 친다)

하명호   그것이 뭔 소리여? 잉?

이숙   좌우단간 같이 내려갑시다. 가서사 모든 일이 풀리제 이대로 있
         다간 인자 어무이까지도 돌아가실 것이구만이요. (다시 슬퍼지며)
         당신이 입산한 다음에 집안 일이 어떡굼 된 줄이나 아시겠소? 이
         발소는 문 닫았제. 허기사 이렇금 사방이 산으로 꽉 막힌 데서
         석 달을 살았다는디 알 리가 없지라우. 없을 것이구먼. (오열을
         삼키며) 시상에…… 어디에 또 이런 난리가 있당가. 언제 또 이런
         시상이 올 것인가! 윽……

이숙은 스르르 모래탑이 무너지듯 땅바닥에 주저앉아 땅을 치며 울기
시작한다. 하명호는 어떤 불길한 예감에서 차근차근히 아내의 모습을
살핀다. 누리끼리한 광목으로 위아래를 차려입었고 뒷머리에 누런 마
포로 만든 상장 喪章이 눈에 띄자 섬찟 놀란다.

하명호   (상장을 만져보며) 누가 돌아가셨는가? 응? 혹시 장모님이?

이숙   (눈물로 범벅이 된 얼굴을 쳐들며) 아부님이지라우.

하명호   아버지께서? 그것이 참말이어? (이숙은 고개만 끄덕인다)

이숙   모두가 당신 때문이지 뭐겠소.

하명호   뭐라고?

이숙   홧병이지라우! 홧병!

하명호   아니 누구한테 무슨 일을 당하셨는디?

이숙   (독기가 서린 눈초리로 쏘아보며) 누군 누구것소! 시상 사람들한테

눈총 맞다 돌아가셨제. 빨갱이 집이라고.

하명호 뭣이 어쩌?

이숙 그라고 사흘이 멀다 하고 형사가 찾아와서는 으름장을 놓고……
(한숨) 아이고 시상에. 단 하루도 속 편할 날 없으니께 아부이께서
는 날마다 술독에 빠지다시피 하셨으니 무쇤들 안 녹았겄소? 흑
…… 술만 마시면 좋게라우. 나랑 애기도 보기도 싫으니께 서방
따라가든지 아니면 친정으로 돌아가라고 호령하시며 살림이란 살
림 다 부수니 어쩔꿈 살것소? 잉? 내가 무슨 죄냐 말이오? 예?

하명호 젠장! 세상 돌아가는 것도 모르면서 나 원…… (하며 벌떡 일어나
소나무 가지를 뚝 꺾는다)

이숙 그러니 어무이는 어무이대로 들볶이고 그래서 생각다 못해 대덕
면 성님네 집에 가서 미역이랑 김을 얻어다가 장사를 하려고 나
섰지라우. (하며 들고 온 보따리를 만진다. 하명호는 그 보따리를 쿡
찌르고 나서 아내를 내려다본다)

하명호 김 장사를?

이숙 이 암챙이꼴에 들어오기 위해서 김 장사 행세를 했지라우. 유치
면까지는 버스가 다니지만 거기서부터 보림사까지 들어올라치
면 향토방위대 검문이 어찌나 심한지 여간해서는 들어올 수가
없으니께 생각해낸 꾀지라우. 그래사 검문소에서도 들여보내고
……

하명호 그래 도중에 아무도 본 사람 없었어?

이숙 산속으로 산속으로만 숨어서 왔지라우. (비로소 남편을 정시하며)
여보. 두말 말고 내려갑시다 잉?

하명호 가기는 어디를 간다는 거여?

이숙 집으로 가잔 말이오. 내 집 두고 왜 여기까지 와서 사서 고생인가
말이오.

하명호 난 못가.

이숙 (홱 돌아서며) 그럼 나도 안 갈라요.

하명호 뭣이 어째?

이숙 (고집스럽게) 서방도 없는 집에 미쳤다고 갈까!

하명호 이것이 정말 정신이 홱 돌아뿌린 모양이제? 집에 안 가면 어쩔
것이어? 잉?

이숙 당신하고 같이 살지라우.

하명호 뭣이?

이숙 서방 보고 시집 왔제, 늙은 시부모 쳐다보고 살 것이오? 나도 인
자 내 생각대로 살 것이구먼. 굶으나 죽으나 서방 따라 살 것인께
그리 아시요.

하명호 이 솜방망이로 홍두깨질 할 여편네야. 그게 무슨 소리여? 내가
소풍 나왔는감?

이숙 피장파장이지라우.

하명호 (화가 치밀며) 내려가라면 내려가!

이숙 못 간다면 못 가!

하명호 아니 그럼 어쩔 셈이여?

이숙 죽어도 같이, 살아도 같이 살지라우. 인자 떨어져 사는 건 지긋지
긋허구먼이라우. 신물 단물 다 빠졌어!

이숙이 땅바닥에 벌렁 주저앉는 바람에 애기가 경기를 일으키듯 자지
러지게 울어 제친다.
하명호가 겁에 질려 반사적으로 주위를 경계하며 이숙을 몰아 제친다.

하명호 조용히 못혀? 애기 울음 좀 막으란 말이여!

이숙 흥! 인자 애기 우는 것도 허가 맡아야 할 판이구먼!

학살의 숲

하명호 빨랑! 누가 들으면 큰일 난단 말이여!

이숙은 포대기 끈을 풀어 애기를 앞으로 끌어안고는 젖을 물린다. 그녀의 저고리 밑으로 미어져 나온 허연 젖통이 어둠 속에서도 박덩어리처럼 불쑥 솟아 보인다.

다음 순간 하명호의 얼굴엔 어떤 동요와 전율 같은 게 찰나적으로 스쳐간다. 그는 마른 침을 꿀꺽 삼키고 멍하니 내려다본다. 젖을 빠는 애기의 모습을 물끄러미 내려다보는 이숙은 새로운 슬픔에 훌쩍거리기 시작한다.

멀리 분교 마당에서 울려오는 민요곡이 이상스럽게도 이 분위기를 쓸쓸하게 파동친다.

하명호는 서서히 이숙의 등 뒤로 가서 무릎을 꿇고 조심스럽게 그녀의 젖가슴을 만져본다. 그러나 이숙은 여전히 훌쩍거리고만 있다.

하명호 (솟아오르는 욕정을 억제하듯 눈을 감은 채) 미안혀.

이숙 윽…… 윽……

하명호 그렇지만 이제 와서는 빼지도 박지도 못하는 내 심정도 알아줘사제. 안 그려?

이숙 그럼 어쩌란 말이요? 어떡굼 하실 작정이오? 예?

하명호 (길게 숨을 몰아쉬면서 손으로 더 깊숙이 그녀의 젖가슴을 헤치며) 나도 모르겠어!

이숙 나도 이 산에서 살라우!

하명호 그건 안 되어!

이숙 살 것이구먼!

하명호 안 된다면 안 되어! 여기가 어디라고……

이숙 다들 사는디 나라고 왜 못 산다요? 살고도 남지라우. 이녁 서방

따라 사는 게 뭣이 잘못이것소?

하명호 쓰잘데 없는 소리 말고 내려가.

이숙 나 없이 살것습디어? 예?

하명호 아…… (그는 아내의 젖가슴에다 자기 얼굴을 파묻는다)

이숙 떨어져서는 못 살아라우. 세상이 두 쪽 아니라 세 쪽으로 동강이 난다 해도 부부가 떨어져서는 못살 일이지라우!

하명호 내려가!

이숙 못 간다니께!

하명호 이 등신아! 내려가란 말이여! 내려가! (하며 그녀의 목을 등 뒤에서 조여 맨다. 그러나 이숙은 체념한 사람처럼 멍하니 허공을 쳐다보고만 있다. 하명호는 아내의 처절한 얼굴을 내려다보다 말고 짐승처럼 그녀를 부둥켜안고 땅바닥에 뒹군다)

하명호 (울부짖으며) 이 등신아! 죽자! 같이 죽잔 말이다! 흑……

이때 무대 좌편에서 나오던 임연숙이 두 사람의 거동을 바위 그늘에서 넘어다보고 있다.

멀리 학교 마당에서 다시 환호성과 박수가 파도처럼 밀려온다.

바람이 휘몰아치며 비자나무 숲이 파도처럼 술렁인다.

암전

제2장

무대
전막과 같음.

학살의 숲

전막부터 이틀 후 낮. 겨울밤답지 않게 포근한 날씨이다.

무대 좌편에서 이숙이 애기를 업은 채 빨랫감을 들고 개울 쪽에서 등장.

그녀는 나뭇가지며 바위 위에다 찢어진 기저귀와 남자 속 셔츠를 널기

시작한다. 작은 토굴 안에서 나오던 임연숙의 얼굴이 경직된 표정으로

변한다.

임연숙   (날카롭게) 널지 말아요!

이숙   (놀라며) 예?

임연숙   (다가서며) 빨래를 널지 말라고 했어요.

이숙   (어리둥절한 표정이다)

임연숙   공중에서나 먼 곳에서 봤을 때 표가 나니까요. 어서 거둬요.

이숙   예…… 예…… (그녀는 허둥지둥 빨래를 거둔다. 혼잣소리로) 기저
        귀를 말려사 할텐데 어떡굼 하면 좋단가? 방 안에선 안 마르고
        그렇다고 불을 피울 수도 없고…… 참말로 성가실 일이구먼이라
        우. (하며 쓰게 웃어 보인다)

임연숙   (빈정대듯) 성가실 일을 왜 했지요?

이숙   예?

임연숙   잘못 생각했지, 안 오는 걸 그랬어요.

이숙   제가 여기 온 것이 잘못이었을께라우?

임연숙   몰라서 물으세요?

이숙   ……

임연숙   우리도 골치 아파요. 이제 상부에서 곧 지시가 내려오겠지만, 글
        쎄 갓난 애기까지 딸려 왔으니 말이 되겠어요?

이숙   그럼 어쩔 것이요. 그 양반이랑 함께라면 또 모르지만 내가 어디
        내려갈 것 같소? 어림도 없지라우.

임연숙   뭐라구요?

이숙   (고집스럽게) 난 안 내려가라우. 나도 여기까지 오자 할 때는 독한 마음먹고 왔지라우. 백이십리 길을 그것도 호랑이가 나온다는 피재를 넘어 유치산 속까지 오자 했을 때는……

임연숙   어리석은 소리 말아요.

이숙   예?

임연숙   당신 때문에 여러 가지로 지장이 있다는 걸 모르세요? 다른 사람 처지도 생각해야지. 밤에 애가 보채는 소리 때문에 여러 사람들이 잠을 잘 수가 없다고 투덜대는 것도 몰라요?

이숙   그것이사 젖이 모자른께 그렇지라우. 글메 먹은 게 있어야 젖이 나오지라우.

임연숙   그러니까 산을 내려가요.

이숙   천만의 말씀이제. 내가 다시 돌아갈라고 왔으면 뭣땜세 이 지랄을 사서 했겠소? 난 안 가라우! 난 죽었으면 죽었제 안 내려갈 것이구먼!

임연숙   (비웃으며) 엿장수 마음대로 안 될 텐데요. 두고 봅시다. (하고 우편으로 퇴장한다. 이숙은 닭 쫓던 개처럼 멍하니 임연숙의 뒷모습을 바라만 본다)

이숙   참말로 별꼴 다 보것구먼! 내가 내 발로 내 서방 찾아왔는디 어째서…… 흥! 내사 여기 있어도 공밥 먹지는 않을 것이어! (하며 토굴 안으로 들어간다. 이때 산 위에서 공비들이 저마다 땔감을 등에 지고 내려온다. 김가가 맨 먼저 내려와서 독려한다)

김가   싸게들 내려 오드라고. 그리고 장작은 저편에다가 차곡차곡 쟁여 놓고, 그 위에다가 솔가지로 덮어놔야 혀. 알것제? 그리고 10분 쉬고 또 올라갈 것인게 그리 알드라고! (여기저기서 "예" 하고 대답한다. 그들은 무대 좌편으로 가서 짐을 부리고 나온다. 수건을 풀어 몸을 터는 사람, 바위 위에 벌렁 눕는 사람, 담배를 피우는 사람 등등……

저마다 쉬는 자세들이다. 하명호는 두리번거리며 사람을 찾는다. 이숙을 찾는 모양이다. 그는 사람 눈을 피해 토굴 속으로 들어간다. 토굴 안이 밝아진다)

이숙이 젖은 기저귀감을 접어서 손바닥에 놓고 손방망이질을 하며 말리고 있다. 애기는 바닥에 눕혀 있다.

하명호 (빙그레 웃으며) 이봐!
이숙   오메! 인자 오시오?
하명호 (애기를 내려다보며) 잠들었어?
이숙   야.
하명호 (품에서 수건에 싼 것을 꺼내며) 먹어봐. (하며 킬킬거린다)
이숙   (받으며) 뭣인디요?
하명호 풀어봐.
이숙   (풀어본다) 위메 웬 머루란가?
하명호 산속에 있드란 말이여. 그래서 자네 줄라고 따왔제! 흣흐……
이숙   (입에 넣고 깨물며) 한겨울인디 머루가 열려 있습디여?
하명호 깊은 산속이라 누가 따지도 못했제. 맛있제?
이숙   (고개를 끄덕하며) 꿀맛이구먼, 당신도 먹어봇쇼.
하명호 난 먹었으니께 염려 말어! 그거라도 먹어사 젖도 날 것 아니어?
이숙   (연거푸 입안에 털어넣다가 문득 생각난 듯) 참, 아까 그 사람 만났지라우.
하명호 누구?
이숙   그 여자 말이오. 눈이 사납게 생긴……
하명호 오…… 임연숙 동무? 그래 뭐라고 혀?
이숙   (뽀로통해지며) 나보고 내려가라고 하드란 말이요.

하명호 그래 뭐라고 했어?

이숙 (단호하게) 안 간다고 했지라우.

하명호 그러니께……

이숙 두고 보자고 합디다.

하명호는 길게 한숨을 몰아쉬며 아내를 물끄러미 바라본다.

이숙 (불평스럽게) 내가 놀고먹는 것도 아닌디 왜들 그러는지 모르겠어
라우.

하명호 이유사 있제.

이숙 예?

하명호 밥 짓고 빨래하는 일이 문제가 아니란 말이여.

이숙 그러면 뭣이라우?

하명호 지서 습격도 하고 소돼지도 끌어오고 해사 쓸텐디 자네가 그런
일 하겠어?

이숙 워메. 내가 무슨 소 도둑놈인감?

하명호 말조심혀. 어디서 함부로 쥐둥아릴 따닥거린당가!

이숙 글메 지서 습격도 좋지만 공연한 농사꾼들 괴롭히는 일은 안 해
사제라우. 사흘이 멀다 하고 양식 훑어가고 닭 돼지 끌어가는 일
은 하면 안 되지라우. 무식한 농사꾼들이사 그저 백성 편하게 살
게 해주면 그만이제. 그란디 산사람들이 내려왔다 가는 날은 초
상날이니 이것이 무슨 변이라요? 잉?

하명호 그것이 다 농민을 해방시키는 일이지 뭐겠어.

이숙 해방인지 훼방인지 내사 무식하니께 잘 모르제만 하루도 마음
놓고 잠자는 날 없으니…… 아이고 시상에! 이런 난리가 또 어디
있겠오?

학살의 숲

하명호 (불쑥 일어나며) 잔소리 말어! 그것이사 위에서 잘 알아서 할 일인게! (나간다)

이숙 또 어디 가요?

하명호 땔감을 세 번 져날라야 밥을 얻어 먹제. (나가려다 말고) 밖에 나돌아다니지 말고 꼭 여기 있어. 알것제?

이숙 예. 헌디 나는 어떡굼 될 것 같소? 여기 있어도 괜찮것지라우?

하명호 다녀와서 소대장 동무한테 한 번 부탁해 볼테니까 얌전하게 있어.

하명호가 밖으로 나오자 토굴 안은 어두워진다.
김가가 호루라기를 분다.

김가 출발 준비! 동무들! 출발!

모두들 내키지 않는 듯 느린 동작으로 자리에서 일어난다.
김가는 바위 위에서 잠이 든 수만을 흔들어 깨운다.

김가 수만 동무! 일어나!

수만 응? 응……

김가 무슨 놈의 잠이여? 대낮에.

수만 (일어나며) 벌써 시간인가?

김가 세 번 남아 있으니께 서둘러.

수만 이런 때는 우라지게 시간도 빨리 가더라. 지금 막 단잠이 들었는디.

공비 A 밤엔 뭣하고 낮잠인가?

수만 하긴 뭘 해! 이 잡았제.

공비 B (음탕하게) 이를 잡은 게 아니라 미꾸라지를 잡았것제! 헛헛……

수만 오사하네.* 미꾸라지도 인자 축 늘어져서 꿈틀거리지도 않는다.

일동 까르르 웃는다.

김가   자 출발하드라고!

이때 우편에서 윤성하, 박상배, 임연숙이 심각한 표정을 지으며 등장
한다.
윤성하는 안경을 썼고, 손엔 서류가 들렸다. 모두들 저만치 비켜선다.

임연숙   그것보세요. 내가 뭐라던가요.
박상배   그렇지만 이건 생각해 볼 문제요. 더구나 상대가 여성인데 어떻
게……
윤성하   그렇지만 상부의 방침이 그렇다는데 별 수 없잖소? 그리고 현재
상황 아래서는 그 길밖에 없다고 봐요.
박상배   (난처해지며) 그렇지만 막상 상대편에게 통고하기가……
임연숙   윤성하 동무가 말하면 되지요.
윤성하   상부에서는 노발대발입데다. 그런 일은 소대장 동무 재량으로 속
결할 일이지 상부까지 결재받는가 하고.
임연숙   예상대로군!
박상배   그럼 윤동무가 불러서 얘기해 주겠소?
윤성하   어려울 게 뭐요. (대원들을 돌아보며) 하 동무 있소? 하명호 동무!
하명호   예? 예…… 여기 있어라우. (하며 군중 속에서 비집고 나온다)
윤성하   나 좀 보지.

하명호가 머뭇거리며 세 사람의 눈치만 살핀다. 박상배가 외면을 하자

---

* 오사하다: 죄를 지어 벌을 받거나 재앙을 당하여 제명대로 살지 못하고 죽다.

임연숙도 시선을 딴 곳으로 돌려 버린다.

하명호 무슨…… 말씀이신디오?

윤성하 아주머니는 어디 있소?

하명호 저 안에 있어라우. (억지로 웃음을 지으며) 얌전하게 있어사제 그렇
지 않으면 내쫓긴다고 공갈했더니만…… 헷헤…… 그래 뵈도
착한 지집이지라우.

윤성하 실은 그 일 때문에 우리도 여러 가지로 연구를 해봤는데 말이지
……

하명호 여기 있어도 되지라우? 예?

윤성하 (냉담하게) 내려가도록 해요.

하명호 예?

공비들이 여기저기서 수군거린다.

윤성하 상부의 명령이니 지금 곧 내려가도록 해.

하명호 앗다, 그런 법이 어디 있다요.

윤성하 법?

하명호 그렇지 않소? 여편네가 서방 따라 살겠다는디 돌려보내는 법이
어디 있다요? 안 그라요?

윤성하 이치를 따질 때는 이미 지났어. 아주머니보고 곧 나오라고 해!

하명호 그렇굼 면도칼처럼 싹둑 잘라 말씀하실 게 아니라 왜 내려가라고
하시는지 이유를 말씀해 주셔야지라우.

윤성하 명령이라니까!

하명호 예?

윤성하 명령 복종은 우리 조직 생활에 있어서는 제 일조라는 걸 몰라?

우리의 투쟁과 혁명과업 수행을 위해서는 상부 지시에는 무조건 복종이지. 그 이유를 따지겠다면 다른 방법을 취할 수도 있으니까. 알겠나?

하명호 모르것구만이라우.

윤성하 몰라?

하명호 제 여편네야 배운 것도 가진 것도 없는 보잘 것 없는 지집이지만 마음씨 하나만은 곱지라우. 저도 시골에서 이발사 기술로 살아왔지만 여편네에게 호강 한 번 못 시킨데다가 신혼생활 일 년도 못 되어서 입산을 하고 보니께…… 헷헤…… 그러니 윤 동무! 어떻게 사정 좀 봐주싯쇼 예?

윤성하 하 동무하고는 얘기가 안 통하겠군! 아주머니더러 나오라고 해요.

하명호 제발 그러지 마시고…… (하며 매달리려 하자 뿌리친다. 그는 임연숙에게로 가서) 임 동무가 말 좀 해줏쇼. 과부 속은 과부가 더 잘 안다고 여자 마음은 임 동무도 알겠지라우. 여편네 보고 이 산을 내려가라고 하면 죽어버리겠다고 버틸 텐디 어쩔 것이오? 예?

임연숙 (빈정대며) 자기 아내 하나 통솔 못하는 남편이라면 자격상실이지! 일단 상부에서 결정한 일은 변동시킬 수 없어요.

하명호 그, 그렇지만…… (임연숙이 무섭게 쏘아보자 약간 질린 듯 물러섰다가 박상배에게) 소대장 동무! 한 목숨 살려주시오! 예? 우리 세 식구가 함께 있을 수만 있다면 뭔 일이라도 하겠어라우! 그러니께……

얼마 전에 애기를 안은 채 토굴에서 나와서 이 광경을 보고 있던 이숙이 한걸음씩 다가온다. 모든 사람이 그녀를 보자 뒤로 물러선다. 이윽고 이숙과 하명호의 시선이 마주치자 하명호는 바위에다 머리를 부딪치며 몸부림친다. 이숙은 임연숙에게로 다가간다.

학살의 숲

이숙   한말쏨 드리겠어라우. 식량이 모자란다면 나무 뿌리라도 캐먹을
        테니께 저 양반 곁에서 살게만 해주싯쇼. 예? 인자 내가 산에서
        내려간다 해도 발 붙일 곳도 없어라우. 경찰서 허가도 안 받고
        암챙이꼴에 들어갔다 왔다고 하면 경찰서에서 나를 가만 둘상
        싶소? 안 그라요? 잉? 그러니께 여기서 살게 해주싯쇼! 예? 애기
        우는 소리가 시끄러워서라면 애기 입을 틀어막고 잘라요. 아니
        따로 나가서 움막치고 살테니께 사정 좀 봐주싯쇼.

임연숙 도대체가 지금이 어떤 시기인데 모두가 함께 살겠다는 거요? 다
        른 사람들의 눈치도 못 차리겠소? 우리는 지금 전쟁을 하고 있는
        거요. 미제국주의와 그 앞잡이들을 몰아내기 위해 전쟁을 하고
        있단 말이오!

이숙   알고 있지라우! 그것쯤이사……

윤성하 알고 있으면서 그 따위 소릴 하는 거요? 더 말할 필요 없으니 즉
        시 내려가시오.

이숙   (땅바닥에 주저앉으며) 그리는 못하겠소.

윤성하 못해?

이숙   (악에 받치며) 차라리 죽여주싯쇼. 어치피 죽을 목숨이니께 남편
        옆에서 죽을라요!

윤성하 그따위 억지소리를……

이숙   누가 억지소리인지 모르겠소! 아니 지집이 서방하고 함께 살겠다
        는 것이 억지라요? 예? (군중을 휘둘러보며) 하기사 이 갓난애를
        들쳐업고 백이십 리 길을 숨어서 찾아온 이년이 미친 년이지라
        우. 서방 품에 안기고 싶어서 환장한 년이지라우. 허지만 그것이
        뭐가 잘못이라요? 예? 당신네들은 부모처자 안 보고 싶요? 노
        동자 농민 잘 살린다는 것이 뭣이라요? 곡식 가마니 쌓아두고 사
        는 것? 아이고! 난 그런 것 안 바라요. 나는 식구끼리 한 자리에서

오손도손 살아가는 것이 기중 부럽소. 그까짓 세 끼니 밥 먹어도 좋고 안 먹어도 좋지라우! (갑작스레 울음이 복받치자 깨물며) 그런 디…… 함께…… 살지도 못하게…… 윽……

임연숙 말조심해요! 우리가 언제 못 살게 했어요? 가서 기다리라는 게지.

이숙 기다려라우? 아이고 그 기다린다는 소리 지긋지긋하요. 기다리다 기다리다 못 해서 이 산속까지 찾아온 나요!

윤성하 그러니 어떻게 하겠다는 거요? 안 내려가면 무슨 용 빼는 재주라도 있다는 거요?

이숙 (다시 애걸하며) 그라니께 여기 있게만 해주시면 나는 살아갈 수 있단 말요. 우리 셋이서 함께만 있게 해주신다면 나는…… 무슨 짓이라도 할라요!

윤성하 (소리를 뺙 지르며) 듣기 싫어! 몇 번 말해야 알아듣겠소? (하명호에게) 하 동무! 어서 데리고 내려가시오!

하명호 예?

임연숙 보림사 아래 용머리 연못까지 바래다 드려요. 해가 지면 수색대가 나올 테니까 어서 서둘러요.

하명호 (아내만 내려다본다)

임연숙 (소리를 돋구며) 내 말 안 들려요?

윤성하 명령이다!

하명호 (가까스로 이숙의 어깨에 손을 얹으며) 일어나드라고. 응?

그러나 이숙은 무표정하게 앉아 있다. 공비들이 수군거린다.

하명호 (신경질을 내며) 빨랑 일어서란 말이다! 이 웬수야!

이숙 (눈을 치켜뜨며 남편을 쳐다본다)

하명호 가자. 가서 기다려.

학살의 숲

박상배 (부드럽게) 그렇게 해요. 여기서는 규칙상 부부가 같이 살 수는 없으니까.

이숙은 불쑥 자리에서 일어선다. 그녀의 눈에는 어떤 요기妖氣가 서려 있다. 보는 사람으로 하여금 공포를 느끼게 한다.

하명호 따라와.

이숙 (담담하게) 혼자 갈 수 있어라우.

하명호 혼자서?

이숙 그 길이사 우리 애기랑 가면 되지라우. (애기에게) 내 새끼야, 그렇지야? 잉? 가자.

이숙은 마치 평화로운 나들이라도 하듯 몇 걸음 옮긴다.
하명호는 어떤 불길한 예감에 사로잡힌다.

하명호 정말 혼자 갈 수 있겠어?

이숙 걱정 맛쇼.

하명호 괜찮겠어?

이숙 편하지라우.

하명호 편하다니?

이숙 세상만사 다 잊어버리고 갈 테니께 편하것제라우.

하명호 그럼 꼭 기다려야 혀. 잉? 엄니한테도 잘 말씀드리고……

이숙 (비시시 웃으며) 효자 났구면.

하명호 언제고 효도할 때가 올테제. 그러고 가거던 나를 만났다는 얘기 입밖에 내지 말어. 잉? 누가 물으면 김장사 다녀왔다고 혀. 알것제?

그러나 이숙은 거의 무표정한 태도로 우편 산 쪽으로 올라간다.

임연숙   그쪽은 국사봉으로 가는 길이예요.

윤성하   장흥 읍내로 가려거든 보림사 쪽으로 내려가야지.

하명호   이것 봐. 그쪽 길이 아니라니께!

이숙   산길로 가야 남의 눈에 안 띌 것 아니겠소? (하며 태연히 올라간다)

이숙의 모습이 사라지자, 공비들은 의아함과 어떤 충격에 몰려 난처한 표정들이다. 하명호는 어떤 힘에 이끌리듯 토굴 위 높은 자리까지 올라가서 아내의 거동을 지켜본다.

임연숙   (공비들에게) 어서들 출발하지 않고 뭘 꾸물거리고 있지요?

윤성하   김 동무.

김가   예, 지금 출발하지라우.

하명호   안 돼! 그쪽은 위험하단 말이여! 안 돼!

이 말에 모두들 그쪽으로 몰려간다. 하명호는 안절부절 못하고 있다가 어떤 충격적인 광경을 목격했는지 질겁을 한다.

하명호   여보! 여보! (하며 아내가 퇴장한 쪽으로 쏜살같이 뛰어간다. 공비들이 저마다 웅성거린다)

공비 A   절벽에서 뛰어내렸다!

박상배   뭣이?

공비 B   자살했다!

윤성하   자살?

공비 C   애기를 안은 채 계곡으로 떨어졌어!

학살의 숲

공비 D 앗! 하 동무도…… 하 동무도…… 저……

임연숙 뭐라구?

모두들 무대 후면 높다란 곳으로 몰려서서 웅성거린다.
멀리 까마귀가 울고 지나간다.

암전

제2막

제1장

무대

전막과 같음. 전막부터 약 두 달 후. 3월 초순. 3월이라지만 바람은 아직도 차갑다. 다만 양지쪽에 포근히 내려앉은 햇볕에 눈이 녹아 점점이 얼룩진 먼 산줄기가 봄의 입김을 내뿜고 있다.

바위에 열렸던 고드름은 녹아 없어지고, 비자나무의 푸른빛이 물이 올라 생기를 되찾은 것만 같다.

막이 오르면 한낮. 멀리서 이따금 총소리가 들려온다. 그러나 그 소리 다음에 오는 고요는 도리어 이 골짜구니의 정적을 더 길게 해주는 것만 같다.

수만, 근수, 민철, 그리고 몇 사람의 공비들이 양지에 둘러앉아 웃옷을 벗은 채 이를 잡고 있다.

토굴 위에는 규철이가 등돌아 앉아서 멀리 산줄기를 내려다보고 있다. 어딘가 우수에 잠겨 있는 모습이다.

산새들이 제법 한가롭게 지저귀며 봄기운을 돋운다.

저공비행하는 정찰기의 폭음 소리가 들려오자 모두들 땅바닥에 엎드린 채 그 방향을 따라 고개를 돌린다. 비행기 소리가 멀어지자 다시 이를 잡는다.

공비 갑 뭔 비행기가 저렇게 슬그머니 돌다가 가버린다냐?

공비 을 양코비행기가 봄이 오니께 소풍 나왔것제. 헷헤……

공비 병 웃음소리 좀 줄여. 비행기에서 들리것다 이 자석아.

공비 을 네놈 알몸뚱아리 사진 박았것다!

일동은 까르르 웃는다.

수만 (이를 바위에다 놓고 엄지손톱으로 짓이기며) 요놈의 이새끼! 뭘 처먹고 이렇게 보리알만큼 컸단가!

모두들 까르르 웃는다.

수만 인정도 없는 것들! 보리콩밥 덩이로 양 채우는 우리 피를 빨아먹다니…… 요 악질 지주놈들!

공비 병 벼룩이 간을 내먹는 게 아니라 생사람 피를 빨아먹는 놈이니 자본가들보다 더 악질이다. 이놈아! (하며 이를 죽인다)

수만 (배를 문지르며) 밥을 먹은 지가 반 시간도 안 되는디 벌써 시장기가 드니 웬일이랑가?

양근수 좋은 수가 있구먼.

수만 뭔 수?

양근수 이 이새끼들을 잡아서 볶아 먹으면 어떡것는가? 헛허……

수만 예끼 순! 그걸 말이라도 혀?

다시 한바탕 웃음이 터진다.
수만이가 문득 규철의 모습을 훔쳐보고는 민철의 옆구리를 쿡 찌른다.

수만 민철아, 왜 저런다냐? 네 형은……

민철 (이를 죽이며) 누가 알겠소?

양근수 공부 많이 한 사람은 원체가 생각이 깊은 벱이제. 우리 같은 인생하고는 다른 것이구먼.

민철   (자랑하듯) 우리 형님은 책밖에 모르는 사람이지라우.

양근수   서울서 대학교 다녔다면서?

민철   대학 다니다 그만두고 가정교사를 했었지라우.

양근수   너는?

민철   난 중학교 5학년 다니다가 왔고, 내 동생 삼철이는 3학년이고요.

공비 갑   삼형제가 함께 빨치산이 되었으니 표창 받을 일이로구먼 그려!

민철   (멋쩍게 웃으며) 누가 표창 받을라고 왔는감요?

수만   참 규철 동무한테 물어봐사 쓰것다. (규철을 돌아보며) 규철 동무!

규철   (꿈에서 깨어난 듯 돌아보며) 예?

수만   이리 와서 얘기 좀 하드라고. 청승맞게 거기 앉아 있지 말고……

규철   예. (그는 손에 들었던 돌멩이를 팽개치며 무대 앞쪽으로 나온다)

훤칠한 키에 목이 가늘고 움푹 들어간 눈이 매우 날카로우면서 신경질
적이다. 그가 다가와서 바위에 걸터앉자 수만이는 옷을 입고 다가앉는다.

수만   규철 동무는 대학 공부했으니께 잘 알 것이구먼. (주위를 경계하듯
낮은 소리로) 어떡굼 될 것 같은가?

규철   뭐가요?

수만   그 뭣이냐…… 중공군이 내려온다는 소식 들은 지가 한 달하고
도 보름이 지났는디 말이여…… (하며 손을 꼽다 말고 다른 사람들
눈총을 의식하자 부러 명랑하게) 오기는 올 테제? 안 그려?

규철   오겠죠. 그러나 여기서는 외부하고의 연락이 잘 안 되어서 전국
이 어느 정도로 발전되고 있는지 모르지만…… 사흘 전에 국사
봉에서 내려온 레포*가 그러던데 인민군대가 대구, 이리, 순천까
지 해방시켰다더군요.

                    학살의 숲

민철 남반부 대부분이 인민 공화국 깃발 아래죠. 미해방지구는 경상남
     도 일부와 전라남도 일부만 남았다던데요.

수만 그런디 왜 여긴 아직 소식이 없는가 말이여. 정말 환장할 일 아니
     여?

양근수 순천까지 내려왔다면 바로 코앞인디 말이여.

민철 우리가 이렇게 고생하고 있는디요? 원인이 있으면 반드시 결과
     가 있다고 하지 않던가요? 고생 끝에 낙이라잖던가요?

수만 앗따! 알고 보니께 동생이 더 똑똑하구먼! (하며 민철의 등을 치며
     웃는다)

민철 모두가 형님한테서 교양을 받은 덕이죠. 우리 형님은 공산주의에
     관한 책이라는 책은 안 읽은 게 없어요. 방학 때도 내려오시면
     그저 방에서 책하고 씨름하느라고……

규철 쓸데없는 소리!

민철 그게 왜 쓸데없는 소리인가요? 솔직히 말해서 공산주의 이론에
     관해서라면 아마 형님을 당할 사람은 없을 거예요.

수만 소대장 동무보다 더 많이 알까?

민철 물론이죠. (흥을 보듯) 소대장 동무야 지방 신문사의 평기자였거
     든요. 다만 운이 좋아서……

규철 (정색을 하며) 그만 해두라니까! 삼철이는 어디 갔니?

민철 개울가로 빨래 갔지라우.

규철 난 안에 가서 좀 쉬어야겠다. (일어서며) 민철아! 말조심 해.

민철 예……

     그가 토굴 쪽으로 가려는데 삼철이가 식기와 빨래를 들고 급히 좌편에

---

* 레뽀: 레포―트의 준말. 비합법적인 정치운동·학생운동 조직의 연락을 담당하는
  사람, 보고자.

서 등장한다.

아직도 소년티가 가시잖은 중학생이나 나이에 비해 몸집은 숙성한 편이다. 그는 안경을 잃고 당황해하는 표정으로 민철을 보자 급히 다가간다.

민철　　삼철아. 빨래 다 했냐?

삼철　　응. 그런데 큰형은 어디 있어?

민철　　저기. (하며 턱으로 토굴 쪽을 가리킨다. 삼철은 급히 토굴 안으로 들어간다)

삼철　　형!

규철　　(돌아보며) 웬일이냐?

삼철은 할 말을 못하고 머뭇거린다.

규철　　무슨 일이라도 있었니?

삼철은 주위를 경계하듯 휘둘러보며 양말 속에서 여러 겹으로 접은 종이쪽지를 꺼내 보인다.

규철　　뭐냐?

삼철　　(낮은 소리) 줏었어.*

규철　　줏다니?

삼철　　비행기에서 뿌린 삐라.

규철　　(긴장하며) 삐라?

＊줏다: 방언. ‘줍다’의 옛 말.

삼철　개울가에서 빨래를 하고 있는디 비행기 꽁무니에서 삐라가 쏟아
　　　　져 나오지 않겠어요?

규철　그런 것 줏지 말라고 했잖아!

삼철　그렇지만 보고 싶은디 어쩔 것이오, 그래서 대변을 보기 위해 숲
　　　　속으로 들어간 척하면서……

　　　　규철도 주위를 경계하면서 조심스럽게 삐라를 편다. 그 옆얼굴을 지켜
　　　　보던 삼철은 다시 주위를 휘둘러본다. 산새 소리며 솔바람 소리가 한
　　　　가롭다. 삐라를 읽어가는 규철의 표정에 반신반의의 착잡한 그늘이
　　　　지나간다.

삼철　큰형. (사이) 거짓말이겠제?

규철　(긴 한숨) 아!

삼철　그저께 밤에도 소대장 동무는 인민군이 전주까지 해방시켰다고
　　　　했는디 여기에는 중공군이 3·8선 이북으로 총 퇴각을 했다니
　　　　어느 쪽을 믿어야 할지……

　　　　규철은 지그시 입술을 깨물며 삐라 쪽지를 들여다보고 있다.

삼철　이런 것을 뿌리는 반동들의 속셈이 들여다보이기도 하지만, (눈치
　　　　를 살피며) 그렇다고 전혀 거짓말로……

규철　(추궁하듯) 너, 무슨 얘기 들었구나?

삼철　얼마 전부터 대원들 사이에서도 이상한 소문이 돌고 있어라우.

규철　소문?

삼철　(다시 주위를 살피며) 인민군이 순천, 광주까지 진주했다면 아무리
　　　　유치산이 멀기로 여태 아무런 연락이 없겠느냐고들 하던디요.

규철	음……

삼철 남반부가 완전 해방될 날이 며칠 안 남았다고 장담한 지가 언제부터인가 말이오. 작년 10월 4일 밤 목포·영남 방면에서 후퇴해 올 때부터 안 그럽디어? 그런디 지금이 벌써 3월인디…… 이상하잖소? 어떤 사람은 우리가 속고 있는지도 모른다면서……

규철 (화를 내며) 무슨 소리니? 속다니……

삼철 그, 그저 지나가는 소리겠지만도……

규철 쓸데없는 소리 말아! 그리고 이런 얘기는 입 밖에 내지 말고. 알겠지?

삼철 예.

규철 (삐라를 호주머니에 집어넣고 일어서며) 어서 나가봐.

이때 수만, 양근수, 공비 갑이 토굴 안으로 들어서자 형제는 몹시 당황한다.

수만 워메, 형제끼리 무슨 꿍꿍이 속이랑가?

양근수 꼭 무시* 캐먹다가 들킨 사람 같구먼…… 헛허……

공비 갑 삼철이가 집 생각이 나서 형을 들볶았는가?

삼철 아저씨도 별말씀 다 하시오. 제가 무슨 어린애라고 집 생각 난다요.

수만 그럼 네가 어린애제 어른이냐?

삼철 열일곱 살이라우. 이래 뵈도 나는……

수만 오메, 이 자식 말하는 것 좀 보소! 그럼 네가 어른이라는 증거를 보여주것냐?

삼철 증거를요?

---

* 무

학살의 숲

수만 그렇제. (손가락으로 아랫배 부분을 가리키며) 불두덩에 식수가 잘
되었는가 보잔 말이다.

삼철 아저씨도 정말 못할 소리 없구먼!

수만 네가 어른이면 털이 났겠제! 어디 보자! (하며 붙든다)

삼철 왜들 이래쌌소? (뿌리치려 한다)

양근수 구경 좀 하드라고! 헛허……

서로가 당기고 뿌리치고 하자 옆에 있던 사람들까지 합세하여 손뼉을
치며 무슨 구경거리나 되듯 법석을 떤다. 이때 임연숙, 박상배가 우편
에서 내려오다가 토굴 안에서 떠드는 소리를 듣자 긴장하여 안으로
들어선다.

박상배 무슨 일들이지?

임연숙 조용히 하라니까.

그 소리에 비로소 알아차리고 벌떡 일어나서 경례를 붙인다.
삼철은 반쯤 흘러내린 바지를 급히 추스려 올려 입는다.

박상배 뭣들 하는 거냐?

양근수 예? 예, 이를…… 이를 잡던 중이지라우.

임연숙 무슨 이가 그렇게도 크기에 여럿이 덤벼서 잡지요?

수만 크 크고말고요. 고것이 주먹만한디요. 헷헤……

모두들 따라 웃는다. 박상배와 임연숙도 그만 폭소를 터뜨린다.
박상배와 임연숙은 뭐라고 몇 마디 수군거리다 말고 대원들을 향해
명령을 내린다.

박상배 편안한 자세로 내 얘기를 들어요.

공비들은 또 무슨 일이나 났는가 하고 불안해하는 표정들이다. 토굴 밖에 있던 민철과 몇몇 공비들도 들어온다. 박상배는 대충 훑어본 다음 대원들에게 일장의 훈시를 한다.

박상배 다름이 아니라 방금 상부에서 내려온 지시사항을 전달하겠다. (대원들을 훑어본 다음) 근자에 최후 발악을 거듭하는 미제국주의자와 이승만 괴뢰도당들은 이 유치산 일대에 정찰기를 동원하여 투항을 권유하는 선전용 삐라를 살포하고 있다.

공비 을 그 소리가 뭣이당가요?

대원들이 다시 술렁거리기 시작하자 임연숙이 삐라 한 장을 꺼내며 보라는 듯이 쳐들어 보인다.

박상배 지금 임연숙 동무가 들고 있는 저런 삐라 말이다. 여기에 쓰인 내용은 일고의 가치도 없는 개소리들이다. 따라서 놈들이 이따위 삐라를 제아무리 뿌린다 해도 우리들의 투쟁 의식과 해방 전선에는 아무런 변화도 있을 수가 없는 것이다. 다만 여러 대원들 가운데서 혹시 이런 삐라를 주운 자가 있다면 즉각 신고를 해야 할 것이며, (협박조로) 만약 이따위 삐라를 몸에 지니고 있거나 다른 동지에게 보이는 자는 이유를 불문하고 즉결처분하라는 상부 지시이니만큼 위배됨이 없도록 당부하는 바이다. 알겠지?

공비들이 새로운 사실 앞에서 술렁거리기 시작하자 규철이가 손을 든다.

규철   소대장 동무. 한 가지 질문이 있습니다만…… 괜찮겠습니까?

임연숙 질문? 긴급한 내용인가?

규철   긴급하지는 않지만 동지 모두들 궁금히 여기는 것 같아서……

박상배와 임연숙은 어떤 예기치 못한 역습에 약간 당황한 빛을 나타내
면서 몇 마디 수군거린다.

삼철   (규철에게 바싹 몸을 대며 낮게) 형! 무슨 얘기 하실라고 그라요?

박상배 좋아. 질문을 받겠소.

공비들은 약속이나 한 듯 일제히 규철에게 시선을 집중시킨다.
멀리서 비행기 소리가 아련히 들려온다.

규철   남반부 해방을 위해 우리 용맹스런 인민군대와 중공군이 진격을
      개시했다는 소식을 들은 지가 어언 두 달이 지났는데도 우리는
      이 유치산에서 이동을 하지 않는 이유가 뭡니까?

박상배 시기를 기다리는 거다.

규철   그럼 경상남도 일부와 전라남도 일부를 제외하고는 인민공화국
      깃발이 나부끼고 있다는 정세 보고가 있은 뒤 우리 인민군대는
      한 걸음도 더 못 내려온 것일까요? 아무런 설명도 정보 제공도
      안 해주니 우린 궁금해서 견딜 수가 없습니다.

임연숙 안규철 동무! 무슨 말을 그렇게 하세요?

규철   예?

임연숙 이건 질문이 아니라 시비조군 그래?

임연숙의 앙칼진 목소리가 쨍하고 울려퍼지자 분위기는 순간적으로

얼음처럼 굳어버린다.

규철   시비조라뇨? (쑥스럽게 웃는다) 임 동무께서는 뭘 오해하고 계신
            모양인데 나는……

임연숙   흥! 보아하니 고등교육을 받았다는 걸 내세우기 위해서 자신을
            과시하고 싶은 모양인데 그 따위 소영웅주의는 버리는 게 좋을
            거예요.

규철   소영웅주의라고요?

임연숙   그렇소. 우리 소대 내에서, 아니 이 민청연대 내에서 대학 교육을
            받은 경력을 가진 자는 불과 몇 사람 안 되지만 그렇다고 그게
            자랑일 순 없어요.

규철   제가 질문한 내용과는 엉뚱한 방향으로 얘기를 이끌고 가시는데
            제가 알고 싶은 건……

박상배   알겠소. 간단히 요약하자면 우리 인민군대가 승리를 거두고 있다
            는 게 사실인지 아닌지 알고 싶다는 이 말 아니겠소?

규철   그, 그렇게도 말할 수 있죠.

박상배   (소리를 버럭 지르며) 동무! 사상이 의심스럽구만! (다시 한 번 분위
            기가 술렁거렸다가 위축된다) 동무는 용맹하신 우리의 영도자이시
            며 수령이신 김일성 장군이 이끄시는 인민군의 실력을 못 믿겠다
            는 거요?

규철   그, 그게 아니라 저는……

임연숙   뭐가 아니에요? 진심으로 우리 인민군대의 실력을 믿고, 진정한
            민주주의 사회 건설을 확신하고, 나아가 우리의 무산대중 해방을
            위한 투쟁을 마음 깊이 새기고 있었던들 그따위 질문이란 있을
            수 없어요!

규철   저는 사실을 사실대로 알고 싶었을 뿐입니다. 아니, 모든 대원들

                                                   학살의 숲

도 말은 안 하지만 그런 공통된 궁금증은 마음속에 가지고 있으며 또……

박상배 좋소. 그럼 이 자리에서 물어봅시다. (전체에게) 그런 궁금증을 품고 있는 사람은 손을 들어보시오. (아무 대꾸가 없다)

임연숙 안규철 동무의 의견을 지지하는 사람은 서슴지 말고 손을 들어요. (역시 아무도 반응이 없다)

박상배 (규철에게) 아무도 없군요. 그런데 어떻게 안 동무는 다른 동지들의 마음속까지 꿰뚫어 볼 수가 있었지요?

규철 (난처해지며) 그 그건 저……

박상배 또 변명인가요?

규철 변명이 아닙니다. 인간이란 아무리 철저한 사상적 무장이 돼 있다 치더라도 어떤 순간에 가서는 불안도, 회의도, 그리고 자신을 부정하는 버릇은 있는 법입니다. 내가 그런 질문을 하게 된 건……

박상배 불안해선가요?

임연숙 회의심이 있겠지.

박상배 공산주의 사상을 불신해서인가?

규철 아닙니다!

임연숙 그럼 뭐요? 그 직접적인 동기가 있을 게 아니에요? 말하시오!

규철 그 그건 저……

박상배 뭔가 숨기고 있군. 그렇지?

규철 아 아닙니다. 나는 다만……

삼철 형! 왜 이래요? 왜! (하며 울음을 터뜨린다)

옆에 있던 사람들이 삼철의 절규에 가까운 통곡에 충격을 받는다. 민철은 아까부터 저주와 증오의 시선으로 규철을 노려보고 있다.

박상배 안 동무, 오늘 밤 자기비판을 하시오!

임연숙 비판은 철저하게 해야 돼요!

박상배 (공비를 향해) 해산! 오후 작업은 한 시 반부터니까 늦지 않도록
하시오!

공비들은 저마다 우울한 표정을 지으며 뿔뿔이 밖으로 나온다. 그러나
안규철은 장승처럼 서 있다.

박상배 오늘 밤에 자기비판회에 나와! 알았지?

박상배와 임연숙이 토굴을 나와 자기들이 거처하는 작은 토굴로 퇴장.
무대에는 규철, 민철, 삼철만이 남는다. 멀리서 총소리가 서너 번 울리
고 지나간다.

삼철 (아직도 눈물을 글썽거리며) 큰형! 그런 질문 안 할걸 그랬어.

규철 (긴 한숨을 몰아쉰다)

삼철 내가 공연히 그걸 줏어가지고……

민철 (귀가 번쩍 뜨이며) 뭣을 줏어?

삼철 응? 응…… 저……

민철 말해! 뭣을 줏었어?

규철 넌 알 필요 없어!

민철 (반항적으로) 왜 없어? 나도 사실대로 알 권리가 있단 말이여!

규철 뭐라구?

민철 형만 알아야 한다는 법이 어디 있는가 말이여!

삼철 작은형! 왜 그려?

민철 삼철아! 뭘 줏었어? 응?

191   학살의 숲

삼철	저……
규철	그만 두라니까!
민철	말하지 못하겠냐? (사이) 옳지! 너 그 삐라 줏었지야? 그렇제?
삼철	(당황하며) 아 아니여……
민철	이 새끼 거짓말 말어. 네가 삐라를 줏어다가 형한테 줬지야? 그래서 형은 그 삐라를 읽고 마음이 변해가지고 아까 그런 뚱딴지같은 질문을 했었다 이 말이지야? 응? 내 말이 틀렸소? 형!
규철	(신경질을 내며) 듣기 싫어!
민철	형! 비겁하게 굴지 말어!
규철	비겁하다고?
민철	이제 겁이 나는가 보제?
규철	아니 이 자식이……
민철	자수할 거요? 대한민국 경찰에 자수하면 살려줄 것 같소? 예?

규철의 주먹이 날쌔게 민철의 뺨을 후려치자 민철은 그대로 땅바닥에 쓰러진다.

삼철	큰형! 이러지 말어……
규철	또 한 번만 그따위 소리 해봐라. 내가 언제 자수를 하겠다고 했어?
삼철	참으세요 큰형!
민철	흥! 마음대로 하란 말이오! 그러나 한 가지 일만은 분명히 해야지라우!
규철	뭣이 어째?
민철	우리 보고 함께 빨치산을 따라가자고 한 사람은 바로 형이었다는 사실을 잊지 말아요. 아버지 몰래 우리에게 공산주의 사상을 불

어넣은 건 바로 형이었다는 사실도 잊지 말아요. 삼형제가 나란히 손을 잡고 입산했다는 이 영광을 나는 결코 안 잊을테니께 마음대로 하란 말이오! 이제는 나도 내 의사에 따라 행동할 나이니께요? 형의 지시만 받고 살 내가 아니어!

민철은 벌떡 일어나 먼지를 털며 급히 한편으로 퇴장한다.
삼철이 급히 따라 나간다. 더욱 실의에 빠져 들어가는 규철은 스스로 눈을 감고 현기증을 이겨내기라도 하듯 벽에 기댄다.

규철 (쓸쓸하게) 말 안 할 걸 그랬어! 가슴속에 묻어버리는 걸…… 아 ……

이와 동시에 무대는 완전히 어둠 속에 쌓이고 한줄기 불빛만이 규철의 얼굴을 비춘다. 그것은 지난날의 환상 속에서 자신을 되찾으려는 고민이기도 하다.

규철 아버지. 아버지!

무대 한구석, 어둠 속에 아버지 안교장의 모습이 떠오른다.
야위고 초라한 모습이나 어딘지 강직해 보인다.

안교장 안 된다. 그건 안 돼!
규철 저의 길을 막지 마십시오.
안교장 길이면 다 길이라던? 딴 생각 말고 나머지 1년 학업을 마치도록 해. 그리고 가능하면 고시라도……
규철 싫습니다.

안교장　싫어?

규철　이상 더 아버지께 부담을 드리고 싶지도 않거니와 아버지가 보내주신 학비를 기다리면서까지 대학 공부를 할 순 없습니다.

안교장　(화를 내며) 시키는 대로 해! 내가 더러운 돈을 네게 부쳐주는 건 아니다. 난…… 28년 동안……

규철　알고 있어요. 28년 동안 벽지 국민학교 교장으로만 떠밀려 다니면서 받은 쥐꼬리만 한 봉급으로……

안교장　떠밀려 다니다니?

규철　그래요. 아버진 그 험난한 파도에 떠밀려 가면서도 언제 어떻게 될지도 모르는 불안한 운명을 천직이라고 여기며 자기 만족하시면서 살아가시는 운명론자이시니까요.

안교장　(쓰게 웃으며) 다른 집 아버지처럼 모리배도 정상배도 못된 채 평생을 국민학교 훈장으로 지내려는 애비를 무능하다고 비웃는 모양이지만……

규철　제가 비웃고 있는 건 아버지가 아니라 모순투성이인 사회예요! 현실이라니까요.

안교장　네가 비웃는다고 해서 우리 사회의 모순이 당장에 어떻게 되는 건 아니다. 아니 네 말대로 그 사회적인 모순을 바로잡기 위해서도 너는 지금 학업을 계속해야 해.

규철　대학 공부를 하는 것만이 반드시 사회적인 모순을 바로잡을 수 있다고 생각지는 않아요.

안교장　지도자가 되기 위해서는 실력이 있어야 해!

규철　제게도 그 실력은 있다니까요! 있단 말이에요! 있어요.

안교장　(의아한 표정으로) 규철아! 너 지금 무슨 생각을 하고 있니? 응?

규철　저도 제 눈으로 볼 수 있고, 제 다리로 걸어갈 수 있고, 제 팔로 부러뜨릴 수 있을 만큼 성장했단 말이에요.

안교장 무슨 뜻이지?

규철 이상 더 현실을 좌시할 수가 없단 말이에요. 운명에 맡길 게 아니라 운명을 개척하고 쟁취하고 싶어요.

안교장 어떻게? 그 방법이 뭐냐?

규철 방법은 있어요. 얼마든지……

안교장 그게 뭐냐고 묻고 있다!

규철 빈곤을 몰아내는 일이지요. 가난과 무지 속에서 무고하게 착취당하는 사람을 구해내는 일이에요. 몇 사람의 자본가를 살찌게 하기 위하여 대다수의 민중이 혹사당하는 현 사회조직을 파괴하는 일이에요! 혁명만이 사회를 개조하는 길이자 방법이에요.

안교장 (아연해지며) 혁명?

규철 그래요! 저는 그동안 그것을 생각했고, 그 구체적인 방법을 구상해왔습니다. 아니 아버지께서 매달 받아오신 그 봉급으로는 민철이나 삼철의 교육비도 채 메꾸지 못하실 거예요, 아버지. 28년 동안 교육계에 몸담아오신 아버지가 고작해서 그렇게밖에 대우 못 받는 이 사회를 저는 개혁하기 위해서……

안교장 (대갈일성으로) 듣기 싫다!

규철 예?

안교장 애비를 등신으로 보느냐? 나는 누구에게 대우 받기 위해서 교육계에 발을 내디딘 건 아니다. 너희들처럼 씨를 뿌리면 금방 그 수확이 있기를 바라는 속물은 아니야! 규철아! 교육이란 보수를 바라는 게 아니라 창의와 정성을 얼마나 쏟는가에 있다. 누가 알아주거나 누구에게 알리기 위해서 가는 길은 아니야. 자신의 모든 것을 쏟아 넣는 것만으로 만족하는 거야. 다 쏟아보지도 못하고 다시 채우려는 사람은 이미 교육자로선 자격이 없어! 교육자의 배는 항상 비어 있어야 해. 맑아야 해. 차있으면 안 돼!

학살의 숲

규철	그건 관념론이에요! 노예근성이에요!
안교장	아까부터 네가 내뱉는 말은 모두가 어디서 많이 듣던 말 같구나. 알고 보니 그동안 서울에서 배워온 게 경제학이 아니라 공산주의 이론이었구나.
규철	아버지. 저는 결심했어요. 아버지께서 뭐라 하시건 저는 제 길을 갈 거예요!
안교장	우리 집안에 파탄이 와도 가겠니?
규철	파탄이라뇨?
안교장	나는 기독교 신자이자 공무원이다. 네가 공산주의자가 되었을 땐 아마 이 애비는 지금 자리에서도 물러나야 할 게다. 그렇게 되면 네 동생들은 어떻게 하지?
규철	염려마세요. 그 애들은 제가 책임지겠어요.
안교장	책임을 지다니?
규철	민철이도 삼철이도 이제 철이 들 나이니까요. 그동안 제가 여러 가지로 가르쳐 왔으니까요.
안교장	(몹시 당황하며) 아니 그럼 너는…… 그 어린애들까지도……
규철	아버지의 의사대로 자식을 끌고 갈 시대는 이미 지났어요. 제 얘기가 사실인지 아닌지 직접 물어보시면 아실 거예요.
안교장	뭐라구?
규철	제가 불러볼까요? (양쪽으로 향하여) 민철아!
민철	(소리만) 형! 왜 그래요?
규철	나 좀 보자.

이윽고 중학생복 차림의 민철이가 어둠 속에서 들어온다. 그의 손에 책이 들려 있다. 안교장은 어떤 불안 의식에서 두 아들을 번갈아 본다.

민철	형. 왜 불렀어?
규철	그 책 어때?
민철	처음엔 잘 모르겠던데 재차 읽으니까 알 것 같아.
규철	아버지께 보여드려.

민철이는 멋쩍게 웃으며 망설이다가 책을 아버지께 건네준다. 안교장은 책을 받아 책 겉장을 훑어보더니 손이 바르르 떨린다.

안교장	네가 어느 새 이런 책을……
민철	형이 읽어 보라고…… 재미있어요.
안교장	재미있어?
민철	예.
규철	그것보세요. 아버지, 민철이도 어린애가 아니라는 게 증명되었지요? 중학교 4학년인 걸요.
안교장	(책을 내던지며) 안 된다, 이런 책을 읽어서는 안 돼!
규철	왜요?
안교장	왜냐구?
규철	아는 것이 힘이라고 했어요. 우린 알 권리가 있고, 알아야 할 의무가 있다고 봐요. 더구나 지금까지의 그릇된 인식과 인습에 젖어온 우리 학도들은 올바른 역사의식 아래서 사회를 관찰할 의무가 있다고 보는데요.
안교장	이놈! 뉘 앞에서 네가 감히……
규철	아버지!
안교장	절대로 안 된다! 내 아들이 공산주의에 물들다니…… 안 돼! 안 돼!
규철	아버지!

학살의 숲

안교장 나가! 나가! 네놈이 우리 집안을 망치려고 왔나? 어린 중학생에게
까지 이런…… 민철아! 이건 독이야! 아니 독버섯이야! 겉보기에
는 빛이 곱지만 그건 독이라구!

민철 글쎄요.

안교장 속아서는 안 된다. 지금은 네 눈이 겉을 보고 있지만 언젠가는
그 밑바닥을 보게 될 게다. 너희들이 원하는 이상적인 세계가 오
리라고 믿는 그 망상을 후회하게 될 거야. 두고 봐. 꼭 그날이
온다! 애비 말을 믿어! 규철아!

규철 (자리에서 일어서며) 아버지의 예언이 맞을지 저의 신념이 옳은지
는 두고 봐야죠. 헛허…… 그럼 다녀오겠습니다.

민철 형! 나도 같이 가!

규철 그래 가자.

두 아들이 어둠 속으로 사라지자 맥이 풀린 안교장은 멍하니 허공만
쳐다보고 있다.

암전

제2장

무대

전막과 같음. 밤이다. 하늘엔 초승달이 걸려있다. 양쪽 토굴엔 불이
켜있다. 큰 토굴 안에는 공비들이 옹기종기 모여서 걱정스러운 듯 애
기를 하고 있다. 작은 토굴엔 박상배, 임연숙, 윤성하, 김가가 둘러앉
은 앞에 규철이가 부동자세로 서 있다. 흡사 선고를 받기 위해 기다리

는 피고 같다. 그 토굴 앞에서 삼철이가 안에서 흘러나오는 얘기를 엿듣고 있다. 박상배가 심문하면 윤성하가 기록을 한다.

윤성하 안 동무의 진술은 훌륭했소. 어느 모로 보나 냉정한 현실 비판과 사회주의 사회 건설에의 열의는 나도 인정하는 바이요.

안규철은 안도의 숨을 몰아쉬며 고개를 떨군다.

윤성하 그와 같은 열성이 마침내 자신을 포함하여 중학교 학생인 두 동생까지 이끌고 빨치산 투쟁 생활에 가담했다는 것은 영웅적인 투쟁이라고 생각하며 또한 상부에서도 안 동무의 투쟁 경력을 충분히 인정하고 있소.

규철 감사합니다.

윤성하 그런데 문제의 핵심은 아직도 남아있거든.

규철 예?

윤성하 그처럼 철저한 이론과 실적을 얻은 안 동무에게 심경변화를 가져오게 한 요인이 무엇일까 하는 점이지. 그 점에 대해서는 아직 한 마디도 안 했지. 어떻소?

규철 (당황한 빛을 보이며) 심경의 변화가 아니라 어디까지나 사실 파악을……

윤성하 알겠소. 사실을 사실대로 알고 싶어 한다는 욕구에서였단 말이죠?

규철 예. 그걸 안다는 건 결코 패배를 뜻하는 것은 아니라고 봅니다. 설령 우리가 불리한 판국에 있다 할지라도 우리가 사실을 알아야 거기에 대한 대비도 있을 수 있다고 봅니다.

임연숙 (화를 내며) 안 동무는 왜 그렇게 부정적으로만 생각하죠?

학살의 숲

규철   부정적이라뇨?

임연숙 아까부터 불리한 경우를 전제로 얘기를 하는데 나는 그게 싫어요. (단호하게) 우리에겐 오직 승리가 있을 뿐이오. 만약의 경우라는 가정도, 상상을 허용 안 됩니다. 그것은 바로 동무의 의식 밑바닥에 뭔가 석연치 않은 찌꺼기가 남아있다는 증거예요.

규철   찌꺼기라뇨?

임연숙 그래요. 소아병적이며 감상적인 인도주의라든가 아니면 소시민 근성이겠지요.

규철   없어요. 그런 건 없어요.

윤성하 맹세하겠소?

규철   예.

윤성하 모든 걸 솔직하게 자백할 용기가 있는가 말이오?

규철   (겸연쩍게 웃으며) 아니 마치 내가 무슨 비밀이라도 있는 양 말씀하시는데 저는……

윤성하 없다고 하지는 못하겠지? 우리는 그동안 안 동무에 관한 모든 물적 증거까지도 수집해놨으니까…… 그리고 그것을 증언할 수 있는 증인까지도 말이오.

규철의 얼굴에 크게 동요가 일어난다.

윤성하 (임연숙에게) 그걸 내보이시오.

임연숙 예! (하며 서랍 속에서 삐라를 꺼내 탁상에다 놓는다. 그걸 본 규철은 몹시 당황한다)

윤성하 기억나지?

임연숙 저녁식사 동안 동무들의 소지품 검사를 했는데 동무 소지품에서 이게 나왔어요.

박상배 무엇 때문에 이런 걸 가지고 있었지? 이게 그렇게 소중한 물건인가? 어디서 주웠지?

규철은 고개만 수그린 채 말문이 막힌다.

윤성하 바른대로 말해! 어디서 언제 주웠는가 말하란 말이다. (하며 뺨을 때린다)
규철 (순순히) 점심시간에 개울에서 그릇을 씻다가 호기심에서 주웠습니다.
윤성하 읽어본 결과 감상이 어때?
임연숙 신빙성이 있어요?
박상배 우리의 말보다 이 괴뢰들의 말이 더 미덥다 이건가?

이 사이에 밖에서 엿듣고 있던 삼철은 안타까움과 죄의식에서 안절부절 못한다.

박상배 안 동무, 실망했어!
임연숙 이중간첩이나 다름없군.
윤성하 (사이 고함을 치며) 뭐라고 대답을 해 임마! (하며 다시 뺨을 때린다. 그 서슬에 바닥에 쓰러진다) 일어나!

안규철이 비틀거리며 일어서자 이번엔 발길로 걷어찬다. 또 쓰러진다.

윤성하 (악귀처럼 살기에 불타며) 너같이 가면을 쓴 놈은 살려둘 수 없어! 네가 살아있음으로써 다른 동무들에게 번져갈 해독을 막기 위해서도! (박상배에게) 이상 더 심문할 여지가 없어요! 처형합시다.

학살의 숲

임연숙 동감이요.

박상배 (묵묵히 앉아 있는 김가에게) 보았지? 이의가 있어?

김가 어 없지라우.

박상배 좋소, 그럼 전체 대원들이 보는 가운데서 집행하오. 윤 동무가
집행하시오.

윤성하 예! (김가에게) 이놈을 묶어!

김가 예? 묶다뇨?

윤성하 밧줄로 묶으란 말이다 이렇게…… (하며 규철의 팔목을 등 뒤로 돌
려세운다. 김가는 알겠다는 듯 밧줄을 찾아 묶는다)

작은 토굴 안의 불이 꺼지고 큰 토굴이 좀 더 밝아진다. 공비들이 불안
한 표정으로 옹기종기 모여 앉아 있다.

수만 확실히 무슨 변통이 있기는 있는 모양이지. 그런 소리 좀 했기로
……

양근수 아이고…… 이놈의 세상 언제나 두 다리 쭉 뻗고 잠이라도 늘어
지게 잔다냐.

이때 삼철이가 황급히 뛰어든다.

삼철 작은형. 나좀 보드라고 응?

민철 (냉담하게) 말해. 귀는 안 먹었으니께.

삼철 할 이야기가 있는디…… 밖으로 좀 나가잉. 큰형이 큰일났단 말
이여.

수만 (급히 돌아보며) 큰일났다니? 그게 무슨 소리냐 삼철아.

삼철 (부들부들 떨며) 우리 큰형이…… 큰형이……

양근수 어떻게 되었어? 싸묵싸묵* 얘기해 봐.

삼철 저…… 저……

이때 작은 토굴에서 포박당한 규철을 앞세우고 모두들 나온다.
박상배가 호루라기를 꺼내 분다.
공비들이 소스라치게 놀란다.

수만 무슨 소리냐? 이 밤중에.

김가 (토굴을 들여다보며) 빨리들 나와 보드라고!

윤성하 (크게) 비상이다. 비상!

공비들은 비상소집이라는 말에 긴장하며 토굴 밖으로 나온다. 삼철이
와 민철이도 그 사이에 끼어있다. 포박당한 채 서 있는 규철을 보자
공비들은 새로운 공포와 불안에서 움츠린다.
박상배가 윤성하에게 눈짓을 한다.
윤성하가 한걸음 앞으로 나온다.

윤성하 동무들 수고했소. 실은 오늘밤에는 매우 불행한 일이 발생했소.
그러나 이것은 한 개인에게 있어서는 슬픔일 수도 있지만 우리
전체 조직으로서는 좋은 교훈이자 각성이 될 것이오. (규철에게)
안 동무가 자진해서 말하오.

공비들은 무슨 영문인지 모르고 수군거린다. 규철이 한두 걸음 앞으로
나와 선다. 창백한 얼굴에 경련이 일어나 발끝이 떨린다.

---

* '천천히'의 전라도 방언.

학살의 숲

규철   여러 동무들, 나는 상부 지시에 위반하고 조직의 기강을 문란케
한 죄를 깊이 사과드리며 어떠한 처벌도 달게 받을 것을 맹세하오.

공비들 사이에 술렁이는 말은 무슨 죄인가라는 것일 게다.

윤성하   조용히. (사이) 여러 동무들은 안 동무가 무슨 죄를 저질렀는지
잘 모르겠지만 그 죄목은 매우 무겁소. 첫째, 근자에 와서 의식적
으로 과업 수행에 비협조적이며 비판적인 태도로 나왔고, 둘째,
반동이 살포한 삐라를 주워 은닉함으로써 상부 지시에 의식적으
로 반역한 사실, 셋째, 자신의 얄팍한 지식을 이용하여 선량한
동지들에게 왜곡된 시국관과 허영적인 의식구조를 조장케 한 사
실, 이상 세 가지 죄목을 엄연한 이적행위로 인정하여 처형키로
했소. (사이. 둘러보며) 이의 있으면 말하시오.

잠시 웅성거릴 뿐 대꾸 없다.

윤성하   없소?
삼철   (크게) 있습니다. (하며 손을 든다)
윤성하   누구지?
삼철   저여라우. (하며 앞으로 나온다)
윤성하   말해 봐!
규철   삼철아, 안 돼.
삼철   그 삐라는 제가 줏었어라우. 우리 큰형은 모르는 일이지라우.

모두들 술렁거린다.

규철	삼철아 그만두지 못하겠니?
삼철	제가 줏었으니께 벌은 제가 받아사 쓰지라우! 나를 처벌해 주싯쇼. (그는 극도로 흥분한 나머지 부들부들 떤다)
박상배	틀림없지?
삼철	예.
임연숙	형에게 보였을 때 뭐라고 했지?
삼철	뭐라고 하긴요, 그저 가만히 있었어라우.
윤성하	큰일났다고 했겠지. 그렇지?
임연숙	그렇지?
삼철	아니어라우. 그저 이런 것 줏었다느니, 읽었다느니 입 밖에 내지 말라고 도리어 책망했지라우. 그러니께 우리 형은 아무 죄 없어라우. 있다면 내게 있으니 나를, 나를 처벌해 주싯쇼! (그 발밑에 무릎을 꿇으며) 우리 형은 죄 없어라우. 나를 벌해주싯쇼! 예? (하며 두 손을 싹싹 비빈다. 임연숙, 박상배, 윤성하는 잠시 뭐라고 수군거린다)
윤성하	알겠다. 어떠한 벌도 받겠지?
삼철	예.
임연숙	그 대신 너는 살아남을 수 있어.
삼철	예?
임연숙	당에 충성을 다하겠다고 맹세한다면 말이오?
삼철	예.
윤성하	좋았어. 그럼 다른 사람은 의견 없지요?

대답 대신 부엉이가 울어댄다. 윤성하가 김가에게 눈짓을 하자 김가가 손에 들고 있던 쇠갈퀴를 세 자루 들고 나온다. 모두들 의아한 표정이다.

| 윤성하 | 이걸로 반동분자 안규철의 가슴을 찔러! |

삼철	예?
윤성하	너는 죄가 없는 것도 아니지만 속죄의 뜻도 있으니까 자 받아!
삼철	······
윤성하	받으라니까!
삼철	······
임연숙	첫 번째는 다른 사람을 시키세요.
박상배	그게 좋겠군.
윤성하	자진해서 참여할 사람 없소. 이건 숙청이요. 숙청에 참여한다는 것은 곧 당에 충성을 다하는 길이며, 수령님께 대한 충성의 증거 이기도 하오. 누가 없소?
민철	있습니다.

모두들 돌아보자 민철이가 뒷줄에서 헤치며 나온다.

삼철	작은형!
민철	(윤성하에게) 형이 저지른 반동 행위를 제가 대신 속죄하는 뜻에 서 하겠습니다. (모두들 크게 동요를 한다)
박상배	진심이겠지?
민철	개인적인 인간관계는 문제가 안 된다고 봅니다. 당을 위해 개인 은 언제나 희생될 수 있다고 교육을 받았습니다. 어서 그걸 주십 시오.
윤성하	훌륭하다. 김 동무 우리의 용감한 안민철 동무에게 어서 그걸 내 주시오.
김가	예. (하며 그가 쇠갈퀴를 내주자 민철은 서슴지 않고 받는다. 김가는 규철을 나무에다 묶는다. 삼철이가 민철의 팔을 붙든다)
삼철	작은형!

민철 형 대신 우리가 당을 위해 투쟁하는 것 뿐이다.

윤성하 (삼철에게) 너도 받아.

삼철 (묵묵히 서 있다)

임연숙 형을 죽이는 게 아니라 네 자신을 살리는 길이다. 아니면 형과 함께 처형되고 싶은가? 어느 쪽이지? 어서 태도를 분명히 해.

삼철 (규철에게 떨리는 목소리로) 형.

규철 (쓰게 웃으며) 겁내지 마라. 너는 살아야 해. 세 사람 중에 한 사람은 살아남아서 이 사실을 언제고 간에 들려줘야 해. 나는 죽어도 한이 없어. 더구나 내 사랑하는 동생들 손에 죽는다면 난 웃으면서…… 웃으면서……

윤성하 집행해! (하며 민철이에게 눈짓으로 지시한다)

민철 예. (그는 손바닥에 침을 뱉고 쇠갈퀴를 고쳐든다)

규철 민철아! 단 한숨에 성공해야 한다? 나를 이 괴로움에서 될수록 빠른 시간 내에 해방시켜줘야 해! 알겠지?

민철은 어떤 충격을 받으면서도 부러 태연한 척하더니 두어 발 뒷걸음 치고 나서 공격의 자세를 취한다. 모두들 공포에 질려서 이맛살을 찌 푸리며 마른침을 삼킨다.

민철 형, 용서해줘.

규철 (태연하게 웃으며) 겁내지 말고 잘해 봐. 어서!

윤성하 준비! 하나, 둘, 셋!

민철이가 비호처럼 뛰어가 규철의 배를 찌르자 붉은 피가 삽시간에 민철의 얼굴과 앞가슴에 튕긴다.

학살의 숲

윤성하 다시 한 번! (민철이가 또 찌른다)

삼철 (찢어질 듯) 형!

윤성하 다음. 안삼철! 어서!

삼철이가 거의 무의식 상태에서 규철의 가슴을 찌른다.

삼철 으…… 흑…… 형…… 형! 용서해줘!

공비들이 반사적으로 고개를 돌린다. 멀리 산짐승의 울부짖음이 메아
리쳐 들려온다.

암전

제3막

제1장

무대

전막과 같음. 전막부터 10여 일 후 석양녘.

멀리 가까이서 서너 대의 비행기가 떠가는 소리와 함께 박격포 소리가 간간히 터진다.

바위틈이며 큰 나무 그늘에 몸을 가리고 있는 공비들이 심상치 않은 듯 하늘을 쳐다보고 있다. 소란스러운 분위기가 악화된 전국을 단적으로 잘 나타내주고 있다.

작은 토굴 안에서는 박상배가 야전용 전화기로 통화를 하고 있다. 심한 잡음 때문인지 통화가 순조롭지 못한 것 같다. 그 옆에서 임연숙이 초조하게 통화를 지켜보고 있다.

박상배 아…… 여보세요, 여보세요? 두만강, 두만강…… (송화기를 훅훅 불며) 여보세요, 예, 예 끊어졌군요. 그래 지금 상황이 어떻소? 예? 예, 긴급 입수된 통신은 없소? 예? 현지점을 사수하라구요? 그럼 무기라도 공급하던지…… 여보세요, 여보세요! 젠장 또 끊어졌군! 잡음 때문에 무슨 소린지 알아들을 수가 있어야지! (하며 거칠게 수화기를 내려놓는다)

임연숙 내가 걸어보겠어요. (그녀는 수동식 신호기를 두어 번 돌린 다음 수화기를 든다) 여보세요, 여보세요. 두만강, 두만강!

박상배 역시 안 통하오?

임연숙 잡음만 나는군요. (하며 전화를 끊는다. 다음 순간 비교적 가까운 곳

에서 기총소사 소리와 함께 무스탕기의 쌕쌕거리는 폭음이 지나간다)

박상배   빌어먹을! 어떻게 되어가는 판국인지나 알아야지. 어제부터 적기 내습이 부쩍 잦은데도 상부에서는 아무런 연락이 없으니 웬일인 지 모르겠군!

임연숙   그러게 말이에요. 이런 상태에서는 낮에는 꼼짝도 못하겠어요.

박상배   무기라야 장총 두 자루뿐인데 어떻게…… 윤 동무는 왜 이렇게 늦지요? 국사봉 본부에 가서 상세한 지시를 받아오라니까 세 시 간이 지나도록 뭘 하고 있담! 내가 가봐야겠군!

임연숙   아무래도 전국이 심상치 않은가 봐요. 저 비행기들이 빙빙 돌고 있는 건 탐색전을 벌이고 있는 걸 거예요.

박상배   우리 아지트를 다른 곳으로 옮겨야 하겠소.

임연숙   상부에서는 이곳을 사수하라는데……

박상배   아무래도 이곳이 공격 목표로 정해진 이상은 빨리 손을 써야지 큰일나겠소.

이때 가까운 곳에서 기총소사하는 소리가 요란스럽게 들리자 두 사람 은 거의 반사적으로 바닥에 엎드린다.
큰 토굴에 엎드려 있던 공비들도 질겁을 한다. 비행기가 여운을 남기 며 사라진다.
잠시 후 두 사람이 얼싸안고 있는 자신들의 모습을 발견하자 어색하게 웃는다.
임연숙이 일어나려 하자 박상배가 말없이 그녀를 끌어당긴다.
임연숙은 뜻하지 않은 박상배의 태도에 불안을 느끼자 그를 뿌리치고 한구석으로 피해 간다.

임연숙   (앙칼지게) 이러시면 안 돼요!

박상배 (제정신이 든 양) 미 미안해요. 임 동무한테 그런 건 아니었어……
(스스로의 잘못을 뉘우친 듯 초조하게 방안을 거닐며) 그런 게 아니었
어. 이렇게 되는 게 아니었어! 이건 뭔가 잘못되어 가고 있는 거
야! 그래요. 잘못된 일이고말고……

임연숙 (불안과 의아에 휩싸이며) 박 동무 진정하세요. 왜 그러시죠? 뭐가
잘못 되었다는 거예요? 예? (하며 가까이 간다)

박상배 (침대 끝에 걸터앉으며 괴롭게) 뭔가 잘못되고 있어!

임연숙 박 동무! 진정하시라니까요! 제발!

박상배는 물끄러미 임연숙을 쳐다보더니 덥석 끌어안는다.
두 사람은 그대로 침대에서 한 번 뒹굴더니 마룻바닥으로 굴러 떨어진다.

박상배 (절망적으로) 임 동무! 어떻게 하지?

임연숙 뭐가 겁이 나요? 우리는 싸우는 거예요.

박상배 안 돼. 그렇게는 안 될 거야!

임연숙 박 동무!

박상배 끝이 난 거야, 끝장이라니까!

그는 동물적인 오열을 뱉으며 그대로 임연숙을 끌어안는다.
토굴 안이 어두워진다.
토굴 밖에는 폭풍이 지나간 뒤의 정적처럼 사위가 허망할 정도로 조용
하다.
여기저기서 숨어있던 공비들이 몰려든다.

수만 윗다! 그놈의 쌕쌕이 비행기 빠르기도 하드라.

양근수 비행기 똥구멍에서 쏟아지는 불총 봤제? 핏 핏 핏! 헛허……

학살의 숲

수만	그란디 우리가 여기 숨어있는 걸 어떡굼 알았을까?
양근수	왜 모르겠어? 접때부터 날마다 비행기가 나와서 솔갱이 쥐 잡아 가듯이 뱅뱅 돌지 않던갑네! (한숨) 뭐니 뭐니 해도 하늘에서 짖어대는 놈이 이길테제. 안 그려?
수만	그럼! 게다가 우리는 빈손 아닌감. 뭐가 있어야 전쟁을 하제? 이건 달 보고 짖는 개 꼴이 되었으니 말이여.
공비 A	말조심 혀!
수만	막말로 우리만큼 말조심하고 살아온 백성도 없제! (회상에 잠긴 듯) 그 이발사했다는 하명호 동무 내외가 죽었을 때도 안규철 동무가 처형당했을 때도 우린 한마디도 안하고 살았지 뭐여? 안 그려?
양근수	암! 쥐둥아리에다 자갈을 물린 사람 꼴이 되었제.

이때부터 좌편에서 삼철이가 풀피리를 불며 등장.
그의 거동은 어딘지 정상을 잃은 듯 이따금 혼자서 히죽거리기도 하고 뭐라고 중얼대기도 한다.

공비 갑	삼철아! 어디 갔다 오냐?
삼철	(밝게) 아부지한테.
공비 갑	아부지헌테?
양근수	그날로부터 저 꼴이 되어버렸지 뭐여.
수만	허기사 동생이 형 가슴에다가 쇠갈퀴를 박았으니……
양근수	어린 마음에도 한이 맺혔던갑이여.
수만	맺혔것제! 따지고 보면야 이것도 다 세상 잘못 만난 탓이제, 삼철이 잘못이것어?
공비 을	아이고 우리는 언제나 고향엘 간다냐……

이때 김가가 산 쪽에서 내려오며 독촉을 한다.

김가　뭣들 하고 있어! 작업을 계속해사제. 빨랑들 올라와!

수만　앗다, 비행기가 지금 금방 떠났는디 뭘 그래쌌소. 쉬었다 합시다.

김가　그게 무슨 소리여. 내일까지 참호를 다 파야 모레는 연대본부에
　　　서 나와 검사를 맡아사제. 빨리들 일어나!

양근수　그 참호를 파면 무슨 소용인고? 하늘에서 짖어대면 별 수 없이
　　　당하는 판에!

여기저기서 불평이 인다.

김가　(성깔이 나며) 정말 이러기들인가? 응? 소대장 동무한테 그대로 보
　　　고해도 괜찮것어?

이 말에 모두들 풀이 죽은 듯 웅성거리기만 한다.
삼철이 불쑥 자리에서 일어나더니 먼 곳을 향해 손을 흔든다.

삼철　여기여! 여기! 힛히!

김가　삼철아!

삼철　갑순이가 오잖어요. 저기! 보세요. 헛허…… 갑순아! 여기야 여
　　　기! 병신아. 그쪽으로 가면 안 돼! 개울을 건너서 와!

삼철이가 완전히 실성한 상태에서 우편으로 가려는데 산 쪽으로 윤성
하가 허겁지겁 내려온다.
삼철과 맞부딪치자 힘껏 밀어붙인다.
삼철은 땅바닥에 쓰러진다. 잔뜩 화가 난 윤성하의 태도에 공비들은

　　　　　　　　　　　　　　　　학살의 숲

슬슬 눈치만 본다.

윤성하 빌어먹을! 뭣들 보고 있는 거야! 응?

공비들은 이리저리 피해 간다.
윤성하가 작은 토굴로 급히 뛰어 든다.
다음 순간 침대 뒤에서 뒹굴고 있는 박상배와 임연숙을 보자 그는 분
노가 머리끝까지 치민다.
두 사람은 허겁지겁 일어나 옷매무새를 고친다.
윤성하는 탁자 쪽으로 등돌아 앉은 채 담배를 피워 문다.

윤성하 (유들유들하게) 서두르실 것 없어요. 천천히 하세요. 기다릴 테니
        까……

임연숙은 쥐구멍이라도 찾을 듯이 한구석으로 피하고 박상배는 일부
러 밝은 표정을 지으려 하나 이상하게 표정이 굳어지기만 한다.

윤성하 대단한 모험이군. 적기가 기총소사하는 판국에 재미를 보시다
        니…… 헛허……
박상배 미안해.
윤성하 천만에요. 미안해하실 건 없어요. 나도 이해할 수 있어요. 그 기
        분. 인간이란 극도로 흥분하거나 신경과민한 상태에서는 정사를
        하는 게 효과적이라던데요. (하며 힐끗 두 사람을 쳐다본다)
박상배 그건 그렇고 본부에서 뭐라고 하던가요?
윤성하 끝났소.
박상배 뭣이?

임연숙	끝나다뇨?
윤성하	이미 이동했다는군.
박상배	이동을 해요? 우리보고 현지점을 사수하라고 해놓구서?
윤성하	몇 사람만 남아서 뒤처리를 하고 있을 뿐 고위층은 벌써 이틀 전에 보성 쪽으로 이동했다지 뭐요.
임연숙	인민군대와 합류하기 위해서군요? 순천 방면에서 오는……
윤성하	천만에. 백운산 줄기를 타고 후퇴하고 있는 거요.
박상배	후퇴를?
윤성하	나도 도중에서 연대 본부에 있는 사람을 만나 대충 얘기만 들었으니까 잘은 모르지만…… 빌어먹을! 자기들만 안전한 곳으로 피하면서 우리보고는 사수하라니!
박상배	윤 동무! 그럼 우리는 본부와는 연락이 끊어졌단 말이오?
윤성하	그렇소. 우리 소대는 외돌토리요. 유치산 민청연대는 이미 산산조각이 난 거예요. (하며 불쑥 일어난다. 그는 잽싸게 방 한구석으로 가서 장총을 집어든다)
박상배	윤 동무 뭣 하는 거요?
윤성하	오늘부터 내가 지휘권을 가지겠어!
임연숙	예?
윤성하	본부와의 연락두절로 이미 우리 소대는 조직 자체부터 흔들린데다가 박 동무의 우유부단한 성격과 의식 구조는 사태 판단에 부적당한 것 같아 내가 자진해서 지휘권을 맡겠소, 괜찮겠죠?
박상배	그 그런 법이……
윤성하	(잽싸게) 있을 수도 있지요. 더구나 규칙을 위반하고 남녀가 향락에 취하는, 부르주아 근성에서 못 벗어난 사람에게 지휘권을 내맡길 수는 없으니까! 정 거부한다면 전체 대원이 모인 자리에서 가부를 물어도 좋지! 어떻소?

학살의 숲

임연숙과 박상배는 매우 난처한 상태에서 대답을 주저한다.

윤성하 대답이 없다는 건 시인한다는 거겠죠? 흠…… 염려 말아요. 두 사람의 관계를 폭로하지는 않을 테니까! 그것보다 우리에게 있어서 조급한 문제는 후퇴하는 일이오. 이상 더 여기 머물러 있을 수 없으니 빨리 서둘러 떠납시다! 어서요! 나는 대원들을 소집할 테니까! (하며 급히 밖으로 나간다)

박상배와 임연숙은 불가항력 앞에 선 좌절감에서 헤어나지 못한 채 자기 물건을 챙긴다. 서류가 바닥에 흩어진다.
밖에 나온 윤성하는 호루라기를 불며 명령한다.

윤성하 집합! 비상이다! 집합! 집합!

난데없는 호루라기와 비상이라는 소리에 여기저기서 대원들이 모여든다. 모두가 불안한 표정들이다.
이 사이에 박상배와 임연숙은 떠날 준비를 하고 밖으로 나온다.

윤성하 어서 서둘러요. 분대장. 인원 파악을 해요.
김가 예?

김가가 정렬을 시킨 다음 점호를 한다.
삼철이가 안 보인다.

김가 삼철 동무만 안 보입니다.
윤성하 좋아, 그자는 정신이상으로 이미 쓸모없는 자인걸!

윤성하, 박상배에게 겉으로는 태연하나 위협조로 어서 상황 설명을
하라고 말한다.
박상배는 내키지 않는 태도로 바위 위에 선다.

박상배 동무들. 지금 지시를 하겠소. 지금 본부에서 입수된 정보로는 우
리의 영용한 인민군대가 순천을 거쳐 보성 방면으로 진격 중이
오. 따라서 우리는 그 세력과 합세하기 위해 지금부터 이동을 하
겠소.

수만 참호는 아직 다 못 팠는디 어떡굼 한다요?

윤성하 모든 작업은 중지다!

박상배 다음! (윤성하와 시선을 마주친 다음) 앞으로의 우리 지휘권은 윤성
하 동무에게 이양하겠으니 종전과 다름없이 지휘를 받도록. 알겠
지? 이상!

대원들은 무슨 영문인지 모르겠다는 듯 두리번거린다.
박상배와 윤성하는 몇 마디 주고받은 다음 윤성하가 대원들 앞에 나선다.

윤성하 박 동무로부터 지금 설명이 있는 것과 마찬가지로 우리는 지금부
터 백운산 방면으로 이동하겠소. 여기서 백운산까지는 험악한 산
악지대이니만큼 일치단결 공동 투쟁에 나설 것이며 모든 지휘는
이 사람이 맡기로 하겠다. 알겠는가?

일동 예!

윤성하 우리는 최후의 일각까지 원수 이승만 도당을 무찌를 것이며, 이
땅에 노동자 농민을 위한 민주사회주의 국가를 건설하기를 맹서
한다. 알겠는가?

일동 예!

윤성하 그럼 지금부터 5분 이내에 행군 준비를 하고 이 자리에 집합한다. 이상!

이때 비행기가 다시 저공으로 떠가는 소리. 이와 동시에 모두들 땅바닥에 엎드린다.
잠시 후 헬리콥터의 소리가 들려온다.
모두들 하늘을 쳐다본다.
삼철이가 좌편에서 뛰어오며 하늘을 향해 손을 흔든다.

삼철 여이! 여이! 잠자리 떴다! 여이!
수만 삼철아! 엎드려! 위험하단 말이여!

다음 순간 그는 기이한 표정으로 부르짖는다.

삼철 앗! 비행기가 똥 갈겼다! 헛허……

모두들 무슨 소린가 하고 쳐다본다.

공비 갑 삐라다!
공비 을 삐라?
윤성하 주워서는 안 된다! 알겠나! (하며 총을 한 방 쏜다)

다음 순간 오색종이에 인쇄된 삐라가 꽃잎처럼 쏟아진다. 공비들은 윤성하의 눈치만 살핀다.

임연숙 삐라를 줍는 자는 즉결처분이다!

윤성하   그대로 엎드려 있어!

다시 총을 한 방 쏘자 공비들이 다시 땅바닥에 엎드린다. 이윽고 스피
커에서 들려오는 안교장의 목소리가 골짜구니마다 울려퍼진다.
편의상 마이크를 든 안교장은 무대 한 부분에 등장시켜도 무방할 것이다.

안교장   사랑하는 내 동포 여러분, 사랑하는 대한민국의 아들딸들이여,
가까운 마을로 내려오십시오. 우리는 한 핏줄을 나눈 동포애로써
여러분을 맞아들일 것입니다.
친애하는 동포 여러분!
여러분은 지금 속아 살고 있습니다. 지금 뿌린 삐라를 읽어보시
면 알겠지만 중공군과 인민군은 이미 이 땅에서 물러간 지 오래
입니다.
이곳은 대한민국의 땅이며, 태극기가 나부끼는 금수강산입니다.
그런데도 여러분은 몇 사람의 속임수에 넘어가 아직도 인민군과
중공군이 승리를 거두고 있다고 믿고 계십니까? 속아 살지 마세
요!

윤성하   개수작 말아! (하며 총을 쏜다)

총소리가 골짜기를 울리고 지나간다.

안교장   친애하는 동포 여러분! 이 사람은 한낱 보잘것없는 늙은이입니
다. 그러나 불행하게도 내 아들 삼형제는 붉은 마수에 이끌려 입
산을 했습니다. 나는 다른 사람은 몰라도 내 아들만이라도 자유
로운 땅으로 데려오기 위해서 나섰습니다. 규철아, 민철아, 그리
고 삼철아!

이때 땅바닥에 엎드려있던 민철이가 고개를 번쩍 든다.

민철   아버지가?

윤성하   엎드려!

안교장   너희들은 아버지 곁을 떠났지만 나는 아직도 너희들과 함께 있
다. 너희들은 하나님의 뜻을 거역하고 붉은 땅을 동경하고 있지
만, 나는 아직도 호수와 목초와 그리고 꽃이 피어나는 주님의 땅
을 지키고 있다.

내 사랑하는 아들들아, 알몸으로 내 품으로 돌아오기를 기다린단다.
규철아, 민철아, 그리고 사랑하는 삼철아!

너희들이 내 곁을 떠난 날부터 나는 밤낮으로 기도를 올렸다. 날
마다 학부형들로부터 전화로 걸려오는 빈축과 욕설을 받으며 살
아왔단다. 아들 삼형제를 빨갱이로 키운 교육자는 물러나라고 하
잖니? 제 자식 하나 바로 교육 못 시킨 주제에 남의 자식은 어떻
게 가르치겠는가라고 말이다. 나는 두말 않고 물러났다.

뭇사람들로부터 돌팔매질을 당한 유태의 여인처럼 나는 몰매를
맞았단다. 그러나 이 세상에 진정 돌을 던질 사람은 없는 법이다.
규철아, 민철아, 그리고 삼철아! 알았으면 돌아오너라. 돌아오는
너희들은 모두가 변함없는 내 아들이요, 하나님의 아들일 게다.
돌아오너라! 돌아오너라!

말끝이 오열로 얼룩지며 헬리콥터 소리와 함께 멀어진다. 이 순간 민
철이가 불쑥 일어나 하늘을 향해 외친다.

민철   아버지! 아버지! (하며 따라가려는데 윤성하가 쏜 총에 맞아 그대로
비명을 지르며 쓰러진다)

공비들은 반사적으로 자리에서 일어나 돌처럼 움직일 줄 모른다.
어느덧 그들의 시선이 윤성하에게로 쏠린다. 그것을 의식한 윤성하는
총에다 탄환을 장전하며 위세를 과시한다.

박상배 함부로 부하를 사살하지 말아요!
윤성하 명령불복종엔 언제나 이 방법뿐이야! 자 출발이다!

그러나 아무도 움직이려는 기색이 없다.

윤성하 내 말 안 들리나? 출발! (임연숙에게) 뭘 하고 있는 거요? 임 동무!
임연숙 자 갑시다. 동무들!
박상배 여러분, 일단은 여기를 빠져나가야 합니다. 어디로 가건 각자가
갈 길은 정하되 이곳은 떠나야 합니다. 어서요!
윤성하 무슨 소릴 지껄이는 거요? 어디로 가건 각자 정하라고?
박상배 이미 대세는 끝장이 났소. 이상 더 개죽음은 의미가 없소!
윤성하 배신자!
임연숙 왜들 이러세요? 지금 여기서 논쟁을 할 때가 아니에요! 어서 떠납
시다! 어서요!

삼철이가 민철의 죽음 앞에서 청승맞게 울고 있다.
다시 헬리콥터가 가까이 온다.
안교장의 간곡한 목소리가 울려온다.

안교장 사랑하는 내 아들들아, 해가 저물었다. 너희들을 기다리는 부모
처자를 찾아가거라. 어서 돌아가거라.
삼철 아버지! 아버지! (하며 산 쪽으로 뛰어 올라간다)

학살의 숲

수만   삼철아! 안 돼! 가지 마라!

다음 순간 삼철은 절벽 저쪽으로 추락한다. 모든 사람이 그쪽으로 몰려간다.
어떤 허탈상태에 빠진 박상배가 땅바닥에 주저앉는다.

박상배   나는 갈 수 없어!
임연숙   박 동무! 가요! 가는 곳까지 가야 해요!
박상배   막혔어! 갈 길이 막혔는데 어디로 간다는 거요?
임연숙   그렇다고 여기서 주저앉을 순 없지요!
윤성하   뭣들 하고 있어? 내 명령에 거역하면 알지? (하며 총을 쏜다)

총소리에 놀라 모두들 한쪽으로 몰린다.
다음 순간 서너 대의 비행기가 급습해오며 기총소사를 퍼붓자 아수라장이 된다. 더러는 쓰러지고 더러는 도망치는 가운데 무대는 온통 포연과 피와 불빛으로 휩싸여 가고 비명이 끓는다.

암전

제4막

무대

교도소 안의 면회실. 잿빛 벽과 검은 철문과 낡은 탁자와 의자가 냉랭한 방안 분위기를 살벌하리만치 처절감을 자아내게 한다.

막이 오르면 방 한가운데 놓인 탁자를 사이에 두고 임연숙과 김수녀가 마주 앉아 있고, 저만치 한 귀퉁이에 교도관이 앉아 있다. 임연숙의 손목에 수갑이 채워진 채 성경이 들려 있으나, 그녀의 시선은 성경에서 떠나간 지 벌써 오래 전이다.

모든 것을 거부하려는 듯한 눈초리와 입모습이 그녀의 고집스러운 성격의 일면을 단적으로 나타내주고 있다.

거기에 비하면 김수녀는 모든 정성을 기울이며 바위라도 뚫으려는 듯 눈을 감기도 하고 허공을 쳐다보기도 하며 설교를 하고 있다. 전혀 이질적인 두 인간형을 억지로 대좌 對座시켜 놓은 분위기는 균형을 잃은 불안한 상태이다.

김수녀 그러니까 인간적 준비라는 것은 곧 겸손한 마음입니다. 구하고자 하는 마음입니다. "구하라! 곧 받으리라." "하느님은 오만한 자를 싫어하시고 겸손한 자에게는 은혜를 베푸시도다."라고 성경 말씀에도 있습니다. 그러므로 구하는 자의 마음에 천주님은 속삭여 주시고, 원하는 마음에 주님의 은혜는 내려지게 마련입니다. 바윗돌은 그처럼 내려주시는 은혜로운 비를 내쳐버립니다. 그건 바로 거만하기 때문이며 반발하고 있기 때문입니다. 그러나 보십시오. 갈라진 땅은 빗물을 담뿍 빨아들입니다. 겸손하기 때문이며 받아들이려고 하기 때문입니다. 아시겠습니까? 임연숙 씨.

학살의 숲

김수녀는 금시 눈물이라도 주르륵 흘러내릴 것 같이 촉촉이 젖은 시선으로 임연숙을 바라본다. 그러나 그녀는 감동은커녕 권태로운 듯 긴 한숨을 몰아쉬고는 피식 웃어 보인다.

임연숙 김수녀 님. 아직 멀었나요? 끝나시려면……

김수녀 아직도 내 말을 못 믿겠다는 뜻이군요. 그럼 한마디만 더 하고 오늘 면회는 마치기로 하지요. (두터운 성경을 펼치며) 너희는 주 대전에 스스로 낮출지어다. 이에 주께서 너희를 높이시리라. (성경에서 눈을 떼며) 반짝이는 밤하늘에 중추명월이 아무리 밝게 빛난다 하더라도 파도가 치고 있다면 그 달그림자는 일그러지게 비칠 것입니다. 그와 마찬가지로 구하려는 자의 마음 가운데 선의와 겸손이 없다면 주님의 말씀도 일그러지고 그 열매도 맺지 않게 될 것입니다. 그러므로 우리 인간은 무엇보다도 주님의 모습을 받아들이려는 마음의 준비가 필요합니다. 주님의 말씀을 듣고자 하는 구도적인 열정이 있어야 합니다. 합장하는 모습에까지 놓여진 연후에야 비로소 용서받을 수 있게 됩니다. 용서를 받고자 한다면 우선……

임연숙 (이죽거리듯) 잘못이 없는 사람이 왜 용서를 받아야 하나요?

김수녀 (어이가 없다는 듯 말없이 그녀의 눈을 본다)

임연숙 (손에 들려 있는 조그마한 성경을 부러 흘려 떨어뜨리며) 나는 아무 죄 없어요. 나는 나름대로의 신념과 사상에 의해 행동했을 뿐예요.

김수녀 (잽싸게) 사람의 생명마저 짓이겨버려도 괜찮다는 말인가요? (사이) 좀 더 자기 자신을 벌거벗기면서 얘기합시다. 솔직하게 거추장스러운 옷일랑 벗어버리고 말이에요. 나도 그리고 임연숙 씨도 평범한 인간으로 돌아가서 말입니다. 아시겠어요?

임연숙 나는 얘기를 않겠다고 거부한 건 아닙니다. 수녀님의 얘기와 내가 생각하는 세계와는 전혀 다르기 때문에 의사소통이 안 된다는 것 뿐이지요.

김수녀 바로 그 점이지요. 서로 소통이 안 되는 게 있다면 무엇인지 알아야겠고 알아냈으면 그걸 제거해서 꼭 같은 세계에서 살고 싶다는 게 내 뜻이자 주님의 가르침이지요. 그러기 때문에 나는 지난 1년 7개월 동안 이곳을 찾아왔습니다. 당신을 만나서 얘기해왔습니다. 나의 얘기는 처음이나 지금이나 변함이 없습니다.

임연숙 나는 몰라요. 몰라!

김수녀 이제 와서 속일 필요가 어디 있습니까? 그렇다고 나는 당신의 죄상을 들추자는 건 아니에요. 당신에게 죄를 뒤집어씌우려는 것도 아니에요.

임연숙 그럼 뭐예요?

김수녀 우리는 모두가 죄인이지요. 나도 그리고 당신도 모두가 주 하느님 앞에서는 죄인입니다.

임연숙 (빈정거리며) 잘 아시는군요.

김수녀 그러기 때문에 우리는 먼저 자기의 죄가 무엇이며 얼마만큼 무거운가부터 알고 있어야 합니다. 그런데 당신은……

임연숙 (다시 표독스럽게) 없어요. 없다니까요.

하며 수갑이 채인 두 주먹으로 탁자를 쾅 친다. 저만치서 졸고 있던 교도관이 소스라쳐 놀란 듯 고개를 번쩍 든다. 무거운 침묵이 흐른다. 김수녀는 쓰게 웃으며 임연숙의 손등을 가볍게 다독거린다.

김수녀 흥분하지 마세요. 흥분한다고 당신과 나 사이에 막혀 있는 벽이 쉽사리 무너지지는 않을 거예요. 당신이 내 얘기를 듣기 싫어한다면 그만 하겠소. (하며 펼쳐진 성경의 겉장을 덮은 다음 자리에서

학살의 숲

일어선다) 그러나 다음 주에 또 올 테니 그때까지 생각을 해보세요. 자신의 죄가 뭔지, 자신이 죄인이 아니라고 우길 수 있는지 말이에요. 그리고 죄가 없는데도 무기형을 언도받을 만큼 이 사회가 무질서하고 비정한 것인가 말입니다. 그럼 내주에 또 만나요. (하며 김수녀가 자리에서 일어선다. 돌처럼 굳어 있던 임연숙의 얼굴에 가벼운 경련이 스쳐간다)

이와 동시에 무대는 어두워지며 두 줄기의 불빛이 김수녀와 임연숙을 비춘다. 김수녀는 경건하면서도 인자로운 기도를 올린다.

김수녀 주여, 거룩하신 주여. 이 죄인을 사하시고 불쌍히 여기시옵소서. 죄많은 우리를 용서하옵소서. 우리 마음의 근심을 덜어주시고 우리를 이 고난에서 끌어내 주소서. 우리의 곤고와 환난을 보시고 우리의 모든 죄를 사하여 주옵소서.

임연숙 나는 죄인이 아니다.

김수녀 이 가엾은 생명을 살펴보소서.

임연숙 내 원수를 갚아야 해.

김수녀 우리를 미워함이 너무나 많사옵니다.

임연숙 철저하게 미워할 것이다.

김수녀 주여, 우리를 눈동자같이 지키시고 그 날개 그늘 아래 감추사 압제하는 악인과 우리를 에워싼 원수에게서 벗어나게 하소서.

임연숙 증오하는 자가 남아있는 한 증오 받을 자는 있을 것이다. 나를 이토록 미워하게 한 것은 어디서 찾나.

이때 요란한 천둥소리와도 같은 굉음과 함께 무대 다른 한구석에서 크게 울려퍼지는 소리가 진동을 일으킨다. 그것은 마귀의 소리 같기도

하다.

소리   바로 너야. 증오 받을 사람은 바로 너야.

이와 함께 김수녀를 비추던 불빛은 사라지고 무대 한구석에 차례로
망령이 나타난다. 그들은 저마다 험상궂은 탈바가지를 썼으며 그 말소
리들은 원한과 저주에 지쳐버린 메마른 소리들이다.
망령이 나타날 때마다 임연숙의 표정은 동요한다.

안규철   두렵겠지. 죽음이 두려워서 떨고 있겠지. 나를 죽음 속에 몰아넣
       은 너 역시 죽기 싫은 게지.

임연숙   안규철 동무!

안규철   그렇다! 내 두 동생들 손에 가슴을 찔려 죽은 나다. 너의 강요에
       못 이겨 아우가 형을 죽이게 했지.

임연숙   아니야. 사실과는 다르다니까.

이숙   내 남편을 돌려줘. 내 아들을 살려내라.

임연숙   내 죄가 아니라니까! 나는 모를 일이야. 그건 박상배 동무가 지령
       을 내렸지 나는……

박상배   무슨 소릴 하는 거야. 내가 아니야. 윤성하 동무의 제의였어! 모
       든 행동지령은 윤성하 동무의 발상이지 나는 아니었다.

임연숙   변명말아요!

이때 무대 여기저기서 남루한 차림에 해골바가지를 쓴 수십 명의 망령
들이 주문도 아니며 넋두리도 아닌 말을 저마다 중얼거리며 느리게
춤을 추며 나온다.
임연숙은 새로운 공포 속에 휘말려들며 피한다. 망령들의 웃음은 차츰

학살의 숲

빨라지고 처음에는 불투명하고도 서로 어울리지 않는 말이 어느덧 질서와 속도를 되찾으면서 임연숙에게로 육박해 간다. 잡다한 불협화음이 차츰 하나의 가락으로 변해간다.

망령 A　피를 보았지?

일동　피를 흘려라.

망령 B　눈을 보았지?

일동　눈을 감아라.

망령 C　나를 죽였지?

일동　너도 죽어라. 모두가 살고, 모두가 죽는다.

망령 D　내가 죽듯이

일동　너도 죽어라.

망령 E　바람이 불면 비가 내리듯.

일동　모두가 간다.

이 노래가 되풀이되고 춤이 고조되어 가는 속에 임연숙은 공포와 자학 속에 착란을 일으키듯 헤매인다.

임연숙　(부르짖으며) 어머니! 무서워요! 어머니! 용서해주세요…… 제가 잘못했어요…… 저를 용서해주세요…… 제가 죄인이에요! 어머니!

그녀의 처절한 절규와 함께 무대가 다시 밝아진다. 저만치 나가려던 김수녀가 돌아다본다. 거의 실성한 지경에서 마룻바닥에 쓰러진 임연숙을 보자 급히 가서 안아 일으킨다. 그녀의 이마에 땀방울이 맺혀 있다.

김수녀 정신을 차리세요. (하며 땀을 씻어준다)

임연숙 수녀님……

김수녀 꿈을 꾸었나요?

임연숙 모르겠어요. 내가 있는 곳이 어디인지도…… 내가 왜 살고 있는지도…… 나 같은 죄인이……

김수녀 아까는 죄가 없다고 우겼었죠. 그리고 금방 어머니를 불렀었죠. 어머니를 찾는 사람은 악인이 아니에요.

임연숙 그럴까요? (쓰게 웃으며) 거짓말이었지요. 나를 속이고 나를 감싸려고 해봤자 그건 허사인 걸요. 사람을 죽이고 남을 미워하고 그래서 한 핏줄을 나눈 동포를 불행하게 만든 여자예요.

김수녀 그러나 희망은 있어요. 재소자 가운데서도 모범적인 사람은……

임연숙 아니에요. 저는 다시는 저 바깥세상엔 안 나갈래요. 이 안에서 살다가 죽을래요. 무서워요. 사람 대하기가 싫어요.

김수녀 죄야 누구나 다 지고 살지요. 그러나 임연숙 씨 같은 분은 그 죄를 죄로 끝나는 게 아니라 도로 갚아야 해요.

임연숙 어떻게 갚나요?

김수녀 신앙으로.

임연숙 글쎄요.

김수녀 그렇다고 나는 결코 오늘부터 곧 천주님을 믿으라는 건 아니에요. 자기 마음속에 뭔가 믿고 의지할 수 있는 것만 있으면 돼요.

임연숙 정말 그럴까요?

김수녀 예. 내가 수녀니까 내 본위로 말하기는 뭣하지만 우리의 생활 속에도 불행한 적이 있지요. 질서, 갈등, 반목, 회의…… 허지만 천주님 앞에서 기도 올리는 그 순간을 위해서 모든 걸 잊을 수 있고 물리칠 수 있지요. 인간은 모두가 어떤 순간을 위해서 보다 긴 시간을 허비하는 경우가 있는 법이에요. 여자가 애기를 낳는 것도 그것과 다름이 없지요. 꽃이 피는 것도 다를 바가 없어요.

임연숙 나 같은 사람은 그런 순간을 어디서 찾아야 할까요?

김수녀 일기도 쓰고 조각도 한다면서요?

잠시 침묵이 흐른다.
종소리가 아스라이 들려온다.

임연숙 아, 종소리?

김수녀 (성호를 긋고 나서) 좋지요?

임연숙 두려워요.

김수녀 종소리가?

임연숙 유치산에 있을 때 보림사 종은 제가 쳤어요. 집회를 알리고 작업을 알리고 할 때는 그렇게 종을 치는 게 신바람이 났어요. 그런데 여기 와서부터는 저 종소리는 자꾸 저에게 무서움을 줘요. 은은하게 울려 퍼지는 여운을 따라 저의 육신도, 생각도 하나 둘 찢기어 나가는 것 같아요.

김수녀 (흥미를 느끼며) 그럴까요?

임연숙 제가 저지른 죄를 더 많이 더 널리 알려주는 것 같아요. 종소리도 울리지 않은 종소리가 있었으면 해요. 혼자서 품에 품고 혼자서 들었으면 좋겠어요.

김수녀 아무튼 오늘은 얘기를 많이 해줘서 고마워요. (시계를 보며) 그럼 시간이 된 모양인데 내주에 또 올게요. (하며 자리에서 일어선다. 그러나 임연숙은 움직이지 않는다) 왜 그러지요?

임연숙 더 있고 싶어요.

김수녀 전에는 나더러 일찍 끝내달라고 안달이었는데……

임연숙 드릴 말씀이 있어요.

김수녀 내게?

임연숙 예. 그리고 드릴 물건도 있고요.

김수녀 말해봐요. (다시 앉는다)

임연숙 (사이) 다시는 여기로 저를 불러내지 마세요. 부탁이에요.

김수녀 무슨 뜻이죠?

임연숙 나 혼자 있을래요. 십년이고 이십년이고 죽을 때까지 혼자서 생각하고 살래요. 종소리만 들으면서 살래요. 수녀님이 다녀가시는 날은 저는 더 서러워서 못 견디는 걸요. 나 혼자 회개하고 기도한다고 어떻게 되는 것도 아니지요. 그러니까 저는 혼자서 살다가 죽을래요.

김수녀 (감동되어 그녀의 손목을 잡으며) 알겠어요. 무슨 말인지……

임연숙 저 같은 인간을 되살리려고 애쓰신 수녀님 같은 분을 보면 제 자신이 너무 비참해서 그래요. 저를 비참하게 만들지 마세요. 저는 이제 더 비참해질 수도 없는 걸요. 수녀님!

임연숙, 도리어 울음을 터뜨린다.
김수녀는 지그시 눈을 감으며 오열을 깨문다.

교도관 (자리에서 일어나며) 시간되었습니다.

김수녀 예. (임연숙을 일으키며) 자 그만 들어가 봐요. 임연숙 씨가 그토록 괴로워한다면 나도 이제 다시는 안 찾아오겠어요.

임연숙 수녀님 죄송해요.

김수녀 그 대신 진실로 자신을 아는 사람은 언제나 하나님 곁에 갈 수 있을 거예요. 그걸 믿어요.

임연숙 예…… 그리고 이거…… (품에서 손수건에 싼 물건을 꺼낸다)

김수녀 뭐예요?

임연숙 제가 나간 다음에 봐주세요. 지금 보시면 싫어요.

김수녀 알았어요. 그럼 부디 몸조심해요.

임연숙 안녕히 가세요.

임연숙이 교도관을 따라 퇴장.

김수녀는 잠시 눈을 감고 있다가 문득 생각이 난 듯 손수건을 풀어본다. 다음 순간 그녀의 얼굴에 경악과 희열이 뒤범벅이 된다. 그것은 나무로 깎은 십자가이다. 김수녀는 비로소 임연숙의 마음을 안 듯 그 자리에서 무릎을 꿇고 기도를 한다.

김수녀의 뺨에 눈물이 흘러내린다.

종소리가 들려온다.

—막

표류 漂流 (5막 7장)
—독립협회 獨立協會와 황국협회 皇國協會

• **등장인물**

　　서재필, 독립협회 회원

　　이상재, 독립협회 회원

　　윤치호, 독립협회 회원

　　이승만, 독립협회 회원

　　홍종우, 황국협회 회원

　　이기동, 황국협회 회원

　　길영수, 황국협회 회원

　　고종

　　조병식, 의정부참정

　　이용익, 전원국장

　　신기선, 법무대신

　　민영기, 도지부대신

　　심상훈, 군부대신

　　이재순, 궁내부대신

　　기타

　　　독립협회와 황국협회 회원 다수

　　　내각각료, 주한외국인 외교관 다수

- 때

  1896년 이른 봄부터 1898년 가을까지
- 곳

  1막 - 독립협회 회관

  2막 - 경운궁

  3막 - 1장, 독립협회 회관 / 2장, 조병식의 집

  4막 - 독립협회 회관

  5막 - 1장, 독립협회 회관 / 2장, 돈례문 앞 광장

제1막

무대

독립협회. 회관 내부 목조 건물, 무대 좌편은 신문 편집실 겸 공무국이
며 벽을 사이에 두고 바른 쪽은 회의실 겸 집회실로 쓰인다. 정면 벽에
유리창이 있어 인접한 민가며 숲이 보인다. 출입문은 편집실 정면 벽
에 있고 가운데 벽에는 회의실로 통하는 문이 있다. 벽에는 '조선에
의한' '조선인을 위한' '조선인의 이익을 위하여'라는 표어가 눈에 띄게
붙어 있다. 공무국에는 인쇄기와 활자가 쌓여 있고 책상에 둘러앉아
상투를 꽂은 회원들이 부산히 일을 하고 있다. 우편 회의실에 윤치호,
이상재, 이승만이 지금 막 찍어낸 신문을 읽고 있다. 가장 어린 이승만이
신문을 읽는다.

이승만 "따라서 러시아제국의 이와 같은 처사는 분명한 군사적, 경제적
내정간섭이요 침략행위라 규정할 수 있느니라. 그리고 근자에 와
서는 부산 절영도 絶影島를 조차 租借하여 극동함대의 저탄소
로 사용하려고 책동하는가 하면, 진남포, 목포의 두 항구를 강제
개항시키려고 우리 정부를 위협까지 함에 이르러서는 도저히 독
립국가로서의 체통은커녕 남부끄러울 지경이니라. 이에 본 독립
협회는 만천하에 호소하여 끝까지 우리의 주권을 수호하고 독립
국으로서의 체면을 회복하기 위하여 러시아의 비우호적이며 침
략적인 행위를 규탄하기로 결의하였더니라." (신문을 책상 위에 놓
는다) 되겠습니까?

윤치호 수고했네, 이승만 동지.

이승만 고맙습니다, 윤 회장님.

이상재   이제 이승만 동지도 사설 쓰는 솜씨가 제법이군.

이승만   부끄럽습니다, 월남 선생님.

윤치호   필봉이 이제 만만찮은 독기를 뿜고 있어. (하며 신문을 다시 읽는다)

이상재   아마 서재필 동지를 닮아가는 증거가 아니겠소? 헛허……

이승만   실은 이 글을 쓰면서 약간 께름칙한 점이 없었던 것도 아닙니다.
         말하자면 정치적 색채가 짙은 게 아닌가 하는……

윤치호   그건 우리 독립협회의 성격을 그대로 대변하고 있으니까 두려워
         할 건 없어. 항간에는 우리 협회가 애당초에는 국민계몽운동을
         목적으로 조직되었음에도 근자에 와서는 정치운동까지 일삼는
         다고 비양대는 소리도 있지만 우린 그런 소리에 개입할 필요가
         없어요. 우린 소신껏 일하는 것이지 사리사욕이나 매명을 위해
         신문을 내고 있지 않으니까. 특히 근자에 러시아의 군사적, 경제
         적 책동은 분명한 침략이자 주권침해로…… 이런 관점에서 볼
         때 이 군의 이 사설은 바로 핵심을 찌른 명문이지. 아마 정동의
         손탁호텔에 드나드는 외국상인이며 정상배들이 읽는다면 익모
         초 씹는 우거지상을 짓겠지? 헛허…… (이상재와 이승만도 따라 웃
         는다)

이상재   사실이오. 애당초 독립협회를 조직했을 당시의 우리 목표는 바로
         조선제국의 주권을 옹호하자는 데 있었으니까. 따라서 내국인이
         건 외국인이건 간에 우리의 주권을 침해하는 자는 우리의 적이었
         지. 아무튼, 수고했어. (이승만의 어깨를 어루만진다)

이승만   감사합니다, 모두가 서 박사님 밑에서 배운 덕입니다. 토론회에
         나가서 연설을 하고, 신문 제작의 실무를 배우다보니 이젠 이 땅
         의 정치 경제가 손바닥에 잡히듯 환하게 보이는 것 같습니다.

윤치호   그리고 보면 서재필 고문께서 당시 뛰어들어 독립신문을 찍어낸
         공은 아마 이 나라 청사에 길이 남을 업적이오. 지금은 독립협회

의 일을 내게 맡기고 고문으로서 뒷바라지를 하고 계시지만 서재
필 그 분이 안 계셨던들 오늘의 독립협회는 상상조차 할 수 없는
일이 아니겠소? 월남 선생.

이상재 사실이오. 서 공은 나이로 치자면 나보다 십여 세나 연하이지만
그의 탁월한 식견과 용기와 그리고 애국충정은 정말 우리가 본받
을 만한 일이오. 나는 늘 생각하지만 작년 4월 「독립신문」을 창간
했을 때의 그 창간사도 안 잊혀지거니와 고종 폐하께서 아라사공
관에 피신하여 아예 환궁조차 안하시려고 우기셨을 때 쓴 그 사
설 말이오.

윤치호 저도 기억이 생생합니다.

이상재 친로파인 이범진 일당과 훼베르 공사에 의해 가로막힌 장벽을
깨뜨리고 폐하로 하여금 환궁을 결행하시게끔 심기를 일변시키
게 한 것도 바로 서 공이 쓴 그 사설 때문이었지! 명문장이었어!
그야말로 '붓은 칼보다도 강하다'는 서양의 격언을 그대로 실감
케 하는 글이었지.

윤치호 (기억을 더듬듯) 이런 구절이 생각나는군요. 폐하께 간하는 투로
쓴 마지막 부분의 글귀 말이오. (신문기사를 외우며) "조선 사람은
어디까지나 조선사람의 나라이니 외국사람들과 교제를 하더라
도 조선사람 생각을 먼저 하고 외국사람은 둘째로 할 터이니 전
국민이 모두 이 마음을 먹어야 합니다. 그런데 국왕은 지금 대궐
을 버리고 남의 나라 공관에서 살고 백성과 국토는 여러 나라가
넘어다보고 찢어가려고 노리고 있습니다. 바라옵건대 국왕께서
는 대궐로 돌아가셔야 합니다. 이 나라는 폐하의 땅이요, 이 백성
은 폐하의 백성입니다. 이 땅과 백성을 버려서는 아니됩니다. 백
성과 땅을 떠나서는 나라가 설 수 없습니다. 폐하, 빨리 대궐로
돌아가십시오. 한 나라의 임금으로 대궐에 계시지 않고 남의 나

라 공사관에 계신다면 우선 체면이 손상될 뿐만 아니라 남의 나
라 사람들이 웃을 것입니다. 폐하, 돌아가셔야 합니다!" 어떻소?

이상재 정말 심금을 울리고 폐부를 찌르는 간언이었소. 아마, 성상 폐하
께서도 서 공의 충정을 처음에는 못마땅하게 여기셨겠지만 그
진실된 마음에는 감동을 안 받을 수가 없었을 게요.

윤치호 그러고 보면 우리 독립협회도 그동안 많은 역경과 풍상을 겪어
나온 셈이죠? 월남 선생.

이상재 그럼요. 윤 회장은 우리보다는 뒤늦게 독립협회에 가담하셨으니
까 초창기의 그 진통과 오해, 질시와 반발…… 아마 상상조차
못하셨을 거요.

이승만 그렇지만 실적이 있지 않습니까!「독립신문」발간을 말할 것도
없고, 독립문과 독립관 건립, 토론회 개최, 시폐 상소문 발송……
생각만 해도 우리 젊은 피가 부글부글 끓는 일들뿐이었으니까요.

이상재 모두가 서 공의 힘이었소.

윤치호 어디 그게 한 사람의 힘으로 될 일입니까? 월남 선생의 숨은 공도
큰 줄로 알고 있는 데요……

이상재 나야 뭐 하는 게 있어야죠. 헛허…… (회중시계를 꺼내보며) 그런
데 서 공이 웬일로 이렇게 늦으실까?

이승만 정동 클럽에 들러서 오신다는 전갈을 받았습니다만……

윤치호 그럼 곧 오시겠죠. (이승만에게) 신문은 얼마나 증간했지?

이승만 예. 이번 호부터 팔천 부를 찍기로 했습니다.

윤치호 (놀라며) 팔천 부?

이승만 예. 이 기세로 간다면 연내에 만 부 돌파는 그다지 어려운 일이
아닐 것 같습니다.

이상재 정말 감개무량한 일이오. 작년 4월 7일 창간 이래 불과 4개월 동안
에 삼천 부를 돌파했다고 자축을 연 게 엊그제 같은데 벌써 팔천

부라니!

윤치호 이게 바로 민의의 소재를 증명하는 사실이 아니겠소? 그 어떠한 힘도 민중 속에서 스스로 자라고 번지는 뜻은 꺾을 수 없다는 증거지요. 정부나 친로파 일당들은 우리 신문이 하루 속히 없어지기를 바랄 테지만 말이오!

이승만 미국 선교사인 아펜젤러 씨와 언더우드 같은 분은 절대 지지자라고 서 박사께서 말씀하시던데요. 그래서 정부에서도 감히 「독립신문」에 대해서는 말을 못한다고요······

이상재 (빙그레 웃으며) 이거야말로 벌 쐰 얼굴에 새가 앉은 격이지요! 헛허······

윤치호와 이승만도 유쾌하게 웃는다. 이때 서재필이 밖에서 들어온다. 모든 사람이 두루마기 차림인데 반하여 그는 프록코트에 금테 안경을 쓴 양복 차림이다. 일을 하고 있던 청년들이 일제히 일어나서 절을 한다.

청년 A 박사님, 나오십니까?

서재필 오! 수고들 하는구먼! (인쇄기를 들여다보며) 잉크가 고루 묻게 잘들 보게. 어제 신문엔 활자가 흐린 곳이 몇 군데 있었어.

청년 B 예. 조심하겠습니다.

서재필 (신문을 한 장 들어 대충 훑어보며) 이건 한 장의 종이면서도 종이가 아니에요. 신문이란 피로 써서 심장에다 호소하는 하나의 사령이라는 걸 잊어서는 안 되지. 사실을 사실대로 신속하게 알리되 어느 한쪽으로 기울어도 안 되는 법이니까. 그래야 독자가 우리를 신뢰하고 그 신뢰가 곧 사회를 올바르게 이끌어갈 테니까!

청년 C 예. 박사님의 가르침은 명심하고 있습니다.

서재필 그래 윤치호 회장님은?

청년 A 회의실에 계십니다. 월남 선생님과 이승만 동지도 함께 계십니다!

서재필 그래?

서재필이 손에 들었던 신문을 놓고 회의실로 들어간다. 윤치호, 이상재, 이승만이 자리에서 일어나 반긴다.

이상재 어서 오시오, 서 공!

윤치호 왜 이렇게 늦으셨소?

서재필 예. 정동 클럽에 들렸다가 얘기가 좀 길어져서요. 그 대신 희소식을 전해 드려야겠소.

윤치호 희소식이라뇨?

서재필이 의자에 앉는다. 세 사람은 궁금하게 바라본다.

서재필 전부터 내가 구상했던 만민공동회 말이오.

윤치호 예.

서재필 그 만민공동회를 종로에서 개최하기로 했습니다.

이상재 그게 가능하겠소?

서재필 탁지부 대신 민종묵 대감의 측근자와도 의논했지만 무엇보다도 정동에 나와 있는 각국 공사들이 찬성이지 뭐겠소?

이승만 각국 공사라니요? 박사님.

서재필 물론 러시아 훼베르 공사만은 제외하고 미국, 프랑스, 독일, 심지어 일본까지도 만민공동회 개최를 전폭적으로 지지한다는 게요. 헛허……

이상재 말하자면 그 내용이 러시아의 남하세력을 꺾자는데 있으니까 표면상으로는 우리에게 협조하는 눈치지만 속셈은 딴 데 있을지도 모르죠.

서재필 바로 보셨소. 그들은 동상이몽입니다. 러시아가 한로은행 설치를 서둔데다가 절영도를 저탄장으로 내놓으라고 우리 정부를 들볶는 다는 사실은 다른 나라에서도 일대 경종이자 불안의 씨니까요.

이승만 그렇지만 정부에서 만민공동회를 열어도 좋다는 정식허가가 내 렸습니까?

서재필 물론 그건 이제부터 추진해야 할 사업이지. 아무튼 우리 독립협 회는 요즘 일본 세력을 물리치고 갑작스레 노골화해지는 러시아 의 남하정착을 저지해야 합니다. 그러기 위해서는 끈질기게 사설 을 통하여 여론화시킴과 동시에 우리가 구상해 온 만민공동회를 개최함으로써 일반대중과 함께 공개리에 토론회를 연다는 것은 가장 효과적인 방법이지요. 미국이나 영국, 심지어 일본 같은 나 라에서도 사람들이 많이 모이는 공원에서 시민들이 자유롭게 토 론을 하고 시류를 비평함으로써 민권운동을 펴고 있는 데도 우리 는 그게 아니었습니다. 백성은 그저 듣고만 있고 말하는 사람은 관리라는 잘못 박힌 인식이 오래 뿌리박혀 왔지요. 따라서 우리 는 이 기회에 공개적으로 여론을 환기시키자는 것입니다.

윤치호 그럼 구체적으로 어떤 문제부터 다룰 것인가를 연구해야겠군요?

서재필 물론이죠. 그래서 우린 내가 초안을 작성해 왔는데…… (하며 호주머 니에서 서류봉투를 꺼내서 편다. 세 사람은 새로운 의욕에 눈빛이 날카 롭게 빛난다)

서재필 첫째는 러시아의 세력이 부당하게 팽창해지고 있는 구체적 사례 부터 열거하는 일이죠. 첫째, 한아은행 설치의 동기와 실패에 관 해서는 정교 동지가 맡도록 합시다. (이승만에게) 이 동지가 기록 좀 하시오.

이승만 예! (그는 잽싸게 치부를 한다)

서재필 둘째, 탁지부 재정고문관인 러시아인 알렉세예프와 군부 교련사
관의 입국 경위 및 외국군 고용병제도의 부당성 폭로. 이것은 이
승만 동지와 홍정후 동지가 맡기로 하고, 셋째로는 부산 절영도
조차와 일본의 석탄고 사용의 부당성에 관해서는 윤치호, 김정현
두 분께서 맡기로 하고 사설 집필은 계속 이상재 선생과 제가
맡기로 하였으면 하는 게 나의 계획입니다. 여러분의 기탄없는
의견을 듣고 싶소. 그리고 이 문제는 다음 주 정기 임원회에 상정
시켜 신중한 검토를 거쳐 실천에 옮겼으면 합니다.

이상재 훌륭한 생각입니다. 이만큼 치밀하고도 의욕적으로 발맞춰 나간
다면야 누가 감히 반론을 제기하겠소? 안 그렇소? 윤 회장.

윤치호 동감이요. 다만 한 가지 걱정이 없는 것도 아니오.

이상재 걱정이라뇨?

윤치호 조정안에는 아직도 친로파 세력이 활개를 치고 있지 않소? 조병
식, 김홍륙, 김중환, 이충구, 이용익 등이 이런 사태를 수수방관
하고만 있을까요?

서재필 물론 그들은 그들 나름의 책동을 할 겁니다. 그러나 이건 첫 단계
입니다. 다음 단계로 가서 우리는 고급관리 숙청을 놓고 숙의를
해야 합니다. 오늘날 우리의 국사가 이토록 어지러워진 원인은
결코 외국 열강의 야욕만이 아닙니다. 그들과 내통하거나 매수당
한 집안의 일도 긴급한 일 가운데 하나입니다. 그러나 우선 큰
도둑부터 몰아내자는 게 나의 의견입니다.

윤치호 좋소! 합시다.

이상재 여부 있겠소!

서재필 고맙소. 나는 현재 독립협회의 고문 자격이긴 하지만 일을 해나가
는데 있어서 자격이 문제될 건 없다고 봅니다. 이와 같은 나의

행위를 더러는 경망스럽게도 여기고, 더러는 독주한다는 의견도 있는 모양이지만 나의 심정은 그게 아니니까 오해 없도록 여러 동지께서 믿어주시기 바랍니다.

이상재 믿다마다요. 서 공의 칼날같은 비판과 불길 같은 정의감에는 감히 그 누구도 미치지 못할 것이오.

서재필 그럼 이 일은 당분간 극비에 붙이기로 하고 각자가 맡은 업무에 보다 충분한 연구를 합시다.

이승만 박사님.

서재필 응?

이승만 (망설이며) 아까 저더러 만민공동회에 나가서 토론회에 참가하라고 하셨는데 제가 어떻게 그런 중책을 해낼 수 있을지…… 겁부터 납니다.

서재필 내가 보는 눈은 틀림없네! 이래봬도 나는 관상가가 다 되었으니까! 헛허……

이승만 그렇지만……

이상재 여기 사설을 쓸 정도의 식견과 담력이 있다면야 어려울 건 없네. 우리 협회도 이제부턴 자네와 같은 젊은이들이 앞장을 서야지. 이젠 늙은이는 제 2선으로 물러나야 해! 겁낼 것 없으니 자신을 가져! (하며 어깨를 탁 친다)

윤치호 동감일세! 두려울 게 뭐가 있나?

이승만 예! 그럼 해보겠습니다! 지금부터 자료를 수집하여 열심히 공부하겠습니다!

서재필 성공을 빌겠네! (하며 이승만과 악수를 나눈다)

암전

제2막

무대

경운궁 안 어소. 무대 중앙에 용상이 있고 그 층계 아래 조신들이 자리
하고 있다. 이재순, 심상훈, 신기선, 민영기, 조병식을 위시한 여러 대
신들의 모습이 보인다. 분위기는 자못 무겁고 경직되어 있어 금시 무
언가가 터질 것만 같은 상태이다. 신기선이 「독립신문」의 사설을 읽고
있다. 그의 손과 수염이 사시나무 떨 듯 바르르 떨리고 있다.

신기선   그런데도 이 땅에서는 재판도 받기 전에 벌써 죄인으로 다스려
형벌의 유무를 재판하기 전에 칼을 썬다, 착고를 챈다, 못된 음식
을 준다, 처소를 겨울에는 춥고, 여름에는 덥게 해주니, 이것은
백성을 사랑하는 것이 아니요 재판이 무엇인 줄 모르는 것이다.
사람이 죄가 있는지 없는지도 모르고, 형벌을 어떻게 하여야 법
률책에 마땅할는지도 모르고, 그 사람이 죄가 있겠거니 짐작만
하고 미리 죄인과 같이 다스리는 것은 재판하는 본의를 당초부터
모르는 처사이다. 만일 사람이 죄가 있겠거니 생각하여 미리 형
벌을 내렸다가 재판관이 그 사람이 죄가 있는 증거를 찾지 못하
고 그 사람을 석방한다면, 그 사람은 공연히 죄 없이 얼마동안은
칼을 쓰고, 착고를 차고 다른 죄인들과 같이 공연한 고생을 하였
으니 어찌 원통하지 않겠는가? 이런 사람은 정부를 걸어 다시 재
판하여 정부에서 보상금을 받는 것이 마땅할 것이다. 그러므로
우리는 다음 같은 5개 항목의 보장책 실시를 강력히 요구하는
바이다. 1, 정부에서 인민의 생명과 재산에 당하는 일은 어디까
지나 보호할 것. 2, 무단히 사람을 잡거나 구류하지 못하며 잡으려

면 그 사람의 죄목을 분명히 공문에 써서 그 사람에게 보이고 구속할 것. 3, 잡은 후에도 재판하여 죄상이 나타나기 전에는 죄인으로 다스리지 말 것. 4, 잡힌 후 24시간 이내에 법관에게로 넘겨서 재판을 청할 것. 5, 누구든지 잡히면 그 당자나 그 당자의 친척이나 친구가 즉시 법관에게 말하여 재판을 청할 것. 이상은 신체의 자유가 보장되지 않고서는 어떠한 자유나 인권의 보장도 있을 수 없는 기본 정신임에 간곡히 주장하는 바이다.

신기선이 신문에서 눈을 떼자 좌중은 일제히 고종의 눈치부터 살핀다.

고종   (화를 벌컥 내며) 알다가도 모를 일이오. 이렇게 단 하루도 바람이 잘 날이 없으니 이게 무슨 괴변인가 말이오. 하루가 멀다 하고 「시폐상소문」이 날아드는가 하면 해괴한 벽보가 나붙고 「독립신문」 사설은 사사건건 국사에 대해서 이렇게 헐뜯기가 일쑤이니 그래 이 왕조가 망하면 경들은 무사할 것 같으오? 이럴 줄 알았기에 나는 아라사 공관에 더 머물러 있기를 원하였는데도 그 독립협회 일당들은 하루가 멀다 하고 환궁하라고 떠들더니…… (긴 탄식을 뱉으며) 나도 이젠 지쳤소. 어디고 조용한 곳으로 가버렸으면 좋을 것 같소. 어떻게 생각하오? 신기선 대감은…… 무슨 얘기 좀 하시오.

신기선 황공하옵니다. 모두가 소신들의 불찰인가 하옵니다.

고종   (눈을 감으며) 아라사공관에서 환궁한 지도 어언 두 해가 지났지만, 그동안 하루도 편히 잠을 자는 날이라고는 없었으니…… (어미가 약간 울음이 섞이어 떨린다) 밖으로는 아라사, 일본, 청국이 번갈아 가면서 우리를 넘어다보는가 하면, 안으로는 날마다 날아드는 상소문에다 「독립신문」의 시평이 마치 벌집 쑤시듯 하는 이 지경을 언제까지나 보고만 있어야 옳단 말이오? 심지어 국적 박영효를 다시 불러들여 국사에 참여시키라는 벽보가 백주에 나 붙도록 방치해야 옳단 말이오? 누구 말 좀 해보시오. 말을!

아무도 대꾸를 하는 기색이 없자 고종은 더욱 분노가 치솟아 오르는지 수염이 부르르 떨린다.

고종 　날이 갈수록 잦아지는 독립협회의 입방아에 대해서 무슨 대책이 있어야 마땅하지 않겠소? 그래 경들의 뜻을 모두 합하여도 독립협 회의 서재필이나 이상재의 입 하나 막지 못한단 말이오? 민영기 대감, 뭐라 한 마디 하시오.

민영기 　(국궁하며) 폐하! 방법이 없는 건 아니옵니다만……

고종 　말하시오, 그 방법을……

민영기 　예, 소신의 생각으로는 두 가지 방법이 있사옵니다. 즉 하나는 서 재필을 국외로 추방하는 일이며 다른 하나는…… (하며 신기선에 게 눈짓을 보낸다)

고종 　다른 하나는?

신기선 　네, 아뢰옵기 황송하오나 독립협회보다 더 강력한 힘을 지닌 또 하나의 단체를 결성, 육성하는 일인 줄로 아뢰옵니다.

고종 　또 하나의 단체를? 그럼 독립협회가 하나 더 있어야겠다는 말이 오? 신기선 대감은 노망하셨소? 하나 있는 독립협회 때문에 이 곤욕을 치르고 있는 판국에 또……

조병식 　의정부참정 조병식 아뢰오.

고종 　말하오.

조병식 　지금 신기선 대감이 말한 또 하나의 단체란 독립협회와 같은 단 체를 뜻하는 것이 아니라 독립협회보다 더 강력한 조직력과 실력을 갖춘 다른 형태의 협회를 뜻하는 줄로 아뢰오.

고종 다른 형태의 협회?

조병식 예, 작년 12월 「독립신문」을 통하여 독립협회가 소신을 가리켜 이 나라의 재정권을 아라사에게 넘겨주려 하는 매국노로 칭하며, 경상도 앞바다에 있는 절영도를 조차하는데 앞장섰노라고 모함 하였을 때부터 소신은 그러한 방책을 생각하고 여러 대감들과 의 논한 바 있사옵니다.

고종 그럼 구체적으로 이미 방안이 서 있단 말이오?

신기선 그러하옵니다. 그동안 독립협회의 서재필 일당들은 조직적이며 계획적으로 끈질기게 국정을 규탄 내지는 모함해 왔습니다. 애당 초 서재필이 미국에서 돌아와 독립협회를 조직하였던 의도는 단 순한 민중 계몽과 선도를 목적으로 하는 교화단체인 양 알려져 왔으나 근자에 와서는 일종의 정권쟁탈을 꿈꾸는 정치단체로 성 장하고 말았습니다.

고종 그걸 알면서도 왜 진작 그 힘을 못 막았더란 말이오?

신기선 외국사람들의 눈과 국내 일부 인사들의 입이 그렇게는 못하도록 막고 있었습니다. 아시다시피 서재필은 정동에 있는 손탁호텔을 근거지로 삼아, 정동 클럽의 회원들과 자주 만나왔으므로 소신들 로서는…… 그뿐만 아니라 앞서 이완용, 민영환, 유길준 등 여러 대감들의 옹호를 받아가며 그동안 세력을 부식해 온 서재필의 음모는 한두 사람의 힘으로는 꺾기가 어려웠습니다. 게다가 「독 립신문」을 간행하면서부터는 일부 지각없는 국민들까지 합세하 여 저마다 민권이니 자유니를 부르짖게 되었으니 남은 길은 서재 필을 국외로 추방하는 길밖에 없는 줄로 아뢰오.

고종 그게 쉬운 일이오?

이재순 궁내부대신 이재순 아뢰오. 서재필은 아직도 미국시민권을 지니고 있으므로 미국의 법과 질서를 지켜야 할 의무를 부여받은 몸입니다. 따라서 미국정부에서 소환을 했을 경우 이 땅을 아니 떠날 수 없는 몸입니다.

심상훈 게다가 그는 미국여성을 아내로 맞았으며 그 장모가 매우 고지식하다 하니 그녀를 통하여서라도 소환하는 방책은 얼마든지 있을 줄로 아뢰오.

고종 (다소 납득이 가는 듯) 그럼 서재필을 추방하는 일은 그다지 어려운 일은 아니겠구려.

심상훈 예, 그러하옵니다.

민영기 문제는 독립협회를 견제할 수 있는 단체를 조직하는 일입니다.

고종 그 문제에 관해서는 무슨 방법이라도 있소? 적어도 서재필과 대등한 실력을 가진 자가 있어야 하지 않겠소?

신기선 폐하, 그동안 이 자리에 나오신 조병식, 민종묵, 민영기 그 밖에 여러 대감들과 몇 차례에 걸쳐 숙의를 거듭한바 적당한 인재가 있음을 확인하였습니다.

고종 그게 누구요?

신기선 폐하께서도 익히 알고 계시는 인재들입니다.

고종 내가 잘 알고 있는 사람? 설마 일본에 망명 중인 박영효를 다시 불러들이자는 뜻은 아니겠지요?

조병식 아닙니다, 실은 홍종우라는……

고종 홍종우? (놀라며) 그, 김옥균을 살해한 자객 홍종우 말이오?

신기선 그렇습니다.

고종은 어떤 충격을 이기지 못하는지 눈을 감고 손으로 이마를 짚는다.

민영기 폐하, 실은 그동안 수차에 걸쳐 홍종우를 위시하여 이기동, 길영

수 등과 만나 여러 각도로 타진을 하였던 바 본인들도 쾌히 승낙
을 하였습니다.

고종   홍종우가 승낙을 했다고?

민영기   예, 그리고 독립협회의 세력을 막을 수 있는 주체적인 방책에 관
해서도 여러 가지로 합의를 본 바 있사옵니다.

고종   (조심스럽게) 혹시 나를 원망하거나 불평하는 말투 따위는 없었
소?

민영기   폐하를 원망하다니…… 그럴 리가 있겠습니까? 반대로 지금이라
도 폐하께서 불러만 주신다면 폐하와 이 나라를 위해 일편단심
몸 바칠 각오가 서 있으며 애국단체까지 조직할 만반의 태세를
갖추고 있습니다.

고종   홍종우가 애국단체를?

조병식   예, 폐하께서 재가를 내리시기만 한다면, 이기동, 길영수 등과 뜻
을 모아 즉각 행동을 개시하겠다면서 이미 단체 명칭까지도 정해
놓고 대기 중입니다.

고종   단체 명칭을?

조병식   예, 황국협회라 일컫는다 합니다.

고종   황국협회?

민영기   예, 황보호국 皇保護國, 다시 말해서 황실을 보필하고 국가를 수
호하겠다는 충국지정에 연유를 둔 명칭이라 들었습니다.

고종   (갑작스레 두 손으로 용상 모서리를 거칠게 치며) 아니되오! 그렇게
할 수는 없소!

좌중은 뜻밖의 사태에 긴장하더니 어리둥절하며 서로 시선을 마주친다.

민영기   폐하.

고종   홍종우의 거동은 믿어도 아니되거니와 그 자는 믿을 수 없는 위인이오.

일동은 다시 한 번 충격을 받는다.

고종   그가 나를 위하고 나라를 위해 일하겠다는 말 믿어서는 아니되오! 그의 마음속에 다른 어떤 흉계가 숨어 있을지도 모르니 여러 대감들도 믿지 마시오. (사이) 그는 사람을 죽인 살인자라는 걸 잊으셨소?

민영기   폐하, 그러하오나 이것만은 틀림이 없습니다.

조병식   황국협회의 결성 및 행동계획에 관해서는 이미 합의를 보았으며 남은 문제는 폐하께서 재가를 내리시기만 기다리고 있습니다.

고종   무슨 힘으로 단체를 조직하며 무슨 힘으로 독립협회를 당해내겠는가 말이오?

조병식   재정적인 지원은 물론 소신들이 도와줘야겠지만 황국협회는 막강한 세력의 규합체입니다. 전국 보부상인들의 총력단체입니다.

고종   보부상이라니?

민영기   보부상인은 전국적인 조직망을 가지고 있으며 경우에 따라서는 전투에도 응할 수 있는 만반의 준비가 되어 있다 합니다. 마포에 그 본부를 두고 있으며 하루면 삼백 명, 이틀이면 육백 명, 사흘이면 천 명을 거뜬하게 소집할 수 있다 합니다.

신기선   폐하, 이제 독립협회의 오만불손한 세력을 꺾는 길은 황국협회로 하여금 견제하고 위협을 줌으로써 간접적으로 와해시키는 방법밖에 없습니다.

조병식   그리고 폐하를 하루 속히 평안히 모시고자 하는 소신들의 충정을 통찰하시와 홍종우의 우국충정을 받아주시기 바랍니다. 폐하, 홍종우를 들게 하십시오. 지금 밖에 대령하고 있습니다. 폐하!

이와 함께 모든 조신들은 일제히 국궁한다. 무거운 침묵이 흐르는 동안 고종은 눈을 지그시 감은 채 얼굴을 들고 있다.

일동   (재촉하듯) 폐하! 일각이 시급하옵니다.

고종   (눈을 뜨고 담담하게) 홍종우를 들게 하오.

일동   황공하옵니다.

고종   생각하니 벌써 5년 전 일이오. 홍종우가 고균 김옥균을 살해한 것도 궁극적으로는 나를 위함이었으며 이제 황국협회를 조직하려는 것도 또한 나를 위한 충성심이고 보면 이 얼마나 갸륵한 짓이겠소. 홍종우를 만나 치하의 말을 내리고 싶으니 어서 들라 하오.

일동   예. (한 사람의 조신이 급히 퇴장한다)

고종   (문득) 경들의 덕분으로 이제 나도 5년 전의 빚을 갚게 되었소. (하며 쓰게 웃는다)

신기선   (영문을 모르고) 빚이라니…… 대체 무슨 빚이옵니까? 폐하.

고종   그건 나만이 알고 있으면 되오. 참 홍종우는 나 혼자서 만나고 싶으니 경들은 모두 물러가오.

일동   예.

홍종우의 현신을 알리는 상궁의 말이 들리자 모두들 절을 하고는 물러 간다. 고종은 약간 동요하는 심정을 가라앉히려는 듯 길게 숨을 몰아 쉬고는 옷자락을 여미고는 고쳐 앉는다. 이윽고 홍종우가 고개를 숙인 채 들어와 국궁재배하고는 무릎을 꿇는다. 고종의 표정이 사뭇 착잡 하다.

| 고종 | (약간 떨리는 목소리로) 고개를 들거라. |

홍종우가 서서히 고개를 든다. 두 사람의 시선이 미묘하게 허공에서 부서진다.

고종	옛 모습 그대로구나. 그동안 고생이 많았겠지? (은밀하게) 네가 김 옥균 살해에 성사했다는 소식을 듣고도 그 당시 내가 처해 있던 환경이 여의치 못하여 직접 너를 부르지 못한 채로 오늘에 이르 렀구나.
홍종우	황공하옵니다, 폐하!
고종	(약간 표정이 밝아지며) 지난날 나를 위해 김옥균을 살해했던 그 충성심은 지금도 변함이 없다고 들었는데 사실이냐?
홍종우	예, 변함이 없사옵니다. 폐하.
고종	내가 밉지 않은가? 원망하고 있겠지?
홍종우	아니올시다.
고종	진심인가?
홍종우	맹세합니다.
고종	그래…… 조건은?
홍종우	(반사적으로 고개를 들며) 예?
고종	소원이 있을 게 아니냐. 벼슬이라든가 돈이라든가 하는……
홍종우	폐하.
고종	두려워할 것 없으니 무엇이든 말하여라. 5년 전, 너의 수고에 대해 서 떳떳한 관직 하나 내리지 못했던 불찰은 이제라도 빌어야 하 지 않겠느냐. 너도 알다시피 일본 정부의 간섭이 이만저만이 아니어 서 나로서는 본의 아니게 너에게 대해서 등한했을 뿐이다. 그러 나 이번에는 틀림없이 약속을 지킬 터인즉 서슴지 말고 말해 보

아라.

홍종우 (멍하니 쳐다만 보고 있다)

고종 잘 알고 있겠지만 근자에 와서 서재필이 이끄는 독립협회의 독선적이며 오만한 행패는 이상 더 좌시할 수 없을 지경에 이르렀다. 내 심정 이해하겠지?

홍종우 익히 알고 있습니다. 폐하!

고종 독립협회의 조직을 뿌리 뽑아준다면 네가 원하는 대로 보직을 내릴 터이니 소신대로 말하여라. 그래 독립협회의 뿌리를 뽑을 방법은 무엇인고?

홍종우 생각건대 소인이 폐하를 위하려는 충성은 아마 운명인 듯하옵니다.

고종 기특하구나. (은밀히) 그래 보부상은 전국에 얼마나 되는고?

홍종우 줄잡아 이만 명은 족히 됩니다.

고종 그렇게 많은가?

홍종우 예. 소인이 알기로는 독립협회 회원 수가 삼천 명이니 오천 명이니 하지만 우리 황국협회에 비하면 그야말로 보리가마니 위에 얹어둔 밥콩 바가지 격에 불과합니다.

고종 보리가마니에 얹힌 밥콩 바가지라? 헛허…… 사설도 좋구나.

홍종우 예, 마포에 자리하고 있는 보부상 본부에서 영만 떨어지면 그 즉시로 서울 장안에는 평량자 平涼子를 쓰고 물미장 勿尾杖으로 무장한 보부상이 불나비 떼처럼 몰려올 것이니 만사는 그날로 끝장이 날 것입니다.

고종 (자리에서 불쑥 일어나며) 과연 너는 투철한 충성심과 담력을 지닌 인재로구나! 그런데 한 가지 걱정이 없는 것도 아니야.

홍종우 무슨 말씀이신가요?

고종 그렇게 사태가 변했을 경우 일반 여론이며 정동 클럽에 드나드는 외국사람들이 어떻게 받아들일지가……

홍종우 물론 독립협회를 지지하는 측에서는 잡음이 있을지 모르지만 세
       상은 반드시 그렇게만 돌아가는 것도 아닌 것 같습니다.

고종   무슨 뜻인고?

홍종우 소인이 유럽에서 떠돌이 생활을 하는 동안 얻은 지식으로는 민주민
       권사상이 발달되었다는 서구 시민사회에 있어서도 정치문제에
       있어서의 (강조하며) 실력행사란 불가피하다는 점입니다. 뿐만 아
       니라 그 폭력에 의한 실력행사란 경우에 따라서는 묘약으로 쓰이
       는 경우도 비일비재였다는 역사적 사실입니다.

고종   (호기심에 끌리며) 폭력이 묘약이라?

홍종우 예, 말하자면 정권을 장악한다는 건 일종의 전쟁이자 투쟁입니
       다. 전쟁을 하는 마당에 있어서 적을 사살하는 걸 가지고 그 누가
       살인범죄라고 탓하겠습니까? 그것이 평화로운 시기라면 몰라도
       국가의 존망이 걸려있는 긴박한 사태에서는 폭력주의도 때로는
       미덕일 수 있다는 게 제가 체험한 서구사회의 정치풍토였습니다.
       폐하!

고종   (탄복하며) 역시 너의 눈과 머리는 이 좁은 나라 안에서 아웅다웅
       하는 사람들과는 판이하구나.

홍종우 황공하옵니다.

고종   그런데 또 한 가지 문제가 있는데……

홍종우 예?

고종   서재필을 제거하는 방법은 없을까? 폭력으로써가 아닌……

홍종우 방법은 있습니다.

고종   어떻게?

홍종우 합법적으로 우리가 손 하나 건드리지 않고 이 나라를 떠나가게
       하는 방법이 있습니다.

고종   어서 말해 봐.

홍종우   미국 정부로 하여금 소환케 하는 일입니다.

고종   그렇지만 합당한 이유가 있어야잖겠나.

홍종우   서재필은 법적으로는 어디까지나 미국 국민입니다. 따라서 미국
         의 국법과 미국 대통령의 지시와 규제를 받을 의무가 있는 몸입
         니다. 그러므로 미국 대통령의 말 한마디면 즉각 출국을 아니할
         수 없는 몸입니다.

고종   그게 쉬운 일인가?

홍종우   그 점은 소인에게 맡겨주십시오. 아무튼 폐하께서 미국 공사에게
         공한을 보내셔도 되고 더 나아가서 보다 높은 위치에서 그를 소
         환할 방법은 있습니다.

고종   과연 홍종우 너는 보기 드문 지략과 용맹과 그리고 충성심을 지
         닌 인재로구나. 너와 같은 인재를 가까이 두고도 눈길을 돌리지
         못했던 나의 허물을 과히 섭섭히 여기지 말아라. 그 대신 이번
         일이 성사되는 날에는 5년 전의 그 빚도 함께 갚아주도록 하겠다.

홍종우   황공하옵니다, 폐하!

         홍종우가 마룻바닥에 철썩 엎드리듯 절을 하자 고종이 미소로 답한다.

         암전

제3막

제1장

무대

독립협회 내부. 전막부터 약 1개월 후 3월. 회의실 책상 위에 놓인 꽃병에 화사한 꽃이 꽂혀 있다. 공무국에는 두어 사람이 활자를 줍고 이승만은 원고를 쓰고 있다. 이따금 허공을 쳐다본다. 잠시 후 홍종우가 들어선다. 양복 차림에 단장을 짚고 있다. 그는 무턱대고 방안에 들어와 공무국 안을 휘둘러본다.

청년 A 뉘시오?

홍종우 (이지러진 웃음을 띠며) 지나가는 길손이오.

청년 B 여긴 구경거리가 아니오.

홍종우 알고 있소. 「독립신문」 만드는 곳이라는 것쯤은……

이승만이 무심코 돌아본다.

청년 A 그걸 아시면서 이렇게 막무가내로 들어오기오? 나가주시오. 우린 지금 바쁩니다.

홍종우 일들 보세요. 나는 일을 방해하려고 온 사람은 아니니까요.

청년 B 그럼 뭣하러 왔소?

홍종우 만나볼 사람이 있어서……

청년 B 만나볼 사람?

홍종우 (회의실 쪽을 단장으로 가리키며) 저 방이오? 서재필 씨가 있는 곳이……

이승만이 자리에서 일어나 다가온다.

이승만 어디서 오셨는데요?

홍종우 마포.

이승만 마포에서? 성함이 뉘신지……

홍종우 그것까지 알 필요는 없고…… 지금 있소?

이승만 지금 안 계십니다.

홍종우 그래요? 곧 오실 테지?

이승만 미국 대사관에 들러서 오신다고 했으니까 곧 오시겠죠. 그런데
……

홍종우 그럼 저 방에 들어가서 기다려도 되겠죠?

이승만 그렇지만……

홍종우 걱정 말아요. 난 도둑도 아니고 그렇다고 누굴 해치려는 불한당도
아니니까. 서재필 박사에게 용무가 있어 왔으니까 잠깐 만나고
가겠소.

그는 이승만의 말을 들으려 하지도 않은 채 회의실로 들어간다. 이승
만이 급히 뒤를 쫓는다.

이승만 저 좀 보세요. 이것 좀 보세요.

홍종우 (방안을 둘러보며) 좋은 방이군요. 역시 독립협회 사람들은 어딘지
고상하고 유식하고 귀티가 있다더니 방 분위기부터가 다르군요.
(그는 의자에 앉아 궐련을 꺼내 불을 붙인다)

이승만은 기가 꺾여 어찌할 바를 모르면서도 어떤 경계심에 눈은 날카롭게 빛난다.

홍종우 총각. 가서 볼 일 보래두. 난 도둑이 아니라니까 그러는군.

이승만 그렇지만……

홍종우 그렇다고 독립협회의 기밀을 열람하러 온 사람도 아니고 그저 평소에 존경하는 서 박사를 만나 뵙고 싶어서 왔을 뿐이니까. 걱정 말아요. (저만치 있는 신문을 끌어당기며) 신문이나 읽으면서 기다려야겠군. (하며 신문을 건성으로 읽는다. 이승만이 공무국으로 나오자 청년A, B, C가 다가온다)

청년 A 수상하지 않아요?

이승만 글쎄……

청년 B 뭘 하는 위인인지 모르겠어요?

이승만 차림으로 봐서는 식자깨나 있어 보이는데 행동은 영 천박하군.

청년 C 혹시 서 박사님을 해치러 온 놈이 아닐까요?

이승만 평소에 존경해 왔다는데……

이때 서재필과 이상재가 밖에서 들어온다.

이승만 박사님.

서재필 왜들 이러고 있나? 일들 안하고……

이승만 실은 박사님을 찾아온 손님이 있는데…… (하며 회의실 쪽을 돌아본다)

이상재 손님이 오셨으면 기다리시게 하고 일들을 할 일이지.

이승만 그게 좀 수상쩍어서요.

이상재 수상쩍다니?

이승만   마포에서 왔다고만 하지 성명도 안 밝혀 주는데요.

서재필   마포?

이상재   누굴까?

서재필   알았으니 어서 일들이나 해요. 월남 선생 들어가 봅시다.

두 사람이 회의실로 들어서자 홍종우가 자리에서 일어서며 거만하게
악수를 청한다.

홍종우   주인도 안 계신 방에 들어와서 인사가 안됐습니다. 나는……

다음 순간 이상재의 표정이 경직된다.

이상재   아니…… 당신은……

홍종우   이상재 선생이시군요? 저를 알아보시겠소?

이상재   아다마다요.

서재필   누구신데요?

이상재   홍종우 씨죠?

홍종우   과연 월남 선생의 형안엔 그저 탄복할 뿐이군요. 헛허……

서재필   홍종우 씨라니……

이상재   서 공도 아실 만하죠. 고균 김옥균 선생을 암살한 자객이지 누구겠
         소?

서재필   예?

이상재   (금시 안면 근육이 경련을 일으키며) 자객 홍종우가 어찌 감히 독립협
         회 사무실에…… 나가시오! 썩 나가!

홍종우   그렇게 역정부터 내시면 할 얘기도 못하겠습니다. 헛허…… 나
         는 구경도 할 겸 서 박사에게 인사도 드리려고 왔을 뿐 별다른

저의가 있어서 온 건 아닙니다.

서재필 그러실 테지. 김옥균을 암살했을 때도 별다른 저의가 있어서 한 건 아니었듯이 말이죠?

홍종우 빈정거리신가요? 헛허…… 좋소…… (그는 다시 자리에 앉는다)

서재필 어떻든 이유야 어디에 있건 찾아 주셔서 고맙소… (마주 앉으며) 한동안 외국에 가 있었던 줄로 알고 있는데 이렇게 불쑥 나타나시다니 이번에는 또 무슨 사명을 띠고 오셨소?

홍종우 프랑스, 일본 등지를 유람하고 돌아온 지 얼마 안되죠. 나는 지금 아무 일도 하는 게 없는 낭인이죠.

서재필 하는 일이 없는 듯 하면서도 세상을 깜짝 놀라게 하는 형이니까요……

홍종우 뭔가 오해를 하고 계시는 모양인데, 나는 나름대로의 조국애며 동포애를 가지고 있고 또 번민도 인간적인 고민도 있는 사람입니다.

이상재 그리고 야망도 있겠지.

홍종우 야망?

이상재 김옥균 선생을 상해까지 뒤쫓아 가서 암살한 당신의 조국애는 정말 존경받을만한 일이었소. 그런데 오늘은 또 누구를 노리고 왔소? 이 이상재인가요, 아니면 서재필 박사인가요?

홍종우 핫하…… 알고 보니 월남 선생님도 감정의 표출이 대단하신 편이군요. 제가 알기에는 조선의 양반 계급들은 얼핏 보기엔 이성적이며 참을성이 있는 것 같으면서도 결정적인 단계에 가서는 못 참는 게 흠이더군요. 그렇죠? 서 박사.

서재필 그렇게 말하는 당신은 마치 이 나라 사람이 아니라는 말투 같군요.

홍종우 이거 실례했소이다. 내가 프랑스 망명시절에 그곳 사람들한테서 들은 얘기를 그대로 옮겨놨을 뿐인데 헛허……

서재필 그래 나를 찾아온 용건이 뭐죠?

홍종우 별다른 용건이 있어서가 아니라…… 참, 아까 이 신문을 읽다가 문득 생각나는 일이 있어서요.

서재필 「독립신문」 말인가요?

홍종우 나는 신문 발행에 대해서는 문외한이지만 비평은 할 수 있어요. 「독립신문」을 내시느라고 온갖 고생하신다는 얘기 잘 알고 있어요. 그런데 한 가지 틀렸더군요. 옥에 티라고나 할까요? (하며 신문을 만지작거린다)

이상재 무슨 얘기를 하려는 거요?

홍종우 담배 피워도 되죠? (그는 담배를 갈아 피우고 나서) 내가 파리에 있었을 때 프랑스 정부의 외무대신하고 오찬을 같이 한 적이 있었는데…… (눈치를 살피며) 물론 안 믿으셔도 상관없어요. 그 자리에서 이런 얘기를 하더군요. 그래 그 이야기를 서 박사에게 선물로 드릴까 해서요…… 홋흐……

서재필 무슨 얘기죠?

홍종우 "신문이란 정부시책을 뒷받침하고 협력함으로써만이 국민복지에 이바지할 수 있다" 이거예요.

서재필과 이상재는 어처구니가 없는지 서로 쳐다보고만 있다.

홍종우 물론 이 이야기도 안 믿으실 거예요. 그러나 이건 보나파르트 나폴레옹의 주장이기도 하며 또한 나의 견해이기도 하죠. 자고로 정부에 협력 안하는 신문이란 정부와 국민 사이를 이간시키며 나아가서는 사회질서를 어지럽게 하는 독약이다, 이거예요…… 헛허……

서재필 그러니까, 「독립신문」이 독약이라는 논법이군요?

표류

홍종우　(태도가 돌변하며) 잘 보셨소. 적어도 조선 정부를 헐뜯고 사사건 건 비판을 위한 비판으로 일관하는 논조로 봐서는 결코 양약일 수는 없죠.

서재필　그럼 이번에는 내가 묻겠소.

홍종우　좋으실 대로……

서재필　우리 정부가 조선 사람 자신의 발상이나 의식에 따라서 행정시책 을 하는 것이 아니라 외세에 휘말려 끌려 다니는 경우를 생각해 봅시다. 마치 노를 저어 자기가 정한 방향으로 가는 게 아니라 태 평양 한복판에서 파도에 휩쓸려 표류하는 고깃배같이 방향을 못 잡고 있을 때 신문은 무슨 이야기를 어떻게 써야 옳겠소? (차츰 흥분해 가며 자리에서 일어선다) 자기가 서 있는 위치도 가야 할 방 향도 모르는 국민들에게 우리의 길을 제시하는 게 잘못일까요? 알 권리를 행사하며 알려야 할 의무를 다하려는 「독립신문」이 독약이라고 한다면 어디 진정한 양약이 무엇인지 구체적으로 제 시하시오! 그런 양약이 있다면 이 시간부터라도 즉각 「독립신문」 발행을 중지하겠소!

홍종우　오…… 그렇게 흥분을 하시면 대화하기가 힘들어요. 모름지기 지 식인이란 안으로는 불을, 밖으로는 얼음을 지니고 있어야죠. 그 만한 상식은 다 알고 계실 텐데요 헛허……

서재필　당신은 지금 분명히 어떤 야욕을 품고 나타났소.

홍종우　야욕이라? 천만에요. 내게 야욕이 있었다면 나는 벌써 출세를 했 을 것이며 내각의 일원으로 축재도 했을 것이오. 그러나 나는 이 천지 간에 이 몸뚱아리 하나뿐이오. 홍종우에게는 집도, 가족도, 명예도 없어요. 그런데 나더러 야욕을 품고 있다고? (돌변하며) 야욕을 품은 자는 바로 당신이오! (하며 단장 끝으로 서재필의 가슴 을 겨눈다) 당신이 지나온 발자취를 돌아다보면 알 게 아니오? 친일파인 김옥균, 박영효와 함께 갑신정변을 일으켜 삼일천하의 짧은 꿈을 잊지 못하여 이제는 미국, 프랑스 등 외세를 등에 업고 독립협회를 조직한 그 흉계가 빤히 들여다보이는데도 무슨 큰 소리요?

서재필　뭣이?

홍종우　미국 유학에서 돌아온 이후 당신이 해놓은 일이 무엇이었는가, 그 까닭이 무엇인가 말해 봐요!

이상재　듣기 싫다! 폭력주의의 원흉 홍종우의 발자취부터 밝혀라!

홍종우　나는 개인적인 야욕을 위해서가 아니라 국가와 민족을 위해서 일했을 뿐이오!

서재필　테러리스트의 입에서 민족과 국가라는 말이 나오다니 창녀가 절개를 내세우는 격이군! 불결해! 위선자! 양의 가죽을 쓴 여우!

홍종우　닥쳐라!

서재필　지난날 누구의 사주에 의해 김옥균을 암살했으며 그 대가로 무엇을 보장 받았는지 모르겠다만 폭력주의는 만인의 적이다. 독약이야! 그러니 이상 더 얘기할 필요조차 없으니 어서 나가요! 나가!

이때 이승만을 위시한 청년들이 몰려온다.

이상재　이 자를 당장에 끌어 내거라!

홍종우　(겁을 먹었으면서도 허세를 부리며) 완력으로 처리하겠다는 뜻이군?

이승만　끌어내기 전에 냉큼 나가지 못하겠어?

홍종우　좋아! 이런 식으로 문제를 해결하기가 소원이라면 우리도 방법은 있으니까! 나가지! (하며 자리에서 일어선다)

이상재　우리라니?

홍종우　물론이지. 눈에는 눈으로, 이빨에는 이빨로, 조직에는 조직으로 대할 수밖에 없지!

서재필　조직?

홍종우　당신들이 독립협회라는 조직적인 단체를 배경으로 독주한다면 우리는 황국협회의 기치 아래 모인 삼만 회원이 막아설 테니 그리 알아요!

이승만　황국협회?

이상재　음, 마포에 근거지를 둔 전국 보부상인 조직을 말하는군.

홍종우　바로 보셨소! 역시 월남 선생은 나이는 드셨어도 눈은 밝으셔. 양반계급 자제들이라 값진 보약을 드신 효험을 보셨겠지.

서재필　뻔뻔스러운 것! 어서 나가! 안 나가면.

홍종우　미국 공사관에 연락하여 군대를 부르시지? 그럼 우리는 일본 공사관에 연락해서 일본 군대의 원정을 청할 테니까! 헛허……

서재필　너는 도대체 어느 나라 사람이기에 말끝마다 외국군을 끌어들이는 얘기냐?

홍종우　물론 나는 조선 사람이지. 그러나 당신은 뭐요? 어느 나라 국적을 가지고 있죠? 말해봐! 흥! 간단히 끝냅시다. 당신은 조선 사람이 아닌 미국 사람이오! 그런데 왜 미국 사람이 조선에 나와서 조선 사람 일에 간섭인가 말이오? 미국 사람이 조선을 위해서 왜 고생하시오? 그 이유가 뭐냔 말이오!

서재필　아니…… 이, 이 자가……

홍종우　(구석으로 몰아붙이며) 내 말이 틀렸으면 말해! 미국 시민권을 가졌고, 미국 여자와 결혼했으며, 미국 의학박사 학위까지 얻은 사람이 뭐가 모자라서 여기까지 나와 말썽만 일으키는지 말하라니까! (단호하게) 나가야 할 사람은 당신이오! 이 나라에서 떠나가야 할 사람은 서재필이지 홍종우는 아니란 말이다!

모두들 기가 꺾여 말문이 막힌다.

서재필 내가 미국 시민권을 얻었고 미국 여성하고 결혼한 게 독립협회와
무슨 상관인가 말이다!

홍종우 상관있지 않구! 미국이 우리나라 내정에 간섭하는 것도 용서 못
하거니와 당신이 미국의 힘을 등에 업고 정동 클럽에 드나들며
외국인과 사귀는 속셈은 너무나도 빤히 들여다보이는 짓이니까!

서재필 속셈이라구?

홍종우 외세에 매달린 채 개인의 입신양명을 꾀하려는 유치한 영웅주의
자! 사대주의자란 말이다!

서재필 듣기 싫다! 이 비겁한 테러리스트!

홍종우 테러리스트? 그래 나는 테러리스트가 분명해! 허지만 나는 조선
사람의 자격으로 조선을 사랑하고 상감을 받들려는 충성에서 우
러나온 행동을 취했을 뿐이다! 그러나 (모두를 가리키며) 너희들의
정체는 뭐냐? 서양문명을 조금은 안다는 이유로 자기 나라를 얕
잡아보고, 말끝마다 시민사회가 어떻고 민권사상이 어떻고 자유
가 어떻고 떠들어대면서 몽매한 대중을 충동질하는 네놈들의 정
체는 제2, 제3의 매국노들이다. 아니 지난날 김옥균과 작당하여
일본 세력에 아부하더니 이제는 미국 사람에게 매달려 조국을
팔려는 국제적 중간상인들과 다를 바가 뭣인가 말이다!

청년 A 저, 저 자를 그대로 내버려 두십니까?

청년 B 당장에 끌어내어 박살을 내야지!

청년 C 박사님! 이런 모욕을 당하고도 잠자코 계셔야 해요? 예?

청년들이 덤비려 하자 서재필이 말린다.

표류

서재필 자네들이 나설 때가 아니야!

이승만 그렇지만 우리 독립협회를 마치 매국도당처럼 헐뜯는 저 자를……

서재필 참는 것뿐이다. (이를 악물며) 보다 큰일을 위해서는 홍종우 하나 따위는 안중에 둬서는 안 된다고 생각하기 때문에…… 이렇게 참는 것뿐이다!

홍종우 잘 생각하셨소. 역시 미국 유학을 한 보람과 자격이 있군. 거기에 비한다면 이 홍종우는 무식하고 천민출신이라서 참는 데도 한도가 있지만…… 흠……

서재필 그러나 한 가지 분명히 말해 두지만 충성심이라는 미명 아래 필요할 때마다 살인을 일삼는 테러리스트는 돈을 받고 몸을 파는 창녀와 다를 바가 없다는 점을 잊지 말아. 자신의 출세의 희생으로 인간의 생명을 빼앗는 테러리스트의 말로가 무엇인가는 먼 훗날 역사가 증명할 것이다.

홍종우 피차일반이지. 독립협회가 애국애족을 하는 거나 황국협회가 황보국하는 거나 사람은 저마다 제 멋에 산다는 이치도 잊어서는 안 되지! 또는 결과적으로 누가 더 조선을 위해서 싸웠는가도 후일의 역사가 증명할 테니까. 오늘은 이 정도로 물러가지만 독립협회가 백년 가리라는 망상은 조만간 깨지게 될 테니 그렇게 알아. 헛허……

홍종우는 단장을 휘두르며 회의실을 빠져나와서 활자판을 잠시 넘어다보더니 단장으로 두어 번 툭툭 치고는 홀연히 나가버린다. 서재필은 조용히 의자에 앉아 눈을 감는다. 홍종우를 따라나선 이승만, 그리고 청년A, B, C가 분을 못 참아 밖으로 뛰어나가려 하자 이상재가 말린다.

이상재   경거망동은 삼가게!

이승만   그렇지만 저런 불한당에게 수모를 당하고도······

청년 A   그렇습니다! 우린 좌시할 수가 없습니다!

이상재   그건 저놈들의 올가미에 스스로 걸려드는 짓이야!

청년 B   올가미라뇨?

이상재   그렇지! 황국협회의 정체가 뭣인지 우리는 알고 있다. 그들은 장사치들의 모임이지 민권운동의 집합체가 아니야. 그들은 하나의 압력단체이지 이상을 실현하기 위한 높은 이념이라고는 없다. 다만 그들은 수량으로 우리보다 우세하다는 것을 코에 걸고 무슨 짓을 해서라도 트집을 잡으려는 걸세. 구실만 생기면 무력으로 우리를 해치려고 기회를 엿보고 있는 걸세.

청년 C   ······황국협회가 폭력으로 나온다면 우리도 힘으로 대합시다!

이상재   (매섭게) 무슨 지각없는 소릴 하고 있는가! 독립협회가 언제 폭력을 행사하는 불한당패 노릇을 했던가? 설령 그자의 말대로 삼만 명 보부상이 일제히 물미장을 휘두르고 덤빈다면 우리는 앉은 채로 그 방망이질을 맞고 있을망정 맞서서 싸워서는 안돼! 그건 우리가 말려드는 일이야! 우리가 졌다는 증거라구! 독립협회가 무엇을 위해 태어났는지 몰라서 이러나? 황국협회는 시류를 타고 청부를 맡은 장사꾼의 집합이지만 우리는 잠든 이 나라 민중의 머리를 깨워주고 눈을 뜨게 하는 선각자의 모임이라는 걸 잊지 말게! 그것이 우리의 긍지일세! 그것이 선비의 몸가짐이라는 걸세!

모두들 고개를 푹 숙인 채 숙연해진다. 청년 A는 울음을 깨물며 책상에 엎드려 울먹인다.

이상재	자, 내 얘길 알아들었거든 어서 일을 계속하게. 내일 이 세상의 종말이 온다 해도 사과나무를 심어야 한다는 말 잊었나? 응?

청년들은 서서히 일어나 각자 자기가 맡은 일을 계속한다. 이상재는 숨을 몰아쉬고 회의실로 들어간다. 서재필이 바위처럼 의연히 앉아 있다. 이상재가 조용히 다가가 그의 손을 꽉 쥐어준다.

이상재	서 공! 잘했소. 잘 참아줬소! 고맙소! 서 공!
서재필	월남 선생! 죄송합니다.
이상재	무슨 소릴 하는 거요?
서재필	홍종우는 내 심장에다 비수를 꽂고 말았소. 나의 가장 아픈 곳을 여지없이 찌른 거나 다름없었소.
이상재	서 공! 그게 될 뻔이나 할 말이오?
서재필	아니죠. 내가 미국 시민권을 지녔으니 법적으로는 미국 사람이오. 미국 여성을 아내로 맞았으니 미국 사람이라는 말은 어찌 보면 아무렇지 않은 것 같으면서도 나로서는 옛 상처를 건드리게 하는 가시 같았소. 더구나 갑신정변 때 고균 선생과 행동을 같이하다 망명을 했던 내가 이제 다시 돌아와서는……
이상재	(무겁게) 서 공!
서재필	(쓰게 웃으며) 홍종우는 걸물이오. 그의 한마디가 나를 사정없이 휘저어 놓고 가버렸어요. 돛도 없이 떠밀려가는 한 척의 고깃배 같았던 서재필의 처량한 모습을 막 바로 코앞에다 내밀고 가 버렸죠. 그래요. 나는 따지고 보면 떠밀려가는 외로운 배일지도 모르죠. 홍종우가 지난날 그러했듯이 나 역시 그렇게…… 나로서는 목적이 있어 가고 있다고 우기는데도 막상 어디로 가고 있느냐고 물었을 때 답변이 막혀 버리는 순간이 있지요. 그게 바로 나예요!

월남 선생! 어찌하면 좋겠소? (하며 이상재를 쳐다보는 그의 눈에
이슬이 맺힌다. 이상재도 콧등이 시큰해 온다)

이상재 서 공! 용기를 내요! 우리가 할 일은 태산 같소.

서재필 죄송합니다! (그가 이상재의 손목을 덥석 쥔다. 멀리 예배당 종소리가
울려 퍼진다)

이상재 홍종우 따위 무식한 자객의 말에 마음 쓸 것 없어요! 독립협회가
그런 인간들이 무서워서 갈 길을 주저앉을 수 없어요! 자! 용기를
내요! 웃어봐요! 자…… 헛허……

서재필이 억지로 웃어 보인다. 두 사람이 굳게 악수를 한다.

암전

제2장

무대

북촌에 있는 조병식의 집, 사랑방. 조병식의 관직과 영화를 단적으로
나타내 주는 듯 값진 가구며 서화가 장식되어 있고 유일하게 서양식
등불이 켜 있다. 아랫목 보료 위에 조병식, 이용익, 신기선 세 사람이
책상을 가운데 놓고 좌담을 하고 있다. 어딘지 심상치 않은 분위기다.
책상 위에는 독립협회에서 보낸 상소문이 펼쳐 있다.

조병식 대감들은 어떻게 생각하시오? 그놈들은 생사람을 잡아도 유분수
지 글쎄. 눈이 새파랗게 살아있는 우리들에게 극악무도한 죄목을
억지로 붙여 상감에게 상소문을 올렸으니 대체 이게 어느 나라

법이며 절도인가 말이오.

신기선 죽일 놈들! 독립협회 녀석들도 이제 막바지에 밀려났는지 발광을 하고 있는 게요. 조병식 대감, 문제 삼을 것 없어요.

조병식 (상소문을 쳐들며) 글쎄 이 의정부 참정 조병식을 가리켜 우리나라 재정권을 러시아에게 넘겨주는 조건부로 절영도 조차 문제에 적극 협력한 원흉이라고 못 박았는데, 대감들도 아시는 바와 같이 우리나라 재정권이 이 조병식이 혼자서 좌지우지할 수 있는 성질인가 말이오. 법치국가에는 법이 있고, 행정부에는 담당 행정직이 엄존할 뿐만 아니라 성상 폐하께서 재가가 내려야만 집행을 하게 되는 법이어늘 어찌 나 혼자서 재정권을 넘겨줄 수 있단 말이오!

이용익 그 문제 같으면 벌써 지난해 12월 15일자 「독립신문」에서도 기사화된 바 있거늘 그놈들이 이제 와서 새삼스럽게 그 문제를 재차 들고 나오는 데는 무슨 흑심이 있는 게 틀림없어요.

조병식 이용익 대감, 잘 보셨소. 그놈들은 단순히 시폐상소문을 올리자는데 그치지 않고 암암리에 정권 전복을 꾀하고 있음에 틀림없습니다. 그렇지 않고서야 이 대감까지 물고 늘어질 리가 없지 않소.

이용익 (어이가 없다는 듯) 말씀 마시오. 글쎄 전환국장인 내가 혼자 마음대로 화폐를 남발한 양 모함하는 글 좀 보시오. 독립협회 녀석들은 하나만 알았지 둘은 모르는 무식배들이지요. 대감들께서도 알고 계신 바와 같이 개항과 동시에 일본 화폐가 유입되는 바람에 우리나라 신식 화폐의 주조가 불가피해졌고, 1894년 8월에 이르러 일 푼짜리 황동, 오 푼짜리 적동, 이전 오 푼짜리 백동, 일 냥짜리 소은, 오 냥짜리 대은 등 이렇게 다섯 가지 화폐를 택하였지요. 그러나 우리나라 재정이 궁핍해서 원화인 은전 주조가 어려워서 임시변동으로 은전 대신 백동과 적동의 보조화폐를 쓰지 않을 수가 없게 되었는데도 마치 전환국장인 내가 독단적으로 주화를 만들어 외국상인의 배만 불리게 했다고 생떼를 쓰고 있지만 그게 다 무식의 소치이지 뭐겠소? 일을 해 나가다 보면 동기는 좋았지만 결과에 차질이 오는 수도 있고 그런 거지, 일국의 화폐유통이 뭐 아궁이에 짚단 쑤셔 넣듯이 그렇게 쉽게 되는 일인가 말이외다.

신기선 옳은 말씀이오. 독립협회 녀석들이야말로 하룻강아지 범 무서운 줄 모른다는 격의 표본이오. 글쎄 그 자들은 이미 폐기된 연좌법을 왜 형사 집행상 다시 적용했는가고 떠들어대지만 범인을 잡아내고 흑백을 가려 법질서를 세우기 위해서라면 연좌법이 아니라 삼국시대 법이라도 빌어다 써야지 어떻게 하겠소? 법에 대해서라면 이 법무대신 신기선이가 더 잘 알지 제까짓 젖비린내 나는 놈들이 당할 법이나 하겠소? 이것이야말로 월권행위의 표본이 아니고 뭐겠소!

조병식 정말이지 통탄할 노릇이오. 그 서재필이가 날이 갈수록 정신이 몽롱해지고 이성을 잃어가는 눈치인데 더 악화되기 전에 무슨 대책을 강구해야지 이대로 두었다가는 우리들이 앉은 자리에서 떼죽음을 당하기 꼭 알맞겠소.

이용익 동감이외다. 이 상소문에 열거된 조목조목은 처음부터 악의에서 시작되어 악으로 끝장을 내려는 폭행이자 폭거입니다! 말로는 민권이요 자유요 하고 침이 마르게 떠들지만 속셈은 제놈들이 그 자리에 올라앉아 천하를 호령해 보겠다는 망상이에요!

신기선 옳소. 그동안 나도 독립협회의 행위를 눈여겨 지켜보아 왔지만 진정한 애국충정에서 나온 일이라고 보기에는 어려운 점이 한두 가지가 아닙니다. 무슨 수를 써야겠소.

조병식 신 대감, 그래서 오늘 밤 이렇게 건너오시라는 게 아닙니까! 헛허……

이용익 무슨 좋은 계략이라도 있소?

조병식 막말로 우리 세 사람은 이미 그자들이 상감께 올린 상소문에 기명되어 있으니 혐의자가 된 셈입니다.

신기선 혐의자라니? 당치도 않은 말씀을!

조병식 그러나 오늘 아침 어전회의 석상에서 상감께서 지으신 표정을 못 보셨습니까?

신기선 글쎄요……

조병식 (긴장하며) 우리가 먼저 손을 써야지 어물어물하다가는 큰일납니다.

이용익 큰일 난다뇨?

조병식 독립협회는 그동안 민권신장이니 영토수호니 외세배척이니 하고 다소 관념적인 구호를 내세웠지만 근자에 와서는 정부의 고관들을 노골적으로 지목하여 숙청할 것을 상감께 간하고 있지 않소. 부끄러운 얘기지만 그자들이 5흉이니 3간이니 하고 떠드는 게 바로 그게 아니고 뭐겠소?

이용익 5흉이라뇨?

조병식 민종묵, 유기환, 이기동, 김정근 그리고 이 조병식을 가리키는 말이랍니다.

신기선 3흉은 또 누구누구요?

조병식 황국협회 측의 홍종우, 이기동, 길영수 세 사람입니다.

세 사람은 새삼 분노와 경악을 억제 못하는 듯 서로 입맛을 다신다.

조병식 그러나 이건 단순히 여기 지목된 여덟 사람만을 지칭하는 게 아니라 현 정부 요원을 대상으로 포문을 열고 있는 거예요.

이용익 미친놈들!

신기선 우리도 그에 대비해야 해요!

조병식 그래서 오늘 밤에 그 5흉 3간의 대표자들끼리 의견을 모을 필요
가 있지 않을까 해서 이렇게……

이용익 좋소! 말씀을 들어봅시다.

조병식 그래서 실은 황국협회 측의 대표적인 인사들을 합석케 하였습니
다. 어떻습니까?

신기선 홍종우 말이오?

조병식 홍종우, 길영수, 이기동 세 사람을 다 대기시켰습니다. 그자들에
게도 좋은 책략이 있다고 들었기에……

이용익 좋습니다, 합석합시다.

신기선 사람이 많을수록 지혜는 살찌기 마련이지.

조병식 그럼, 잠깐만.

조병식이 자리에서 일어나 미닫이를 열고 밖을 향해 손짓을 하고 자리
로 돌아와 앉는다.

조병식 곧 올 겁니다.

신기선 음…… 우리들이 정신을 바짝 차려야 안되겠습니다.

이용익 동감입니다. 그런데 말인즉슨 우리에게도 실수가 없었던 게 아니오.

신기선 실수라니요?

이용익 아까 얘기한 그 보조화폐 사건만 하더라도 우리 측에 다소의 부
정이나 결함이 있었다 치더라도 뱃심 좋게 끝까지 부인을 해야
옳았었는데 글쎄 심상훈 대신 같은 이는 재정의 궁색을 메우기
위하여 보조화폐 사만 원을 유용했노라고 실토를 해버렸으니 독
립협회 측에서는 기고만장하여 이따위 상소문을 쓰게 된 겁니다.

조병식 미련스럽긴…… 이런 경우엔 딱 잘라서 그런 사례는 일체 없었

다고 일축을 해야지 아니 됩니다.

이용익 그럼요!

이때 미닫이 밖에서 인기척이 난다.

홍종우 (소리만) 조 대감, 들어가도 괜찮겠습니까?
조병식 어서 들어와요.

이윽고 미닫이가 열리며 홍종우, 길영수, 이기동이 차례로 들어와 나란히 선다.

홍종우 뵙겠습니다.

세 사람이 동시에 큰절을 하자 아랫목에 앉은 세 사람이 답례를 한다.

조병식 홍종우 동지께서 인사 소개를 하시오.
홍종우 예, (두 사람을 차례로 가리키며) 이 편이 황국협회 회장 이기동 씨고, 이 편이 길영수 동지올시다. 고영근 씨도 오기로 했는데 급한 사정으로 참석 못했습니다.
조병식 수고들 하셨소.
이기동 이렇게 여러 대감들을 직접 뵙게 되오니 영광스럽고도 자랑스러운 마음 금할 길이 없습니다. 이미 홍 동지를 통하여 고명하신 어른들에 관해서는 익히 알고 있었지만 이렇게 뵙게 되니 마치 꿈만 같사옵니다. 대감들께서 우리를 후원해 주시니 우리 황국협회가 이제야 떳떳하게 만천하에다 대고 큰소리를 치게 될 것 같아 벌써부터 가슴이 뛰고 피가 끓는 느낌입니다.

274

신기선 헛허…… 젊은이들의 씩씩한 모습을 대하니 백만 대군을 얻은 느낌이오!

일동 헛허……

조병식 그래 그간에 있었던 경위며 황국협회의 사업계획은 어느 정도로 진척이 되었소?

홍종우 예, 얼마 전 제가 서재필을 직접 만나봤습니다.

조병식 서재필을?

홍종우 예.

신기선 어디서 말인가?

홍종우 독립협회를 찾아갔죠. 마침 이상재 씨도 동석하고 있었습니다.

이용익 음, 그래서…… (긴장하며) 무슨 얘기를 했던고?

홍종우 결론부터 말씀드려서 서재필 너는 이 나라 국민이 아니니 즉각 조선 땅을 떠나가라고 했고 독립협회가 끝내 버티겠다면 우리 황국협회도 좌시할 수 없노라고 으름장을 놨습니다!

조병식 잘했소! 암, 잘 말했소!

신기선 그랬더니?

홍종우 적지 않게 충격을 받은 눈치였습니다.

이기동 여러 대감들께서는 조금도 염려하실 필요조차 없습니다. 우리 황국협회는 상하가 없고 오직 한 덩어리로 뭉쳐 있습니다. 독립협회는 원래가 양반댁이나 세도가들이 뜻을 모아 조직되었지만 우리 황국협회는 설움 받고 짓눌려 살아온 서민 상인들의 조직체인 고로 일단 유사시에 뭉칠 수 있는 힘은 그네들보다 몇 곱절로 굳고 단단하다고 자부합니다.

길영수 그렇습니다. 우리는 그들에 비해서 학식은 모자랄지 모르지만 투쟁력은 강할 겁니다. 무식한 보부상인이지만 전국을 누비고 다녔으니 뜀질을 해도 더 빠를 것이며 짐을 져 나르더라도 벼 두 섬은

275 표류

거뜬하게 질 장사들이 수백, 수천입니다요, 예!

일동 헛허……

조병식 그래 서재필은 뭐라고 하던가?

홍종우 할 말이 뭐가 있겠습니까? 유구무언이죠. 이러쿵저러쿵 어려운 문자만 들추어냈지만 제가 그 꾀에 넘어갈 성 싶습니까? 아무튼 이제 남은 문제는 실력 대결 뿐이니 그리 알라고 단단히 족치고 나왔습죠.

이기동 대감! 우리 황국협회는 독립협회가 만민공동회를 계속 열기로 한다면 우리도 같은 자리에서 연설회를 열 것이고, 그들이 「독립신문」을 내겠다면 우리도 신문을 발행할까 합니다.

이용익 좋소. 비용 걱정은 할 필요 없소. 문제는 독립협회 놈들이 함부로 입을 못 놀리게만 하면 될 테니까.

이기동 그리고 경우에 따라서는 최후 수단을 쓰는 수밖에 없습니다.

조병식 최후 수단이라니?

홍종우 (빙그레 웃으며) 무식한 사람에겐 무식한 수단밖에 없지요? (하며 주먹을 쥐어보인다)

세 사람은 미처 무슨 뜻인지 못 알아차리고 어리둥절한다.

홍종우 지난날 김옥균을 살해한 홍종우에게 남아있다면 이것뿐이니까요. 제 놈들이 끝내 콧대 높게 날뛰는 날엔 「독립신문」사를 습격하여 아예 신문 제작을 못하도록 쑥밭을 만들 각오가 서 있습죠.

이기동 그렇습니다. 타일러도 안 들을 때는 회초리를 드는 게 부모의 마음이 아니겠습니까! 헛허……

모두들 통쾌하게 웃는다.

조병식 그렇지만 이런 얘기는 함부로 입 밖에 내서는 아니되지!

길영수 염려마십쇼. 우리 황국협회 회원들은 식자는 없지만 의리 하나는 투철합니다요. 세상에서는 장사치는 속임수로 돈을 번다고 헐뜯지만 우리 보부상인은 그게 아닙죠. 의리와 신용 하나로 버티어 나왔습죠. 그 신용을 잃게 되면 장사도 끝장이 나는 법인뎁쇼. 염려마십쇼.

신기선 젊은이들 얘기를 듣고 있노라니 나도 모르게 힘이 용솟음치는 것 같구먼! 헛허······

홍종우 상감 앞에서 맹세한 홍종우의 일편단심이 얼마나 진실했던가를 대감들께서도 믿어주셔야겠습니다.

조병식 모든 일을 맡기겠소. 그저 독립협회의 입을 틀어막는 길만 있다면 언제든지 말하시오. 그리고 아마 이 대감께서도 말씀이 있으셨지만 경비 걱정은 일체 할 필요가 없으니까. 그 점에 대해서는 상감께서도 이미 다 알고 계시고 있는 터인즉 우리는 황국협회만 믿소.

홍종우 황송합니다.

이기동 황국협회는 처음부터 상감과 나라를 위해 몸 바치기로 작정한 단체입니다.

신기선 부탁하오.

조병식은 문갑에서 종이에 싼 돈 꾸러미를 꺼내 놓는다.

조병식 이건 얼마 안 되지만 성의로 주는 것이니까 요긴하게 쓰도록······

이기동 (절을 넓죽이 하며) 감사합니다.

이용익 그리고 황국협회가 계획하고 있는 신문발행이며 기타사업에 소요되는 경비는 상감께 정식으로 품의를 올려 공금으로 충당토록 할 테니 소신껏 일하도록······

길영수 (감격의 눈물을 흘리며) 황공하옵니다…… 은혜를 무엇으로 다 갚게 될지…… (하며 넓죽 절을 한다)

조병식 자, 이만하면 우리도 오늘부터 두 다리를 뻗고 잠을 자게 되었지요? 신 대감.

신기선 마음 든든하오. 독립협회가 안하무인격으로 날뛰던 꼴에 찬물을 끼얹게 되었으니 아린 이가 빠진 느낌이오! 헛허……

이용익 독립협회도 독립협회거니와 서재필의 앞날이 며칠이나 남았는지 어디 두고 봅시다! 헛허……

조병식 그럼 우리 애기는 이걸로 끝막음하고 자축연부터 베풀까요?

신기선 자축연을?

조병식 두 대감들께서 어려운 나들이를 하셨고 황국협회의 앞날을 위해서 이대로 헤어질 수는 없지 않소! 헛허…… 잠깐만 기다리시오! (밖을 향하여 크게) 게 아무도 없느냐? 술상을 내오라고 해라!

멀리서 종이 대답하는 소리가 들리자 좌중은 다시 한 번 크게 웃음을 터뜨린다.

암전

제4막

무대

독립협회. 이승만이 회의실에서 혼자 연설 연습을 하고 있다. 신문사 공무국에는 아무도 보이질 않는다. 잠시 후, 이상재가 조급히 들어선다.

이승만 이제 나오십니까?

이상재 서 박사는?

이승만 아직 안 나오셨습니다.

이상재 손탁호텔에도 안 들렀다던데…… 어딜 갔을까? (초조하게 서성거린다)

이승만 저…… 박사님께 무슨 다급한 일이라도……

이상재 음! 심상찮은 소문이야.

이승만 예?

이상재 그 진실 여부는 잘 모르겠지만…… 아무튼 우리로서는 좋지 않은 소문일세.

이승만 무슨 소문을 들으셨기에……

이상재 자네는 아무 얘기 못 들었나?

이승만 아니오. 저는 이 사무실 안에서 책 읽고 연설 연습 하느라고 바깥 바람 안 쏘인 지가 벌써……

이상재 (혼잣소리처럼) 이게 사실이라면 큰일인데……

이승만 무슨 일입니까? 제가 알아서는 안 되는 일인가요? 선생님.

이상재 (승만을 뚫어지게 바라보다 말고) 만약에…… 서 박사가 말일세 …… 서 박사가 독립협회를 그만둔다고 가정했을 때 말일세.

이승만 서 박사가 독립협회를 그만두시다뇨?

279   표류

이상재	언젠가는 그만두게 될 날이 올 게 아닌가?
이승만	하긴 지금도 공식적으로는 고문으로 계시긴 하지만……
이상재	서 박사가 떠나신다면 그 영향이 크겠지?
이승만	선생님, 무슨 소문을 들으셨기에 갑자기 그런 말씀을 하십니까? 어젯밤에도 서 박사님께서는 앞으로 있을 만민공동회에서 제가 할 연설문을 다시 다듬어 주시기도 했는데 독립협회를 떠나시다니요?
이상재	(길게 숨을 몰아쉬고 나서) 서 박사가 출국한다는 소문을 들었네.
이승만	출국이라뇨?
이상재	정확히 말하자면 추방이지.
이승만	추방?
이상재	훼베르 공사 입에서 나온 말이라는 게 아마도……
이승만	그럴 리가 없습니다! 모르면 몰라도 황국협회 측에서 퍼뜨린 낭설일 겁니다.
이상재	나도 그렇게 생각도 해봤지만……
이승만	아니 그럼 그 소문을 믿으시겠다는 뜻입니까? 서 박사께 무슨 허물이 있어 추방당한단 말입니까?
이상재	반드시 허물이 있어야만 그러는 것도 아닐세.
이승만	예?
이상재	전부터 우리 독립협회를 눈의 가시처럼 여겨온 조정 안의 수구파들이 꾸민 연극에 고종께서 속아 넘어간 거겠지.
이승만	그렇다고 죄 없는 사람을 무턱대고 추방하는 법도 있나요? 그럴 만한 이유가 있어야 할 게 아닙니까!
이상재	이유야 있을 테지! 다만 문제는 고종께서마저 독립협회를 탐탁하게 여기지 않으신다면 앞으로 우리가 펴나갈 모든 일에 적지 않은 장애가 오리라는 예측이 더 문제이지! 그동안 독립협회가 끈

질기게 상소문을 올린 참뜻을 받아들이지 못한다면 우리는 우리
대로 생각을 달리해야 할 걸세.

이승만 선생님, 그럼 서 박사가 만약에 추방을 당하신다고 했을 때 우리는
어떻게 해야만 될까요? 독립협회는 어떻게 되는 겁니까?

이상재 그거야 물론 윤치호 회장님과 그 밖에 여러 어른들하고 의논을
해야겠지만 아무튼 우리 독립협회가 일대시련을 겪게 될 것만은
사실이지.

이승만 그렇지만 우리 조선 땅에 서 박사가 안 계시는 날에는 모든 희망
이 깨지게 됩니다. 절대 있을 수 없는 일입니다, 선생님!

이승만의 절규에 약간 위압을 당한 듯 이상재가 신문 쪽으로 시선을
돌린다.

이상재 물론 서 박사가 돌아와 봐야 알 일이니까 낙담하는 건 아직 이르
지. 그러니 하던 공부나 착실히 하는 거야. 알겠나? 그럼 나는
서 박사가 계신 아펜젤러 선교사댁으로 가봐야겠구먼.

이상재가 자리에서 일어나 공무국으로 들어설 때 서재필이 들어온다.
그 뒤에 여러 청년들이 뒤따라 들어온다. 서재필은 어딘지 풀이 죽어
보인다. 그러나 억지로 평온을 가장하며 태연한 체한다.

이상재 서 박사! 어딜 갔다 오시오?

서재필 예, 미국 공사관에 들려오느라고…… (하며 회의실로 들어간다. 이
승만이 반사적으로 일어서 부동자세로 맞는다) 그래 연설 연습은 다
했나? 어디 내 앞에서 연습을 해보지! 응?

어느덧 모든 사람이 서재필을 에워싸듯 서 있다. 무거운 침묵이 흐른다.

서재필   아니 왜들 이렇게……

이상재   서 공. 그게 사실이오?

서재필   무슨 말씀인가요? 월남 선생.

이상재   미국 공사관에는 무슨 일로 들르셨던가요?

서재필   예? 예 시일 공사가 나를 만나자는 전갈이 있어서……

이승만   박사님! 그게 사실입니까? 예? 말씀해 주십시오!

서재필   아니 왜들 이러지? 응?

이상재   서 공, 우린 다 알고 있소. 적어도 서 공 신변에 무슨 일이 일어나고 있는지 알면서도 보다 정확한 사실을 알고 싶은 것뿐이오. 고종 황제께서 추방명령을 내리셨다는데 그게 사실인가요?

이승만   그렇다면 우리는 내일자 신문 사설을 통해서 강력히 추궁하겠습니다.

청년 A   수구파들의 농간에 넘어간 상감의 어리석음을 규탄하겠습니다.

청년 B   경운궁으로 밀고 들어갑시다.

서재필   잠깐! (좌중을 돌아보며) 그건 잘못 전해진 소문이오!

이상재   잘못 전해지다니요?

서재필   황제 폐하와는 아무 상관없는 일이오.

이상재   그럼 추방이란 헛소문이란 말이오?

서재필   그건……

이승만   황국협회 측에서 멋대로 지어낸 헛소문이겠죠? 박사님.

서재필   실은…… 이번에 미국으로 가게 되었소.

모두들 새로운 충격을 받는다.

서재필 그러나 이건 추방이 아니라 소환이오.

이상재 소환이라니요?

서재필 미국 루즈벨트 대통령의 소환에 따라 미국으로 돌아가는 거지, 결코 추방당하는 건 아니오!

이승만 소환이건 추방이건 조선을 떠나는 건 매한가지 아닙니까!

서재필 그걸 왜 같다고 생각하나? 엄연히 다르지. 알기 쉽게 말해서 추방 당한다는 것은 불명예지만 소환에 응한다는 것은 준법정신이니 까요.

이승만 박사님!

서재필 내 얘기를 들어요. 여러분도 알고 있듯이 나는 미국 시민권을 가 지고 있는 미국 국민이오. 미국 국민은 미국 대통령의 소환에 응 할 것이며 미국의 국법을 지킬 의무가 있다고 봅니다. 내가 무엇 때문에 소환을 당하는가라고 묻는다면 나도 할 얘기가 있지요. 그러나 그건 미국에 가서 할 일이지 이 땅에서 할 얘기는 못됩니 다. 내가 일단은 대통령의 소환에 순종하는 것이 내게 주어진 의 무라는 얘기입니다. 국민은 법을 지킬 줄 알아야 해요. 그것이 자신에게 불리하건 유리하건 간에 일단은 법질서를 지키는 일이 바로 민주정신의 기본이니까요. 따라서 내가 미국으로 간다는 것 은 그렇게 받아들여 주기 바라오.

청년 A 그렇지만 황국협회 측에서 중상했거나 무고를 했다던……

서재필 내가 알고 있는 미국 관리란 그런 정도로 움직일 사람은 한 사람 도 없는 줄 압니다.

청년 B 그렇지만 청천벽력도 유분수지, 갑작스럽게 본국으로 송환할 때 는 그럴만한 이유가 있다고 봅니다.

서재필 이유는 있지요. 그러나 극히 사사로운 이유에서죠.

청년 C 말씀해 주시오! 서 박사님이 왜 이 땅을 떠나셔야 하는지……

서재필　글쎄 그건 개인적 문제에요. 사생활에 관한……

이승만　알고 싶습니다!

청년 D　말씀해 주십시오!

청년 E　우리를 속이지 마세요!

청년 F　분명히 해주시오!

청년들의 흥분이 점점 치열해지자 서재필은 말을 잃고 서 있다.

이상재　서 공! 속 시원히 말씀해 주시지…… 사적인 얘기일지라도 젊은
　　　　이들에게는 모든 사실을 알려주는 게 좋을 것 같소.

서재필　여러분. 그럼 말하죠. (잠시 머뭇거리며) 실은 내 아내가 위독합니다.

이상재　부인께서?

서재필　오래 전부터 위암이라는 병을 앓고 있었는데 며칠 전부터 갑작스
　　　　레 병세가 악화되자 장모님이 대통령께 진정서를 냄으로써 나를
　　　　소환하게 된 것입니다. 말하자면 나의 장모님이 사위를 찾아 달
　　　　라는 요청에 의한 것이니 이건 어디까지나 사사로운 얘기에 불과
　　　　합니다. 그러니 여러분들께서는……

이승만　박사님, 그럼 한 가지만 더 묻겠습니다.

서재필　말하게.

이승만　사모님의 병환에 차도가 있으시게 되면 다시 나오시겠다고 약속
　　　　해 주시겠습니까?

서재필은 예기치 못한 질문에 어리둥절한다. 회원들이 속속 모여든다.

이승만　다시 조선으로 나오시겠습니까?

서재필　글쎄…… 나도 미국 망명생활 12년 만에 돌아왔고 정든 고향땅

에서 오래 살고는 싶지만……

청년 A 안 오시겠다는 뜻입니까?

서재필 대통령의 출국허가가 있기 전에는 뭐라고 말할 수 없겠는데……

청년 B 그것도 민주정신에서 인가요?

서재필 그렇지. 공과 사를 분명히 하자는 게 바로……

이승만 알겠습니다. 결국 못 오실 거라는 뜻이군요?

청년 A (흥분해서) 박사님! 절대로 굴복해서는 안됩니다.

청년 B 그런 부당한 처사에 굴복하다니 그건 모욕입니다!

청년 C 대체 소환장이라는 게 뭡니까? 그건 듣기 좋게 말하는 것뿐이지, 실제로는 추방이지 뭡니까!

청년 D 절대로 가시면 안됩니다! 독립협회 오천 회원의 이름으로 결사반 대 하겠소!

청년 E 반대시위를 합시다!

일동이 "옳소"를 외치며 나가려 하자 서재필이 출입문을 막아선다.

서재필 여러분! 내 얘기를 들어요!

청년 A 비키십시오!

서재필 제발 냉정해요! 이성을 잃어서는 안되오! 내 얘기를 들어야 해!

청년 B 박사님 얘기는 다 끝났습니다. 남은 문제는 우리들의 행동입니 다. 비키세요!

서재필 (화를 내며) 정말 이렇게 나온다면 나도 화를 내겠소!

이승만 박사님이 가신다는 것은 독립협회는 물론 우리 조선제국의 손실 이기에 막는 겁니다!

서재필 그건 잘못된 생각일세!

이승만 박사님을 소환하겠다는 게 미국 대통령의 자발적인 의사에서 나

　　　　　　　　　　　　　　　표류

왔을 리가 없습니다! 여기에는 조정 안의 친로파 세력과 수구파 일당들의 결탁과 국제 정상배들의 농간이 개입되어 있을 것이 분명합니다! 우리는 그 국제적 음모를 폭로해야 해요!

서재필 독립협회가 망해도 좋단 말인가? 여러분들은 개인이 중한지 단체가 중한지를 분간 못하는 오합지졸들인가 말이다!

서재필의 불길같은 일갈에 젊은이들은 순간 숙연해진다. 서재필은 서서히 군중들을 휘둘러보더니 냉철을 되찾은 듯 다시 얘기를 시작한다.

서재필 여러분. 이성을 잃어서는 안됩니다. 나는 먼저 여러 회원들에게 사과부터 해야겠소. 나 한 사람 때문에 이렇게 사태가 복잡해지게 되는 책임감과 죄책감을 정말 부끄럽게 여기고 있습니다.

이승만 독립협회의 앞날을 위해서 입니다!

서재필 동감이요! 나 역시 내 개인과 협회를 놓고서 나름대로의 고민도 했었지만 역시 길은 하나뿐이었소. 내가 출국하는 길이 바로 독립협회를 살리는 길이라고 판단했기에 결심했던 거요! 솔직히 말해서 나는 여러분과 헤어지기 싫소! 조선을 떠나갈 수 없는 몸이오! 그러나 내가 남아 있음으로 해서 독립협회가 남아있지 못하게 될 거라는 판단이 섰을 때 나는 나를 죽이는 한이 있더라도 협회만은 살려야겠다고 마음 먹었던 거요. 루즈벨트 대통령이 내게 소환장을 내리게 된 이면공작을 왜 내가 모르겠소? 다 알지요! 그렇다고 내가 복종하지 않았을 때 어떤 사태가 벌어질지 상상해봐요! 서재필도 독립협회도 다 쓰러질 겁니다. 황국협회 일당들의 꼭두각시놀음은 더 성화를 부릴 게고 유아독존으로 놀아날 테니 이건 우리가 스스로 바람을 불러일으킨 짓이 될 거예요! 여러분. 독립협회를 이만큼 살려나온 것은 우리의 힘이었고 우리를 지켜봐준 뜻있는 민중들의 힘이었습니다. 무슨 대가를 치르더라도 협회는 살려야 합니다. 설령 서재필이 죽는 한이 있더라도 독립협회는 살려야겠다는 게 나의 신념이자 신앙이오! 여러분! 내 뜻을 알아주셔야겠소!

어느덧 그의 두 눈에서는 눈물이 펑펑 쏟아져 내리고 군중들 가운데서는 오열을 삼키는 사람들도 있다. 숙연하다기보다 차라리 처절감마저 감도는 분위기이다.

서재필　(손수건을 꺼내 눈물을 닦고 나서 부드러운 어조로) 여러분, 그러니 이 문제는 여기서 끝내도록 합시다. 여러분들이 이 문제를 들고 거리로 나가면 그만큼 독립협회의 수명은 짧아지는 격이 되니까요. 서재필이 쫓겨난다고 해서 독립협회가 무너지지는 않아요. 서재필 하나 없어졌다 해서 조선국민이 다 자기들 수중에 들어왔노라고 으스대는 수구파들은 언제고 역사의 심판대 앞에 서게 될 거요. 그러니 나를 조용히 미국으로 보내줘야 해요! 나 하나 없어진 대신 여러분들은 더 굳게 뭉쳐야 해요. 그래서 지금 같은 겉껍데기 독립이 아니라 명실상부한 자주독립을 찾아야 해요! (이상재에게 손을 내밀며) 월남 선생! 나를 보내 주마고 허락하시오!

이상재　서 공! (말을 잇지 못하고 악수한다)

서재필　고맙습니다. 월남 선생께서 허락하셨으니 다른 회원들도 이의가 있을 리 없겠지요?

이승만　박사님!

서재필　(그의 어깨를 어루만지며) 자기희생 없이 독립은 없는 법일세! (그는 차례로 청년들과 악수를 나누면서 자신에 찬 미소를 짓는다)

이상재　서 공! 우리의 앞날이 어떻게 될지 걱정이오.

표류

서재필 잘 될 겁니다.

이상재 윤치호 회장이 계신다고는 하지만 역시 뒤에서 돌봐주신 서 공의
       힘이 있었기에……

서재필 내가 미국으로 간다 해서 독립협회를 아주 잊는 건 아니니 염려
       마시오.

이상재 이 땅에서는 사람을 보는 눈이 없고 사람을 대접할 줄 모르는
       악습이 아직도 남아 있다오. 내민 정이 얻어맞는다는 속담처럼
       두각을 나타내려고만 하면 누군가가 나서서 박해하는 이 몹쓸
       풍속이 없어져야지! (서재필의 손을 다시 잡고) 그러나 사람은 누구
       나 어디론가를 향해 가고 있다고 했소. 아니 가야 하는 법이오.

서재필 (쓰게 웃으며) 그러나 나는 표류하고 있는 몸인 걸요.

이상재 아니오. 한 자리에 오래 머물러 있으면 곰팡이가 슬까봐서 하나님
       께서 미리 염려해 주신 거겠죠.

서재필 꿈보다 해몽이 그럴 듯 하구려! 헛허……

이상재 잘 생각했소. 조선은 서 공을 인정하고 이해하기에는 아직도 철
       이 덜 든 어린 땅덩어리죠. 가셨다가 적당한 시기에 다시 고국을
       찾아와 주시오!

서재필 오고말고요. 10년, 20년…… 아니 50년 후가 될지라도 내가 살아
       있는 한, 내가 뿌린 씨앗에서 어떤 꽃이 피었고 어떤 열매가 열려
       있는지 보고 싶어서 못 견딜 때가 올 거예요! 꼭 돌아오리라!

이상재 고맙소.

서재필 (꿈꾸듯) 이 자리에 독립협회가 그대로 있었으면 좋겠소. 저 정동
       언덕에 서 있는 아카시아 숲에 흰 꽃송이가 주렁주렁 피어 있으
       면 좋겠소. 손탁호텔 앞마당의 잔디밭에 앉아 있노라면 훈훈한
       흙냄새가 그대로 피어올랐으면 좋겠소. 그리고 「독립신문」은 팔
       도강산 방방곡곡으로 배달되어 읽히고 있겠지. 국민의 지지를 받

으며 국민의 신뢰를 얻으며 신문이 안 나오는 날이란 세상이 끝나는 날이었으면 좋겠소. 아…… 이 모든 것들을…… 어떻게 이것들을 다 잊을 수가 있단 말이오? (새로운 눈물이 뺨 위에 흘러내린다)

이상재 서 공! 염려말아요. 서 공이 다시 이 나라를 찾아오는 날, 정동 일대에는 전 세계 사람들이 드나들고 신문은 국민의 귀요 눈이요 심장으로 성장할 테니까요.

서재필 믿겠습니다! 믿고 가겠습니다! 여러분! 그럼 부탁하오!

이승만 박사님. 그럼 언제 떠나실 예정입니까?

서재필 내일이라도 인천으로 가서 가장 빠른 배편으로 떠나야지. 빠르면 빠를수록 이별은 아플지라도 우리 협회는 안전할 테니까. 헛허……

이승만 인천까지 배웅하겠습니다.

서재필 그건 절대로 안될 말일세!

이승만 왜 안됩니까? 그것도 법에 저촉되는 행위입니까?

서재필 그게 아니라 내가 소환을 당했다는 소문을 내서는 안되니까. 소문이 나고 소란을 피우게 되면 그만큼 우리 협회에 끼치는 영향이 있다는 걸 알아야지! 그러니 이 일은 절대로 밖으로 나가지 않도록 해주게. 모르면 몰라도 지금 황국협회에서는 우리의 일거일동을 감시하며 틈만 있으면 생트집을 잡으려고 할 테니까 그 꾀에 말려들어서는 안되네. 이 방안에서 일어났던 일은 절대 밖으로 새어나가지 않도록 하게.

청년 E가 창밖을 내다보다가 긴장하면서 소리친다.

청년 E 박사님! 저기 웬놈들이……

이승만 무슨 일이오? (하며 창 쪽으로 다가간다)

청년 E 아까부터 두 놈이 번갈아 가면서 이쪽을 기웃거리는데!

이승만　뭘 하는 놈인데……

서재필　물어보나마나 황국협회 놈들이겠지. 그러나 절대로 휘말리지 말
　　　　게. 자, 어서들 각자 자기 맡은 일들을 하시오! 어서!

　　　　젊은 회원들 가운데 몇 사람은 공무국에서 일을 하고 나머지는 밖으로
　　　　나간다. 회의실에는 이상재, 이승만, 서재필 그리고 청년A, B, C만 남는다.

서재필　월남 선생. 내가 인계해야 할 서류는 있다가 내 숙소에서 만나서
　　　　합시다.

이상재　예.

서재필　그리고 나도 집이란 건 없지만 주변 정리도 해야겠으니 이만 가
　　　　봐야겠소.

이상재　송별연이라도 베풀었으면 했는데 서 공 애기를 듣고 보니 남의
　　　　이목이 두렵기도 하군요.

서재필　송별연을 보류했다가 이 다음 환영연과 함께 해주시오! 헛허……
　　　　그럼 있다가 봅시다.

이승만　조심하십시오.

　　　　서재필이 문 밖으로 나간다. 갑작스레 엄습해 오는 고독과 허무감에
　　　　이상재는 맥이 탁 풀린 듯 의자에 주저앉는다. 청년A, B가 창밖을 내
　　　　다보며 서재필의 신변을 지켜본다.

이상재　(혼잣소리처럼) 서재필은 큰 나무였어. 그래서 가지가 뻗고 입이
　　　　무성했거던.

이승만　(조용히 돌아보며) 가지 큰 나무에는 바람 자는 날이 없다죠?

이상재　그렇지만 그 그늘에는 많은 사람이 모이게 마련이지!

이승만 정말 그렇군요.

이상재 서 박사는 떠났어도 그가 심은 나무는 계속 자라날 거야! 언제까지나.

석양에 물든 노을이 창 너머로 붉게 타며 교회당 종소리가 들린다.

암전

291   표류

제5막

제1장

무대

독립협회 회관 내부. 전막부터 약 10개월 후, 회원들이 빽빽이 들어선 가운데 윤치호, 이상재 등 독립협회 간부는 한 계단 높은 연단 위에 앉아 있다.

이승만이 연단 위에서 연설을 하고 있다. 뒷면 벽에 '제34차 토론회'라 쓰인 안내판이 걸려 있고 여기저기에 방문이 붙어 있다. 회원들은 저마다 머리에 흰 띠를 매고 있어 살벌한 분위기가 감돈다. 출입구에는 외부에서 사람이 드나들지 못하게끔 걸상을 쌓아올려 방패처럼 만들었다. 따라서 이 장면에서는 가운데 벽과 활자판을 치워서 집회장으로 임시 변형시키면 된다.

이승만   따라서 황제는 백성을 다스리는 것이 의무이고, 백성은 황제를 보좌하는 것이 직분일 것입니다. 그런데 근자에 와서 본즉 조정에서는 우리 독립협회가 시폐상소문을 올리는 것을 귀찮게 여기는가 하면 대신이나 고관들의 비행을 탄핵하고 시정을 요구하는 민심을 국민의 권리가 아닌 불경으로만 받아들이는 경향은 잘못된 생각이라 하겠습니다. 무릇 통치자란 초부에게도 길을 물어가고 미친 사람의 말에도 진리가 있을 때는 가려듣는 아량이 있어 마땅할 것입니다. 따라서 열 사람 모인 곳에 의견이 있고 백 사람 모인 곳에 공론이 있다는 건 하늘이 내리신 섭리이자 국민 된 권리입니다. (차츰 흥분이 되어가며) 그런데 어찌하여 우리의 입에 재갈을 물려 막게 하고, 우리의 눈에 붕대를 가려 못 보게 하면서 이 나라가 문명되기를 바랄 수가 있겠습니까! 우리 독립협회가 신문을 찍고 회의를 거듭하고 하는 건 결코 사사로운 일이나 심심풀이로 하는 일은 아닙니다. 서로가 이해하고 통하면 국민 전체가 단합되는 길이요 국민이 단합되면 나라 힘이 그만큼 강해지기 때문에 일으킨 민권운동인 것입니다. 그런데 들리는 말에 의하면 폐하께서는 보부상인들과 야합하여 명칭도 그럴싸한 황국협회라는 어용단체를 조직케 하여 우리 독립협회를 억압 말살토록 책동하고 있다니 이 어찌 분통을 금할 길이 있겠습니까! (하며 책상을 힘껏 내리치자 청중들이 열광적으로 호응한다)

이상재는 지그시 눈을 감고 지난날을 회상하는 기색이고 윤치호는 침착하고 점잖은 표정으로 청중을 지켜본다.

이승만 (다시 침착해지며) 우리는 10개월 전 서재필 박사께서 강제출국을 당하셨을 때 하시던 마지막 상황을 이 자리에서 상기시킬 필요가 있다고 생각합니다. 언론을 수립하고 자유를 찾고 그리하여 부강한 나라를 만들어보자는 이 너무나 순수하고도 기본적인 이념마저 박탈당한다면 우리는 이미 인간이 아니라 금수의 무리와 다를 바가 없다고 하셨습니다. 그러므로 정부는 서재필 한 사람만 없어지면 우선 귀찮은 일은 없으리라고 생각했던지 미국 공사를 불러 서재필을 미국으로 돌아가게 했고, 일본 공사와 러시아 공사는 수구당 일파와 짜고서 그 한 분을 추방하기에 온갖 위협과 간계를 꾀했고, 심지어 미국에서는 주미 러시아대사 카시니 백작이 자기 딸로 하여 루즈벨트 대통령에게 서재필을 소환토록 간계를 꾸몄고, 마지막으로는 그 분의 장모로 하여금 아내가 위독하

표류

다는 거짓 전보까지 치게 하였던 것입니다. (다시 흥분되며) 여러분! 어느 시대나 선각자는 학대를 받게 마련이고 의로운 사람은 박해를 받게 마련입니다. 그러나 예수가 십자가에 못 박혔던 그 피와 아픔은 바로 그 한 분의 것이 아니라 전 인류의 그것이라는 것을 알게 된 인간의 역사를 우리는 상기시켜야 합니다. 황국협회가 조직되고 그들이 우리 독립협회를 박해하더라도 그 아픔은 우리들만의 아픔이 아닌 2천만 동포 전체의 아픔이라는 것을 안다면 우리는 두려울 게 없습니다! 외롭지 않습니다. 슬프지 않습니다! 여러분! 손에 손을 잡고 이 자리를 지킵시다! 한 발자국도 이 자리에서 물러서서는 안되겠습니다!

이 말과 동시에 다시 한 번 우레 같은 박수와 환호성이 터지자 이승만은 절을 하고 나서 연단에서 내려선다. 윤치호와 이상재가 악수를 하고 등을 툭툭 친다.

윤치호   훌륭한 연설이야. 서 박사가 들으셨더라면 아마 업어줬을 거야, 안 그렇소. 이 부회장, 헛허……

이상재   정말 감명 깊은 연설이었소. 이 동지!

이승만   부끄럽습니다.

사회   그럼 다음은 윤치호 회장님께서 궐기사가 있겠습니다. 경청을 바랍니다.

일동이 다시 박수를 친다. 이때 문밖에서 요란스런 소리와 함께 호루라기 부는 소리와 열띤 고함이 들린다. 황국협회 회원들이 외치는 구호나 무슨 소리인지 분간할 수 없게 멀리서 들린다. 회장 사람들이 일어서 창밖을 내다본다.

이승만 여러분, 앉아주시오. 동요될 필요는 없소. 천만 군이 쳐들어온다 치더라도 정의 앞에서는 두려울 것 없소.

일동 옳소! 계속하시오.

윤치호 무슨 일이오? 이승만 동지.

이승만 회장님! 아마 황국협회 일당이 오는 모양입니다.

이상재 오면 오라지 함께 우리 윤치호 회장의 명연설을 듣도록 합시다. 헛허……

윤치호 그렇지요. 독립협회건 황국협회건 다 같은 조선 동포인데 어려울 것 없지요. 우리는 언제나 누구에게나 가슴을 열고 대할 수 있으니까요. 우리는 배타주의를 경멸하니까…… 그럼 얘기를 시작할까요! (하며 연단으로 오른다. 윤치호는 이상재에게 눈짓을 하고 연설 원고를 꺼낸다. 이때 급히 청년A, B가 출입문에서 뛰어든다)

청년 A 습격이다! 습격!

청년 C 습격이라니?

청년 A 대피합시다! 보부상패가 수백 명 밀려옵니다!

청년 B 손에 손에 방망이를 들고 평량자를 쓴 황국협회원이오! 어서 피하시오!

술렁이는 회장, 창밖을 내다본다. 윤치호가 계속하라고 지시를 한다.

이승만 조용들 하시오! 윤 회장님의 궐기사가 있겠으니 자리에 앉으시오.

어느덧 황국협회 일당의 구호 소리가 가까이까지 밀려온다. "어이셔"를 계속 소리 높게 외치는 고함소리이다.

이승만 동지들 유리창을 닫으시오! 유리창을 닫고 출입문을 걸어요!

몇 사람이 일어나 유리창을 닫는다. 외부 소음이 약간 멀어진다.

윤치호 (침착하게) 동지 여러분. 우리는 지금 어디만큼 와 있는 것일까요?
1876년, 왜놈들이 군함 운양호를 몰고 와서 강화도에 상륙하여
협박과 위협으로 이른바 수호조약이라는 미명으로 우리 강토를
침범한 지 꼭 22년, 그동안 우리는 어디를 향해 어디까지 왔다고
생각하십니까?

이때 쨍하고 유리창이 깨지더니 돌멩이가 마룻바닥에 떨어진다. 장내
가 일순 술렁인다. 밖에서 외치는 매도와 욕소리가 크게 들린다. "외세
에 아부하는 독립협회 물러가라!" "자유민권의 미명으로 국민을 기만
하지 말라!" "조국보다 외국을 숭배하는 매국노 일당을 쳐부숴라!" 이
와 함께 마구 돌멩이가 날아들자 회원들은 의자 밑으로 숨기도 하고
방구석으로 몰려 피한다. 윤치호와 이상재 그리고 이승만이 뭐라고
숙의를 한다.

이승만 회장님! 사태가 위태롭습니다. 뒷문으로 피하십시오.
윤치호 서둘 것 없네! 우리가 무슨 죄인이기에 피해, 피하긴!
청년 B 허지만 상대는 수백 명 폭도들입니다! 어서 피하십시오!
윤치호 설마 제 놈들이 우리를 어떻게 하겠나?
이상재 윤 회장! 어서 뒷문으로 피하시오!
윤치호 내 걱정은 마십시오. 동지들을 질서 있게 피신시키고 나서…… (그
는 잽싸게 단상에 뛰어오른다. 이미 회원들은 무질서하게 앞을 다투어
밖으로 나가려고 하자 장내가 무질서해진다) 회원 여러분! 진정하시
오! 냉정하시오! 질서를 유지하며 뒷문으로 나가시오!

그러나 다시 돌멩이가 날아들며 유리를 깬 다음 이승만의 이마에 부딪
히자 손을 짚고 쓰러진다.

이승만 으악!

이상재 왜 그러나? 응? (하며 일으킨다)

이승만 선생님! 위험합니다! 어서 피하십시오. 사무실은 우리들 젊은이
가 지키겠습니다. 윤 회장님과 어서 피하세요!

이미 그의 이마에서는 선지피가 흘러내린다.

윤치호 안되겠소, 이 공! 어서 나갑시다!

이상재 여러분 대피합시다! 앞문을 잠그고 차례로 뒷문으로 나갑시다!
질서 있게 나갑시다.

군중들 몇 사람이 출입문 앞에 의자로 더 높게 쌓아 바리게이트를 친
다. 회원들은 차례로 뒷문으로 퇴장한다. 장내 인원은 절반 가량으로
줄었다. 밖에서 보부상인들의 외치는 소리가 더 거칠고 가깝게 들리더
니 이윽고 몽둥이로 문짝을 마구 부순다. 이상재, 윤치호가 뒷문으로
나가려던 찰나에 앞문이 넘어지며 황국협회 회원이 우루루 몰려든다.
황국협회라는 깃발을 앞세우고 흰 갓에 물미장을 든 장정들이 떼지어
와 마구 사람을 때리고 기물을 부순다. 비명소리와 유리 깨지는 소리
가 아비규환의 참상을 연출한다. 이때 홍종우와 이기동이 뛰어든다.
그들은 관복 비슷한 차림이다.

홍종우 이놈들! 어디로 도망가려고! (회원들에게) 모조리 때려 부숴라!

황국협회 회원들이 마구 방망이질을 하자 비명을 지르며 달아나기도 하고 바닥에 쓰러지기도 한다.

이기동 못난 놈들! 그래 한 놈도 상대할 놈이 없느냐! 독립협회 회장 윤치호는 어디 있느냐!

홍종우 이상재는 어디 숨었지! 썩 나오지 못하겠어!

하며 마구 기물을 부수고 넘어뜨린다. 밖에서는 더 치열한 난동이 벌어지는 듯 비명소리와 호루라기 소리가 귀청을 찢는다. 이때 뒷문 쪽에서 윤치호, 이상재, 이승만이 다시 나온다. 옷매무새가 헝클어졌다.

윤치호 이 무슨 난동이냐?

이승만 비겁하게 폭력을 휘두르기냐?

홍종우 비겁하다? 도망을 치는 놈이 더 비겁하지 않을까? 헛허……

이상재 뭣이? 도망쳐?

홍종우 알고 보니 독립협회가 뭣인가 했더니 나라 독립이 아니라 저마다 혼자서 삼십육계 놓는 뜻이었군. 헛허……

이상재 (쏘아보며) 그렇게 말하는 황국협회는 황실을 보필하고 국민을 보호한다고 들었는데 알고 보니 선량한 백성의 생명과 재산을 마구 부수는 날강도 패였군!

홍종우 음…… 누구신가 했더니 이상재 선생이시구먼! 오랜만이오……

이상재 그래 이것이 바로 황국협회의 정체더란 말이오?

홍종우 정체?

이상재 백주에 회관을 습격하고 기물과 재산을 파괴하는 폭력배의 집단이 황국협회인가 말이다!

홍종우 말조심 하시오! 그대로는 못 나갈 것이다!

이상재 알고 보니 나를 모셔갈 주인을 만났군! 헛허…… 윤 회장님! 우리를 모시러 왔다니 빈말이라도 치하의 말씀을 하셔야겠습니다. (어느덧 양 갈래로 대진하는 모습으로 변해 있다)

윤치호 그렇지. 우리는 평화를 사랑하고 자유를 찾는 사람이니까. 어디까지나 비폭력, 비억압, 비강제를 신조를 삼아온 주의가 아니었소?

이기동 윤 대감! 오랜만이오!

윤치호 나는 모르는 사람인데…… 웬 인사가 그렇소?

이기동 나를 모르신다고? 나 이기동이오.

윤치호 이기동? 글쎄 나는 저 기둥인지 이 기둥인지 분간도 못한 채 기대어 살아와서…… 미안하게 되었소! (하며 나가려 하자 홍종우가 막아선다)

윤치호 너는 뭣하는 놈이냐? 저리 비켜라!

홍종우 나는 막아서는 사람이고 당신은 밀고 나갈 사람인 모양이니 마음대로 하시오.

윤치호 뭣이?

이상재 윤 회장님! 이것은 제게 맡기고 그대로 가십시오.

홍종우 그렇게는 안될 걸요.

이상재 뭐라구?

홍종우 우리는 황제 폐하의 재가를 얻고 나왔으니까. 민심을 소란케 하고 국사를 어지럽게 하는 독립협회를 다스리기 위해 나온 황국협회는 책임을 완수하기 전에는 그대로 두지 못할 거외다!

이상재 닥쳐라! 이 반역자!

홍종우 반역자?

이상재 홍종우! 내 말을 똑똑히 듣거라. 도대체 너는 어느 나라 사람이며 누구를 위해 있는 생명인가 분명히 말해 봐라! 지난날 고균 김옥균을 암살했던 그 더러운 손으로 지금은 독립협회 젊은이들의

　　　　　　　　　　　　　　표류

피를 흘리게 하다니! 내 동포가 아니라 악마요, 내 형제가 아닌 원수를 앞에 두고 이제 평온을 가장해야만 하는 내 자신 그대로 두지는 못할 것이다!

홍종우 핫하…… 유식하신 어른의 우국충정이 나에게는 여름날의 소낙비 소리만도 못하니 과연 세상은 변하기는 변한 모양이야. 안 그렇소? 이 회장!

이기동 그렇지! 우리는 오직 성상 폐하를 위해 싸우는 몸이니까 그 이상도 그 이하도 아니라는 것만 알면 되는 거니까!

이상재 그래, 황국협회는 오직 황제 한 분을 위해 있겠지만 독립협회는 이천만 동포 전체를 위해 있을 따름이다.

이기동 그것이 바로 독립협회의 속임수라는 것쯤은 이미 천하가 다 알고 있어!

이승만 말조심해. 속임수라니! 무식한 무리들은 하나만 알았지 둘은 모르니 탈입니다! (하며 이상재를 돌아본다)

홍종우 그럴 테죠. 독립협회는 머리에 식자가 든 지식계급이나 부잣집 자제들이 모여 있다는 것도 잘 알지. 일찍이 정동클럽이다 손탁 호텔에 진을 치고서 양놈들에게 얻어들은 쥐꼬리만한 지식과 그들이 먹다 버린 빵조각을 얻어먹고 자란 주제에 무슨 큰소린가 말이다!

이상재 아니 저, 저것들을……

윤치호 (그의 팔을 붙들며) 참으시오! 흥분은 금물이오.

홍종우 그러나 우리 황국협회는 못 먹고 못 배운 천민 출신이며 무식한 장사치가 뭉쳤다. 너희들은 우리를 불학무식한 장사치의 집단이라고 비웃겠지만 우리가 보기에 독립협회는 머리만 있지 팔다리가 없는 병신들이다. 아니 머리는 서양 사람이요 배는 조선 사람이며 다리는 어린애인 괴물들이란 말이다! 헛허……

윤치호 그 독설을 통쾌하게 여기는 네놈들이 우리는 그저 불쌍할 따름이다. 세계 역사가 어느 방향으로 흐르고 있으며 우리가 어느 물결을 타고 흐르는지도 모른 채 탁한 황국협회의 정체는 먼 훗날의 역사가가 심판을 할 것이니 두고 봐라.

홍종우 개화사상이니 민권사상이니 하고 그럴싸한 말재간으로 민중을 현혹시킨 네놈들은 지금 어디로 가고 있지? 자기 나라는 얕잡아보고 서구 문명에만 맹종하는 위선자들은 먼 훗날 역사가의 심판을 아니 받을 줄 아느냐?

이승만 그러나 이 조선 땅은 고종폐하 한 사람의 나라가 아니다!

이기동 그렇다 해서 독선과 자만심이 백성을 살찌게 할 수는 없다!

윤치호 실리만을 따라서 외세와 야합하는 친로파나 친일파는 물러가야 한다.

홍종우 지식인만이 나라를 사랑한다는 법은 없어!

이상재 어제는 왜놈에게 젖가슴을 헤쳐보이고 오늘은 아라사놈에게 엉덩이를 까보이는 정치가 무슨 정치냐?

황국협회 회원 한 사람이 덤비며 방망이로 내려치려 하자 양파 장정이 서로 엉키어 장내는 일대 아수라장으로 변한다. 저만치서 이 광경을 보고 서 있던 이상재, 윤치호, 이승만의 표정엔 피로와 낙담과 자조의 빛이 떠오른다. 그들의 뺨에 눈물이 주르륵 흘러내린다.

윤치호 이 땅에 민주주의가 어디 있단 말인가!

이상재 이건 사람이 사는 땅이 아니라 짐승들의 세계다!

이승만 자유는 멀었소! 독립은 저만치 또 한 걸음 멀어져 갑니다! 윤 회장님! 우리는 언제까지 이렇게밖엔 못 삽니까? 예? (하며 마룻바닥에 주저앉아 통곡을 한다)

표류

홍종우 　통곡을 한다고 자유가 온다면야 논두렁의 개구리를 잡아다가 밤 새 울려주는 편이 빠르겠지! 안 그렇소? 이 회장님!

이기동 　아니면 장터에 떠돌아다니는 장돌뱅이처럼 진종일 장터에서 품 바타령을 하는 게 제격일까! 헛허…… 그럼 오늘은 이만하고 가지!

홍종우 　예! (윤치호에게) 윤치호 선생! 어려서부터 우리는 사람이란 은혜 를 잊어서는 안 된다고 배워왔습니다. 그런데 어떻게 되어먹은 노릇인지 독립협회 사람들은 그게 아니더군요.

윤치호 　무슨 소리를 하려는 거냐?

홍종우 　윤 선생은 지난날 상감마마의 신하셨고 한때는 국록까지 받았던 어른이 이제 와서 상감을 헐뜯고 비방하는 독립협회의 우두머리 로 앉아 있다니 그게 사람의 도리일까요? 아니 미국으로 쫓겨난 서재필도 마찬가지죠. 중추원 고문관으로 등용되었고 정부 예산 오천 원을 받아 내어 신문을 찍더니 결국은 한다는 짓이 국왕을 괴롭히는, 국정을 비방하는 일로 소일했으니 그게 의리를 아는 인간의 짓이란 말이오? 그러나 우리 황국협회는 다르지요. 우리 는 못 먹고 못 배웠지만 은혜를 원수로 갚지 않아요. 의리를 저버 리고 돌아서지는 못하오. 그것이 바로 독립협회와 황국협회의 차 이라고 할 수 있지요. 우리는 정부나 상감에게서 아무런 도움을 받은 적이 없는데도 상감을 위해 싸우고 있고, 독립협회는 상감 과 정부를 이용할 대로 이용하고 나서는 등을 돌렸으니 이거야말 로 집안에서 키운 개에게 물리는 격이 아니겠소? 내 말이 조리에 안 맞는다면 언제고 이에 반박할 자리를 만드시오. 아니, 독립협 회와 황국협회의 어느 쪽이 더 애국적인가 공개 토론회를 해도 좋지요…… 그건 우리가 더 바라는 바이오! 자신이 있으면 우리 한 번 당당하게 맞서서 토론회를 해 봅시다. 어떻소!

윤치호 　좋고말고! 두 협회 가운데 어느 쪽이 더 의로운 단체인지 어느 쪽이 보다 부정한 단체인지는 민심이 판단할 것이오! 언제든지 어디서든 우리는 기꺼이 응할 것이오!

홍종우   약속하셨습니다?

윤치호   하고말고!

홍종우   그럼 이 사실을 상감께 아뢰어 가능하다면 상감께서 친히 나오신 자리에서 합시다. 어떻소?

윤치호   좋을대로 하시오!

홍종우   잘 되었어! 잘 되었고말고! 자 갑시다.

홍종우, 이기동이 앞장서 나가자 황국협회 사람들이 뒤따른다. 장내에 는 윤치호, 이상재 그리고 이마의 상처에다 수건을 맨 이승만이 남는다.

이승만   윤 회장님, 괜찮으시겠습니까?

윤치호   (묵묵히 앉아있다)

이승만   그 자들이 공개 토론회를 제의하는 뒷면에는 무슨 간계가 숨어 있을 것만 같은데 괜찮으실까요?

윤치호   두려울 게 뭔가?

이승만   두려워서가 아니라 너무도 사리에 어긋나는 짓을 감행하는 도당 들이라서 혹시 회장님 신변에 무슨……

윤치호   걱정 말게. 설사 무슨 흉계를 세웠다 치더라도 사람이 한 번 죽지 두 번 죽지는 않을 테지.

이상재   그건 그렇지만 홍종우가 그토록 자신만만하게 떠벌이고 나간 것 은 아무래도 미심쩍기만 합니다. 특히 상감 앞에서의 토론도 불 사하겠다는 데는 반드시 무슨…

윤치호   걱정 마시오. 황국협회를 뒤에서 충동질해 온 조병식, 민종묵 등 소위 5흉이 아직도 건재하다고는 하나 그 밖의 대신들 가운데는 또한 우리 독립협회를 지지하는 어른도 있으니만큼 과히 걱정할 일은 아니오. 그것보다도 우리는 만약의 경우에 대비하여 회원들로 하여금 자료 수집과, 변론 공부에 더욱 정진토록 할 것이며 끊임없이 신문을 발간하도록 유념해야겠소.

이상재 지당하신 말씀이오! 그것이 곧 미국으로 떠난 서 공과의 언약을 지키는 길이기도 하니까요. (허공을 쳐다보며) 이럴 때 서 공이 곁에 있으면 더 좋으련만……

윤치호 이승만과 같은 패기 넘친 젊은이들이 있지 않소. 우리는 앞날에 희망을 걸면서 살아야 해요. 자, 어서 어지러운 사무실을 말끔하게 치웁시다.

이상재 예! (이승만에게) 어서 가서 이마의 상처 치료라도 하게.

이승만 제 걱정은 마십시오. 이마의 상처 정도로 숨넘어갈 이승만은 아닙니다. 헛허…… (하며 나간다)

이상재와 윤치호는 믿음직스러운 그에게 미소를 던진다.

암전

제2장

무대

돈례문 앞 광장. 무대 정면에 임시로 가설된 집회장 단상에 고종의 용상이 마련되어 있고 그 후편에 정부 각료와 외교사절이 배석하고 있다. 단 아래 양쪽으로 독립협회와 황국협회 회원들이 마주보게끔 자리하고 있다. 독립협회는 대부분 단발하고 두루마기를 입었으나 황국협회는 평량자에 흰 옷 차림이어서 한눈에도 곧 구별 지을 수가 있다. 단상엔 보기 좋게 편 국화 화분이 놓여 있고 고종이 자리하는 머리 위에는 차일이 쳐 있어 가을 햇볕을 가리웠다. 막이 오르면 이승만이 일어서서 열변을 토하고 있다, 그의 연설이 고조될 때마다 박수가 터진다.

이승만 그러므로 오늘날 정부는 독립협회가 주장하는 개혁의 참뜻을 제대로 이해하려 들기에 앞서 오로지 무사안일주의만을 일삼는 타성에 빠져가고 있습니다. 그런가하면 비위에 거슬리는 발언을 하는 자는 모조리 반정부 내지는 반보수파로 낙인을 찍어 그 세력의 말살과 억압에만 급급해 왔던 사실을 상기해야 할 것입니다. 정부 내의 수구파 일당들은 독립협회와 같은 민간단체를 뒤늦게 조직케 하여 그들로 하여금 독립협회에 대해 직접 간접으로 압력을 가하게 하였으니 (황국협회를 가리키며) 저기 앉아 있는 황국협회가 바로 그 정체인 것입니다. 그것은 외국 사절들의 눈을 가리기 위한 얕은 수작이요, 그렇게 해서 탄생한 황국협회는 오직 폭력과 모함과 청부살인을 일삼아 왔으니 이 땅에 민주주의가 싹트기에는 아직도 꽁꽁 얼어붙은 벌판이 있을 뿐입니다. (박수가 터진다) 지존하신 성상 폐하, 그리고 존경하는 각료 여러분, 지난날 서재필 박사가 왜 미국으로 쫓겨 갔으며 남궁억, 정교, 김두현, 윤하영, 홍정후 등 14명의 독립협회 회원이 왜 일제히 검거 되었으며, 독립협회 회관이 왜 파괴되었고, 신문 제작 시설이 파손당해야만 했는지 그 이유는 여러분들이 더 잘 알고 계실 것입니다. 더구나 근자에 와서는 독립협회 해산령까지 대두되고 있으니 우리는 어디서 민주주의를 배울 것이며 어디서 민권의 소중함을 얻을 수 있겠습니까? 이 땅에선 민주주의가 싹트지 못하게 하는 자가 누구겠습니까? 아니 그자를 가리켜 우리는 이미 5흉 3간이라 일컬어 왔고 수차에 걸쳐 처벌을 요구한 바 있는데도 처벌당하는 사람은 독립협회 회원이요 억압하는 사람은 바로 그 원흉들이니 이 억울하고 암담한 현실을 어디에다 호소해야 옳겠습니까? (박수소리) 우리는 다 같은 동포이자 슬픈 삶을 이어 나온 이 나라 동족이거늘 어찌해서, 누구를 위해 두 갈래로 갈라서서 서로 살을 물어뜯고 뼈를 갈아 마시려 으르렁대는 것일까요? 지난 11월 20일에는 보부상인 삼천 명이 독립협회를 위협하기 위해 시위를 했고 이튿날인 11월 21일에는 이들을 무장시켜 독립협회관을 습격하자 독립협회는 이에 역습을 감행, 조병식, 민영기, 윤용선, 민종묵, 홍종우, 길영수 등 반개혁파의 사택을 습격하는 불상사까지 낳게 했던 것입니다. 이 책임은 어디에 있으며 그 누가 져야 할 일입니까? 나는 분명히 말하건대 우리의 적은 황국협회가 아닙니다. 그 뒤에 숨어서 꿈틀거리는 그 어떤 일당입니다. 우리 독립협회는 바로 그 뒤에 숨어 꿈틀거리는 그들을 백일하에 끌어내어 처단해 주기를 요구하는 것이지 결코 황국협회를 해산시켜 달라고 하지는 않을 것입니다. 우리의 적이자 금수강산을 좀먹는 인간송충이들을 색출해 주시기를 만천하에 공표하는 바입니다. 감사합니다. (하며 절을 꾸벅 한다)

그의 연설이 끝나기가 무섭게 독립협회 회원들은 일제히 박수를 치며 환호성을 울린다. 그러나 단상의 귀빈들은 우거지상을 짓고 맞은편의 황국협회 측은 분노와 증오로 이를 간다. 이승만이 제자리에 앉자 이윽고 홍종우가 앞으로 나온다. 그는 독립협회 측을 흘겨본 뒤 고종에게 깍듯이 절을 한 다음 유들유들한 어조로 연설을 시작한다. 단상에 앉은 외교사절단은 옆자리에 앉아 있는 고관들과 귀엣말로 수근거린다.

홍종우　억조창생을 기르시고 다스리시는 황제 폐하, 그리고 만조백관과 존경하옵는 주한외교관 여러분! 이 사람은 결코 길게 얘기하려고 이 자리에 나온 건 아닙니다. 아니 솔직히 말해서 나는 무식해서 길게 얘기를 끌어 나갈 자료도 재간도 없습니다. (웃음이 터진다) 한 가지 하고 싶은 얘기는 독립협회가 그토록 민주개혁을 부르짖고 자유신장을 주장하면서 왜 한편으로는 민중들을 선동하며 민심을 교란케 하는가 하는 점입니다. 그들은 진정 나라를 사랑하며 사리사욕이나 정권야욕이 없는 것일까요? 이 점이 바로 우리의 의심이자 불안입니다. 독립협회는 기회있을 때마다 외세에 아부하지 말고 자력에 의해 민주개혁을 해야 한다고 외쳐왔습니다. 그들이 지난 2년 동안 열었던 수많은 강연회와 토론회 그리고 「독립신문」의 사설이 어느 면으로 봐서 많은 사람의 지지와 감동을 불러일으킨 점 이 사람도 인정합니다. 그러나 불행히도 그들의 본심이 드디어 드러나고 말았습니다. (웅성거린다) 그들의 온갖 웅변, 농변, 요설은 자기들의 주장과는 정반대로 결국은 외세에 아부하여 자기들이 정권을 탈환함으로써 저기 앉아계시는 황제 폐하를 축출하자는 음모를 꾀해 왔다는 사실입니다! (하며 탁상을 친다)

이와 동시에 장내가 졸지에 소란해지며 고종은 안절부절 못한다. 독립협회 측에서 "증거를 대라!"고 야유와 항의의 소리가 빗발치듯 터져 나온다. 홍종우는 빙그레 웃으면서 그들에게 응답을 한다.

홍종우　증거를 대라고요? 물론이죠. 증거도 없이 어떻게 이런 중대지사를 폭로할 수가 있겠습니까? 자, 증거를 보여드리죠. (하며 안주머니에서 접어놓은 벽보를 꺼내 펴 보인다) 이건 오늘 아침 남대문과

표류

독립문 일대에 나붙은 벽보입니다. (여기저기서 웅성거린다) 내용을 말씀드리자면 대통령에 박영효를 추대하며 만고의 역적 서재필을 다시 불러들여 국사를 맡기자는 내용이올시다! (다시 술렁인다) 여러분, 이걸 붙인 사람이 누구겠습니까? 황국협회에서 했겠습니까? 독립협회의 수작이겠습니까? 그건 여러분의 상상에 맡기겠습니다. 다만 한 가지 분명히 하고 싶은 점은 정권에는 추호도 욕심이 없다던 그들이 이제는 내놓고 이런 벽보까지 붙이게 된 오만과 파렴치와 그리고 배은망덕입니다! (고종을 향해 읍을 하고 나서) 폐하! 문제는 간단합니다. 오늘 당장에라도 독립협회를 해산시키고 그 주동자를 의법처단해 주시기를 간곡히 간곡히 아뢰오며 이만 물러가겠습니다.

홍종우가 절을 하자 황국협회 측에서는 광기 어린 환호성과 박수를 친다. 독립협회 측에서는 야유와 욕설이 터져 나온다. 고종은 잠시 옆자리에 앉아 있는 내각 요원들과 귀엣말을 나누더니 단상에서 일어선다. 모두 고개를 숙인 채 조용해진다.

고종   (담담하게) 오늘 양 협회에서 나온 여러 인사들의 절실한 요청과 충정을 몸소 방청하는 동안 나로서도 느낀 바 한두 가지가 아니오. 솔직히 말해서 스스로 부족함과 박덕함을 부끄럽게 여기는 바이오. (약간 목소리가 떨리며) 모든 죄는 나의 죄이지 창생들의 죄가 아니라는 생각밖에는 할 말이 없다는 게 솔직한 심정이오. 물론 이렇게까지 정국이 파탄에 이르렀던 책임은 여러 대신들에게도 없는 건 아니오. 바꾸어 말해서 백성들이 처하고 있는 진상을 진실 되게 파악하지 못했던 까닭으로 중간에서 막혀 버렸으니 서로 사이에 의심과 두려움이 일어날 수밖에 없었던 일이오. 앞으로는 군신상하가 서로 신의를 지키고 어질고 능통한 인재는 널리 발탁해야 할 것이며, 과거의 일은 죄의 유무와 경중을 막론하고 모두 용서할 것이며, 앞으로 다시는 권력을 넘어 분에 어긋나는 짓을 일체 용서치 않을 것이오. 그리고 나도 앞으로는 식언을 하지 않을 것이니 그리 알고 독립협회와 황국협회는 서로 우의를 돈독히 할 것이며 돌아가서 생업에 충실하기를 바랄 뿐이오. 오늘은 수고 많았소.

고종은 가볍게 회장 안을 훑어본 다음 단에서 내려 퇴장한다. 모든 각료와 외교사절도 따라 퇴장한다. 이윽고 홍종우, 이기동, 길영수 등이 자리에서 일어나 득의양양하게 퇴장하자 보부상도 뒤를 따른다. 무대 위에는 독립협회 회원들만이 남게 된다.

윤치호   (이승만에게) 오늘은 수고가 많았네. 조리있고 빈틈없고 신랄한 연설이라 상감께서도 느끼신 바가 많으셨을 줄 아네.
이승만   송구스럽습니다. 어전이라서 그런지 전신이 떨리어 불안스러웠습니다.
윤치호   아닐세, 잘했어. 월남 선생 안 그렇소? 잘 되었죠?
이상재   윤 회장님은 어떻게 생각하실지 모릅니다만 나로서는 뭔가 석연치가 않군요.
윤치호   뭘 말씀인가요?
이상재   상감께서 다시는 식언을 안 하시겠다고 공언을 하신 걸 보면 지금까지는 식언하셨다는 걸 자인하신 증거가 아니겠소?
윤치호   그거야 물론이지요.
이상재   그렇다면 앞으로도 식언을 또 할 수 있다는 가능성일 수도 있죠.
윤치호   글쎄요…… 아무튼 내가 보기에 오늘의 공개연설회는 여러 모로의의가 있었다고 봅니다. 특히 상감께서 직접 우리의 처지를 귀담으셨고 또 우리의 주장이 무엇인가를 직접 청취하셨으니 앞으로 우리 협회에 대한 인식이 사뭇 달라지시리라 믿고 싶습니다.

이상재 나는 반대입니다.

윤치호 반대라니요?

이상재 폐하께서 우리의 진실을 이해하셨다면 그렇게 말씀하실 수가 없지요.

윤치호 무슨 뜻이죠?

이상재 어떻게 둘 다 옳다고 시인할 수 있겠소? 황국협회도 독립협회도 둘 다 옳다는 논리는 결국 뒤집어 더 생각하자면 둘 다 글렀다는 뜻이기도 합니다.

윤치호 그럴까요?

이상재 바꾸어 말해서 폐하께서는 어느 쪽을 두둔할 수도 찬성할 수도 없으니까 마지못해서 두루뭉실 넘겨서 하신 말씀이지 결코 독립협회의 진의를 찬동하시는 결과는 아닐 것입니다.

윤치호 음…… 그렇게도 생각할 수 있겠군요.

이승만 월남 선생님 말씀이 옳다고 봅니다. 폐하께서는 속셈은 따로 있으시면서 겉으로만 관대하게 말씀하신지도 모릅니다.

이상재 만약에 폐하께서 정당한 판단력이 있으시다면 흑과 백을 가리셔야 옳았을 것입니다. 황국협회를 지지하든 독립협회를 반대하든 뭔가 주장이 있어야 했을 것입니다. 그런데도 앞으로 두 단체가 서로 우의를 돈독히 하시라는 말씀엔 반드시 무슨 뜻이 있으리라 믿습니다. 윤 회장님 생각해 보세요. 독립협회와 황국협회가 어떻게 우의를 돈독히 할 수 있습니까? 독립협회와 황국협회는 불과 물입니다! 낮과 밤입니다. 그것이 어떻게 서로 하나가 될 수 있단 말입니까?

윤치호 (심각하게) 그렇다면 왜 그런 말씀을 하셨을까요?

이상재 모르면 몰라도 이건 하나의 미끼를 던진 것입니다.

윤치호 미끼를?

이상재 예, 우리를 안심시키고 두둔하는 척해 두고 졸지에 뒤통수를 치려는 작전일 것입니다. 그게 아니라면 이 자리에서 분명한 식별을 하시든지 아니면 판단은 후일로 미루고 좀 더 신중하셔야 옳았을 것입니다. 지금까지 식언을 하셨다고 자언하신 건 바로 그런 뜻에서 나오는 회유책일 것입니다. 회장님! 우리는 절대로 마음을 놓아서도 안 되겠지만 믿어서도 아니 될 것입니다.

윤치호 옳은 말씀이오. 만심은 금물이오.

이상재 (회원들에게) 자 회원동지 여러분, 그럼 여기서 해산하겠으니 회관에 일이 있으신 회원들은 회관으로 가시고 나머지는 각자 행동을 하십시오.

일동은 크게 응답을 하고 서로 작별 인사를 한다. 이때 멀리서 호루라기 소리가 요란하게 들리더니 군화소리가 지축을 울리듯이 가까워진다.

이상재 저게 무슨 소리지?

이승만 경찰입니다.

이재상 경찰?

이승만 이쪽으로 오고 있는데요.

윤치호 경찰이 이쪽으로? (불길한 예감을 느끼며 이상재에게) 무슨 변이 있었군요?

이상재 이건 계획적이오!

윤치호 계획적이라뇨?

이상재 우리를 체포하려는 거요!

이승만   윤 회장님! 어서 자리를 피하십시오!

윤치호   내가 왜 피하긴……

이상재   피하시오! 어서요! (우왕좌왕하는 회원들에게) 모두들 피신하게! 어서! 어서 도망쳐! 윤 회장을 모셔라.

이 말이 떨어지기가 무섭게 발포하는 소리가 천지를 진동한다. 회원들은 일제히 자리를 피한다. 호루라기, 군화소리, 총소리에 비명소리까지 겹치며 점점 가까워진다. 무대가 차츰 어두워진다. 어느덧 무대엔 이상재, 이승만의 두 얼굴만이 어둠 속에서 떠오른다. 두 사람 얼굴 위에 감방의 창살이 그림자를 드리운다. 멀리서 피리 소리가 처량하다 못해 애절하게 들려온다.

이상재   속았다. 우리는 또 속았어!

이승만   식언을 안 하겠다는 그 말이 바로 식언이었군요!

이상재   우리는 어느 세상이 되어도 그 말을 믿었으니까.

이승만   그럼 우린 진 건가요?

이상재   이긴 것도 진 것도 아니지.

이승만   왜요?

이상재   아직도 가고 있는 중이지.

이승만   어디를 가고 있을까요?

이상재   나도 몰라. (길게 한숨을 몰아쉬며) 언젠가 서재필 박사가 하던 말이 생각나는군. 우리는 떠밀려가고 있는 조각배라던가, 분명히 가야 할 항구는 있을 텐데도 그 길을 못 찾아가고 있는 조각배야. 돛대도 없이 망망대해를 떠밀려가는 이 배도 언젠가는 육지를 찾아가겠지만 말이지……

이승만   월남 선생님, 비바람이 불어 닥치는데도 갈 길은 가야겠지요?

이상재 그래. 십 년이 걸리건 백 년이 걸리건 가긴 가야 해. 우리가 가다가
익사하게 되면 또 누군가가 키를 잡아야지. 키가 부러지면 손으
로 물살을 헤쳐서라도 가야 해.

이승만 선생님!

어느덧 두 사람의 얼굴엔 눈물이 흘러내린다.

-막

학이여, 사랑일레라 (8장)

- **등장인물**

  윤 도령

  윤 참판

  허 씨

  장쇠

  아란(제1 여인)

  을죽(제2 여인)

  애실(제3 여인)

  법사

  동승

  기타 마을 사람들

  남정네 A, B, C

  처자 A, B

- **때와 곳**

  특정한 시대나 장소를 떠나서 하나의 옛 이야기에 나오는 때와 장소였으면 좋겠다.

무대

이 작품에 사용되는 무대는 구태여 구체적인 건축이나 양식을 필요로 하지 않는다. 등장인물은 무대 어디서나 등장을 할 수 있도록 가변성이 있는 이동식 무대였으면 좋겠다.

그러나 특정한 장소나 건물을 표현하기 위하여는 환등을 사용하면 더욱 효과적일 것이다. 다만 무대 자체가 입체감을 요구하기 때문에 구조적인 층계와 적절한 무대 공간을 마련해야 한다. 그리고 유연한 분위기와 고담한* 여운을 살리기 위해서는 배경의 하늘을 최대한으로 넓고, 크고, 깊게 설정하여 마치 동양화에서 얻는 그 여백의 묘미를 살리도록 유의했으면 좋겠다.

따라서 이 작품에 일정한 시대적 배경이나 사실적인 고증을 요구한다기보다는 오히려 환상적이고도 설화적인 분위기와 낭만성을 더 필요로 한다는 점을 밝히고 싶다.

제1장

막이 오르면 밤이다.

어둠 속에 두 개의 청사초롱이 배경 양쪽에 밝혀져 있다. 마을 사람들이 분주하게 상수에서 하수로, 하수에서 상수로 등불을 들고 지나가며 시시덕거리는 게 자못 흥겹고 흥청거리는 잔치 분위기이다.

행인들의 얼굴은 구태여 보일 필요가 없다. 다만, 어둠 속을 춤을 추며 지나가다 교차하는 불빛이 마치 풀섶에서 춤추는 개똥불처럼 아름답다. 아련히 들려오는 풍물 소리가 제법 흥겹다.

---

* 고담하다: 예스럽고 속되지 않으며 담담하다.

무대 한쪽에서 처녀A가 등장.

뒤따라오는 처녀B를 채근한다.

역시 손에 능이 들겄다.

두 사람 모두가 쓰개치마를 썼다.

처녀 A 빨리 와. 이러다간 잔치 구경도 다 틀렸다.

처녀B가 느릿한 몸짓으로 숨을 헐떡이며 등장.

처녀 B 아이 숨 차.

처녀 A 숨이 차면 뱉어.

처녀 B 후유!

처녀 A 서둘러. 초례청 구경 못하겠다.

처녀 B 초례청이 무슨 소용 있어. 신방 구경이 더 재미있지. 훗흐……

처녀 A 이리 치나 저리 치나 가보고 나서 얘기지. 가자.

처녀 B 별난 일 다 보겠지.

처녀 A 무슨 일……

처녀 B 하필이면 칠흑 같은 야밤에 혼례식을 올릴 건 또 뭐람!

처녀 A 신부가 후처 자리에 들어앉기 쑥스러워서겠지.

처녀 B 아니다. 창피스러워서 소문 안 내려고 그랬을 테지.

처녀 A 에게게…… 그 윤 도령이 창피스러운 꼴 알았다면 죄 없는 본처 반대하고 새장가 들까. 흥!

처녀 B 허긴……

처녀 A 시집 간 지 두 달 만에 소박맞은 새댁은 지금 무슨 생각하고 있을까?

처녀 B 오늘 시집 올 년도 석 달 못 가 소박맞을 테니 두고 봐! 그럴 테지…… 홋호……

처녀 A 아니다. 이번에 재취로 들어오는 을죽 아가씨는 곧기가 참대 같다더라.

처녀 B 그래서 이름도 을죽이구나.

처녀 A 첫 번째 아란 아가씨와는 성품이 딴판이라 윤 도령도 속 좀 썩힐 거다.

반대편에서 남정네 A, B, C가 다가오는 인기척 소리가 나자 처녀 A가 서둘러 일어선다.

처녀 A 사람이 온다. 어서 가자.

처녀 B 그래.

두 처녀가 가려는 반대쪽에서 남정네가 들어선다. 약간 술기운이 풍기는 언동이다. 처녀 A, B가 조심스럽게 얼굴을 수그리며 피해서 지나치려 하자 남정네 A가 놀려댄다.

남정 A 야밤에 처자들이 무슨 마실이야, 마실이!

남정 B 남들은 부잣집으로 시집가는데 너희들은 마실 돌기냐? 헛허……

처녀 A가 표독스럽게 돌아보며 대꾸하려 하자 처녀 B가 팔을 끌고 나가려 한다. 처녀 A가 버티고 서서 노려본다.

남정 B 어쩌겠다는 거야? 그런 눈으로 보면……

처녀 A 남이야 보건 말건!

처녀 B 마실이사 돌건 말건! 헹!

처녀 A와 처녀 B가 침을 탁 뱉으며 쏜살같이 나간다.

남정네들이 두어 발 좇다가 까르르 웃는다.

남정 A 시집 못 가 앙탈을 하는구나. 헛허……

남정 C 저것도 연분이 닿아야 내 짝이지!

발길로 돌부리를 찬다.

남정 B 너는 아까부터 왜 그렇게 부어오른 쇠부랄 꼴이냐?

남정 C 밸이 꼴린다.

남정 B 장가 못 가 몽달귀신 될까봐?

남정 C 어떤 놈은 팔자 좋아 두 번씩이나 새장가 들고 어떤 놈은 평생 가야 지게 다리 붙잡고 외씨름만 벌이니…… 밸이 꼴리고 눈이 꼴리고…… 아랫도리가 비비 꼬인다! 젠장!

남정 A, B가 배를 움켜쥐고 웃어제낀다.

먼 산만 바라보던 남정 C가 문득 떠오르는 생각에 약간 긴장의 빛을 보인다.

남정 C 애기 들었어?

남정 A 무슨 얘기.

남정 C 윤 도령의 첫 마누라가 오늘 낮에 나타났다는데.

남정 B 마을에?

남정 A 오늘이 윤 도령 새장가 가는 날이라는 걸 알고서 온 모양이지?

남정 C 시집 온 지 두 달 만에 소박맞은 원한이 채 가셨을 리가 없지.

남정 A 그래도 한 번 깨진 그릇인걸.

남정C 깨졌어도 사금파리는 남았지. 사금파리를 밟으면 피를 보지.

남정A 피?

남정C 피!

남정B 이 사람!

남정C 억울하게 당하는 사람의 한을 모르나? 그것도 새파랗게 젊은 생 과부의 한일걸!

남정A 꼭 무슨 일이 터지기를 바라는 말투군. 일껏 잔칫집에서 술에, 고기 안주에, 실컷 얻어먹고서 한다는 입방아는……

남정B 얻어먹은 건 그 댁 거고 입방아는 내 방아지…… 헛허……

남정C 암! 그 윤 도령도 정신 바짝 차려야지. 돈 있고 세도 있으면 다인 가 말이야! 흥! 하라는 공부는 책장 위에 픽 깔긴 파리똥으로나 알고, 주색잡기 즐기기는 장닭 구더기 좇듯 하니 그러고도 벌을 안 받겠어?

남정A 입 조심!

남정B 코 조심!

남정C 코 조심?

남정B 이렇게 코를 꿰어 끌려 갈 테니까!

남정B가 C의 코를 한손으로 쥐고 간다. 남정 C는 비명을 지른다. 남정 A가 박장대소하며 뒤를 따른다.

다른 길에서 윤 도령이 조급하게 뛰어든다. 초례청에서 도망쳐 나온 듯 말쑥한 새 옷 차림이다. 어깨가 떡 벌어지고 기골이 장대한 데다 유난히 이글거리는 눈매가 동물적이다. 그 뒤를 따라 장쇠가 날렵하게 들어온다. 작달막한 키에 시종 눈웃음치는 품이 해학적이다.

장쇠 도련님! 도련님?

윤 도령이 윗옷의 앞섶을 거칠게 풀어 헤친다. 그리고는 길게 숨을 들이마셨다가는 길게 내뿜는다. 마치 몸 안에 가득 찬 독소를 깡그리 내뱉으려는 사람 같다.

장쇠 　도련님, 아니 새서방님! 어디를 가시려고 이러세요?
윤도령 　귀찮다.
장쇠 　아무리 귀찮아도 초례청에서 도망쳐 나오는 법이 어디 있습니까요?
윤도령 　도망쳐 나오긴! 갑갑하고 답답해서 바람 쐬러 나왔지!

윤 도령은 두어 번 심호흡을 한다.

장쇠 　영감마님께서 걱정이 태산 같으십니다.
윤도령 　누가 장가들고 싶다고 했느냐?
장쇠 　예?
윤도령 　먹기 싫은 음식은 왜 자꾸 들이대는지 모르겠다. 걸치기 싫은 옷은 왜 겹겹이 입으라 하고, 쓰기 싫은 감투는 왜 쓰라고만 하고, 가기 싫은 장가는 왜 또……
장쇠 　헷헤……
윤도령 　장쇠야!
장쇠 　그럼 삼대독자 외아들 몽달귀신 되는 꼴을 보고만 있으라굽쇼?
윤도령 　지겹다. 귀찮아. 내 몸에 주렁주렁 매달린 것들은 모두가 거추장스럽다. 나는 나야. 나 혼자야. 멧돼지처럼 먹고, 사슴처럼 뛰고, 곰처럼 자면 되었지! 그 이상 뭘 바랄까! 아……

윤 도령이 동물의 울부짖음 같은 소리를 지르며 기지개를 크게 켠다. 잠에서 깨어난 호랑이와도 같다.

윤도령 사냥질이나 할까?

장쇠 이 밤중에요?

윤도령 사냥치고 밤사냥만큼이나 재미난 사냥 있는 줄 아느냐? 핫하 …… 노루 피나 한 사발 마시고 진창만창 뛰놀았으면 좋겠다!

장쇠 글쎄 오늘이 무슨 날인지 몰라 이러시오?

윤도령 장쇠야. 사냥 가자.

장쇠 도련님!

윤도령 어디 가서 실컷 마시고 취하고 미쳐보자.

장쇠 어려울 게 뭡니까?

윤도령 어디 좋은 데라도 있느냐?

장쇠 있다마다요. 지금 어디서는 닭똥처럼 녹아떨어지는 촛눈물도 있고, 원앙침 비단이불 펴놓고 기다리시는 신부가 있고, 홍주, 백주, 청일주에 밀과 약과 주안상이 목 빠지게 기다리고 있을 터인데 그걸 마다하시고 어딜 또 가시려고요?

윤 도령이 장쇠를 쏘아본다.

장쇠 초례청에서들 웅성대는 소리도 못 들으셨습니까?

윤도령 무슨 소리?

장쇠 신부 예쁘다고 칭찬하는 소리가 맞바람 불어가는 갈대밭 같았습죠. 헷헤……

윤도령 보았느냐?

장쇠 예.

윤도령 어떻게 생겼더냐?

장쇠 도련님은 못 보셨습니까요?

윤도령 그걸 쳐다볼 생각이 있었으면 왜 여기 나왔겠냐?

학이여, 사랑일레라

장쇠 곱게 빗은 머리는 옻칠 입힌 반닫이처럼 반들거리고 그 밑에 반
     쯤 가려진 이마는 상아처럼 들이비치고 날씬한 허리는 해당화처
     럼……

윤도령 눈에 보인 것만 보았지 가려진 곳은 하나도 못 보았구나.

장쇠 그럼 가려진 곳을 무슨 용빼는 재주로 봅니까요?

윤도령 계집을 보아도 겉만 보았지 속은 못 보는 주제에 무슨 소리냐?

장쇠 예?

윤도령 이상한 일이다.

장쇠 뭐가 말씀입니까요?

윤도령 그렇게 사람을 겉으로만 보고서 어떻게 믿을 수가 있는지 모르겠
     다. 너는 그걸 못 느꼈느냐?

장쇠 그거라뇨?

윤도령 이 세상 모든 것은 눈으로 보고, 손으로 만지고, 입에 대어봐야만
     직성이 풀리는 게 사람인데 어떻게 마음을 보지도 않고 가까워질
     수가 있는가 말이다. 아! 알다가도 모를 일이다. 모를 일이야!

장쇠가 의아한 표정으로 도령의 턱밑을 치켜 본다.

윤도령 저기 저 숲이 후박나무 숲이냐?

장쇠 글쎄요.

윤도령 이팝나무냐?

장쇠 달이라도 떴으면……

윤도령 참느릅나무 아니냐?

장쇠 모르겠는데요.

윤도령 그럼 소태나무? 생강나무? 쥐똥나무 같으냐?

장쇠 가서 만져봐야 그게 보리수인지, 화살나무인지, 예덕나무인지 알

지 여기서 봐서 어떻게 압니까?

윤도령 그것 봐라. 저기 보이는 숲은 숲이로되 무슨 숲인지 모르잖니?
거기 있는 사람이 사람은 사람이로되 어떤 사람인지 모르는 것과
뭐가 다르냐?

장쇠 도련님! 오늘따라 왜 이러십니까? 장가 두 번 드시더니 도사가
되시렵니까? 헛허!

윤도령 도사가 되어도 그것은 모를 거야.

장쇠 그거라뇨?

윤도령 만나보지 않고는 알 수가 없는 사람.

장쇠 먹어보지 않고는 알 수 없는 고기 맛.

윤도령 만져보지 않고는 느낄 수 없는 손.

장쇠 살아보지 않고는 믿지 못할 계집?

윤도령 그런데 어째서 나더러 장가만 가라 하시는지 알다가도 모르겠다.

장쇠 나이가 차신데다 바람개비처럼 떠돌아다니시니까 그렇죠!

윤도령 장가들면 방돌처럼 내려앉을까?

장쇠 글공부보다는 들사냥이 제격이고, 사냥 중에도 꽃사냥을 즐기시
니 영감마님께서 도련님 장가보내야겠다는 생각은 당연지사가
아니겠습니까요?

윤도령 그런데도 나는 좀처럼 그쪽으로 마음이 안 쏠리니 웬일이냐?

장쇠 아니 그럼…… 새로 시집 온 아가씨도 안 보실 작정이시오?

윤도령 ……

장쇠 첫 번째 아가씨는 말이 없고, 붙임성이 없어 정이 안 가 그랬다
치고라도 이번에 맞으신 새 아가씨는 그럴 수가 없지요.

윤도령 계집은 계집 아니냐.

장쇠 그럼 왜 장가든다 하셨습니까?

윤도령 늙으신 부모님의 간청에 못 이겨 예식만은 올렸지 데리고 살 생

각은 아직도 안 난다.

장쇠　왜 안 납니까?

윤도령　정을 느껴야 함께 살지.

장쇠　살다 보면 정도 붙겠죠.

윤도령　살다 보면? 모르는 소리 말아. 그걸 누가 모르겠느냐? 허지만 처음 장가갔을 때도 그 말을 믿고 행여나 하는 생각도 없지가 않았었지, 허지만……

장쇠　허지만 뭡니까?

윤도령　정 대신 느는 건 심술이고, 사랑 대신 깊어가기는 미움이니 낸들 어찌 하겠느냐. 그래서 친정에 가 있으라고 겨우 타일러 보냈는데 이번에는…… 또……

윤 도령이 초조하게 이리저리 서성거리다가 장쇠를 돌아본다.

윤도령　장쇠야! 난 가봐야겠다.

장쇠　어디를 또 가시렵니까?

윤도령　맨숭한 정신으로 어떻게 집에 가서 마주 보겠어? 한잔 하고 가겠다.

장쇠　마주보기 거북하시거든 불을 끄고 들어가시죠.

윤도령　불을 끄고 들어앉아 술은 어떻게 마시고.

장쇠　새댁께서 더듬더듬 입도 찾고 손도 더듬어 밤 대추 가려가며 도련님 시중 다 들텐데 뭐가 걱정이십니까? 헷헤…… (깍듯이) 새 서방님. 아무 생각 마시고 곧바로 화촉동방으로 돌아가시지요. 새색시께서 목이 빠지게 기다리시고 계실 텐데 왜 이러십니까? 예? 다른 날하고는 다릅니다. 오늘 밤만은 돌아가셔야 합죠. 내일도 날이고 모레도 날인뎁쇼! 예? 자, 쇤네와 함께 가십시다요. 예?

윤 도령이 잠시 골똘하게 생각하다 말고 장쇠의 등을 탁 친다.

윤도령 오냐, 오늘밤만은 내가 네 청을 들어주마!

장쇠 예.

윤도령 그 대신 내일 새벽엔 노루 사냥 나갈 테니 활 손질 해놔야 한다. 알겠느냐?

장쇠 예! 예. 노루 사냥 아니라 호랑이 사냥이라도 따라갑죠…… 헷 헤…… 아이구 이제 비로소 영감마님 앞에 나설 수 있게 되었다! 헛허……

-암전

제2장

윤 참봉 집 뜰.

배경으로 대궐 같은 기와집이 지붕과 담벽이 환등으로 비추어진다.
무대 한구석에 신방의 내부가 아련히 떠오른다. 열두 폭 산수병풍 앞
에 신부 차림의 을죽이 다소곳이 앉아 있다. 촛대에 켜진 초가 절반
이상이나 타들어갔고, 촛눈물이 고드름처럼 흘러내려 촛대 위에 넘쳤다.
병풍 앞에 화려한 수단이불과 원앙침.
저만치 윗목에 놓인 주안상과 술병이 을씨년스럽다. 을죽은 어깨로
크게 숨을 몰아쉰다. 밖에선 문틈으로 방안을 들여다보며 숙덕거리는
아낙들이 킬킬댄다. 뜰에는 윤 참봉과 부인 허 씨가 불안과 초조 속에
서성거린다.

윤참봉 장쇠는 아직도 안 왔소, 부인?

허씨 ……

윤참봉 첫닭이 울 때가 되었는데도 아직 안 돌아오다니…… 고이얀 놈
같으니! 이게 무슨 창피인가 말이야! 윤 씨 가문에 먹칠하는 것도
유분수지…… 신부 혼자서 첫밤을 새우게 할 작정인가? 에이, 불
사스러운!

참봉이 분노를 이기지 못해 돌층계를 오르락내리락 한다. 먼 데서 개
가 짖는다.

허씨 그러기에 처음부터 뭐라 하셨습니까? 이 혼례는 좀 더 시간을 두
고서……

윤 참봉이 날카롭게 흘겨본다.

은빛 수염이 부르르 떨리는 게 어둠 속에서 곧 알아볼 수 있을 정도이다. 얼마 전부터 신방의 정경은 어두워진다.

윤참봉 그럼 이번에도 잘못된 혼인이란 말이오?

허씨 그게 아니라……

윤참봉 아니면…… 좀 더 기다려서 어쩌자는 거요?

허씨 그 아이의 사람됨이 본시 거칠고 우악스러워서 계집을 정으로 받아주고 정을 어루만지기에는 미급*할 터이니 좀 더 나이가 차고 철이 난 연후에……

윤참봉 (화를 내며) 열여덟 살에 철이 안 났다면 그는 이미 바람에 떨어진 풋살구요! 버릴 수밖에 없는 쓸모없는 풋살구!

허 씨가 무슨 얘기를 더 하려다가 매서운 윤 참봉의 눈초리 앞에서 섬뜩해져서 돌아선다.

윤참봉 제아무리 천성이 거칠기로 나이 열여덟이면 물이 어디서 솟아 어디로 흐르고, 누에가 뽕을 먹어야 실을 뽑고, 나비가 꽃가루를 옮겨줘야 꽃이 핀다는 이치는 이미 깨닫고도 넘을 나이가 아니오.

허씨 그렇지만 그 아이는 다릅니다. 그걸 알았던들 그토록 어질고 덕성스럽기로 이름난 본처를 혼인한 지 두 달도 채 못 되어 친정으로 돌려보내겠습니까?

윤참봉 지각없기는 꼭…… 음……

허씨 가운이 피질 못하여 글공부는 미진했다 허지만 그 어진 성품이며

---

* 미급하다: 아직 미치지 못하다.

학이여, 사랑일레라

알뜰한 살림 솜씨는 양가집 규수로서 흠잡을 데가 없었건만……
그걸 마다하고 눈에 가시가 낀 듯, 이에 돌멩이 씹힌 듯, 본처
박대하던 놈에게 뭐가 급해서 재취 장가를 보내시겠단 말입니까?

윤참봉 그럼 그렇게라도 해서 그 못된 바람을 잡도록 해야지 언제까지나
들판에 뛰어다니는 산토끼마냥 놀아먹어야 옳단 말이오?

허씨 짐승도 해름참*에는 제 굴로 돌아오는 법이지요.

윤참봉 해 지기 전에 제 집을 찾게 하자는 것도 잘못인가 말이오?

허 씨가 재차 노기를 터뜨리는 윤 참봉 앞에서 말문을 닫아버린다.

윤참봉 상객 손님들 얼굴 뵙기도 민망하게 되었지. 날이 밝아 기침인사
를 드려야 할 때까지 돌아오지 않는 날에는 무슨 구실이라도 있
어야 할 터인데…… 이 일을 어찌 한다지?

허 씨 부인이 깊게 한숨을 몰아쉰다. 이때 담을 넘느라 쿵 하고 땅이
울리는 소리에 이어 요란스럽게 개 짖는 소리가 들린다. 윤 참봉과
허 씨 부인이 긴장의 빛을 보인다.

윤참봉 월담하는 소리 같지 않소?

허씨 대문이 활짝 열려 있는데 누가 월담을……

어둠 속에 윤 도령이 스스럼없이 나타난다.

윤참봉 아니……

---

* 해질 무렵. 저녁 때를 지칭하는 전라도 사투리.

허씨   어디를 갔다 이제 오느냐?

윤도령   ……

윤참봉   (안도의 숨을 몰아쉬면서) 어딜 가면 간다고 말을 해야지 말을……

허씨   아버님께서 걱정이 되셔서 저렇게 나와 계시잖아?

윤 도령은 묵묵히 서 있다.
저만치서 장쇠가 엿보고 있다.

허씨   (부러 밝게) 어서 들어가 봐라. 새아기 목뼈 부러지겠다고 야단들
       이다.

윤도령   (딴전을 부린다)

윤참봉   뭘 꾸물대느냐?

허씨   오늘 밤은 부모 시키는 대로 해라. 네가 첫 번째 가는 장가라면
       또 모르겠다만 두 번씩이나……

윤도령   (불쑥) 제가 언제 두 번씩이나 장가보내 달랬던가요?

윤참봉   뭐라고?

윤 참봉의 얼굴에 경련이 인다.
허 씨가 반사적으로 윤 참봉에게 제발 역정을 내지 말라는 시늉을 해
보인다.

윤도령   첫 번째도, 두 번째도 제가 청했던 건 아니니까요.

허씨   무슨 소릴 하는 거냐?

윤참봉   이제 와서 어떻게 하겠다는 거냐? 그럼…… 이 혼인은 작파하자
       는 거냐?

윤도령   그렇게야 되겠습니까?

허씨   그럼……

윤도령 아버님 어머님께서 맺어주신 혼인이니 자식으로서 따를 수밖에
        없겠지만……

윤참봉 (잽싸게 말꼬리를 물고) 지만? 꼬리는 왜 붙지? (사이) 어떻게 하겠
        다는 생각이 나름대로 서있다 이거냐?

윤도령 (묵묵히 대답이 없다)

허씨   전에도 얘기했지만, 이번 새아기는 정말 놓치기 아까운 규수다.
        사대부집 규수로서 갖출 것 다 갖추었을 뿐만 아니라……

윤도령 압니다. 진서도 다 깨우치고, 서화 운필에까지도 남달리 재능이
        뛰어나고……

윤참봉 알면 되었지. 그래서 오늘의 혼인도 이루어졌지. 말이야 바른 말
        이지 너는 이미 한 번 혼인을 했던 몸이다. 알겠니?

윤도령 (비아냥거리듯) 헌 서방에 새각시라 이쪽이 밑졌다 이건가요?

윤참봉 말은 바로 하자. 네가 밑진 게 아니라 저편이다.

허씨   영감. 지금 그런 얘기가 무슨 소용입니까? 어서 신방에 들어가
        첫밤을 편히 쉬게 해야죠.

        윤 참봉이 계면쩍어지자 외면을 하면서 오금을 박듯 말한다.

윤참봉 사가에서 오신 상객 손님도 사랑에 유하고 계시다. 내일 아침까
        지는 제발 큰소리가 안 나도록 각별히 유의해. 제발 부탁이다.
        이번만은 실수가 없기를 바란다. 알겠지?

        윤 참봉은 두 사람의 응답은 들으려 하지도 않고 퇴장한다. 윤 도령은
        어처구니없다는 듯 냉소를 내뱉는다.

허씨   (간절하게) 인간사란 다 그런 법이란다.

윤도령   그런 법이라뇨?

허씨   가려워도 남의 이목이 있는 앞에서는 긁지를 못하고, 괴로워도
        내색을 못하고, 삼복염천에도 버선을 못 벗고 사는 게 사람이란다.

윤도령   (비웃듯) 아녀자겠지요.

허씨   알기는 아는구나.

윤도령   알면서도 모르는 척 해야 하고.

허씨   보고도 못 본 척 해야 하고.

윤도령   (태도가 표변하며) 어머님, 그래서 무엇이 되나요?

허씨   응?

윤도령   그렇게 살아서 무엇을 얻었죠?

허씨   얻기는 무얼……

윤도령   그럴 테죠. 그러나 나는 그렇게는 안 살 거예요. 그렇게는 못 살
        아요! 내가 만져보고 가져보기 전에는 내 것이 아니니까요!

        윤 도령이 급히 퇴장한다.
        허 씨 부인이 몇 걸음 뒤좇아가려다 말고 우뚝 제자리에 서버린다.
        허전하고 서글픈 생각이 엄습해 온다. 뭐라 형용키 어려운 무겁고 안
        타까운 울음이 뭉클 치솟는다.

        암전

학이여, 사랑일레라

제3장

신방. 촛대에 새 초가 꽂혀 있다. 그래서인지 더 밝은 불빛이다. 윤 도령이 들어선다.

그러나 을죽은 약간 몸을 사리며 돌아앉을 뿐 별다른 변화가 없다.

윤 도령이 잠시 내려다보고 있다가 술상 앞에 가 앉는다. 을죽이 조용히 다가가 술병을 든다.

윤 도령이 술잔을 들기를 기다리는 눈치다. 윤 도령이 술병을 빼앗듯 하며 가로채려 하자 을죽은 무언으로 버틴다.

윤 도령이 약간 당황한다.

을죽   (담담하게) 받으십시오.

윤 도령이 똑바로 내려다본다.

을죽   그렇게 배웠습니다. 잔 받으십시오.

윤 도령이 마치 그 힘에 이끌려가듯 술잔을 든다. 을죽이 술을 따른다.

침착하고 여유있는 태도에 약간 압도당하는 느낌이다.

윤 도령은 뚫어지게 바라본다.

을죽   드십시오.

윤 도령은 단숨에 술을 마신다. 을죽이 편육을 한 점 집어 작은 접시에 옮겨 젓가락을 곁들여 내민다.

윤도령   후회하게 될 걸.

을죽   무겁습니다.

윤도령   무겁다니?

을죽   이 족두리며 머리가…… 지겹습니다.

윤도령   (말문이 막힌다)

을죽   제 손으로 벗는 법이 아니라고 가르침을 받았기에 이렇게 기다렸
         습니다.

윤도령   나더러 풀란 말이오?

을죽   예.

윤도령   손수 풀어봐요.

을죽   법이 아닙니다.

윤도령   뜻이 아니라면?

을죽   법은 따라야 합니다.

윤도령   할 뜻이 없으면 법도 어찌할 도리가 없잖소?

을죽   뜻은 죽일 수 있어도 법은 죽일 수 없습니다.

윤도령   뜻은 죽여도 법은 못 죽인다고?

을죽   아녀자는 뜻보다 법을 따르게 마련입니다.

윤도령   법을 따르다 죽게 된다면?

을죽   뜻을 따르려다가 죽게 되는 것도 매일반입니다.

윤도령   그렇다면 나와 혼인하게 된 것도 뜻이 아니라 법이었다는……
         뜻인가?

         을죽이 고개를 수그린다. 윤 도령이 자작을 하여 술을 마신다.
         다시 한잔 마신다.

윤도령   나는 뜻이 없는 일은 할 수가 없소.

을죽   (쳐다본다)

윤도령 내 마음에서 우러나지 않은 일은 무엇이든…… (사이) 미워하는
       것도, 사랑하는 것도, 가지는 일도, 버리는 일도 모두가 내 뜻이
       아니면 안 하는 사람이오. 그렇게 알고 나와 함께 살 자신이 있으
       면 살고 그렇지 아니하거든……

을죽   그럼 왜 혼인을 하셨소? 왜……

윤도령 부모님의 뜻이었소.

을죽   부모님의 뜻은 법이 아니겠소?

윤도령 법이 아니라 우격다짐이지. 나는 법을 따르려는 게 아니라 그 우
       격다짐에 잠시 굴복했을 뿐이오. 내 뜻은 아니오. 미안한 일이지
       만……

       을죽이 비로소 고개를 들고 정면으로 응시한다.
       머리에 쓴 족두리의 영롱한 구슬이 새삼 물결치듯 흔들린다.
       을죽이 마음을 가라앉히느라 안간힘을 쓰고 있다.

윤도령 원망해도 소용없소. 내 탓은 아니니까 어쩔 수 없소.

을죽   그럼 저는……

윤도령 아까 말했잖소. 좋을 대로 하라고……

을죽   육례를 갖추고 초례청에서 혼례를 올린 이상 이 몸은 윤 씨 가문
       에 들어온 사람이오.

윤도령 그래서?

을죽   죽건 살건 이 집 식구입니다.

윤도령 나를 원망하고 또 머지않아 자신을 미워하게 될 것을.

을죽   미워져도 어쩔 수 없습니다.

윤도령 첫 번째 아내가 어떻게 되었던가 얘기 들었을 텐데……

을죽   아란 아씨 말이군요.

윤도령   아란은 한 마디 대꾸도 없이 순순히 돌아갔지.

을죽   나는 아란 아씨가 아닙니다. 바람이 불면 금세 나부끼고 햇볕을 쪼이면 금세 시들고, 안개비 맞으면 금세 되살아나는 난초가 아닙니다. 쑥뿌리보다 더 억센 시누대* 뿌립니다. 서방님의 버림이 나를 버릴 수도 없고, 서방님의 미움이 나를 시들게도 못합니다. 저는 시누대처럼 모질게 살아갈 것입니다. 윤 씨 가문에서 뿌리 내려, 늙어 그래서 죽을 것입니다. 법도가 그러합니다.

을죽은 이 말을 또박또박 해나가면서 족두리를 풀고 원삼을 벗는다. 홍장 紅粧의 신부 옷차림이 불빛 아래서 한층 황홀하다. 을죽의 태도는 의연하기까지 하다. 강렬한 을죽의 인상에 새삼 윤 도령은 마음이 흔들리는 눈치이다.

을죽   (태연하게) 자리옷으로 갈아입으십시오.

을죽이 이불 위에 얌전히 챙겨둔 잠자리 옷을 들어 윤 도령 앞에 놓는다. 잘 길들여진 주부와도 같다.
윤 도령이 서서히 다가앉는다. 신기한 것을 만난 소년의 눈빛과도 같다.

윤도령   이상한 일이로군. 여느 아녀자는 내가 세 마디 했을 때 눈물을 글썽이고, 다섯 마디면 흐느끼고 매달렸는데 어쩌면 같은 아녀자인데도 이렇게……

을죽   눈물을 흘릴 때가 따로 있지요.

---

* 신우대의 방언. 볏과에 속한 여러해살이 식물.

학이여, 사랑일레라

윤도령   내가 미워질 때?

을죽   밉기만 했을 때는 차라리 웃어줄 거예요.

윤도령   지금까지 내가 품에 품어본 아녀자와는 전혀 다르군.

을죽   어서 갈아입으시고 자리에 드십시오.

윤도령   그렇게 하지.

윤 도령이 도포를 벗는다. 옷을 벗다 말고 무슨 생각이 들었는지 을죽
을 쳐다본다. 그리고 미닫이 쪽으로 눈길을 돌린다. 밖에서 킬킬거리
는 사람들 웃음소리가 흘러든다.

윤도령   그 병풍으로 미닫이 앞을 가리시오.

을죽   (수줍어서) 병풍을요?

윤도령   (빙그레 웃으며) 설마 우리의 거동을 아무에게나 보이고 싶다는
        건 아닐 테지. 안 그렇소?

을죽   (자리에서 일어선다)

윤도령   촛불은 내가 끄겠소.

윤 도령은 촛불을 불어 끈다. 그 사이 을죽이 조심스럽게 병풍을 접으
려다 말고 비명을 지른다.

을죽   으악!

윤도령   무슨 일이오?

을죽   (위아래 이빨이 턱턱 마치며) 저…… 저…… 저기……

말을 채 잇지 못하며 손가락으로 병풍 뒤를 가리킨다.
윤 도령이 벌떡 일어나 병풍 뒤를 본다. 다음 순간 윤 도령도 비명에

가까울 정도로 크게 놀라는 소리를 지른다.

윤도령 누구냐? (사이) 썩 나오지 못하겠느냐?

을죽 (윤 도령 등 뒤로 숨으며) 서방님! 아니 됩니다.

윤도령 썩 나오지 못하겠느냐? 사람을 불러들여 포박하기 전에 썩 나오
너라!

을죽 서방님!

이윽고 병풍 뒤에서 아란이가 천천히 모습을 나타낸다. 소복차림에
흐트러진 머리가 흡사 귀신같다.
윤 도령과 을죽은 재차 놀란다.

윤도령 아니…… 당신은…… 아란……

을죽 아란?

윤도령 무슨 짓이오?

아란의 정체를 알아내자 윤 도령은 무섭게 화를 낸다. 윤 도령이 호통
을 치듯 다그친다. 아란은 말없이 서서히 윤 도령과 을죽 앞으로 다가
선다. 무언의 압박감에 두 사람의 태도가 약간 흐트러진다.

윤도령 할 얘기가 있으면 밝은 날 나올 일이지 여기가 어디라고…… 감
히……

아란 (무감각 상태에서) 내 방이었소!

윤도령 뭣이?

아란 이 방은 아직은 내가 주인이오. 이 아란의 목숨이 붙어 있고 아란
의 눈이 살아 있는 이상 이 방은 내 방이오. (비로소 마주보며) 내

학이여, 사랑일레라

방에 내가 들어온 게 잘못입니까?

윤도령 그래 무슨 일로 여기에 잠입해서 이런 행패를 부리는가 말이다? 할 얘기가 있어 왔다면 어서 하고 냉큼 나가라!

아란 없습니다.

윤도령 그렇다면?

아란 얘기는 이미 끝이 난 지 오래입니다.

윤도령 그럼 뭐가 필요하기에……

아란 함께 가주시오.

윤도령 함께? 어디를……

아란 먼 곳. 조용한 곳. 한도 원도 없는 곳.

윤도령 (겁먹으며) 무 무슨 소릴……

아란 (어떤 환영을 좇는 사람처럼) 모두가 함께 있는 곳. 아무도 없는 곳. 모든 걸 찾을 수 있는 곳. 아무것도 없는 곳. 모두가 편히 쉬는 곳. 모두가 두려워하는 곳. 아무나 갈 수 없는 곳. 해가 뜨는 곳. 해가 지는 곳. 바람이 자는 곳.

아란은 처음엔 천천히 부드럽게 속삭이듯 말하다가 차츰 신 내린 무당처럼 억척스럽게 방 구석구석을 훑어내듯 외친다. 흡사 미친 사람 같다.

윤도령 그만! 그만! 그만!

아란이 제자리에 우뚝 서버린다. 한구석에 와들와들 떨고 있는 을죽에게로 간다. 을죽이 더욱 공포 속으로 몰려 들어간다.

아란 (조용히) 함께 갑시다.

을죽 살려 주오!

아란	우리는 같은 처지.
을죽	살려 주오!
아란	같은 여자.
을죽	제발 살려 주오!
아란	혼자서는 외로워서 못 넘는 고개.
을죽	저리 가요! 싫소! 싫소!
아란	용서하시오!

어느새 아란의 손에 시퍼렇게 번뜩이는 은장도가 들렸다.
을죽은 더 놀란다.
을죽이 이리저리 피하다가 윤 도령에게로 간다.

을죽	사람 살려요! 사람을!

다음 순간 아란이 혼신의 힘을 다하여 을죽의 가슴을 찌르려 한다.

아란	미워서가 아니라오. 미워서가……
을죽	싫소! 싫소!
아란	당신도 언젠가는 나처럼 될 것이오. 그러니……

다음 순간 윤 도령이 아란의 등 뒤에서 그녀를 껴안듯 하며 말한다.

윤도령	무슨 짓이오!
아란	아……
윤도령	이 칼을 놔요!
아란	나를 안으셨구려! 나를 안으셨구려! (아란이 윤 도령과 맞서며 똑바

로 쳐다본다)

윤도령   뭐라고!

아란   서방님이 이 몸을…… 아…… 이 몸을…… (그녀의 눈에 금시 황홀한 미소가 피어난다)

윤도령   (영문을 모르고) 무슨 소리요?

아란   꿈에서나 안겨볼까 바라던 서방님이 이 몸을…… 아…… 더…… 힘껏…… 더 힘껏 조여 주시오! 서방님!

아란은 윤 도령의 허리를 꼭 껴안으며 가슴에 얼굴을 파묻는다.

윤도령   칼을 놓아요!

아란   이렇게 안긴 채로…… 고개를 넘게 해주시오! 서방님! 이대로 …… 이대로……

윤도령   아란! 이 손을 놔!

아란   이대로 있게 해주시오!

윤도령   아란!

아란   이렇게 잠시 동안만 있게 해주시오!

윤도령   안 돼! 안 돼!

윤 도령이 힘껏 뿌리치자 저만치 방바닥에 아란은 쓰러진다. 그러나 그녀의 얼굴엔 어떤 화려한 환영을 좇는 사람의 단말마의 기쁨이 도사리고 있다.

아란   서방님 품에 안겼다! 나는 서방님 품에 안겼다. 아…… 이제는 갈 수가 있다! 이제는 눈을 감고도 견딜 수가 있다. 서방님! 고마워요! 서방님!

다음 순간 아란은 손에 들고 있던 은장도로 자기 앞가슴을 찌른다.

을죽 으악! 사람 살려요!

이와 동시에 천둥이 치고 비바람이 몰아친다.
아란의 소복한 가슴에 금시 시뻘건 선지피가 번져간다.
윤 도령이 아란을 안아 일으켜 준다.

윤도령 정신 차려요…… 아란……
아란 (힘없이 웃으며) 이렇게…… 쉽게 잠들 수 있는 것을…… 이렇게 짧게 끝날 수도 있는 것을…… 이렇게 품에 안겨…… 눈 감을 수 있는 것을…… 어째서…… 어째서 그것을 골랐을까요? 아…… 고마워요…… 이렇게 서방님 곁에서 잠들 수 있는 것을……

아란이 마지막 숨을 거둔다.
윤 도령은 문득 겁에 질려 시체를 놓고는 벼락 맞은 사람처럼 멍하니 서 있다.
윤 참봉, 허 씨 부인 그리고 집안사람들이 황급히 뛰어든다.
손에 등을 들었다.

윤참봉 무슨 소리냐?
허씨 뇌성 소리인 줄 알았더니?

이윽고 방에 들어와 처참한 광경을 발견하자 저마다 놀란다. 을죽은 방 구석에서 아직도 공포에 떨고 있다. 멀리 천둥이 울고 지나간다.

학이여, 사랑일레라

윤참봉　기어코…… 일을 저질렀구나!

허씨　이 일을 겪으려고…… 그 한을 풀려구…… 오늘을 기다렸구나
　　　…… 불쌍한 것……

모두가 비통하게 통곡을 한다. 비바람 소리에 번개까지 겹친다.

암전

제4장

깊은 산속. 배경으로 산이 보인다.

이름 모를 산새들이 지저귀는 곳.

이따금 솔바람이 해조음처럼 스쳐간다. 바위 위에 을씨년스럽게 누워 있는 윤 도령. 그 옆에 활과 화살이 놓여 있다. 잠이 들었나 보다. 석양이 비껴가는 서편 하늘이 곱게 물들어 가고 있다. 그 붉은 빛이 차츰 황금빛으로 변하더니 이윽고 잿빛으로 변한다. 새소리도 차츰 사라지며 무대는 어둠 속 깊숙이 가라앉는다. 윤 도령만 남는다. 무대 한구석에 한 여인의 모습이 떠오른다. 고개를 떨구고 앉아서 바느질을 하고 있다. 얼굴을 알아볼 수가 없다. 되도록 환상적인 분위기였으면 좋겠다. 윤 도령이 천천히 자리에서 일어난다.

윤도령 오늘은 무슨 사냥을 할까?

화살을 집어 살핀다.

윤도령 토끼를 잡아올까? 토끼털로 당신 겨울옷을 지어 줄게. 아니면 사슴을 잡아올까? 고기는 포를 떠서 말렸다가 술안주로 쓰고, 가죽은 손질해서 방바닥에 깔면 좋겠군. 아니다. 곰이 더 좋겠지.

윤 도령이 바위에서 내려와 여인의 곁으로 간다.

그는 여전히 화살을 활줄에다 대고 당겼다 놓았다 하며 연습을 한다.

윤도령 곰은 하나도 버릴 것이 없다더군. 가죽은 가죽대로, 살코기는 살

　　　　　　　　　　학이여, 사랑일레라

코기대로, 쓸개는 말할 것도 없고. 심지어 발바닥 살까지도 값이 나간다나 봐.

여보. 우리 곰 한 마리 잡는 날에는 큰 부자 부럽지 않게 두 다리 쭉 뻗고 살 수 있겠지?

그럼 부모님 모셔다가 천년만년 사시게 하고 우리들 아기 낳아 곱다랗게 길러서……

윤 도령이 말하다 말고 문득 여인 쪽을 돌아본다. 여전히 얼굴을 수그리고 바느질에 여념이 없다.

윤도령　내 얘기 듣고 있는 거요?

아란　(대꾸가 없다)

윤도령　내 얘기 들려? 안 들려? 뭐라고 한마디 해요!

윤 도령이 여인의 옆에 바싹 다가앉아 한손으로 여인의 얼굴을 쳐든다. 다음 순간 흉악한 문둥이 탈바가지를 쓴 얼굴이 나타난다.
윤 도령이 질겁을 하여 뒤로 넘어진다. 그는 대굴대굴 굴러서 저만치 피해 간다. 겁에 질려 부들부들 떤다.

윤도령　사람 살려! 사람 살려!

여인은 시침을 딱 떼고 바느질을 한다. 윤 도령은 공포 속에서도 다시 한번 그녀의 얼굴을 보고 싶은 충동에 엉금엉금 기어서 여인 곁으로 다가간다.
그리고는 떨리는 목소리로 말을 건다.

윤도령   여보…… (사이) 나 좀 봐요. (사이) 여보.

윤 도령이 손을 내밀어 그녀의 턱을 조심스럽게 쳐든다. 그러나 그녀
의 얼굴은 아까와는 전혀 다른 상냥스럽고 예쁜 각시의 탈이다.
윤 도령이 자신의 눈을 의심하듯 다시 한번 살펴본다.
예쁜 각시의 얼굴이다. 비로소 안도의 숨을 몰아쉰다.

윤도령   훗흐…… 그랬으면 그랬지. 당신이 그런 흉측한 몰골을 하고 있
        을 리가 없지. 흠…… 여보. 나는 나는 언제나 당신 곁을 떠나지
        않을 것이니까 걱정 말아! 굶으나, 추우나, 병들건, 성하건, 우리
        는 어디 가나 한 몸 한 덩어리가 되는 거지? 그렇지?

여인이 고개를 끄덕인다. 윤 도령이 흐뭇해져 그녀 곁으로 가서 손을
잡는다. 여인이 피한다.

윤도령   괜찮아. 여보. 수줍어 할 것 없다니까…… 자…… 자……

윤 도령이 심술궂게 여인을 껴안으며 입을 맞추려 한다.
여인이 고개를 수그리며 피한다.
그럴수록 윤 도령은 욕정이 불타오른다.
윤 도령이 급기야 여인의 양어깨를 잡아 고개를 돌린다.
그 순간 여인의 얼굴은 다시 흉악한 문둥이의 탈로 변한다.

윤도령   으악!

여인이 기성을 지르며 웃어댄다. 두 개의 얼굴이 번갈아 나타난다.

학이여, 사랑일레라

윤 도령이 기겁을 하며 넘어진다. 두 사람의 행위는 사실적이라기보다 무용적인 동작으로 표현된다. 그 순간 무대가 어두워진다. 이윽고 처음과 같은 산새 소리가 다시 들리기 시작한다.
무대가 다시 밝아진다. 악몽에서 깨어난 윤 도령이 바위 위에 벌떡 일어나 앉는다. 솔바람이 불고 간다. 길게 숨을 몰아쉰다.

윤도령   후유!

멀리서 장쇠가 부르는 소리가 메아리치며 들려온다.

장쇠   서방님…… 서방님……

그러나 윤 도령은 시들한 생각에 못 들은 척한다.

장쇠   (전보다 가깝게) 서방님! 어디 계십니까요?

윤 도령이 바위에서 내려서서 곱게 물들어 가는 하늘 저편을 바라본다.
장쇠가 숨을 헐떡거리며 올라온다.

장쇠   아니! 거기 계시면서…… 대답 좀 하시면 어때서…… 그래…… 그렇게 입을 조개처럼 꼭 다물고 계십니까요? 누군 보리흉년에 밥 빌어먹으려고 입을 안 놀린다고 했다지만 서방님은 대체 뭐가 모자라서 그렇게 갑자기 말을 잃으셨습니까요?

윤 도령이 나무뿌리에 기대어 앉는다. 맥이 풀려 운신하기조차 귀찮은 표정이다.

윤도령 귀찮다. 세상 만사가…… 귀찮다.

장쇠 서방님. 잊어버리세요. 기왕지사 그렇게 된 걸 어쩝니까요?

윤도령 잊어버려?

장쇠 잊어야죠. (문득 생각이 난 듯) 서방님 사주팔자는요, 세 번 장가
       갈 운수랍데다. 헷헤……

윤 도령이 어이없어 돌아본다.

윤도령 세 번? 누가?

장쇠 영감마님께서 지금 사랑방에서 손님하고 말씀하시는 걸 엿들었
       습죠. 헤헤……

윤도령 아버님께서?

장쇠 예. 지나가는 과객인데 법사인지 도사인지 알 수는 없지만 그분
       말씀이 그러던데 서방님은 세 번 장가를 들어야 운이 풀릴 사주
       팔자라나요. 헛허…… 복도 많지요.

무대 한 귀퉁이에 사랑방이 나타난다. 윤 참봉 내외와 법사가 마주
앉아 있다.

윤참봉 그럴까요?

법사 두고 보십시오. 자제분은 꼭 세 번째 장가를 들 운수입니다. 사주
      풀이에 역력히 나타나 있는 걸 어찌합니까?

허씨 스님, 그렇지만 우리 아이는 혼인에 대해서는 전혀……

법사 아직 만나야 할 사람을 못 만난 것뿐이죠. 이 세상 하고 많은 사
      람 가운데는 꼭 마음에 드는 상대가 나타난다는 법, 그것이 바로
      인연이라는 게 아니겠습니까. 인연이 없으면 아무것도 이뤄지는

학이여, 사랑일레라

법이 없습니다. 억지로 인연을 맺어주려 해도 그것은 일개 사람의 뜻이었을 뿐 부처님의 뜻이 아니죠. 그것은 인연이 아닙니다. 나무관세음보살……

윤 참봉 내외는 법사의 말에 크게 감동한 듯 그저 고개만 끄덕거릴 뿐이다.

법사   인연이란 흔한 것 같으면서도 기묘한 것, 더구나 사람과 사람의 만남은 인연 없이는 이루어질 수 없습니다. 자제분께서 이미 두 번씩이나 혼인에 실패를 한 것도 필경은……

윤참봉   인연이 없었던 까닭인가요?

법사   옳습니다. 저승에서 이승으로 이어지기까지 이 우주 그 어디에선가 꼭 만난 적이 있었던 사람끼리 만나야 그렇지 않고서는 모두가 뜬구름입니다. 관세음보살……

허씨   스님! 그렇다면 저희 자식에게 무슨 인연을 맺게 해줄 방법은 없겠습니까?

법사   글쎄요.

허씨   말씀드리기도 부끄러운 일이지만 첫 번째 자부는 자결을 했고, 두 번째 자부는 병들어 죽어갔으니 이제는 배필을 구해줄 엄두도 안 납니다. 제발 스님께서 좋은 배필 만나게끔 인도하여 주십시오.

법사는 눈을 감고 염주알을 굴리고 있다.

윤참봉   스님 말씀대로 어버이가 자식을 장가보내려 하는 것도 필경은 인간의 노릇이지 부처님의 뜻은 아닌가 봅니다.

법사   그렇소. 인간이 세상에 태어나고, 자라고, 성하고, 망하고, 만나

고, 맺어지고 그리고 죽는 것, 이 모두가 부처님의 뜻이자 인연에
의한 만남입니다.

허씨　　그러니 제발 우리 아이에게 좋은 배필을……

윤참봉　자식놈이 꼭 만나야 할 천생배필은 없을까요?

법사　　있고말고요.

윤참봉　어디서 찾아낼 수만 있다면……

법사　　어렵고도 쉬운 것이 바로 그 만남이지요. 그러나 사람은 모래알
같은 것. 그 모래알 속에서 어쩌다 제 짝을 만나게 되는 이 인연
은 오직 부처님만이 아시는 일이니 전들 감히 뭐라 말씀드릴 수
가 있겠습니까. 관세음……

윤 참봉 내외가 새삼 수심에 가득 찬 듯 긴 한숨을 내뱉는다.

법사　　(눈을 똑바로 뜨고) 말하자면 댁의 자제분은 지금 허공에 떠 있는
먼지와도 같습니다. 조금만 입김을 불어도 두둥실 떠가는 먼지,
바람이 조금만 불어와도 가볍게 날리는 먼지 같은 생명이라오.
그러니 잠시도 땅 위에 내려앉을 겨를도 뜻도 없는 것이오.

허씨　　떠돌아다니는 먼지?

법사　　그렇습니다.

허씨　　그렇다면 어떻게 하면 땅 위에 내려앉게 할 수가 있을까요?

법사　　부처님 곁에 있게 하시오.

허씨　　부처님 곁이라면?

법사　　깊은 진세를 떠나서 깊은 산속 사찰에 앉아 수양을 하고 불경
공부 삼매경에 몰입하는 것도 한 가지 방법이겠죠.

윤 참봉 내외가 서로 얼굴을 바라본다.

349　　　　　　　　　　　　　　　　　　　학이여, 사랑일레라

윤참봉 사찰에 들어가 불경 공부를?

허씨 세상만사가 귀찮아진 그 아이가 그런 데에 마음을 두게 될는지 가……

법사 나와 인연이 있다면 내 뜻을 따를 것이고 인연이 없다면 내 말 역시 한 개의 미세한 먼지가 아니겠습니까! 그것은 당사자가 받아들이고 아니 받아들이고에 따라 정해질 노릇이니 자제분을 불러 물어보십시오. 의사가 있다면 언제든 내가 있는 절을 찾으라 하시오.

윤참봉 어느 절입니까?

법사 달성사라 합니다.

윤참봉 달성사?

법사 그다지 우람한 절은 아니오만 사위가 조용하고 숲이 우거진데다 가까이 바다가 있고 철따라 학이 내려와 사는 송림이 있어 경관이 가히 절경이라오.

허씨 학이란 원래가 깨끗한 곳만을 찾아 사는 새라 들었습니다만……

법사 조석으로 그 맑고 우아한 학의 울음소리를 듣고 있노라면 속세의 온갖 번뇌가 저절로 사라지는 느낌이 드는 곳입니다.

윤참봉 달성사라……

허씨 학이 우는 소리를 여지껏 들어본 적이 없습니다.

법사 자고로 학은 신선과 함께 사는 영물이라 일컬어온 만큼 그 울음소리에서는 온갖 느낌을 터득할 수가 있습니다. 그 소리만 듣고 있어도 이 세상의 모든 풍상과 번뇌를 족히 씻어내고도 남을 것입니다. 헛허……

이때 윤 도령이 들어선다. 장쇠가 따라온다.

윤도령 아버님.

윤참봉 마침 잘 왔다. 그렇지 않아도 너에게 사람을 보낼까 했더니만 ……

윤도령 말씀 다 들었습니다.

윤참봉 누구한테?

장쇠 영감마님, 쇤네가…… 죄송합니다요. 헷헤……

윤참봉 방정맞은 것 같으니라구……

허씨 좋은 일을 위해 엿들었는데 무슨 상관있겠습니까…… (윤 도령에게) 거기 앉거라.

법사는 윤 도령의 모습을 뚫어지게 바라본다.
그것을 눈치 차린 윤 도령이 약간 멋쩍어진 듯 무릎을 꿇는다.

윤참봉 (법사에게) 어떻겠습니까? 스님께서 보시기에는……

법사 음…… 아직도 살이 끼어 있군요.

윤참봉 살?

법사 그렇소. 저 눈빛에서 가시기 전에는 마음을 놓을 수가 없지요.

윤참봉 음…… 그럼 그 학 울음소리를 들으면서 독경 삼매경에 몰입만 한다면 그 살을 가시게 할 수가 있겠습니까?

법사 비록 날짐승의 울음소리이기는 하나 그 소리에서 뜻을 찾아낼 수 있게만 된다면 이미 탈속은 한 거나 다름없지요.

윤참봉 뜻이라뇨?

법사 학이 처음부터 학으로 태어난 건 아니니까요. 전세에는 사람이었을 수도 있고 흉악한 짐승이었을 수도 있겠고…… 다만 현세에 와서 우리가 학이라고 보는 것 뿐 그 전세의 생명은 분명 다른 것이었을 것이오. 그러니 그 울음소리는 학의 소리가 아닌 전세

학이여, 사랑일레라

의 생명의 울음일 게요. 그것을 알고 모르고는 곧 그 사람이 얼마
나 생각하고 공부했는가에 따라 분별이 될 것이오. 그러니 깊은
산속 달성사에 앉아 학의 울음을 듣는 것도 과히 빗나간 일은
아닐 게요.

윤참봉   네 뜻은 어떠하냐?

허씨   달성사로 가서 쉬었다 오겠느냐?

윤도령   (순순히) 그렇게 하겠습니다.

허씨   고마워라.

윤참봉   정말이냐? 며칠 안 가서 또 변덕을 부리는 건 아니겠지?

윤도령   아닙니다. 그렇잖아도 어디고 한적한 산간에나 들어갈까 했는데
잘 되었지 뭡니까!

허씨   그래?

윤참봉   역시 내 자식이구나! 헛허……

윤도령   법사님이 계시는 달성사는 어떻게 가면 됩니까? 그곳에서는 사
냥도 할 수 있습니까?

법사   사냥은 안 돼!

윤도령   그렇지만……

법사   그 울음소리를 듣고 뜻을 얻기 전에는 아무 일도 해서는 아니
되느니라.

윤도령   지루해서 어찌 살아갑니까?

허씨   기회를 보아 장쇠를 시켜 먹을 것, 입을 것 지워 보낼 테니 잠시
동안만 고생하여라. 모두가 너를 위해서가 아니냐?

윤참봉   법사님 지시대로 따라야 한다. 너는 새사람이 되기 위해 도를 닦
는 거야.

법사   그렇지! 도를 닦는다는 건 자신을 찾는 일이지. 먹고 자는 자신이
아니라 어디서 와서 어디로 가는가를 찾아야 하지. 또한 그 무엇

으로 화신하여 날지도 모르지. 찾아야 하고말고. 비록 하찮은 날
짐승의 울음일지라도 거기에는 기쁨도 슬픔도 그리고 한도 깃들
어 있을 텐데…… 아니 우리도 언젠가는 죽을 것이요, 죽어서
한 마리 학이 될지, 보잘 것 없는 뱁새가 될지 뉘라서 알 것인가!
우리는 모두가 하나의 생명을 지니고 영원히 우주공간을 헤매고
있는 것을……
헤매다가 만나 또 헤어지는 것 뿐이오…… 나무관세음보살……

암전

제5장

달성사 경내.

배경으로 송림에 가려진 달성사의 건물이 비쳐진다.

은은한 독경 소리와 목탁 소리. 잔잔한 파도 소리가 들려오는 걸 보아

바다가 가까운 모양이다. 새 소리마저 섞이어 가히 선경 같은 분위기다.

애실이 올라오고 있다. 손에 작은 봇짐을 들었다. 가파른 산길을 올라

오느라 땀이 송글송글 맺혀있다. 얼핏 보기에는 성숙한 여인의 풍만한

살내음을 발산하는 유형의 여인이다.

길게 숨을 몰아쉰다.

애실   아…… 시원도 해라. 절 가까이 오기는 온 모양인데……

숲속에서 댓잎사귀 스쳐가는 인기척이 나자 애실은 본능적으로 경계

하듯 몸을 피한다.

이윽고 동승이 물지게를 지고 나온다. 동승도 물지게를 내려놓고 숨을

몰아쉰다. 애실이 안도의 기색을 나타낸다.

애실   (조심스럽게) 여기가 달성사가 틀림없습니까?

동승   예. 그렇습니다요.

애실   정말…… 아름다운 곳이군요.

동승   예. 대나무 숲에 바닷바람이 스쳐가는 소리에 저 아래 송림에서

　　　　학이 우는 소리는 더 가관입니다.

애실   학이 웁니까?

동승   그럼요.

애실　저런? 나는 학이 우는 소리라고는…… 목이 길고 입부리가 딱딱
　　　해서 울음소리 따위는 안 내리라 생각했지요. 홋호……

동승　우리 스님께서는 그 많은 학의 울음소리를 저마다가 각각 다른
　　　소리로 분별하십니다.

애실　(놀란 듯) 각각 다르다뇨?

동승　예, 이승에서나 저승에서 슬픈 일, 괴로운 일을 당한 사람이 곧
　　　학의 울음소리라고 하십데다. 그러나 저는 아직 모르겠어요. 나
　　　이가 어려서겠죠. 흠……

동승이 물지게를 지고 상봉 쪽을 향해 올라간다.

애실은 동승이 남긴 말에 일말의 여운을 느끼기라도 한 듯 멀리 바다
쪽을 내려다본다. 파도 소리가 아까보다는 좀 더 크게 들려온다. 숲속
에서 윤 도령이 나온다. 회색 바지저고리에 짚신을 신었다. 구레나룻
이 거뭇거뭇 자랐고 얼굴이 전보다는 초췌한 것 같다. 그러나 그 커다
란 눈에는 아직도 동물적인 빛이 남아 있다.

무심코 지나치려다 말고 애실과 시선이 마주친다. 애실은 수줍음과
경계심에서 몸을 돌린다.

윤 도령이 자기도 모르게 친근감을 느낀 모양이다. 윤 도령은 손에
든 댓잎사귀를 입에 문다.

윤도령　타관에서 오신 분 같은데……

애실　……

윤도령　저도 마찬가지입니다.

애실이 조심스럽게 돌아본다.

355　　　　　　　　　　　　　　　　　　　　학이여, 사랑일레라

윤도령	불공드리러 오셨나요?
애실	예.
윤도령	아……

애실이 이번에는 조심스럽게 말을 건넨다.

애실	이 절에서 하시는 일은…… 무슨……
윤도령	저는 중이 아닙니다.
애실	예?
윤도령	쉬려고 왔지요…… (이죽거리듯) 잊으려고 왔다고도 해야겠지. 만나려고도 왔고…… 훗흐…… 죄 많은 인간이라 어딜 가나 그 생각이죠. (윤 도령은 반은 장난기 섞인 말투로 내뱉는다. 애실도 따라 웃는다)
윤도령	달성사에 머물게 된 지 석 달째입니다만…… 이제야 나도 귀가 뚫리고 눈이 뜨이고 코가 트이는 것 같군요. 조금은……
애실	예?
윤도령	처음 만나는 사람을 봐도 그 눈빛에서 그 무엇인가를 찾아낼 수가 있구요. 눈을 통해서 마음을 들여다본다고나 할까요.

다음 순간 두 사람의 시선이 교차된다. 애실은 자기도 모르게 귀밑이 달아오르는 것을 느끼자 손끝으로 흐트러진 머리칼을 추슬러 올린다. 공만 한 겨드랑과 앞가슴이 도드라진다.

윤도령	오래 묵으실 작정이신가요?
애실	아, 아니요.
윤도령	그러나 쉬이 떠나실 분 같지는 않군요.

애실   예?

윤도령   이렇게 말씀드리면 어떻게 생각하실지 모르지만…… 나는 전에
        꼭 어디서 뵌 적이 있는 것 같은……

애실   저를 말씀인가요?

윤도령   어디서였을까요? 그게……

애실   어머나! 재미난 말씀도 다……

애실의 표정은 차츰 요염스럽게 변한다. 그것은 금세 사람에게 친근감
을 느끼는 천성이리라. 처음엔 의식적으로 감추려던 자신의 작위적인
표정에서 벗어나 본시 타고난 본색으로 변해버리는 여인의 본성일지
도 모른다.

윤도령   스님 말씀이 사람은 세 번 태어난다고 하셨지요. 전세와 현세와
        그리고 내세에서…… 그러니 우리는 한 번쯤은 어디서 꼭 만나
        게 되는 법이라고 말씀해 주셨습니다. (애실을 돌아보며) 그런데
        처음 만난 사람인데도 분명 어디서 꼭 만난 적이 있었다고 느껴
        지는 그런 사람이 있지요. 그게 꿈속에서일 수도 있고, 이렇게
        단둘이서…… 만났을 때도……

애실의 눈이 걷잡을 수 없이 열을 올리며 달아오르는 것 같다.

애실   정말 그런 것 같아요.

윤도령   그렇게 느끼십니까?

애실   잘은 모르지만……

윤도령   어찌 오셨소?

애실   ……

윤도령 어느 분의 불공을 드리려고 오셨습니까?

애실   망자의 명복을 빌어주십사 하고……

윤도령 망자? 주인이신가요?

애실   (약간 시들해지며) 이미 다섯 해가 흘렀지요. 뱃길따라 장사를 나
        갔다가 풍랑을 만나 그만……

윤도령 다섯 해라…… 그럼 다섯 해 동안 아직도……

애실   예, 철따라 불공을 올리고 그분이 극락세계에서 편히 지내주시기
        를 빌면서……

윤도령 부인은 지옥에 있으면서 말인가요?

애실   예?

        애실의 눈은 항의라기보다 오히려 동정을 구하는 표정이다.

윤도령 편히 지내야 할 사람은 부인이십니다. 만나야 할 사람을 만나서
        편하게 보내셔야죠.

애실   예?

윤도령 나는 두 번씩이나 혼인을 했지만 내 아내들은 모두 다 나 때문에
        불행하게 되었죠. 그래서인지 나는 불행한 여인에게는 복 많이
        받기를 축원하는 버릇이 생겼지요. 인과응보가 아닌 속죄의 뜻이
        기도 하겠지만…… 헛허……

        윤 도령이 부러 호탕하게 웃는다. 그러나 애실의 시선을 의식하자 멋
        쩍게 움츠러든다.

애실   그 축원을 받는 사람은 얼마나 흐뭇해하실까요?

윤도령 아직도 미움이 가시지 않아 허공에 떠다니며 이 몸을 저주하고

있을 거예요.

애실　아니죠. 아녀자란 단 한 번의 믿음으로 모든 것을 허물어버릴 수
　　　도 있고, 씻어 내릴 수도 있고 그리고 불살라 버릴 수도 있지요.

윤도령　예?

애실　십 년을 두고 미워하던 마음도 한순간으로 인해서 깨끗이 잊어버
　　　릴 수도 있구요. 아, 다만 그 순간을 어디서 어떻게 얻어내는가가
　　　어려울 뿐이지요. 뜨거운 불길도 순간이지요. 휘몰아치는 비바
　　　람도 순간이고요. 그 순간이 지나갔을 때 그것을 미련스럽게 생
　　　각하는 사람은 없는 법이에요.

윤도령　부인.

애실　망자의 명복을 빌러 온 나도 어느 순간에 이르렀을 때는 모든
　　　것을 잊어버릴지도 모를 일이지요.

　　　윤 도령의 눈에 새로운 애욕의 불길이 타오른다.
　　　법사가 내려오고 있다.
　　　손에 염주를 들었다.

윤도령　스님 나오셨습니까?

법사　손님이 오셨소?

윤도령　아닙니다.

　　　법사가 의아한 표정으로 두 사람을 번갈아 본다.

애실　(변명이라도 하듯) 망자를 위하여 불공을 드리러 왔습니다, 스님!

법사　눈빛이 다릅니다.

애실　네?

법사   망자를 위해서가 아니라 부인 자신을 위해서겠죠.

애실   무슨 말씀을……

법사   남을 위하는 일이 사실은 자신을 위하는 일일 수가 있지요. 그것
이 불심이 있고 없고의 차이입니다. 범속한 인간은 누구나 남을
위해서라고 허지만 실상은 자기 자신을 위하는 법이지요. 나를
버리는 일이 그만큼 어렵다는 얘기이기도 하겠지만……

윤도령   스님, 이 부인은 5년 동안을……

법사   누군가를 찾아다니고 있었죠. 그렇죠?

애실이 몹시 당황한다.
윤 도령도 마치 자신의 약점을 찔리기라도 한 듯 얼굴을 붉힌다.

법사   나는 결코 그것을 나무랄 생각은 없어요. 허지만……

윤도령   뭡니까?

법사   (잠시 애실을 뚫어지게 바라보다가) 찰나가 무엇이며 영원이 무엇인
지가 문제라오. (화제를 바꾸며) 부인, 불공을 드리시려거든 저쪽
법당으로 오르시오.

애실   예.

법사   올 초파일은 유난히도 붐빌 것 같으니 미리 등에 불 밝힐 자리를
정하시도록 하시오.

애실   예.

법사가 앞장을 서자 애실이 그 뒤를 따른다. 돌층계를 오르던 애실이
미련을 느낀 듯 윤 도령을 내려다본다.
윤 도령이 애태우며 서성거린다.
바람 소리가, 대밭을 스쳐가는 소리가 스산하리만큼 드높다.

윤도령 어디서 보았을까? 처음 만난 사람은 분명 아닌데. 아란과 을죽에
         게서는 느껴볼 수 없는…… 아…… 분명 만난 적이 있는 얼굴인
         데…… 어디서 언제…… 아……

이리저리 서성거리다가 문득 어떤 생각이 난 듯 제자리에 굳어버린다.

윤도령 그렇다. 모래알일 게다. 수많은 모래알 속에서 내가 만난 모래알
         일 게다. 저승에서 만났던 얼굴이었을지도 모르지. 허공을 떠다
         니며 오다가다 만났고 스쳐간 적이 있었지만 그때는 그것을 잊어
         버리고 있었을 게야. 스님 말씀대로 우리는 서로가 찾게 된 사람
         이었을지도 모른다. 사람의 힘에 의해서가 아닌…… 인연이 맺
         어 준…… 그렇지. 이제야 비로소 나는 사람을 만났다. 그 사람
         을 만났다.

윤 도령은 법열에 가까운 환희를 느끼며 숲 사이를 춤추듯 뛰어오른다.
학이 떼지어 울고 간다. 가장 높은 곳에 올라선 윤 도령이 학이 울고
가는 방향을 내려다본다.

윤도령 학아, 네 울음소리를 오늘은 알 것 같구나. 그토록 슬프게 들리기
         만 하던 네 울음이, 슬픔이 아님을 이제야 알겠다.

윤 도령은 마치 해탈의 경지에 선 수도자처럼 양팔을 활짝 펴고 크게
웃는다.

암전

제6장

밤이다. 하늘엔 초승달이 떴다. 절방에 등유를 켜고 앉아서 불경을 읽고 있던 윤 도령, 책을 덮고는 벌렁 드러눕는다. 부엉이가 운다.

윤 도령이 다시 일어나 앉는다. 어떤 상념에서 벗어나려는 듯 눈을 지그시 감는다.

산란한 마음이 좀체로 가라앉질 않는다. 자리에서 일어나 등불을 훅 불어서 끈 다음 밖으로 나온다.

파도 소리가 드높다.

두어 번 깊은 숨을 몰아쉬고는 돌층계를 내려온다.

숲속에서 바시락거리는 소리가 들린다.

윤 도령이 섬뜩 놀란다.

윤도령 누구요?

대답이 없다.

윤도령 누가 있소? 거기……

이윽고 애실이 나온다. 달빛 아래 처절하리만큼 아름답다 못해 요기가 돈다.

윤 도령이 새삼 놀란다.

윤도령 이상한 일이오. 아, 알 수 없는 일이오. 세상을 피해서 이 절에 왔건만 결국은……

애실   만나기 위해 온 셈이오.

윤도령   만난 게 아니라 찾아낸 셈이오!

애실   찾았습니까?

윤도령   오래 전부터, 아득한 옛날부터, 아니지, 언제부터인지 헤아릴 수 없을 만큼 먼 시간을 두고, 부인!

윤 도령이 애실을 단숨에 끌어당긴다. 애실도 그대로 윤 도령에게 몸을 내맡긴다. 그 소리에 놀랐는지 대밭에서 새가 푸드득 날아간다. 길고 뜨거운 포옹. 종소리가 울린다.

무대가 환상적이면서 황홀한 빛으로 바뀐다.

두 사람이 대숲으로 들어간다. 무대 양쪽에서 아란과 을죽의 환영이 떠오른다. 그것은 망령이라도 좋고 환상이라도 좋다. 여한을 남기고 간 여인의 처절하리만큼 창백한 얼굴만 있으면 된다.

어디선가 아련히 들려오는 가락에 맞추어 서서히 춤을 추기 시작한다. 한이 맺힌 상태에서 차츰 벗어나 달관이자 초극의 상태의 춤으로 변해 간다. 느리고 끊어질 듯하면서도 줄기차게 이어지는 춤이다.

다음 순간 대숲에서 비명이 들린다. 윤 도령이 뛰쳐나온다. 상반신이 흐트러진 차림이다.

이와 함께 춤은 멎고 아란과 을죽이 무대 양쪽으로 갈라 선다.

윤 도령이 어떤 환각에 사로잡혀 두 여인을 번갈아 좇는다.

윤도령   아란······

아란이 피한다.

윤도령   을죽! 내가 잘못했소!

을죽도 피해간다.

대숲에서 애실이 나온다. 머리가 헝클어지고 옷자락에 검불이 붙어 있다. 헐떡이는 숨소리에 풍만한 앞가슴이 달막거린다.

애실   서방님, 어디를 가시려고……

윤도령   찾아야 해.

애실   여기 있지 않습니까?

윤도령   아니지.

애실   나를 찾았다고 했잖습니까?

        나를 만나 기쁘기가 한량없다고 하셔놓고서 왜 갑자기……

        무슨 생각을 하고 계십니까? 서방님……

애실은 노골적으로 윤 도령을 애무하려 든다.

윤 도령은 열병을 앓듯 중얼거리며 애실을 피한다.

애실   인연이라 하셨습니다.

윤도령   아니오!

애실   만남이라 하셨습니다.

윤도령   아니오!

애실   순간이라 했습니다.

윤도령   아니오!

애실   불이라 하셨습니다.

윤도령   아니오! 아니오! 하나가 아니라 둘이라야 하오!

애실   서방님! 이 몸이 둘이기를 원합니다.

윤도령   둘이 아니라 셋이라야 해! 셋이 있어야 해!

애실   셋? 셋? 이 애실을 두고 셋이라고요?

윤도령 아니지! 아란과 을죽과 그리고 애실! 이렇게 셋이라야 해! 그 가
       운데 하나만으로는 어찌할 수가 없었어! 그중의 어느 것 하나만
       으로는 나는 의지할 수도 내맡길 수도 없었소!
       아란…… 을죽……

이 말에 무대 한구석에 옛날과 같은 차림의 두 여인이 제각기 어둠
속에서 부조된다.
윤 도령이 미친 듯 좇는다.

윤도령 제발 내 말 좀 들어요. 이제야 내가 해야 할 얘기가 무엇인지를
       알았는데 왜…… 왜 나를 피하려는 거요? 가지 말아요! 뭐라고
       대답부터 해요! 아란……
아란   다시 만나게 됩니다.
윤도령 언제, 어디서……
아란   언제고…… 어디서고……
윤도령 을죽! 나를 용서하오.
을죽   용서할 사람도, 용서받을 사람도 없어요.
윤도령 내가 그대를 죽게 하였는데……
을죽   나는 죽지 않았어요. 나는 살아 있어요. 이렇게 살아 있어요.
윤도령 을죽.
을죽   우리는 또 만나게 됩니다! 꼭 만나게 됩니다!
윤도령 가지 말아요! 이제는 얘기를 할 수 있는데 왜……

울부짖는 윤 도령의 격정도 아랑곳없이 두 여인의 환영은 서서히 사라
진다. 윤 도령이 땅에 쓰러진다. 바람이 일어간다. 무대가 차츰 처음
분위기로 돌아온다. 한구석에서 그것을 지켜보고 있던 애실이 천천히

학이여, 사랑일레라

다가간다.

아까와 같은 욕정은 이미 식어버렸다.

차갑고 우울한 표정만이 남아 있다. 애실이 쓰러진 윤 도령을 일으킨다. 윤 도령은 어머니에게 안기는 아기처럼 넋을 잃은 채 눈을 감는다.

애실　그렇게 끝이 나는 것을. 그렇게 식어버리는 것을…… 그런데 왜 나는 그것을 찾았을까? 그것을 원했을까? 서방님, 우리가 찾았던 건 결국 허깨비였군요. 우리는 헛것을 찾아 이 긴 시간을 허비해 왔군요…… 아…… 이제 나는 가야 해요. 나는 영원하기만을 바랐지만…… 서방님이 또 나를 버리셨으니 나는 가야 해요. 그곳이 어딘지 나도 모르지만…… 하나가 아닌 셋이라야 한다는 말을 나는 새겨 보겠어요. 이럴 줄 알았던들 나는 서방님 품에 안 안겨야 했었는데…… 영영 몰랐어야만 했었는데…… 몰라야 옳았었는데……

애실은 실신한 윤 도령을 땅 위에 눕혀 놓고 상봉을 향하여 천천히 올라간다. 이미 죽음을 각오한 여인의 허탈한 모습이다.

애실은 가장 높은 바위에 오른다.

아래로부터 불어오는 바람에 머리며 옷자락이 사정없이 흩날린다. 애실은 잠시 합장을 한다.

윤 도령이 깨어난다.

허전해진 사위에서 깨어나 두리번거린다. 비로소 모든 것이 꿈이었음을 안다.

윤도령　어디 갔나? 응? 내 옆에 누워 있던 애실은…… 어디에……

윤 도령이 벌떡 일어나 여기저기 찾는다.

윤도령 애실 아씨! 애실!

다음 순간 상봉에 합장하고 있는 애실을 발견하자 윤 도령이 절규한다.

윤도령 안 돼! 가면 안 돼! 애실…… 가지 말아요!

윤 도령이 단숨에 뛰어오르는 순간 애실은 절벽 아래로 뛰어내린다.
펄럭이는 치마폭이 연꽃처럼 퍼진다.
윤 도령이 바위 위로 뛰어 오른다.
애실이 뛰어내린 절벽 아래를 내려다본다.

윤도령 (낮게) 거기가 어딘데…… 가려는 거요? 거기가 어딘데 가겠다는
거요! (차츰 격해지며) 내가 만났던 애실은 거기 있어서는 안 되었
는데…… 왜 가려는 거요! 나는 또 어디서 얼마나 그것들을 기다
려야 하는가 말이오!

윤 도령이 픽 주저앉아 허탈하게 바위를 친다. 힘이 빠졌다.

암전

학이여, 사랑일레라

제7장

배경에 절이 비춰진다.

장쇠가 옷보따리며 먹을 것을 잔뜩 지고 올라온다. 법사와 동승도 따라 온다. 산새가 운다.

장쇠 서방님도 어지간하시군요. 어떻게 이런 후미진 곳에서 일 년 동안을……

법사가 무슨 소리냐는 듯 뒤돌아보자 장쇠가 겸연쩍게 웃는다.

장쇠 쉬어 갑시다요! 서방님이 계신 곳은 아직도 멀었나요?

법사 다 왔어.

동승 스님께서는 가깝게 여기시지만 여느 사람에게는 아직도 사오리는 족히 됩니다.

장쇠 사오리나? 아니 저기 보이는 게 달성사가 아닙니까?

법사 달성사가 분명하다.

장쇠 영감마님께서 달성사에 가면 서방님께 옷이랑 음식이랑 가져가라 하시기에 왔는데…… 여기서 아직도 사오리는 더 가야 하다니…… 거기에도 달성사가 있나요?

동승 그곳은 약사암 뒷바위에 있는 암굴입니다.

장쇠 암굴?

법사 천지 사방이 한눈 아래 내려다보이는 곳이지. 맑게 개인 날은 탐라국 한라산이 아스라이 보이고, 칠산 시야 바다가 손에 잡힐 듯 보이는 곳이지. 속세를 멀리하고 구도하기에는 안성맞춤이니라……

장쇠는 어이가 없다는 듯 멍하니 입을 벌리고 서 있다.

법사 (동승에게) 네가 중간까지 앞장을 서서 길을 가르쳐 준 다음 냉큼
내려오너라.

동승 예.

법사 나는 법사가 있어 이만 법당으로 들어가겠다.

동승 예.

법사 (장쇠에게) 서방님에겐 자질구레한 가사는 얘기하지 마시오. 방해
가 되었으면 되었지 약될 거라고는 없을 테니.

장쇠 알겠습니다요. 어디 그동안 얼마나 글공부를 많이 했는지 가봐야
지! 갑시다.

동승 예.

장쇠가 다시 짐을 지고 일어선다. 동승이 앞을 선다.

암전

학이여, 사랑일레라

제8장

동굴 앞 무대는 전막과 아주 다른 변형을 이루어야 한다.
자연굴 앞이마에 '약사암'이라고 새겨져 있다. 산봉우리에 자리하고
있어서 하계가 아스라하게 내려다보인다.
동굴 안에서 장쇠가 기어 나온다.
그는 높은 곳에 익숙치 못한 탓이라 행동이 아둔하다.
그러나 윤 도령은 마치 평로를 걷듯 한다. 그의 모습은 더 초라하고
무기력하게 변했다.
그의 손에 활이 들려 있다.

윤도령 장쇠야, 네가 이 활을 가져다 준 점만은 고맙다.
장쇠   산속에 계시니 때로는 사냥도 하고 싶으시겠지 하고 가져왔지요.
윤도령 불도를 닦은 처지에 살생이야 아니 되겠지만…… 오랜만에 활을
        만져보니 힘이 불쑥 솟는구나.
장쇠   무슨 사냥을 하시려고요.
윤도령 사냥은…… 다만 쓸 곳이 있느니라.
장쇠   예?
윤도령 해질 무렵이면 학이 떼지어 와서 우는 소리에 도무지 글을 읽을
        수가 없구나……
장쇠   학이라뇨?
윤도령 응…… 저 아래 송림에는 학이 많이 모여 살고 있다.
        그런데 그중에 몇 마리가 이 약사암 근처를 뱅뱅 돌아다니며 우
        는 게 여간 귀에 거슬리는 게 아니란다. 소리쳐 쫓을 수도 없고
        그대로 있자니 글공부에 방해가 되고…… 그러니 오늘은 이 활

을 쏘아 겁을 줘야겠다.

장쇠　겁을 줘요?

윤도령　활을 만져본 지가 오래라서 과녁을 맞출 재간도 없을 뿐더러 산
　　　　짐승을 살생해서도 안 되겠으니…… 위협을 해서 이 근처엔 얼
　　　　씬도 못하게 해야겠다. 장쇠야, 정말 활을 잘 가져왔다. 어떻게
　　　　하면 학을 몰아낼까 하고 머리를 써왔던 터에…… 헛허……

　　　　이때 멀리서부터 서서히 밀려오는 학 떼의 울음소리가 해조음처럼 들
　　　　려온다.

장쇠　앗…… 저기 날아오는 게 학 떼인가요?

윤도령　그렇단다! 이맘때가 되면 돌아오느니라.

장쇠　(감탄하듯) 아…… 꼭 소나무 위에 메밀꽃이 핀 것 같군요.

윤도령　세상에 저토록 깨끗한 새는 없다지만 울음소리는 어쩐지 싫다.

장쇠　그래도 학은 백년을 살고, 거북은 천년을 산다니…… 우리 인간
　　　　보다 더 영물이죠!

윤도령　글쎄다. 영원히 죽지 않고 사는 것도 괴로운 일이지.

장쇠　앗…… 저것 좀 보세요. 이쪽으로……

윤도령　바로 그 학이다.

장쇠　그 학이라뇨?

윤도령　나를 괴롭히는 학이다. 저기 또 한 마리가 따라오잖니?

장쇠　정말 그렇군요!

　　　　윤 도령이 가리킨다. 학 울음소리가 가까워진다.

장쇠　한 마리가 또 따라옵니다요!

371

윤도령   세 마리라…… 저 녀석들이 날마다 이 약사암을 돌면서 울어댄
       단다. 처음엔 시끄럽게 다음엔 구슬프게……

두 사람은 학이 나는 방향으로 시선과 몸을 돌린다.
울음소리도 가까이서 울었다가 다시 멀어지고. 마치 파도가 밀려왔다
밀려가는 소리 같다.

장쇠   삼형제인가 봐요.
윤도령   글쎄?
장쇠   무슨 까닭이 있나 봅니다.
윤도령   까닭?
장쇠   저렇게 우는 소리는 처음입니다요. 예사로운 울음소리가 아닙니
       다요.
윤도령   네 귀에도 그렇게 들리느냐?
장쇠   예.
윤도령   (긴 한숨) 나도 그랬었다. 낮이고 밤이고 잊어버릴 만하면 저렇
       게…… (잠시 귀를 기울이다 말고) 들어봐.
장쇠   예?
윤도령   학이 우는 소리를 곰곰이 들어봐라!

두 사람이 귀를 기울인다. 그 울음소리는 어느덧 여인의 목소리도 같
고 애끓는 소리 같기도 하여 걷잡을 수가 없다.
소리의 변화는 윤 도령에게 어떤 충격을 준다.

윤도령   아란의 소리다!
장쇠   죽은 아란 아씨의?

다른 여인의 소리

윤도령 그래! 그리고 저건 을죽의 소리니라……
장쇠 서방님…… 그 그럴 리가……

차츰 고조되어 가는 학의 울음은 윤 도령에게 어떤 충동을 준다. 그것
은 잊었던 상처를 되살아나게 하는 구실을 한다. 윤 도령의 얼굴에
분노가 치밀어 오른다.

윤도령 듣기 싫어!
장쇠 쫓아버리셔요!
윤도령 저리 가!
장쇠 아, 이쪽을 뒤덮으려고 합니다. 위험해요!

바위 위에 윤 도령과 장쇠가 잽싸게 엎드린다.
이에 따라 학의 울음은 한스런 소리에서 어떤 열광과 발작과 도취로
변해 간다. 윤 도령이 벌떡 일어난다.

장쇠 서방님! 죽여버리셔요!
윤도령 죽여?
장쇠 활을 쏘세요!
윤도령 안 돼!
장쇠 괴롭히려 합니다!
윤도령 학이?
장쇠 한 맺힌 소리요.
윤도령 학이?

학이여, 사랑일레라

장쇠   또 덤벼들어요!

윤도령   쏘아 버릴까?

장쇠   쏘세요! 어서요.

윤 도령은 결심을 한 듯 잠시 하늘을 노려본다. 이윽고 활에 화살을
물려 힘껏 잡아당긴다.
학의 울음이 차츰 다가온다.
당긴 활줄을 놓는다. 이와 동시에 무대가 어두워지며 땅 위에 사람이
화살을 맞고 쓰러진다. 암자 위에서 활을 쏘는 윤 도령의 모습.

아란   서방님!

두 번째 화살을 쏘아댄다.
모래 위에 을죽이 화살을 맞고 쓰러진다.

을죽   살려 주오!

세 번째 활을 쏘는 윤 도령. 무대 위에 화살을 맞은 애실의 모습.

애실   사람…!

무대에는 일체의 소리가 끊긴다.
모든 게 죽음이다. 세계가 정지된 것이다.
멍하니 허공을 바라보고 서 있는 윤 도령의 화석 같은 모습. 그 옆에서
하계를 내려다보고 있는 넋빠진 장쇠. 바닥에 쓰러진 세 여인의 죽음
위에 짙은 안개가 마치 이불이 덮이듯 뒤덮인다.

윤 도령은 화석처럼 서 있다.

무대는 완전히 어둠 속에 싸이고 암자 앞의 윤 도령과 장쇠만 비춰 준다.

얼마나 지났을까.

몇 백 년이 지났겠지.

몇 천 년이 흘렀겠지. 아련히 들려오는 새 소리. 바람 소리. 그리고 파도 소리. 세계가 다시 시작된다. 장쇠가 움직인다. 긴 잠에서 깨어난 것 같다. 기지개를 켠다. 아스라한 하계를 내려다본다. 뭔가를 발견한 모양이다.

장쇠   서방님!

윤 도령이 서서히 숨을 쉬기 시작한다.

장쇠   서방님! 저걸 보세요!

윤도령   뭐냐?

장쇠   바다 위에 뭔가 솟아오릅니다.

윤도령   바다 위에?

윤 도령이 장쇠가 가리키는 곳을 내려다본다.

어디선가 새로운 생명의 잉태를 알리는 양 심오하고 유연하고 희망의 샘물 같은 음악이 들려온다. 처음엔 명주실처럼, 그것이 차츰 합쳐져서 퍼져 나간다.

장쇠   물개일까요?

윤도령   아니다.

장쇠   모조리 상어일까요?

윤도령 아니다.

장쇠 고래인가 봐요.

윤도령 아니다. 섬이다.

장쇠 섬?

윤도령 학이 떨어진 자리에 섬이 솟아오른다.

장쇠 학이 섬으로?

윤도령 그래! 학이다. 학이 살아나서 섬이 되었어!

장쇠 어째서요?

윤도령 영원하기 위하여. 오래 남기 위하여. 사랑이 되기 위하여.

장쇠 사랑이 되기 위하여.

윤 도령은 새로운 환희 앞에 무릎을 꿇고 합장 기도한다.
생명의 음악은 천지를 뒤덮는다.

-막

새벽길 (14장)

- **등장인물**

    김원근(19~80)

    김영근(17~78)

    김원근의 부인(55)

    준철(27~50), 김원근의 아들

    신범휴(40), 교장

    최종성(45)

    서창수(30)

    김영식(28)

    오천석(45)

    지정하(29)

    학무과장(40), 일본인

    아리다 학무과장(50), 일본인

    노인

    주모 갑, 을

    장터 청년 A, B, C

    윤영화(35)

    장터 아낙

    헌병 甲, 乙, 丙

- **때**

    1905년부터 1984년까지

서막

무대 배경에 장치된 스크린에 다음 영상들이 투영되면서 이 작품의
주제를 나타내는 음악이 연주된다.

S1. 마을원경

　아직도 동이 트기에는 이른 새벽의 어느 초가마을.

　죽음처럼 잠든 가난하기만 하는 마을이다.

S2. 산속

　아름드리 나무가 빽빽하게 들어선 원시림.

　새벽바람에 검푸른 나무가 술렁거린다.

S3. 언덕길

　이윽고 산등성이가 희부옇게 밝아지면서 잿빛하늘이 연 장밋빛으로

　번져간다. 그러나 검은 구름은 아직도 해의 얼굴을 가리고 있다.

S4. 산길

　세차게 불어오는 새벽바람을 등지고 가는 두 나그네.

　등에 큼직한 봇짐을 졌다.

　앞선 사람은 열아홉 살 가량 들어 보이고, 뒤 따르는 사람은 그보다

　두어 살 쯤 어려 보이는 총각들이다.

　봇짐에 매달려 대롱거리는 짚신이 인상적이다.

　두 사람은 묵묵히 땅을 내려다보면서 걸음만 옮기고 있다.

　짚신이 헤어진 게 먼 길을 걸어온 모양이다.

S5. 다른 산길

강파른 고갯길이 여명 속에 아슬하게 꾸불거린다.

앞서가던 총각이 뒤를 돌아본다.

길게 숨을 몰아 쉬고는 흘러내리는 짐을 추스려 올린다.

그는 다시 더 빠른 걸음으로 걷는다. 뒤따르는 총각은 이마에 맺힌
땀방울을 손등으로 문지르듯 닦으며 이를 악물고 앞서가는 총각을
올려다 본다.

S6. 산등성이

앞서 가던 총각이 산등성이에 올라선다.

한눈 아래 내려다보이는 광활한 들판.

그 순간 세찬 바람이 불어 온다.

그리고 아슬히 내려다보이는 산줄기 위로 지금 막 찬란한 아침 해가
반쯤 고개를 쳐 들었다.

총각은 절로 환호성을 지르고 싶은 충동을 느낀다.

그의 이마에는 땀방울이 송글송글 맺혔다.

그러나 하계에서 불어오는 바람에 머리카락이 사정없이 얼굴을 후
려친다. 그는 뒤를 돌아보며 소리친다.

원근   영근아! 영근아! 해가 솟는다.

그의 우렁찬 말이 숲과 계곡과 들판과 하늘로 퍼져 나가면서 이 작품
의 제목·출연·뒷 스태프의 자막이 떠 오른다.

그리고 마지막으로

'1950년'이라는 자막이 떠오른다.

음악 연주는 최고조에 이른다.

제1장

배경에는 환풍기를 통하여 첩첩한 산줄기가 투영된다. 고개 마루턱임
을 알 수 있다.
원근과 영근이 해묵은 소나무 아래 쉬고 있다.
영근은 땀을 씻기로 하고 끊어진 미투리 끈을 잡아매기도 한다.
그러나 원근은 아까부터 말을 잃은 듯 풀을 입에 문 채 아슬히 내려다
보이는 산줄기를 바라보고 있을 뿐이다. 산새가 지저귀는 소리.

영근   형, 이제 그만 일어나야잖것이유?

원근은 여전히 말이 없다. 영근이 멜빵을 조여 맨다.

영근   오늘 점심은 보은에서 먹어야지유? (사이) 안 그래요?

영근이가 비로소 원근을 쳐다본다. 원근이가 길게 숨을 몰아쉰다.

영근   (빙그레 웃으며) 아따! 아까부터 웬 한숨이래유?
원근   영근아! 늬한티 할 이야기가 있는디……
영근   무슨 이야긴디유?
원근   우리 언제꺼정 이렇게 장돌뱅이 신세로만 지내야것어?
영근   그럼 워쩐디유. 이 짓이라도 해야 창자에서 쪼르락거리는 소리
        안 날 텐디. 훗흐…… 별 수 있는감유. 천지간에 우리 형제 둘 뿐인
        디…… 안 그래유?
원근   벌써 7년째다. (허공을 바라보며) 열두 살에 등짐을 지고 이 장터

저 고을을 찾아 나선지가……

영근 나는 그럼…… (손꼽아보며) 7년째구먼유. 제가 지금 열일곱이니께. 홋흐……

원근 아! 우리 발길이 안 닿은 땅이 있었남? (추억을 더듬어가듯) 군산, 청주, 옥천, 남양, 인천, 강경, 수원, 고창, 목포……

영근 그것뿐인감? 원근 형은 나를 남양에다 남겨놓고서는 혼자서 멀리 원산, 함흥, 길주, 신의주까지 갔었잖어유?

원근 그래, 그러고 보면 남으로는 부산, 울산부터 북으로는 함경도까지 안 밟아본 땅이라고는 없었쟈? (신었던 미투리를 벗어 들여다보며) 아마 이것들이 잘 알 것이여……

영근 그런디 어째서 이 짓을 그만 두겠다는 거유? (짐 보따리를 탁 치며) 인천에다가 풀고 그곳에서 포목이랑 석유기름을 사다가 청주나 조치원에다가 넘겨야 돈을 벌지 않은감유? 안 그래유?

원근 누가 장사를 그만 두겠다고 했디야?

영근 아까 안 그랬이유?

원근 이것아! (또박또박 타이르듯) 장사를 하되 한자리에 뿌리를 내리고 싶다 이거여 내말은.

영근 뿌리를 내려유?

원근 팔자에 역마살이 끼었는지는 모르는 거다 만도…… (긴 한숨을 몰아쉬며 입에 물었던 풀잎을 탁 내뱉는다) 고향인 경상북도 경주 땅을 떠나온 지가 여덟 살. 그 후부터 남의 집 처마 밑에서 잠을 자기도 하고, 이름 모를 주막집 부엌에서 식은 밥덩이 얻어먹기도 하다가 행상 일을 시작한 게 12살…… 아! (발바닥을 문지르며) 걷기도 많이 걸었고 울기도 많이 울었지야?

영근 아니. 오늘따라 웬 신세타령이라요? 헛허…… 그럴 적에는 꼭 낙원 장터에서 그 소리 잘하는 신 엿장수 곰보 엿장수 사설 까듯

하네유? (육자배기 쪼로 흥내를 내며) 아이고…… 어쩔거나. 이 내 신세야…… 남의 집 영감은…… 자동차를…… 타는디…… 이 놈의 신세는……

원근 영근아! 그래서 나는 오래전부터 어디고 한자리에서 장사를 혀야 겠다고 생각했어야.

영근 워딘디유? 경성이우? 평양이유?

원근 아녀.

영근 그럼……

원근 조치원.

영근 조치원?

원근 응. 여러 고장 다 돌아다녀봤지만 조치원이 기중 장사가 잘 될 것 같더야.

영근 그래유?

원근 내가 고향을 떠나 맨 먼저 온 곳이 충청도 땅의 청주였지만도 청주는 좀 후미져서 장사하기는 안돼야. 그러나 조치원은 사방으로 길이 뚫린 갈림길이라 왕래하는 사람도 많아서 장사하기로는 기중 좋더라 이거여. 알것어?

영근 (고개를 갸웃거리며) 모르겠시유.

원근 그려. 너는 아직은 모를 것이여. 그동안 청주와 조치원 사이를 오가며 기중 재미본디가 조치원이었디야. 우리 원 고향이사 경상 도 땅이지만 워낙 어려서 나온 데다가 부모님도 다 돌아가시고 안 계시는 팔자! (더 크게) 고향이 워디 따로 있다냐?

영근 (곧 바로 받아서) 암요! 정들면 고향이지유. 홋호……

원근 (눈을 크게 뜨며) 아니. 너 워디서 그런 말 배웠디야? 아직도 어린 것이……

영근 내 나이가 지금 몇 살인디 어려유. (손가락을 펴 보이며) 열일곱이어유. 열일곱! 봐유. 이 코 밑에 수염도 났어유. 헛허……

원근 (어이가 없어) 그려! 그려! 코 밑에 옥수수수염보다 더 길게 돋았더라면 아주 늬가 항우 장사가 되었것다. 헛허……

두 형제는 구김살 없이 활짝 웃는다. 새가 푸드득 날아가는 소리가 더 가깝게 들린다. 원근이가 그쪽을 돌아본다. 금시 굳은 의지가 입가에 나타난다.

원근 가자. 말없는 새도 저마다 허공을 나는디 사나이 대장부가 못할 건 또 뭐여. 조치원으로 가자. 영근아.

영근 형 생각이 그러시다면 나도 반대는 안 하것이유. 헌디 (조심스럽게) 조치원에다가 자리를 잡을만한 밑천은 있이유?

원근 글쎄 말이여.

영근 생각만 크면 워쩐디유? 가진 게 있어야지유. 듣자니 웬만한 자리는 왜놈들이 죄다 깔고 앉았다는디유. 게다가 왜놈들이 자기들 장사하기 편하게만 법을 만들어놔서…… 우리 조선 사람한테는 법은 멀고 주먹만 가깝다던디유?

원근 걱정마라. 사람 있고 돈있제.

원근이가 배에 감고 있던 전대를 풀어서 지폐와 동전을 털어낸다. 영근의 표정이 크게 변한다.

원근 (빙그레 웃으며) 이게 얼마인지나 아냐! (소중하게 집어보이며) 74원이여.

영근 (입을 떡 벌리며) 74원?

원근 7년 동안 내가 모은 전 재산이다.

새벽길

영근	(신기하다는 듯) 알고 보니 원근 형도 부자 측에 끼는겝이여. 홋
	흐……
원근	부자 말 듣기는 멀었지만 이것 가지면 우선 조치원 장터 어디
	한 귀퉁이다 가게를 잡을 순 있을 꺼여. 그리고 남은 돈으로 물건
	을 쳐두었다가 시세가 오를 때 팔자이거여.
영근	뭘 사시려구유?
원근	참깨를 살참이여. 그리고 콩, 팥도…… 그걸 사두었다가 경성으
	로 돌려 보내면 모르면 몰라도 두 곱 장사는 될 것이니께.
영근	(빤히 원근의 얼굴을 들여다보며) 형. 형은 배운 것은 없어도 배짱
	하나는 크구먼유.
원근	배짱은 적다만 장사 재간은 있을 거여. 홋흐…… 세상이란 열심
	히 살아서 안 되는 일이 없단다. (영근의 손을 쥐며) 영근아! 우리
	두 형제가 한마음이 되어 부지런히 일해서 돈을 모으면 나는 꼭
	해야 할 일이 있다.
영근	예?
원근	너도 나도 가난해서 배우지 못해 이 지경이 아니여? 그렇다고 나
	는 그 누굴 원망하지는 않혀. 내 일은 내가 혀야지. 내 운명은
	내 손으로 개척해 나가혀. 알것냐? 영근아!
영근	야.
원근	언제쯤이 될지 모르지만 우리가 죽지 않고 살아있는 그날까지
	악착같이 일하는 거여. 부지런히 벌어서 아끼는 거여. 아껴서 부
	자가 되면 남을 위해 쓰는 거여.
영근	남을 위해서 써유? 아니 그게 뭔 자다가 봉창 두들기는 소리래유?
원근	암. 그래야제. 사람이란 은혜를 입으면 갚을 줄 알아야 한다 이
	말이여. 영근아! 자, 우리 한 번 새로 태어난 셈 치고 벗어 붙이고
	일 시작하자!

영근   예. 혀유! 새로 시작해유 형!

두 형제가 다시 굳게 손목을 꼭 쥔다. 두 사람 눈엔 이글거리는 빛이
감돈다. 어느덧 아침 햇살이 밝게 비춰 준다.

암전

제2장

시골 장터 풍경. 엿장수, 참빗장수, 떡장수, 포목상, 곡물상, 잡화상, 건
어물상…… 시골장이면 어디서나 볼 수 있는 장사치들이 적당히 늘어
서 있다. 거의가 흰 옷차림으로 선량하고 순박한 민중임을 암시해준다.
상인들은 행인들에게 물건을 사달라고 한다. 이와 같은 장터 풍경은
유머러스한 분위기 속에서 춤으로 표현한다. 멀리서 풍물놀이 가락이
들려온다. 무대 좌편에 '조치원 상황'이라는 간판이 걸린 상점이 보인
다. 우편에 주막집. 영감이 등장한다. 갓 쓰고 두루마기를 입었다. 주막
집 앞을 지나가려다가 국밥 솥에서 피어오르는 국 냄새에 침을 꿀꺽
삼킨다. 들어갈까 말까 망설인다. 주모 갑이 잽싸게 눈치 채고 나와서
쉬어가라고 교태를 부린다. 노인이 거절을 한다. 그러나 싫지가 않다.
주모가 딱 한 잔만 하고 가라는 시늉이다. 노인은 솔깃해진다. 다른
한편에서 주모 을이 나온다. 주모 갑 보다는 젊고 탄력이 있다. 손에
술 사발과 안주접시를 들었다. 노인에게 안주접시를 내밀며 먹어 보라
고 한다. 노인이 사양한다. 주모 갑이 주모 을을 아니꼽게 쏘아 본다.
노인은 어느 쪽으로 갈까 망설이는 눈치다. 주모 갑과 주모 을이 서로
노인을 잡아당긴다. 마치 줄다리기질 하는 것 같다. 노인이 화를 낸다.
두 주모가 어색해진다. 노인이 돌아서서 쌈지 속의 사정을 살핀다. 주모
갑, 을이 훔쳐본다. 노인이 결심을 한다. 술은 을에게서 마시고 국밥은
갑에게서 먹으면 되지 않겠는가 하고 손짓으로 말한다. 주모 갑과 을이
좋아라한다. 이때 우편에서 사당패들이 꽹과리와 장구와 북 등을 치며
흥겨운 춤을 추면서 나온다. 그 뒤에 아이들이 졸졸 따라 나온다. 장터
가 금세 굿판으로 변하고 한바탕 군무로 변한다. 그것은 주인도 객도
없는 하나의 식구요, 핏줄의 흥이 한데 어울려 퍼져 나간 즐거운 춤판이

다. 갑자기 호루라기 소리가 요란하게 들려오더니 이윽고 무대 좌편에서 일본헌병이 서너 명 등장한다. 살기등등하다.

헌병甲 조용히! 조용히들 해!

군중들은 미처 알아듣지 못하고 춤을 계속한다. 헌병 을이 공포를 허공에다 대고 쏜다. 모두들 놀라 더러는 땅에 엎드리기도 하고 더러는 귀를 막기도 하고 더러는 치마폭을 뒤집어쓰기도 한 채 스톱모션의 상태에서 굳어 버린다. 헌병 병(그 중에서는 계급이 높은 자)이 어슬렁거리며 나온다.

헌병丙 (이리저리 휘둘러보며) 다들 집으로 돌아가라. 오늘부터 그 누구도 한자리에 세 사람 이상 모여서는 안 된다. 밖으로 나다녀도 안 된다. 집집마다 문을 닫고 있거라. (결정적으로) 이 지시를 어기는 자는 즉각 의법처단 하겠다. 알겠나!

군중들은 여전히 미동도 안한다.

헌병乙 빨리 빨리 집으로 돌아가란 말이다. 어서!

허리에 차고 있던 지휘도를 뽑는다. 군중들이 혼비백산하며 사방으로 흩어져 도망친다. 헌병 병이 두 부하에게 귓속말로 지시를 하자 경례를 하고 나간다. 헌병 병은 반대쪽으로 나간다. 여기저기서 사람들이 다시 고개를 내민다. 조치원상회 안에서 원근이 등장한다. 옛날과는 판이하게 다르다. 떠꺼머리를 깎았고 검정 두루마기를 차린 품이 의젓하고도 여유가 있어 보이는 청년이다, 모두들 그에게 넙죽넙죽 인사를 한다.

원근	미친놈들 같으니! (헌병이 나간 쪽을 쏘아본다)
청년 A	회장어른. 무슨 일이래유?
아낙	어째서 저놈들은 우리 조선 사람을 못 잡아먹어서 저런데유?
청년 B	뻔하잖여!
청년 C	뻔하긴 미친년. 속치마 찢어졌디야?

일동 까르르 웃는다.

청년 B	아직도 모르는감. 소식도 못 들었어?
청년 A	소식이라니?
청년 B	아이고…… 이 솜방맹이로 홍두깨질할 귀신들아! 귀는 어디다 두고 눈은 뭣에다 쓰는 거여!
청년 C	귀는 토끼 잡으러갈 때 쓰고, 눈은 이 잡을 때 쓰지 뭐 별 수 있는 감.
청년 B	그게 아니란 말이여.
아낙	아이고 속 시원하게 이야기 좀 해유.
청년 B	(비밀스럽게) 경성에서 만세 불렀디야.
일동	만세?
청년 B	쉿! 말조심혀. 이 호랭이 물어갈 귀신들아. 아까 그 헌병 이야기 못 들었어?
아낙	만세가 뭐래유?
청년 B	만세도 몰라? 만세! (하며 두 팔을 번쩍 들어 보인다. 그러나 아직도 남들은 이해를 못하겠다는 표정들이다. 원근이가 참견을 한다)
원근	그려. 조선독립만세를 불렀다는구먼! 지난 삼월 초하루……
청년 A	조선독립만세유?
원근	그려. 그래서 헌병이며 순사들이 만세 부른 사람을 붙들어 가

고…… 해서 시골 여기저기서도 만세를 부를까봐 두려워서 세 사람 이상 모이지 말라는 거 아닌가 말이여.

청년 C 옳네.

원근 (한숨을 몰아쉬며) 세상이 돌아가는 데 예삿일이 아니여. 제놈들이 입으로는 평화니 동등이니 하지만시도 허는 일은……

이때 영근이가 양복차림으로 바스켓을 들고 등장한다. 그도 역시 옛날 그 모습은 간 곳 없고 패기에 넘치는 청년으로 변모했다.

영근 형님!

원근 영근아. 어서와. 그래 장사는 잘 되어?

영근 예. 예상보다 경기가 좋구먼유. 흠.

영근이가 모자를 벗고 절을 한다. 마을 사람들도 저마다 인사를 나눈다.

원근 그래. 원산에서 내려오는 길이냐?

영근 예.

원근 경성을 거쳐 왔겠구먼.

영근 예. 세상이 발칵 뒤집혔어유.

청년 B 만세 불렀다는디 그게 정말인가유?

영근 그렇지.

청년 A 왜 만세를 부리면 안 되나유?

영근 왜라니?

청년 A 만세를 불렀으면 불렀지 어째서……

원근과 영근이 그 무지를 어떻게 설명해야 좋을지 암담하다는 표정이다.

새벽길

영근 일본 사람들한테는 눈엣가시 같은 일이니까 그렇지유.

청년 A 그게 워째서 눈엣가시가.

청년 B 아이고 이 호랭이 물어갈 종자야. 그것도 몰라서 물어? 아이고 …… 이래서 무식한 것들 하고는 말로 안 통한다께유. 안 그래 유? 회장어른?

청년 A 얼레? 저는 얼마나 배운 게 있다고 지랄이여. 지나 내나 낫 놓고 기역자 모르기는 새뱅이*찌개 속에 든 좁쌀이제. 헹!

청년 B 뭣이 어쩌? 저 주둥아리를 그냥……

청년 A 워쩔테여? 내 입에 금이빨 해 박을챠?

두 사람이 엉겨 붙어 싸우려하자 청년 C가 뜯어말린다.

청년 C 이 무식한 것들아! 워디서 싸움질이여! 그런 힘이 있거던 집에 가서 여편네 볼기짝이나 두둘겨! 자 가세. 가!

군중들이 두 패로 갈라져 청년 A가 청년 B를 밀어대며 퇴장한다. 무대 에는 원근과 영근만이 남는다.

원근 자. 들어가자.

영근 예.

---

*'새우'의 경기, 충청 방언.

제3장

원근이 앞장서 조치원상회 안으로 들어가자, 가게 안에 조명이 들어와 비로소 그 내부를 알 수가 있다. 그다지 넓지 않은 사무실. 책상 두어 개에 금고, 서류함, 짐짝들이 쌓여 있다. 가게라기보다 도매상의 분위기를 나타내면 좋겠다. 벽에는 시계, 달력, 소형칠판과 큼직한 조선지도가 걸려있다.

영근   세상이 보통 시끄러운 게 아닌가 봐유.
원근   그려?
영근   나야 원산에서 웬만큼 기반을 잡은 데다가 일본과의 교역도 크게 하고 있으니께 왜경들이 함부로 대하지는 않지만 말이어유.

주머니에서 담배를 꺼내며 권한다.

영근   태우려유? 새로 나온 권연이래유.
원근   담배 끊었어. 너나 피워.
영근   그래유? (농조로) 돈 모으시려구요? 헛허……
원근   (한숨) 여러 가지로 생각키는 바가 있어서……

영근이가 몸을 돌려 담뱃불을 붙인다. 잠시 침묵이 흐른다.

영근   참 형님. 그 일은 워떻게 잘 되어간대유?
원근   그 일이라니?
영근   조치원에다가 충남중학교를 세우신다고 했었잖아유? 경비 걱정은 마세유. 형님께서 하시는 일인디 제가 워떻게 가만 있겠어유. 홋호…… 그래서 실은 그 일도 궁금하고 해서…… 경비도 드실 것 같아서……

영근이가 바스켓 안에서 신문지에 만 지폐다발을 꺼낸다.

원근　이게 뭐여?

영근　쓰세유. 중학교 설립하시는데…… 그리고 언제든지 기별하세유. 비용이 드시는 일이면…… 형님께서 하시는 일인데 저도 뭔가 도움이 되어야잖것어유? 흠.

원근　(돈뭉치를 만지작거리며) 그렇지만…… 그럴 필요 없게 될 것 같이야.

영근　아니! 그게 말씀이세유? 그럴 필요가 없게 되다니유?

원근　관청에서 이 핑계 저 핑계만 대면서 설립인가를 미루잖어.

영근　예?

원근　어제도 이 주사가 아침부터 학무과에서 다섯 시간을 기다리다가 되돌아 왔잖여.

영근　(화를 내며) 그런 버르장머리 없는 인간들이…… 왜 되돌아와유 오긴. 결판을 내고 올 일이지. (자리에서 벌떡 일어나며) 형님. 제가 가서 따지고 오겠이유. 그런 상놈의……

원근　따진다고 되는 일인감. 앉어!

영근　안될 건 뭐여유. 우리도 배후에 사람도 있고, 돈도 있고, 그리고 ……

원근　있지. 허지만 한 가지가 없는디 워떻게 혀.

영근　예?

원근　(눈을 지그시 감으며) 나라가 없는 거여.

영근　(제풀에 앉으며) 나라유?

원근 나라 없는 백성인디 뭐가 되겠어. (한숨을 뱉으며 절망적으로) 안 되지 안 되야. 백가지가 있으면 뭘혀.

영근 (다시 화를 내며) 형님! 그렇지만 우리가 충남중학을 설립하는데 있어서 즈그들 보고 노랭돈* 한 푼 대달라 했이유? 모든 설립자금은 우리가 내겠다는데 왜 안 된단 말이여유.

원근 누가 아니래. 나도 군청이다 도청이다 문턱이 닳도록 드나들면서 그 이야기 했지. 설립인가 신청서에 도장 하나만 찍어주면 되는 일인데 뭐가 안 되는가 하고 말이여.

영근 그런데도 안 찍어줘유?

원근 나는 지나간 얘기까지 꺼냈지.

원근이가 자리에서 일어나 앞으로 나온다. 그리고 학무과 담당자와 대담하던 광경을 재현한다. 한쪽에서 일본인 학무과장이 담배를 물고 나온다. 조명은 두 사람만을 비춘다. 그의 언행은 유들유들하고도 거만하다.

학무과장 곤란한데요. 김 상. 그건······

원근 그렇지만 과장님. 나는 이미 11년 전에 조치원에다 기반을 잡으면서 연기군 구읍 객사 자리에다가 연청학원을 설립한 실적이 있잖어유. 그리고 그 학원도 이미 공립학교로 이관해서 이 땅의 교육에 공헌한 사람인데 왜 안 된다고 하십니까? 예? 난 도무지 그 이유를 모르겠네유.

학무과장 그때 사정은 그때 사정이고, 지금은 지금 아니겠소? 김 상이 사업을 잘해내서 재산을 모은 건 좋지만, 돈 있는 사람이라고 반드시 학교를 지을 수 있다는 법적근거는 없지 않소.

---

* 노랑돈, 몹시 아끼는 많지 않은 돈을 낮잡아 이르는 말.

새벽길

원근 　법적근거요?

학무과장 　그리고 당국에서는 이 조치원 같은 작은 고을에 과연 중학교가 필요할 것인가도 검토되어야겠고, 또 과연 중학교에 입학하여 수학할 학생이 있을까도 검토해야겠고…… 단, 그렇게 되었을 경우 학교운영이 어려워서 지원을 요청하였을 때와 학교 문을 닫게 되었을 때의 사태도 검토해야겠고…… 아무튼 김 상이 중학을 설립하시려는 그 의도는 충분히 이해가 가지만 현재의 실정으로서는 좀 더 검토를 하자는데 당국의 방침이니만큼 그렇게 아시고 좀 더 기다리시는 게…… 헷헤…… 세상일이란 다 그런 거 아닙니까? 동기자체는 좋지만 말씀이에요. 헷헤……

원근 　그렇다면 언제쯤이면 그 검토 결과를 알 수가 있을까유?

학무과장 　글쎄올시다. 지금 같아서는 언제라고 딱 잘라 말씀드리기는 곤란하니까…… 아무튼 검토해서 통지를 해 드릴 테니까 돌아가서 기다리십시오. 예? 헷헤. 그럼 나는 바빠서 이만……

　　　학무과장이 퇴장하자 원근은 처음 자리로 돌아간다. 무대도 처음처럼 밝아진다. 원근이가 분노에 떨고 있다.

영근 　세상에 그런……

원근 　뻔한 속셈 아니냐. 조선 사람이 교육을 받으면 받을수록 즈그들이 사람 부리기가 곤란하니까 무슨 수를 써서라도 교육을 못 받게 하겠다는 거 아니것어?

영근 　그렇다고 이대로 물러설 수는 없잖어유.

원근 　물러서긴. 이럴수록 우리는 더 버티어 나가야지.

영근 　예?

원근 　힘없는 백성은 독립도 못 허는 법이니께 그럴수록 힘을 길러야혀.

영근　무엇으로 힘을 길러유?

원근　교육이지!

영근　학교도 마음대로 못 세우게 허는디유?

원근　조치원에서 안 될지 몰라도 다른 고장에서는 세울 수 있어.

영근　다른 고장이라니유?

원근　(잠시 눈을 감고 있다가) 청주로 가는겨.

영근　청주로유?

원근　청주는 내가 장돌뱅이로 첫발을 내딛던 고장이니께. 내한테 있어서는 제2의 고향이나 다름없어.

영근　청주라고 별 수 있을까유?

원근　내게도 생각이 있어. 조치원보다야 청주가 큰 고을이니께 장사하기는 조치원이 좋을지 몰라도 학교 세우기는 청주가 제격일껴. 그러니 청주로 옮기도록 할껴, 영근아! 우리는 청주에다 씨앗을 뿌리는 거여, 그리고 씨앗에서 싹이 돋아나도록 가꾸는 거여. 나는 한번 마음먹으면 주저하지 않는 성미라는 걸 잘 알잖어? 잉?

영근　알았이유. 형님이 정 그럴 생각이시라면 별 수 있간디유? 형님! 갑시다. 청주로 자리를 옮깁시다.

원근　고맙다.

영근　저는 내일이라도 다시 원산으로 가서 돈 열심히 벌 것이니께유. 형님은 형님대로 뜻 세우신대로 밀고 나가세유. 저도 뒤에서 밀어드릴 테니께유.

원근　영근아! 정말 고맙다! 세상이 끝나도 우리 형제는 이거여.

암전

제4장

청주시 북문로 3가 41번지에 있는 김원근의 집. 사랑채. 검소하면서도
청결한 느낌을 준다. 원근이 서창수, 김영식, 지정하와 대좌하고 있다.
서먹한 분위기다. 원근이 속에 든 명함을 들여다본다. 다음 서창수를
바라본다.

원근   천도교 청년회 청주지부장?

서창수   예. 서창수올시다. (절을 한다)

원근   예. 그리고…… (하며 김영식과 지정하를 차례로 본다. 누구냐고 묻는
       표정이다)

서창수   예. 제가 인사소개를…… 김영식, 그리고 지정하 모두 저와 함께
       대성학원을 운영하고 있는 동지들입니다.

원근   대성학원?

서창수   예. 작년 3월에 천도교회당의 한구석을 빌어 문을 열었지유.

원근   오! 장한 일들 했구만그려. 요즘 같은 세상에 학교를 운영할 수 있다
       는 게 워디 쉬운 일인가 말이여. 그래 무슨 일로 나를……

김영식   어르신네한테 긴히 부탁 말씀이 있어 왔습니다.

원근   돈 얘긴가?

김영식   물론 돈하고 관련이 없는 건 아닙니다만……

원근   응? (경계하듯 세 사람을 번갈아 훑어본다)

지정하   단도직입적으로 말씀드리자면 어르신네께서 대성학원을 맡아
       주셨으면 해서요.

원근   잠깐만! 지금 뭐라고 했어?

서창수   이 사람 성질도 급하긴…… 자초지종 얘기를 설명 드리고 나서

말씀드릴 일이지.

원근 괜찮여. (지정하에게) 뭣인가? 나보고 대성학원을 맡으라고 그랬어?

지정하 예. 곤경에 빠진 우리 대성학원을 구해주실 분은 이 청주에서 어르신네 밖에 안 계신다고 판단하고 찾아왔습니다. 어르신네! 꼭 맡아 주셔야겠습니다. (절을 꾸벅한다)

원근 아닌 밤중에 홍두깨라더니 난데없이 나더러 대성학원을 맡으라니 원 사람도…… 헛허……

서창수 제가 설명 올리것어유. (주머니에서 서류를 꺼내 펴며) 실은 도학무과에서 학사감사 결과를 받았는디 (차근차근히) 재산상 위력한 인사를 설립자로 정하여 보통학교 인가령에 의한 정식학교로 설립허가 신청을 해야지 그렇지 않으면 학원인가를 할 수 없다 라는 통첩을 받았이유. 예.

원근 인가를 할 수 없다고?

서창수 예. 현재 한 학급에 80명씩 4학급을 편성하여 2부제 수업을 하고 있는데…… 우리 대성학원의 학생들은 대부분이 나이를 먹었거나 장가까지 간 성인들이 많아유. 게다가 통학거리가 멀어서 2부제 수업을 하지 않을 수가 없는 실정이예유. 그런데 당국에서는 교실을 증축하고 1부제 수업으로 개정해야 한다 해서 교사도 두어 분 더 채용하다보니 학교 경영에 금방 허덕이게 되었지유.

원근 짐작이 가는구먼. 무슨 얘긴지.

서창수 그러던 차에 이번에는 학무과에서 대성학원은 어디까지나 변칙적이니 이 기회에 보통학교 인가령에 의한 정식학교로 인가를 받으라고 하잖어유. 저희들은 방방으로 인수할 분을 찾아나섰지만 그 누구도 응해주지 않는구먼유.

김영식 (분격해서) 돈이 생기는 일이 아니라 되려 돈을 찔러 넣는 짓을 어느 미친놈이 하겠는가 이거에요.

지정하 저희들이 대성학원을 설립한 취지나 목적은 알려고 않고, 눈앞의 이익만을 내세우니 우린 정말이지 눈에서 피가 쏟아질 지경입니다. 이 나라 이 백성이 이토록 우매하고 옹졸한가 싶어서…… 요즈음 울화통이 (그는 흥분에 말을 잇지 못한다)

서창수 지 선생! 흥분한다고 되는 일이 아니잖어. 어르신네께서는 대성학원의 실정을 소상히 모르시고 계시니까 우선은……

원근 알고 있어. 다 알아.

서창수 예?

원근 언젠가 나도 그 근처를 가봤지. 실은 나도 오래전부터 학교를 하나 세울까 하고 부지를 물색하려고 말이여. 헌디 대성학원은 부지가 너무 비좁더구먼. 학생들이 뛰놀 운동장도 없이 어떻게 교육을 시키것어? 안그려?

서창수 부끄럽습니다. 그래서 여러 사람을 찾아다니다가 이렇게 마지막으로 어르신네를 찾아오게 되었시유. 어르신네 같으면 꼭 이 취지를 이해해 주시리라 믿고서유. (정좌를 하며) 어르신네! 대성학원은 살려주실 셈 치고 저희들 간청을 들어 주세요.

김, 지 살려주십시오. 부탁입니다.

세 사람이 무릎을 꿇고 간절하게 엎드리자, 원근은 잠시 눈을 감는다.

서창수 (눈물이 핑 돌며) 이제 일 년도 채 못 되지만, 배우려는 학생들을 이대로 내팽개치기가…… 가슴 저미는 느낌입니다.

김영식 어르신네!

지정하 사정 좀 봐 주십시오! (긴 침묵. 까치가 울고 간다)

원근 (단호하게) 그렇게 혀!

서창수 예?

세 사람은 자신의 귀를 의심이라도 한 듯 서로 두리번거린다.

원근   대성학원, 내가 인수할 것이여.

세 사람은 약속이나 한 듯 넙죽 절을 한다.

서창수 감사합니다.

지정하 여보게! 살았어!

김영식 어르신네께서 맡아만 주신다면야 대성학원은 반석 위에 올라앉
        은 거나 진배가 없지. 헛허……

원근   그 대신 두 가지 조건이 있어.

서창수 조건이라뉴?

원근   아까도 얘기했지만 운동장이 없잖여?

서창수 그렇습니다.

원근   학생들에게는 지식도 중요하지만 몸을 튼튼히 할 것도 중한겨. 공
        부 끝내고 나서 마음껏 뛰놀 운동장이 없다고 해서야 말이 안되야.

김영식 옳으신 말씀입니다.

원근   그러니 학원 옆 땅을 사서 운동장을 늘릴 수 있도록 교섭을 해줄
        것이 첫째 조건이여.

지정하 예. 틀림없이 그렇게 하겠습니다.

원근   그리고 둘째 조건은…… (사이를 두고 생각하다가) 장차 학생 수가
        늘어나면 교실이 더 필요하게 될 텐데 지금 같아서는 천도교당이
        온통 차지하고 있어서 교실을 지어낼 여유가 없더라 이거여. 내
        가 보기엔.

서창수 그럼 어떻게 하면……

원근   그러니 천도교당 측에서 딴 곳으로 이전을 해 줘야겠다는 게 둘

째 조건이여. 그래야 장차 교실을 더 늘려서 더 많은 학생을 가르치게 될 게 아녀?

서창수   어르신네! 염려마십시오. 지금 말씀하신 그 두 가지 조건은 저희들이 학원 측에다 얘기해서 꼭 만족스러운 답을 얻어 놓겠습니다.

원근   그런 돼야. 나는 원래 배운 데가 없었지만 장차는 배우지 않고는 살아갈 수 없는 세상이 될 거여. (소리를 낮추어) 우리들끼리 얘기지만 우리가 독립을 하려고 마음만 먹는다고 되는겨? 아니지. 백성이 깨우쳐야 혀. 아닌 말로 알아야 면장을 하잖여? 일본 사람들한테 이길려면 우선 우리가 배워야 혀.

서창수   백번 천번 옳으신 말씀입니다. 그런데 요즘 돈깨나 벌었다는 조선 사람들이 어디 그런가요?

원근   이 사람! 남의 흉이나 보고 탓할 것 아녀. 그래서 나는 조치원에서 충남중학 설립을 서둘렀다가 실패했고 청주로 나와서도 사립학교 설립인가를 맡으려고 박중양 지사 영감을 수십 번 만나서 겨우 결재를 받았지 뭐여. 자 이것 봐.

원근이가 책상 서랍에서 서류봉투를 꺼낸다. 모두들 긴장한다.

원근   이 한 장의 허가장을 얻어내려고 내가 노심초사한 일은 입으로는 다 말 못혀. 총독부의 방침이라느니. 서류가 미비하다느니, 기본재산이 미달이라느니, 시기가 좋지 않다느니…… 세상에 핑계 없는 무덤 없다더니만 내가 내 돈으로 학교를 세우겠다는데 무슨 핑계가 그리도 많은가 말이여. 그러나 그 속을 모르남? 알고도 남어. (천천히 오금을 박듯) 조선 사람은 천치같이 자라서 일본 사람 종노릇이나 하면 되었지 무슨 교육이냐 이거여.

원근의 눈에는 눈물이 핑 돌고 그가 쳐든 손이 가늘게 떨린다. 세 사람은 어느덧 고개를 숙인다. 서창수는 오열을 삼킨다.

원근   (여유 있고 차분하게) 난 무식한 사람이라서 어려운 학문도 못 배웠고 깊은 이론 같은 건 몰라. (힘을 주며) 허지만 한 가지만은 알아. (사이) 사람은 배워야혀. 남자고 여자고간에 알아야 혀. 그러니 내년을 기하여…… 그러니께 1924년 3월부터 대성보통학교 문을 활짝 열잔 말이여. 알것어?

일동   예!

원근   그리고 학생들한테서 월사금 받을 생각들 말어.

서창수 그럼 학교운영은 어떻게?

원근   난 남의 힘을 빌어서 학교운영 할 생각 없어. 무슨 짓을 해서라도 내가 뒤를 델 테니까 똑똑하게 가르치기만 혀. 월사금은 절대로 받아서는 안되야. 알았제?

일동   (기쁨을 감추지 못하고) 예.

원근   됐어! 정말 학교 하나 세우기가 쌍둥이 낳기보다 더 힘드는 구먼! 헛허……

암전

제5장

환등기로 비춰지는 대성보통학교의 건물 사진. 이윽고 무대 한구석에
교장실이 떠오른다. 김원근과 신범휴 교장, 일본인 학무과장이 마주
앉아 있다. 무거운 침묵이 흐른다.

신범휴교장　학무과장님. 우리 대성보통학교 교주십니다.
학무과장　아. 나 학무과장 아리다 유지로요.

그는 앉은 채로 거만스럽게 자기소개를 한다. 그러나 원근은 일어서서
가볍게 허리를 굽히고는 다시 않는다. 학무과장이 담배에 불을 붙이는
동안 무거운 침묵이 흐른다. 운동장에서 뛰노는 학생들의 고함소리.

학무과장　신범휴 교장.
신범휴교장　예.
학무과장　신 교장은 지금까지 몇 학교 교장직을 맡아오셨지요?
신범휴교장　글쎄요.
학무과장　내가 알기로는 충청북도에서는 보통학교 교장으로는 가장 선배
　　　　　라고들 하는데……
신범휴교장　(허공을 보며) 문의, 미원, 맹동…… 한 너댓 학교 되나봅니다.
학무과장　그 학교에서는 수업료를 받았나요 안 받았나요?
신범휴교장　물론 받았습니다.
학무과장　그런데 대성보통학교에서는 학상들에게 수업료를 안 받는다는
　　　　　소문이던데…… 사실인가요?
신범휴교장　그렇습니다.

학무과장 (추궁하듯) 그 이유는?

신범휴교장 (어리둥절해서) 이유라뇨?

학무과장 조선팔도에 수업료 안 받고 교육시키는 학교는 없는 줄 아는
데…… 유독 이 학교만이 수업료를 안 받는다니 그럴만한 이유
가 있을게 아니오?

신범휴교장 그 그건 저……

원근 (침착하게) 내가 받지 말라고 했이유.

학무과장 (약간 모가 나게) 그 이유가 뭐냐고 묻는 게 아니오!

원근 이유? 내가 내 돈 내서 내 마음대로 학교를 이끌어 나가는데 무슨
이유가 있어유? (단정적으로) 그런 거 없이유.

학무과장 마음대로 학교를 이끌어 나가요? 흥! 당치도 않는 소리! (자리에서
불쑥 일어선다)

원근 그게 뭐가 잘못이오!

학무과장 이 땅의 모든 학교는 조선총독 각하의 지시와 감독을 받을 의무
가 있다는 걸 모르시는군.

원근 (신 교장에게) 그게 정말인겨?

신범휴교장 예. 법적으로는 그렇게 되어 있죠.

학무과장 월사금을 받고 안 받고는 교주 마음대로 할 수 있는 게 아니라
총독부 학무국의 결재를 받아야 할 사항이란 말이오.

원근 그럼 결재를 하면 되잖여!

학무과장 총독각하의 체면에 관한 일이오!

원근 체면!

학무과장 학교에서 월사금을 받는다는 건 학교의 위신에도 관계될 뿐만
아니라, 조선총독부의 권위에도 관계가 있으니만큼 교주 마음대
로 정할 수는 없어요!

원근 그럼 어떻게 하라는겨! 이제 와서……

학무과장 월사금을 받도록 하시오. 신 교장 아셨죠?

신범휴교장 그렇지만 월사금을 낼 수 없는 어려운 처지의 학생들도 있습니다.

학무과장 그건 우리가 알 바 아니오.

원근 좋소! (신 교장에게) 없는 처지에 월사금을 받으면 학교 형편도 펼 테니 받도록 혀!

신범휴교장 예? 그렇지만……

원근 (학무과장에게) 그 대신 우리 힘으로 받아낼 수 없는 경우에는 학무과에서 협조를 혀야 혀. 우리 대신 월사금 좀 징수해 달라 이거여. 그런 협조도 없이 무턱대고 명령만 내린다고 되는겨? 총독부에서도 뭔가 도와줘야지.

학무과장 김 선생. 진정으로 하시는 말씀이오!

원근 예?

학무과장 정말로 총독부의 도움을 받고 싶은가 이 말씀이죠.

원근 세상에 차려다 준 밥상 못 받아먹는 바보도 있는 감유?

학무과장 좋소! 도와드리죠.

원근 어떻게유?

학무과장 일 년에 200원씩 보조를 할 테니 월사금은 받도록 하시오.

신범휴교장 예? 200원이라뇨?

학무과장 그게 적다면 더 도와줄 수도 있어요. 아셨죠? 그런 나는 이만……
(원근에게) 실례하겠습니다. 김원근 선생!

아리다 학무과장이 나가자 신범휴 교장이 배웅을 한다. 원근은 잠시 눈을 감고 있다. 운동장에서 뛰노는 학생들의 천진난만한 환호소리며 함성소리가 아름다운 음악처럼 들려온다. 원근이 창가로 가서 운동장 쪽을 내다보고 있다. 잠시 후 신 교장이 들어온다.

신범휴교장 회장님.

원근 그 작자 돌아갔소?

신범휴교장 예. 허지만 결과적으로 잘 되었지 뭡니까?

원근 (눈을 뜨고) 그렇게 생각혀? 신 교장은.

신범휴교장 예?

원근 일 년에 공짜로 돈 200원이 제 발로 들어온다고 생각하는가 말이여.

신범휴교장 무슨 말씀이신지요.

원근 그게 아니여. 그 200원은 된장 푸는 것이여.

신범휴교장 된장을 풀어요?

원근 신 교장은 어렸을 적에 개울가에서 물고기 안 잡아봤소? 피리새끼 잡으려면 피리병 안에다 밥티와 된장을 섞어서 풀고는 그 된장 물을 주변에다 약간 풀지 않던가 말이오. 그럴라치면 멍충한 피리가 그 된장냄새 맡고는 졸졸거리다가 이윽고 피리병 속으로 쏙 빨려 들어가서는 영영 못 나오는 것 구경 못혔어? 무심천에 나가면 언제든지 구경할 수 있는 풍경이여.

신범휴교장 그럼 총독부에서 200원의 보조금을 대주고 그 대신 우리한테서 그 무엇을 훑어 갈 거라 이겁니까?

원근 세상에 공짜가 어디 있는감! 두고 봐. 간사스런 잔꾀라는 걸 알게 될 거여. 사람은 남의 도움을 받게 되면 반드시 갚아야 한다는 게 내 신조이지만 그 대신 명분이 없는 도움은 안 받는 게 또한 내 신념이여. 그러고 그 200원은 받아도 안 받은 것으로 알고 학생들만 열심히 가르쳐주라 이거여 내 말은.

신범휴교장 예.

원근 멋모르고 삼켰다가는 목에 가시 걸리는 뱁이여. 이 세상은… 헛허……

신범휴교장 예. 명심하겠습니다.

원근이 창가로 간다. 그리고는 운동장을 내다본다. 풍금에 맞추어 아이들이 부르는 창가소리가 한가롭다.

원근　내 명년이면 대성보통학교가 개교 10주년이 되겠구먼.

신범휴교장　예.

원근　아! 내 손으로 학교는 꼭 세워야겠는데……

신범휴교장　학교라뇨?

원근　(돌아보며) 그동안 조치원에서 연청학원, 청주에 대성보통학교를 세웠지만 따지고 보면 그건 이미 남이 시작했던 걸 인수 받았고 학교 교사도 남이 쓰다 버린 찌꺼기였잖소. 그러나 내 생각은 그게 아녀. 내 손으로 학교를 세워야겠단 말이여. 어떤 학교가 좋을 것 같소? 신 교장 생각으로는……

신범휴교장　글쎄요. 우리 충청도에도 이제 농업학교도 섰고 고등보통학교도 이미 섰고……

원근　상업학교가 없잖여.

신범휴교장　상업학교요?

원근　보통학교를 나오면 저마다 능력에 따라 고등보통학교로 가고 농업학교도 가겠지만 유독 상업학교가 없다는 게 깨름찍 혀.

신범휴교장　세울 수만 있으면야 그 이상 가는 일은 없겠습니다만……

원근　무슨 짓을 해서라도 세워야 혀. 사람은 농사짓는 일도 중하지만 경제권도 잡아야 한단 말이여. 신식 상술이 무엇인가도, 주판질, 치부하는 법도 알아야지 언제까지나 땅만 파먹을 참이여!

신범휴교장　그건 그렇습니다만……

원근　신 교장. (은근하게) 지금 조선팔도의 땅이라는 땅이 어느 아가리로 들어가고 있는지 알아요?

신범휴교장　아가리라뇨?

원근 동양척식회사여. 결국은 일본 놈들의 아가리로 들어가고 있다 이 거여. 그걸 멍청하게 보고만 있을 수는 없지. 경제적으로 기반이 없는 백성은 망혀. 이대로 가다가는 일본 놈들 밥이 되어 버린다 이거여. 그러니 상업학교를 세워야겠어.

신범휴교장 설립자금이 여간 많이 드는 게 아닐 텐데요.

원근 식산은행에 예치한 5만 원이 있어. 그리고 원산에 있는 동생한티 연락하면 언제든지 기금을 보내올 거여. 신 교장. 오늘 중으로 당장에 원산으로 편지를 쓰시오. 그리고 사립학교 설립인가 신청서를 어떻게 꾸미는지 학무과에다가 문의도 하고······

신범휴교장 사립학교라뇨?

원근 그렇지! 사립학교를 세우겠단 말이여.

신범휴교장 (난색을 보이며) 그렇지만도 당국에서는 공립학교를 짓겠다면 몰라도 사립학교는······

원근 (날카롭게 돌아보며) 나는 사립학교를 짓겠소! 우리 형제는 진작부터 그렇게 언약을 한 바 있단 말이여! 내가 내 돈 내가며 내 아들 딸 가르치는 상업학교를 본때 있게 세우겠다는데 누가 뭐라 혀 허긴! 신 교장! (단호하게) 나와 내 아우는 우리 마음에 맞는 학교 아니면 안 지을 거여! 학교는 사립학교라야 혀. 그리 알고 빨리 알아보도록 혀. 난 며칠 새 원산엘 다녀올 테니께.

신범휴교장 예. 알겠습니다.

암전

제6장

무대 배경에 푸른 바다가 투영된다. 해변에 밀려왔다가 부서지는 파도 소리가 상쾌한 음악과도 같다. 뱃고동 소리며 발동선 엔진소리도 섞여 들려온다. 이윽고 원근, 영근 형제가 등장한다. 원근은 양복차림이나 영근은 두루마기를 입었다. 시원한 해풍에 두루마기 옷고름이 날린다.

원근 (수평선을 바라보며 심호흡을 한다) 아! 시원혀.

영근 형님! 청주 땅에서는 맛볼 수 없죠. 이 공기?

원근 그려. 이렇게 시야가 탁 트인 데서 살다보면 사람 배포도 그렇게 커진 겝이여. 잉? (하며 영근을 돌아본다) 훗흐……

영근 형님. 누구 말씀이오?

원근 누군 누구. 원산 부자 김영근을 두고 하는 말이지.

영근 헛허…… 형님도.

원근 충청도에서 뭐라고들 하는지 알아? 청주의 김원근과 원산의 김영근이가 조선 땅의 돈 다 긁어모을 작정이랴. 훗흐……

영근 돈 긁어모으기가 그리 쉽나유?

원근 누가 아니래. 돈을 더 벌려고 하들 말고 아껴야 한다는 걸 몰라. 세상 사람들은.

영근 형님 제가 이 원산에 와서 돈 벌어드린 이약 하면 우습게 들릴 거구먼유.

원근 훗흐……

영근 곡물장사, 어물장사, 건어물장사, 소금장사…… 닥치는 대로 염치불구하고 했어유. 일본은 북해도까지 만주는 봉천까지 지점을 두고 무역을 했어유. 처음이 문제지 한 번 요령을 터득하니께 사람이 돈을 좇는 게 아니라, 나를 따라 다니데유. 헛허……

원근 그래 지금 얼마나 벌었어?

영근 글쎄유. 줄잡아 2백만 원은 족히 될 거유.

원근 (감탄하며) 2백만 원?

영근 예. 원산 일대에 깔려있는 토지여 가옥에서 나오는 세가 약 60여
만 원에다가 은행에 예치한 돈이 30만 원은 족히 넘으니께유. 그
밖에 시중에 나돌고 있는 현금해서……

원근 정말 고생했구면.

영근 고생하기야 피차일반이지유. 형님도 그동안 조치원이며 청주에
서 고생하여 재산 모으셨잖여유. 훗흐…… 게다가 학교까지 세
우시겠다니……

원근 모두가 똑똑한 동생 덕분이지. 헛허……

원근이가 영근의 손을 잡는다.

영근 형님은 제에게 있어서는 아버지이유. 훗흐……

사이 갈매기 떼가 울고 간다.

원근 그래 생각해봤어? 그 학교 이약.

영근 상업학교 말씀인가유?

원근 응. 관청에서는 처음에 한다는 소리가 공립학교 아니면 허가 못
한다더니만 이제 와서는 사립학교 설립기금이 얼마나 비축 되었
는가고 은근히 협박하잖여. 그래 나는 이 상업학교는 내 혼자가
아닌 우리 형제가 함께 세우는 학교이니만큼 정확한 액수는 지금
밝힐 수 없다고 했지 뭐여.

영근 잘 하셨어유. 잘 될 겁니다. 염려마셔유.

원근 아니! 워떻게 잘 되야? 까다롭기가 맨손으로 밤송이 벗기는 꼴인
    디. 상업학교 설립인가 신청서를 도에 제출한지가 두 달이나 되
    었는디 글쎄 도에서는 총독부로 가라 총독부 학무국에서는 다시
    청주로 가라 세상에 서류가 무슨 공인가! 허공에서 떠돌아다니니
    원……

영근 형님 그래서 제가 사람을 시켜 알아봤더니 우연찮게 임자를 만났
    이유.

원근 임자라니?

영근 조선총독 우가끼의 부인의 양자 말씀이에유.

원근 (긴장하며) 조선총독 부인의 양자? 그게 뉘기여?

영근 이번에 새로 발령 받은 황해도 지사 강필성씨에유.

원근 그럼 조선 사람 아녀!

영근 예. 그 강필성 씨와의 형제간인 남백욱이라는 사람이 있는데 내
    가 전에 데리고 있었던 사람이지 뭐에유. 훗흐……

원근 그려? 그것 참 잘 되었네!

영근 그래 남백욱과 강필성이가 양모인 총독 부인한티 부탁을 했더니
    염려 말라고 하더래유.

원근 아이고. 살았구먼! 살았어! 헛허……

영근 저도 그동안 사람 많이 부렸지만 이렇게 남의 덕 보기는 머리에
    털 나고는 처음 있는 일인디유. 헛허……

원근 그런데…… (고개를 갸웃거리며) 괜찮을까?

영근 뭘 말이에유?

원근 우리가 사립학교를 세우겠다는데 하필이면 일본 여성의 그것도
    총독부인의 덕으로 세웠다고 하면……

영근 뭔 상관이래유? 일단 배 속에 들어가면 쌀밥이고 보리밥이고 삭

히기는 매일반인디. 헛허……

원근 허긴 그려. 그럼 설립기금은 얼마나 내놓을까?

영근 조치원 식산은행에 잠자고 있는 오만 원 허고, 또 저하고 연추수 천이백 석 내놓겠다면 어려울 것 있시유?

원근 암! 그 정도면 총독부에서도 참견 못 할 거여. 헛허……

영근 돈 됐다 뭘하나유? 재앙을 만나면 하루 아침에 날려버릴 돈, 난 돈 벌었지만 돈에 대해서 미련은 없이유. 아낄 때 아끼드라도 쓸 때 쓸 줄 아는 게 사내대장부 아니것어유?

원근 백번 옳은 말이여. 세상에는 우리 형제보고 돈 벌었어도 쓸 줄 모른다지만 주색잡기로 재산 날리느니 학교 짓는데 쓰는 게 얼마나 좋은가 말이여.

영근 그럼요! 형님. 저 수평선 좀 봐유. 아름답다는 생각보다는 무서운 생각 안 들어유? 저렇게 꼼짝도 안 한 것 같지만 그 속엔 해류가 흐르고, 수많은 물고기며, 해초가 살고 있고, 그래서 사람들에게 복을 안겨 주지유. 저 말없는 바다의 힘! 저는 이따금 해변가에 나와서 저 넓은 바다를 보고 있노라면 나도 모르게 힘이 솟아유. 나는 산골에서 자랐으면서도 바다가 더 좋아진 게 이상하구먼유.

원근 이상허긴! 우리가 어렸을 때 고향에서 지내던 생각 안 나?

원근과 영근은 새삼 회상에 잠긴다. 배경의 파도는 서서히 월성군 강동면 유금리의 풍경으로 바뀐다. 멀리 형제 산이 바라보인다. 이와 함께 무대는 어두워지며 어린 시절의 두 형제가 나무를 하며 등장. 아홉 살, 일곱 살의 소년이다. 터벅머리에 남루한 옷차림이다. 파도소리 대신 새 우짖는 소리. 분위기가 환상적이다.

영근 형. 저 산 이름이 뭐꼬?

새벽길

원근	형제 산 아이가.
영근	형제 산? 산도 형제가 있나배. 홋흐……
원근	아모. 오른쪽이 형 산이고 왼쪽이 동생 산이라 카더라. 옛날 옛적에는 하나였는데 그 주변은 바다였다 카더라.
영근	바다?
원근	옹야. 저기 보이제? 파란 바다 저게 동해바다라 카더라. 어느 날 바다에서 용이 나타나 하늘나라로 올라가면서 꼬리를 치는 바람에 그 산이 둘로 갈라져 형 산과 동생 산이 생겼단다 카더라.
영근	형아. 저 뒷산에 올라가자.
원근	와.
영근	거기가면 바다가 더 잘 보인다.
원근	바다가 보이면 우짜겠노?
영근	넓어서 좋다.
원근	넓어도 너는 못 간다.
영근	간다.
원근	우째 가노?
영근	갈려면 간다.
원근	빙신 같은 소리 말거라. 여기서 동해까지 몇 리인지나 아나?
영근	모른다.
원근	모른데 우째 가노?
영근	갈려고 마음 묵으면 간다. 나는 무엇이든 한다문 한다.
원근	정말?
영근	나는 커서 바다로 갈란다.
원근	산중에서 자란 다람쥐가 우째 바다로 가노?
영근	갈기다! 넓은 바다로 갈기라. 넓은 세상으로 나가서 마음껏 살기다. 두고 보레이. (입에 두 손으로 나팔을 만들어 크게) 바다야!

메아리가 울려간다.

영근　(신기해서) 형아! 들었제? 뭐라고 대답을 하제? 같이 불러 보자.

원근　응! (원근도 일어선다. 두 소년이 큰 소리로 외친다)

영근, 원근　바다야! 바다야! ……

멀리 메아리가 퍼지며 무대는 어두워지며 배경은 바다로 변한다. 어린
형제는 퇴장하고 현실의 혈제가 처음 위치에 서 있다. 뱃고동 소리가
길게 운다.

영근　제가 많은 곳을 두고 원산에서 터전을 잡게 된 것도 저 바다 탓일
지도 몰라유. 바다는 알아 줄 거예유.

원근　그럼. 우리가 어떻게 자라났는가는 바다가 알아줄게여. 그렇다
고 그걸 누구헌테 알릴 필요도 없어. 우리는 열심히 벌어서 우리
처럼 못 배운 아이들에게 배움터를 지어주면 그만인 거여.

영근　그래유. 형님! 이번에 상업학교를 세우고 나면 곧 여자중학도 세
웁시다.

원근　나는 공업학교를 세울 참인디?

영근　공업학교 세우고 나면 대학교도 세워유!

원근　대학교를 위떻게……

영근　돈만 있으면 학교야 얼마든지 세울 수 있잖여유.

원근　글쎄. 그렇게는 안 될겨.

영근　왜유?

원근　나이가 있잖여.

영근　나이?

원근　내가 지금 쉰이여. 동생은 마흔여덟이고……

413   새벽길

영근	십 년이면 환갑이신데 그때까지 안 되것이유?
원근	될까?
영근	안되잖고유. 우리 대에 안 되면 자식들에게 대물려서 학교 세우라고 하지유.
원근	자식들이라……
영근	예. 어차피 형님과 저는 새벽길을 떠나온 나그네가 아닌감요.
원근	새벽길……
영근	날이 저물 때까지…… 갈 수 있는 데까지 가는 거에유. 가다가 못 가게 되면 어느 주막집이고 찾아 가자고유…… 날이 새며 또 가드라도 말이에유. 안 그래유?

원근이가 새삼스럽게 영근의 손목을 덥석 쥔다.

원근	영근아! 너는 정말 난 놈이여! 공부 제대로 했던들 시인이 되었을 것이구먼.
영근	아이고. 그런 말씀 골치 아퍼유. 헛허…… 형님! 오늘은 원산에서 기중 잘한다는 갑종 요리 집에 가서 우리 형제끼리 한판 벌입시다.
원근	술 잘 혀?
영근	잘은 못 마셔도 배 속에 담을 순 있어유. 헛허……
원근	헛허……

암전

제7장

환등기를 통하여 배경에 공사장의 진행을 표현하는 화면이 투영된다,
잠시 후 군중들에 의한 춤이 시작된다. 벽돌을 쌓아가고, 흙을 파고,
재목을 나르고, 깎이는 광경을 현대적인 춤사위로 표현한다. 그것은
아름다움 보다는 생명력이 솟구치고 강인한 의지력의 표현이라야 한
다. 설사 쌓아 올린 벽돌담이 무너지고 작업장의 받침대가 무너지고
벼락이 떨어지더라고 다시 일어서서 다시 쌓아올리는 힘과 의지와 협
동의 춤이라야 한다. 반주 음악은 단조로운 타악기를 주조로 하되 군
중들의 호흡소리와 기합소리가 적절하게 삽입되어 벌거벗은 인간의
생명력을 보여주는 춤이었으면 좋겠다. 그것은 온갖 시련을 딛고 학교
를 설립하려는 의지의 표출이라는데 주안점을 두는 게 좋겠다.

새벽길

제8장

환등기에 의해 '1936년 6월 25일 청주상업학교 내덕동 교사 신축낙성'
이라는 자막에 이어 학교전경이 이모저모로 소개된다. 우렁찬 취주악
으로 교가 합창이 울려 퍼진다. 상업학교 학생들이 무대 상수에서 하
수로 분열식 행진을 하고 있다. 무대 한구석 높다란 담 위에 원근 영근
두 형제의 흐뭇해하는 표정이 인상적이다. 가슴에 커다란 꽃을 꽂았
다. 가능하다면 배경에 폭죽소리와 함께 불꽃놀이가 밤하늘을 수놓게
한다.

제9장

환등기를 통하여 '1945년 3월 청주여자 상업학교 개교'라는 자막이 투영되자 여학생들의 흥겨운 매스게임이 시작된다. 그러나 당시의 국내외 정세가 그러했듯이 복장도 화려한 것이 못되며 교복에다 머리에는 흰 스카프를 썼고 바지를 입었다. 무대 한 귀퉁이에서 이 광경을 지켜보는 김원근의 표정은 여전히 밝다. 매스게임이 최고조로 달했을 때 싸이렌 소리가 울려 퍼진다. 매스게임이 중지되고 저마다 그 자리에 서 있다. 이윽고 마이크를 통하여 다음과 같은 안내방송이 울려나온다.

아나운서 공습경보! 공습경보! 모든 시민과 학생들은 반공호로 대피하시오! 거듭 말씀드리겠습니다. 모든 시민과 학생들은 방공호로 대피하시오!

이에 이어 호루라기 소리가 울리자 학생들이 좌우로 급히 퇴장한다. 이어 폭격기의 엔진소리가 가까이 오고 고사포의 대응사격 소리가 장내를 울린다. 이윽고 폭탄이 터지는 굉음과 함께 무대는 암흑으로 싸인다. 처절한 음악과 명멸하는 조명의 교차와 사람들의 비명이 흡사 생지옥을 연상케 한다. 그것은 분노와 정복과 파괴가 함께 뭉쳐서 울리는 지구의 몸살이자 인간의 절규와도 같다. 이 음악과 효과음이 해조음처럼 아슬하게 멀어지고 잠시 무대 위에 침묵이 뒤덮인다. 그리고는 어디서부터인지 "만세" "대한독립만세"라는 소리가 들린다. 한 사람이 두 사람으로 세 사람이 다섯 사람으로 손에 손에 태극기를 들고 무대를 헤엄쳐 나간다. 그 군중은 어느덧 무대에 가득 찬다. 모든 군중이 태극기를 흔들며 일제히 "만세"를 열창한다. 흥분이다. 이와 함께

새벽길

환등기를 통하여 '1945년 8월 15일' '자유만세' '조국광복' '해방' 등의
구호가 어지럽게 교차되며 투영된다.

암전

제10장

김원근의 집. 사랑. 거리를 누비고 지나가는 확성기의 떠들썩한 집회안
내 방송소리. 병풍 앞에 원근이 지그시 눈을 감고 앉아 있다. 이미 육
순의 서리가 머리에 완연하다. 그는 기도하는 것도 아니고 흥얼거리는
것도 아닌 그런 자세로 몸을 좌우로 서서히 움직이고 있다. 이윽고
부인이 약을 다려 쟁반에 받쳐 들고 들어와 조용히 앉는다. 약사발을
내민다.

부인   약 드셔유.

원근   ······

부인   식어유.

원근   ······

부인   (재촉하듯) 더울 때 들어야 약 된데유. (사이) 이제 모든 걸 잊어
      버리세유. 이것보다 더한 세상도 살아 왔는디유 뭘······ (약그릇을
      들며) 자유.

원근이가 눈을 뜬다. 부인과 시선이 마주친다. 그는 아무 말 없이 약그
릇을 받아 두어 번 입김으로 약을 식힌 다음 훌훌 마신다.

부인   사골 뼈나 고아드릴까유? 요즘은 통 잡수시지도 않고 밤에는 주
      무시지고 않고······ (긴 한숨) 어쩌다 이런 세상 만나서··· 이런
      수모를 겪으면서······

원근이 약그릇에서 입을 뗀다.

원근	뭔 소리?
부인	오늘 아침에도 또 그것들이…… 대문에다가……
원근	발길질을 했어?
부인	진흙까지 묻혔습데다.
원근	음.
부인	아니 친일파가 뭐래유? 일본 사람 정치 밑에서 살아온 사람이 워디 우리 집안 뿐이었이유?
원근	마음 쓸 것 없어.
부인	마음 쓰고 자시고 없이유. 분해서 그래유. 어제까지도 우리 앞에서 슬슬 기던 인간들이 하룻밤 사이에 얼굴에다 탈바가지 쓰고 나오는 꼴! 그게 분해유.
원근	글쎄 마음 쓸 것 없대도 그랴. (그의 날카로운 시선에 부인은 말을 잇지 못한다) 준철이는 도청에서 아직 안 들어왔어?
부인	퇴근 시간은 아직 멀었이유. 그 애도 말은 안하지만 마음이 괴로운 개비여유.
원근	괴로워?
부인	세상 사람들 눈초리가 있을 거 아니여유? 나이 스물세 살인디 속조차 없을라구유. 게다가 몸도 건강치가 않으니…… 영감. 이제 장가를 보내든지 해야지 안 되것어유.
원근	있다가 들어오거든 사랑으로 건너오라구 혀. 할 애기가 있으니께.
부인	무슨 이야기인디유?
원근	대학공부 혀야지.
부인	대학이유?
원근	사람은 죽을 때까지 배워사 쓰는 뱁이여. 해방은 해방이고 개인은 개인이여. 내일 세상이 깨진다 해도 오늘은 배워야 혀.

부인   몸이 허약해서 걱정이여유.

원근   우리는 못 배워도 살아왔지만 앞으로의 세상은 그게 아니여. 준
철이에게 부모로서 해줄 수 있는 일이란 교육뿐이니께. 나는 자
식에게 재산 남겨줄 생각은 없어.

이때 밖에서 인기척이 난다.

최종성   (소리) 이사장님 계십니까?

원근   뉘시어?

최종성   (소리) 저올시다. 최종성입니다.

원근   상업학교 최 선생님이셔유.

최종성   (소리) 들어가도 괜찮을까요?

원근   어서 들어와. 괜찮여.

이윽고 최종성 선생이 들어온다.

부인   어서 오셔유. 최 선생님.

최종성   사모님! 얼마나 염려가 많으십니까?

부인   저야 괜찮어유. 이사장님이 걱정이지.

원근   어서 건너가 봐 임자는……

부인   예. (최에게) 이야기들 하세유.

최종성   예.

부인이 약그릇을 들고 나가자, 최종성이 앉는다. 거리를 누비고 지나가
는 데모 행진의 구호가 멀어진다.

421   새벽길

원근　그래 워쩐 일로……

최종성　학교가 뒤죽박죽입니다.

원근　응?

최종성　메구로 교장도 안 나오시고, 일본인 교사들은 기가 죽어서 눈치만
보고 학생들은 거칠대로 거칠어져서 막무가내로…… 장차 무슨
사태가 일어날지 모르겠습니다.

원근　메구로 교장은 건강은 어때어? 나쁘다더니……

최종성　당뇨병이 더 악화가 되어서 기동하기가 거북할 정도니 어떻게
하면 좋을지 모르겠습니다.

원근　이가 없으면 잇몸이랬어.

최종성　예?

원근　최 선생이 대신 책임져야지. 세상은 변했어도 학교는 학교여, 겁
낼 건 없어.

최종성　게다가 밖에서들 이사장님을 친일파라고 헐뜯는 소리가 학생들
귀에까지 들어가니까 덩달아서…… (한숨) 교육의 존엄성도 학교
의 위신도 말이 아니군요. 해방이 왜 되었고 자유가 왜 되었는지
도모지 모를 지경입니다.

원근　뭔 소리여? 와야 할 것이 온 것뿐인디. 내가 친일을 했는가 안했
는가는 장차 법으로 가려내게 될 것이고, 일본인 교사들도 머지
않아 학교를 떠나게 될 테니 그 후임 교사들을 물색혀야지. 그저
큰일 났다고만 하면 되어? 나도 요즘 여러 가지로 내가 살아나온
발자취를 여러모로 되돌아보았지. (긴 한숨을 내뱉고서) 내 나이
예순 살…… 오래 산 것 같으면서도 짧고 짧은 것 같으면서도
긴 세월…… 경상도 두메산골에서 태어나 여덟 살 때 행상인을
따라 고향을 등진 후 어언 50년이여. 굶기도 많이 굶고 천대도
많이 받고, 눈치도 보면서…… 그런데 내가 무엇을 위해 살아왔

는가를 생각해 보았지. 남들은 이 김원근이가 노랭이 구두쇠 노릇으로 돈만 벌었다고 하는가 본데 그게 아니여. 내가 돈 번 것도 있지만 내 아우 덕이 더 커.

최종성 잘 알고 있습니다. 이사장님 형제분의 깊은 우애는 천하가 다 아는 사실인데요.

원근 아! 원산이 이북 땅이 되었다니 내 동생이 걱정이여. 살아 있는지 죽었는지……

최종성 아직 기별은 없는 지요?

원근 (한숨) 하루 사이에 허리가 짤린 나라꼴이 되었으니…… 장차 어떻게 될 판인지 모르겠구먼.

다시 거리의 함성이 소낙비처럼 지나간다.

원근 최 선생. 난 이제 믿을 사람이라고는 최 선생밖에 없어. 우리 상업학교를 세울 때부터 그랬겠지만 조국이 해방이 된 이 마당에 와서는 최 선생의 책임이 더 무겁다는 걸 잊지 말아야 혀.

최종성 예.

원근 물론 메구로 교장도 일본 사람이긴 하지만 훌륭한 교육자임에는 틀림이 없는 인재였어.

최종성 저도 그렇게 생각합니다. 그러나 건강이 나빠진데다가 설상가상으로 시국이 이렇게 되니 심정이 착잡하기가 이를 데 없겠지요.

원근 착잡할 테지. 그러나 그 점은 최 선생이 잘 인도하고 대책을 강구혀야혀. 세상이 뒤집혔다고는 일본 사람한티 감정적으로 보복하거나 해치는 행위가 없도록 말이여. 젊은 학생들이라 객기에 휩쓸려 무슨 짓을 할지 누가 알것어?

최종성 예. 그래서 몇몇 교직원들에게도 그 점을 강조하고 있습니다만 학생들은 바깥세상 돌아가는 형편에 따라 곧잘 변화가 생기니…… 하루 속히 시국이 안정되고 자리를 잡아야 할 텐데…… 걱정입니다. 심지어 어떤 사람은 벚꽃나무가 일본 꽃나무니 이 땅에서 없애버려야 한다면서 마구 도끼질을 해대니……

원근 저런…… 그게 워디 될 뻔이나 하는 말이여! 나무에 무슨 일본나무 조선나무가 있어! 미련한 인간들.

최종성 그래서 저도 학생들에게 냉정을 잃지 말라고 극구 말리고는 있습니다. 학생의 본분을 지켜야 한다고……

밖에서 부인의 다급하게 외치는 소리며 남자의 목소리가 들린다.

부인 (큰소리) 여보! 여보!

방문이 열리며 부인이 고개를 내민다.

원근 무슨 일이여. 손님이 계신데.
부인 오셨어유! 오셨어!
원근 응? 누가 와?
부인 원산서……

이때 영근이가 들어선다. 손에 보따리 하나를 들었다. 옛날 그대로의 허술한 두루마기 차림에 초췌한 얼굴이다. 그러나 행동은 밝다.

영근 형님! 제가 왔어유. 헛허……
원근 아 아니…… 도 동생이……
영근 절 받으세유. 형님.

영근이가 넙죽 무릎을 꿇고 절을 한다. 그 순간 원근은 그의 손을 덥석 쥐고 말을 잃는다. 입가에 심한 경련이 인다. 그리고는 울음이 복받치자 영근을 끌어안는다.

원근　살아 있었구먼. 살아…… 윽……

영근　(비로소 울음이 터지며) 형님…… 흑……

형제의 감동적이고도 뜨거운 포옹은 옆에서 지켜보는 부인과 최 선생을 더 울리게 한다.

원근　(영근의 손등을 몇 번이나 문지르며) 잘 왔어! 정말…… 잘 왔어…… 그저…… 난…… 윽……

영근　형님 그동안 많이 늙으셨네요.

원근　윽…… 윽……

부인　머리 쓰시는 일이 어디 한 두 가지 라야죠. 밤에도 통 잠을 못 주무신데다가 진지도 한 두 숟갈 뜨시다 말고는…… 원산 동생 걱정만……

원근　(눈물을 닦으며) 오늘부터는 잠 잘 잘거여 식욕도 날게고…… (억지로 웃으려하나 어색하다)

영근　저는 저대로 형님 걱정 했이유. 헛허……

부인　정말 해방이 즐거운 일인지 아닌지 나는 모르겠어유.

영근　(일부러 밝게) 그거야 나막신장수와 수박장수지유. 형수님.

부인　예? 나막신과 수박이유?

영근　비가 오면 나막신장수는 제철 만났다고 좋아라 하지만 수박장사는 안 팔린다고 울상짓는 격 아니겠어유? 헛허……

일동　헛허……

원근　그래 원산서는 기차가 통했는가?

영근　통하긴요. 반봇짐을 싸아 도망쳐 나왔시유. 이것 보세유.

옆에 놓인 보따리를 가리킨다.

부인　아니! 그럼 짐은……

영근　(가지고 온 보따리를 가리키며) 이거 하나 건졌다니께유. 헛허……

원근　뭣이 어찌?

영근　몸만 빠져 나온 것만도 다행으로 알아야지유.

원근　그럼 원산에 가지고 있던 재산은 그대로 놔두고?

영근　예?

원근　언제 또 올라갈려고?

영근　올라가긴요. 이북에는 러시아 군대가 밀고 내려 왔는데 올라가긴
　　　유. 홋흐……

부인　그럼 집이며 재산은 몽땅 버리셨다는 말씀이세유?

영근　어떻게 합니까? 발버둥 친다고 내 것 되는 것도 아니고…… 난
　　　깨끗이 잊어버렸이유. 미련도 후회도 없이 두 손뼉 털털 털어버
　　　렸이유. 이렇게 형수님. 헛허……

그는 손뼉을 크게 털어 보인다. 모두들 아연해진다.

최종성　역시 사실이었군요. 러시아군이 이북을 점령해 가지고 온갖 만행
　　　을 자행한다더니만……

영근　말도 말아요. 누가 뭐라 해도 공산당의 정체가 무엇인가에 대해
　　　서는 이 이영근 만큼 아는 사람은 없을 거여…… 지난날 무역을
　　　할 때도 나는 저 북쪽 해상 위까지 올라갔는데 그때 그 공산당이

얼마나 무자비한 짓을 자행했던가를 이 두 눈으로 똑똑히 봤으니까! 그러니 내가 재물에 미련을 두고 원산에 머물고 있다가는 어떤 봉변을 당하리라는 걸 알면서도 어떻게 남아 있것어유? 빈대 잡으려다가 초가삼간 태우는 게 아니라 하나뿐인 목숨마자 날려 버리게 될텐디유. 헛허⋯⋯

원근   잘한 짓이여! 이 판국에 재산이 있으면 뭘 혀. 잘 내려왔어.

부인   하지만 그 아까운 재산을 아라사 놈들한테 넘겨주다니⋯⋯ 그 많은 재산 가지면 뭣을 해야 좋을지 모르는⋯⋯

영근   형수님. 또 벌죠. 형님이나 제가 워디 처음부터 큰 돈 가지고 있었는가유? 안 그래유? (하며 원근을 본다)

원근   그렇지. 허지만 아깝다는 생각은 있지. 그 돈 가지면 학교를 몇 채를 지을지⋯⋯ 대학도 짓고⋯⋯

영근   대학이요? 지읍시다!

원근   응?

영근   대학이 문제입니까? 형님. 그동안 사주신 부동산 있잖어유?

원근   그거야 있지. 그동안 동생이 돈 벌어 보내주면 내 돈을 합해서 땅이야 많이 사놨으니께. 조선팔도에 김영근이 그림자가 안가는 땅은 없어!

영근   우선 그걸 기본금으로 해서 대학 하나 지읍시다. 남은 돈은 제가 벌어서 뒤를 델 테니까유. 돈 버는 일에는 저도 자신있어유.

원근   정말이여?

영근   두고봐유. 난 그동안 세상 살아 나오면서 배운 거라고는 돈을 버는 데는 자신이 있다는 한 가지 사실이어유. 이 김영근이가 원산에서 번 돈. 아깝긴 하지만 미련은 없어유. 천하를 뒤흔들던 이 김영근이에유. 오뚜기처럼 다시 일어설 테니 두고 보세유. 돈은 제가 벌고 대학은 형님이 세우시고⋯⋯ 그러면 되는 거 아니어유?

원근 그려. 오늘부터 나와 함께 여기 있으면서 돈 벌어.

영근 그건 안되지유.

부인 아니. 왜유? 우선 혼자신데 함께 계시면서……

원근 그렇게 혀.

영근 형님 저는 조치원으로 가겠이유.

원근 조치원에?

영근 형님은 청주에서 벌고 저는 조치원에서 당분간 농사 지으면서 세상 돌아가는 꼴 보겠이유. 아버님 선산도 그동안 못 돌봐 드렸으니께 산도 손질하고……

부인 불편하실 텐디……

영근 사람 사는 골인디 뭐가 불편혀유. 따지고 보면 조치원은 저의 제2의 고향이지유. 형님은 청주가 고향이구.

원근 그건 그려.

영근 고향이 따로 있는감유? 정들면 고향인디 안 그래유? 형님!

원근 (쓰게 웃으며) 예나 지금이나 그 말 하나는 듣기 좋구먼. 헛허……

일동 핫하……

암전

제11장

슬라이드로 배경에 중앙청 전경이 투영된다. 그리고 '1946년'이라는 자막이 비춰진다. 문교부 학무국 책상위에는 '오천석 차장'이라는 명패가 놓여 있다. 그 앞 응접대에 김영근과 윤영화가 나란히 앉아 사람을 기다리고 있다. 초조해 보인다. 이윽고 오천석이 서류를 들고 들어온다. 두 사람이 일어선다. 오천석은 외관상으로 깐깐한 성품임을 알수가 있다. 김영근은 역시 허술한 두루마기 차림이다.

오천석 오래 기다리시게 해서 미안합니다. 아침부터 회의가 있어서 그만 ......

윤영화 저...... 오늘은 재단법인 김해학원의 김영근 선생을 직접 모시고 왔습니다. 차장님.

오천석 (안경 너머로) 그래요? 나 오천석이올시다.

영근 김영근이오.

오천석이 악수를 하려 하자 영근은 먼저 허리를 굽혀 절을 한다. 오천석이 계면쩍어하며 앉는다.

오천석 자. 앉으시오.

영근 예.

영근과 윤영화가 자리에 앉는다.

영근 (윤영화를 가리키며) 이 사람을 통해서 그동안 경위를 대강 들었이

429   새벽길

유. 한디 학교 하나 세우기가 이렇게 까다로울 줄 몰랐데유.

오천석   (쓰게 웃으며) 그래요? 나도 고광만 국장을 통해서 얘긴 들었지만
……

영근   얘기를 간단히 끝냅시다. 그래서 오늘은 이렇게 내가 직접 찾아왔
습니다. 워디가 잘못인가유?

오천석   (얼버무리며) 뭐 잘못이…… 있는 건 아니고요……

영근   얼마 전에 이 윤 주사가 다녀와서는 서류가 국장실로 올라갔으니
잘 될 거라고 해서 마음을 놓고 있었는데…… 뭐가 그렇게 비비
꼬인지는 몰라도 결재가 잘 안 난다고 해서 이렇게 왔이유. 잘못
된 점이 뭔지 직접 일러주세유.

오천석   (약간 당황하는 빛을 보이며) 그 그게 아니죠.

영근   듣자니까 청주상과대학 설립의도를 못 미더워 하시는 모양인디.
솔직히 말해서 우리 형님이나 나나 배운 것도 없고 가진 것도
없는 무식쟁이지유. 예 그건 사실입니다.

오천석   별 말씀을 다……

영근   허지만 그동한 부지런히 살아왔고, 그리고 이 땅에 무엇이 가장
필요한가를 나름대로 생각하는 바가 있어서 일제 치하에서부터
보통학교를 세웠고……

오천석   알고 있어요. 여기 설립인가 신청서에도 첨부된 서류에도 명기되
어 있더군요. (읽으며) 1924년 대성보통학교 인수, 1935년 청주상
업학교 설립, 1945년 청주여자 상업학교 설립하셨고……

영근   (약간 추궁하려는 듯) 그런데 왜 상과대학 설립은 인가를 안 혀준데
유?

오천석   안 해드리겠다는 게 아니고 신중히 검토 중입니다.

영근   검토유? 난 그 관청에서 쓰는 말 가운데 기중 마음에 안 드는 말
이 그 검토라는 말입니다.

오천석 예?

영근 지나간 얘기지만 일제 36년 동안 귀에 못이 박히도록 들어온 그 말을 해방이 된 오늘날도 또 들어야 합니까?

오천석 무슨 말씀을 그렇게……

윤영화 (흥분하며) 사실 말이지 이해하기가 곤란합니다. 내 나라를 되찾은 오늘날 나라와 겨레를 위하여 자진해서 대학을 세우겠다는데 무슨 검토가 그토록 까다롭습니까? 그건 케케묵은 관료주의 잔재에요!

오천석 무슨 말을 함부로 하나?

영근 (윤영화에게) 자네는 잠자코 있어! (오천석에게 차근차근히) 지난날 우리 형님하고 보통학교, 상업학교, 여자 상업학교를 세울 때마다 단 한번이라도 수월하게 넘어갔었다면 별 말 않것이유. 그리고 그때는 일본정치 하니까 그럴 수도 있것지유. 그런데 지금도 왜 검토를 한다니 나는 알다가도 모르겠구먼유. (차츰 노기를 띠우며) 뼈 빠지게 번 돈입니다. 그것도 자식들에겐 땅 한 평, 엽전 한 편 안주고 내놓겠다는 깨끗한 재산입니다. 그걸로 대학을 세우겠다는디 무슨 말라 비뚤어진 검토난 말이어! 검토가. (하며 책상을 쾅 친다)

윤영화 조치원 할아버지! 진정을 하세유 왜 이러세유!

영근 이 김영근이가 어떻게 돈을 벌었던가를 자랑하자는 건 아니오! 우리 형님과 나는 내가 번 돈으로 남의 도움 안 받고 대학을 세우겠다는디 뭐가 그렇게 까다로운가 그 이유를 듣겠다 이거에유!

오천석 (침착하게 그러나 냉담하게) 이 돈 가지고는 대학을 세울 수가 없습니다.

영근 뭐 뭐요?

오천석 더 많은 돈, 더 많은 땅을 내놔야지 이 기본재산의 규모로서는 어렵다고 사료되기에 하는 말이오.

윤영화 기본재산 얘기는 지금까지 없었는데 왜 이제 와서 새삼스럽게 나옵니까?

오천석 세부적으로 검토하는 과정에서 나온 의견이오.

영근 도대체 얼마가 부족한가요?

오천석 현실적으로 대학이란 곳은 도서관 시설이 필수적으로 있어야겠는데…… (서류를 보며) 여기 도서비 예산이 너무도 빈약합니다. 이건 마지못해서 세운게지 어디……

영근 그럼 돈이 더 있으면 되겠소?

오천석 물론이죠.

영근 좋습니다. 돈만 있으면 책을 얼마든지 살 수 있으니께유.

원근이가 주머니에서 수표 한 장을 꺼내 놓는다.

영근 이거면 되겠어유?

오천석이 수표를 들어 액면을 보더니 적잖게 놀라는 표정으로 새삼 영근을 본다.

영근 오백만 원 이에유. 그것도 모자라다면 달리 구해 보겠어유. 그러니 오늘은 기어코 청주상과대학 설립신청서에 도장을 찍어 주시오. 오차장께서 어렵겠다면 내가 직접 유억겸 문교부장을 만나야겠어유.

오천석 아 아닙니다. (수표를 들어 보이며) 이거면 충분합니다.

영근 예?

오천석 설립기준에 맞추다보니까 다소 까다롭게 여기셨겠지만 김 선생님께서 이토록 나오시니…… 나로서도 할 말이 없군요. 헛허…

영근	(윤영화에게) 그럼 인가를 받은 거여?
오천석	물론이죠. 두 형제분께서 하시는 일인데 인가를 안 해드릴 까닭이 어디 있겠습니까? (자리에서 일어나서 자세를 고치며) 항상 남이 감히 할 수 없는 일을 하시는 두 분께 진심으로 경의를 표하는 바입니다.

오천석이 경례를 하자, 이번에는 영근이 오천석의 손목을 덥석 쥐고 흔든다.

영근	고맙구먼유! 우리 형님께서 이 소식 알게 되면 아마 춤을 추실겁니다. (윤영화에게) 뭘 하고 있어! 이 사람아 어서 장거리 전화로 알려드리지 않구서!
윤영화	예, 예. 그럼.

윤영화가 허둥지둥 뛰어나간다. 오천석이 앉는다. 영근도 다시 앉는다.

오천석	실은 이화여자전문학교의 김활란 박사한테서 김 옹 얘기 들었죠.
영근	김활란 박사라뇨?
오천석	김 박사가 언젠가 원산까지 찾아가서 주태경이라는 노 기생을 인사 소개시켜 주십사고 부탁을 드린 적이 있었다죠?
영근	옳제. 그 머리 짧게 깎은 복실 강아지처럼 생긴 여교수님?
오천석	예. 덕택으로 이화여전으로서는 매우 어려운 시기에 김 선생 덕택으로 주태경 여사로부터의 기부금을 받아 요긴하게 썼다면서 여간 기뻐하지 않던데요.
영근	얘길 듣고 보니 생각나는군요. 당돌하지만 훌륭한 여성입네다.
오천석	김 선생께서는 늘 남의 일을 잘 돌봐 주시면서도 한 번도 공치사

새벽길

를 안 하신다고 들었습니다.

영근 난 그런거 몰라유.

오천석 그런데 정말 알다가도 모를 일입니다. 두 형제분께서는 특별한 교육을 받으신 것도 아니고, 또 선진국에 여행을 하신 경험이 있으신 것도 아닌데 어떻게 운영사업에 눈을 뜨셨을까하는 점입니다. 요즘 같은 이기주의적이며 물질만능의 사회풍조에서는 아무리 생각해도 이해가 안갑니다. 선생님은 진정 애국자이십니다.

영근 글쎄유. 그건 저나 저의 형님이나 마찬가지죠. 다만 한 가지는 분명해유.

오천석 뭡니까?

영근 (잠시 생각하다가) 형님이나 나는유 남들처럼 거창하게 나라를 위해서 나라를 세우겠다는 그런 생각은 없었이유.

오천석 그럼 어떤 목적에서 입니까?

영근 (서슴없이) 다 장사 때문이지 뭐예유.

오천석 장사라뇨?

영근 (빙그레 웃으며) 장사를 크게 하려면 역시 인재가 필요한 법이지유. 그런데 우리나라는 일제시대부터 그 인재가 없었잖어유. 그러니 그 인재를 키워서 장사 잘하는데 써먹기 위해서였지 뭐 애국심에서 학교 세웠던 건 아니었구만유. 헛허……

오천석 (어이가 없다는 듯) 예?

영근 정말이에유. 일본 놈들이 우리나라 사람 아니고도 자기네 사람 데려다가 부릴 수가 있었지만 우린 그게 아니었잖여유? 장사를 하고 사업을 하자면 사람이 있어야 잖어유? 없으니께 가르쳐서 부려 먹어야지유. 그러니까 학교를 세우게 된 거지 별다른 이유 없었이유. 물론 그렇게 한 일이니 결과적으로 나라를 위하는 길이 되었을지는 몰라두 나는 처음부터 애국자연하지는 못 했구면

유. 헛허…… 그건 그렇고 오늘 저녁이나 함께 하십시다유.

오천석 아 아닙니다. 그러실…… 필요 없습니다.

영근 염려마세유. 그렇다고 우린 명월관이다 국일관이다 하는 일류요 정은 안 가유. 저녁 먹는디 왜 그런디 갑니까? 한일관으로 나오세 유. 그래도 그 집 갈비탕이 장안에서는 기중 맛이 좋데유. 이왕이 면 고광만 국장님도 함께 나오셨으면 좋겠군요. 이건 결코 뇌물 도 뭐도 아니죠. 우리 청주상과대학 설립신청을 승낙해주신데 대 해서 이 김영근이가 사비로 갈비탕 한 그릇 대접하는데 뭔 죄가 될까유?

오천석 별 말씀을 다…… 예 나가죠.

영근 꼭 나오셔야 하셔유. 종로 화신 앞 한일관 아시죠? 그럼 저는 이 만……

영근은 상대방의 의사여부를 물을 필요도 없이 홀연히 퇴장한다. 오천 석은 망연히 서 있다말고 혼자서 깔깔대고 웃는다.

오천석 갈비탕이라…… 그 양반 확실히 보통 인간은 아니야. 헛허……

암전

제12장

환등기를 통하여 대성학원의 발전상을 다음과 같이 차례로 투영시킨다. '1951년 청주상업대학을 청주대학으로 명칭 변경' '청주상업학교를 청주상고와 대성중학으로 분리 개편' '청주여상과 청주여중 합연' '1957년 청주대학 신 교사 신축이전' 이와 동시에 배경에 우암산에 신축된 당시의 교사 전경이 투영된다. 이어 '1965년'이라는 자막. 원근의 집, 안방, 원근이 자리에 일어나 앉아 약을 마시고 있다. 그러나 오랜 병환에 시달리고 있음이 역력하다. 전보다 늙었다. 부인이 약그릇을 받는다. 역시 머리에 서리가 내렸고 안경을 썼으니 세월의 흐름을 직감할 수가 있다.

부인 약맛이 어때유?

원근은 약을 마시고 나서 말없이 약그릇을 건넨다.

원근 준철이더러 건너오라고 혔어?
부인 예. 무슨 말씀하시려고 날부터 준철이를 기다리셔유?
원근 할 이야기 있어! (한숨) 나도 늙었나비여 눈도 약해지고 일어서면 사지가 흔들거려서······
부인 당뇨는 쉽게는 안 나아도 죽을병은 아니니 걱정 없대유.
원근 아니어. 그게 아니어! 사람은 자기가 할 일이 무엇인가를 알아야 하는 뱁이어. 그리고 할 수 없을 때가 언제인가를 알고 나면 깨끗이 매듭을 지을 줄 알아야하고······

부인은 무슨 뜻인지를 알 수가 없다는 듯 고개를 갸웃거린다. 이때 준철이가 들어온다. 넥타이는 맸으나 잠바차림이다. 그는 무릎을 꿇고 큰절을 하고는 문안인사부터 드린다.

준철   아버님. 오늘은 좀 어떻습니까?

원근   응. 그저 그려.

부인   공사장에서 오는 길이여?

준철   예.

부인   아까부터 기다리고 계시다. 너헌티 허실 말씀이 있으시디야.

준철   대성초등학교를 부활시키는 공사는 잘 되어가고 있습니다. 아버님. 그렇게 되면 우리 대성학원 신하에는 대성초등학교, 대성여중, 대성여상, 청주상고, 그리고 청주대학 이렇게 다섯 가구가 들어선 셈이죠? 아버님. 기쁘시죠?

원근   응.

준철   제 생각 같아서는 이제 청주대학을 종합대학으로 승격시키는 일만 남아있습니다.

부인   종합대학? 그럼 교사를 또 지어?

준철   어머님. 교사를 짓는 건 아니구요. 여러 개의 단과대학이 모이면 종합대학으로 인가를 받게 되죠. 서울에 있는 큰 대학들처럼.

부인   응. 난 또…… 네 아버지는 이날 이때까지 그 학교 지으시는 일에만 마음 쓰시다가 병 나셨기에 하는 말이다. 학교 짓는 인가 신물 난다.

준철   헛허…… 어머님두. (가볍게) 아버지가 못하시면 제가 하죠. 어려울 거 없어요.

부인   네가?

원근   (기다렸다는 듯) 그려! 준철이 늬가 혀 이제는 니가 햐.

준철	예.
원근	(자세를 고쳐 앉으며) 그 이야기를 하려고 너를 기다린 거여. 준철아!
준철	예?
원근	만사에는 다 때가 있는 뱁이다. 사람에게 수명이 있듯이 일에도 시기가 있고 말이여. 내 나이가 올해 몇 살인지 아냐?
준철	올가을 시월 열흘이면 꼭 여든이 되십니다.
원근	그려. 오래도 살았지야?
부인	아직도 십 년은 더 사실 걸요.
원근	모르는 소리…… (한숨) 요즘 나는 내가 해낼 수 있는 일과 해낼 수 없는 일이 무엇인지를 알게 되었어. 준철아. 내 건강이 나날이 달라지고 있다는 거 내가 알아. 의사도 좋고 약도 좋지만 그게 아니여.
준철	아버님!
원근	끝까지 들어. 오늘부터 대성학원에 관한 일은 니가 맡아 혀. 알것쟈?
준철	아버님. 허지만 아버님의 기쁨이자 보람은 학교뿐이신데 아버님께서 그 일에서 손을 떼신다면 여러 가지로…… 그러니 아버님. 그냥 해 나가세요. 제가 옆에서 얼마든지……
원근	시키는 대로 햐.
준철	아버님께서 더 하셔야 되요.
부인	준철이 말이 옳아요.
원근	임자는 뭘 안다고!

원근의 싸늘한 시선에 부인은 입을 못 연다. 원근의 성질을 누구보다도 잘 알고 있기 때문이다.

원근	준철아. 다른 일 같으면 모르지만 이번 일은 그게 아니여. (결정적

으로) 내 일…… 이제부터는 네가 다 맡아서 햐. 알았어?

준철은 자기도 모르게 고개를 숙인다.

원근   이제 머지않아 대성초등학교가 부활이 되면 네 말대로 비로소 대성학원이란 틀을 갖추게 된다. 허지만 대학을 종합대학으로 승격시켜야 하고 대학원을 만들고 그래서 교사도 확장시키는 일을 하려면 사람이 필요혀. 지금까지는 애비가 해나왔지만 앞으로는 아니잖여. 애비는 늙었어. 늙으면 쉬는 게여. 쉬다가 잠든 게여. 그러니 잠들기 전에 늬한테 애비가 자식한테 일을 맡기는데 무슨 말이 필요 있어.

준철은 말이 없다.

원근   우리 대성학원도 이제 겨우 성인이 된 격이지. 이제부터 장정이 되고 늙어가. 그러나 학교는 사람과는 달라. 안 죽는갸. 사람은 늙으면 죽어도 학교는 안 죽는갸. 우암산이 남아 있고 무심천이 흐르고 있는 한 안…… 윽…… (가슴이 아픈지 통증을 느낀다)
부인   영감!
준철   아버님! 그만 쉬십시오.
원근   괜찮여. 그리고 늬한테 꼭 알려둘 것 있다. 첫째는…… 학교를 장사 속으로 알면 안되여! 돈 벌기 위해서 학교 하는 생각 버려야 혀.
준철   예.
원근   세상에서는 김원근, 김원근이가 노랭이라고 흉본다지만 그 돈으로 학교 지어서 학생들 공부시켰으니 나 벌어 놓은 것 없어. 내가 얻은 재산은 늬들한테도 안 물려줘.

준철 저도 그런 각오로 있습니다.

원근 그려, 물욕이 없어야 혀 사람은…… 더구나 육영사업을 하는 사람은……

준철 예.

원근 그럼 애비 말 듣는 거여?

준철 ……

부인 준철아 똑똑하게 말씀 올려.

준철 (잠시 아버지를 바라본다. 울음이 복받친다) 아버님! 명심하겠습니다.

그는 방바닥에 이마를 댄 채 한동안 일어 세울 줄을 모른다.

부인 우리 준철이 잘 할 거여. 참을성 있고 말이 없고 그러면서도 속에는 심지가, 튼튼한 심지가 들어있으니께. 흠.

부인이 준철의 등을 쓰다듬는다. 그러나 그녀의 눈에는 이슬이 맺혀있다.

원근 아…… 인제 됐어! 내가 할 일은 다 끝이 났어. (힘없이 웃으며) 오늘 조치원으로 사람을 보내서 내일 일루오라고 햐.

부인 아니 왜유?

원근 잔치를 벌여야지.

부인 잔치라뇨?

원근 준철이가 애비 뒤를 이어 대성학원 신임 이사장을 맡게 되었다는 소식을 세상에 발표하기 전에 우리 가족끼리 먼저 알려야잖여.

부인 예.

준철 아버님. 아직 바쁘진 않습니다.

원근　난 바빠. 어서 알려 어서……

부인　준철아 그렇게 해. 네 아버지 성미 몰라? 한 번 하신다면 호랑이

　　　콧수염도 뽑으실 어른이셔. 홋호……

준철　그렇게 하겠습니다.

　　　암전

제13장

회의실. 기역자로 장치된 회의용 탁자. 그 주변에 모두들 자리를 하고 있다. 원근, 영근, 준철, 부인, 윤영화를 중심으로 재단 이사장과 교장들이 한자리에 모였다. 겉으로는 조용하고 온화해 보이나 착잡한 표정들이다. 원근은 말쑥한 한복 차림이나 옆에 부축을 해야 할 정도로 약해졌다. 원근이가 자리에서 일어서려고 하자 준철이가 재빨리 부축한다.

준철　아버님. 앉아서 말씀하십시오.
원근　그럴 수야 없지. 이게 워떤 자리인데……

원근이 가까스로 일어선다. 그는 두 손으로 책상 가를 받치듯 딛고 선다.

원근　끝으로 내가 이약하려는 건 다른 것 아니고 여기 서 있는 내 자식 놈 (준철을 가리키며) 여러분들께서 잘 보살펴 주시라이거여. 자식 자랑 반 미치광이 아내자랑 온 미치광이라지만 그래도 죽을 때는 자식이며 마누라가 기중 이쁘제 흣흐……

모두들 웃는다. 그러나 부인은 손수건으로 눈을 닦고 있다.

원근　내 자식 놈. 그동안 가만 두고 보니께 쓸만혀. 허지만 이 세상에 독불장군은 없는 법이여. 지금까지 여러분들이 나를 도와주고 밀어줘서 우리 대성학원이 이렇게 번창했는데 앞으로도 변함없이 내 자식 놈 밀어줘. 대성학원 재단 이사장이라는 자리가 중한 게 아니라 어떻게 여러분이 뜻을 모아가는 가가 중하니께…… 나는 이제 아무 원도 한도 없어. 할 일 다 혔지. 다만 준철이가 앞으로 종합대학을 만들고 도서관도 짓고 체육관도 짓고…… 하고 싶은 일들이 태산 같은 모양인디 그걸 다 못 보고 죽는 일 그게 마음에 걸릴 뿐 여타일은 하나도 미련 없어. 그래서 나는 이 길로 내가 지난 50년 동안 닦아온 자리를 두루 살펴보고 집으로 갈 참이여.

장내가 약간 술렁거린다.

영근 괜찮으시겠어유? 형님.

준철 아버님. 그건 무리입니다.

부인 의사선생님께서는 오늘 이렇게 나오시는 것도 안 된다고 하셨는디……

원근 그럼 오늘이라도 어서 죽으라 이거여! 의사가 무슨 소용이여 죽음 앞두고 내가 그동안 해놓은 일 둘러보고 조용히 눈 감겠다는디…… 준철! 자동차 있쟈?

준철 자동차가 문제가 아니라…… 아버님 몸이……

원근 글쎄 난 갈 수 있어. 그 현장을 마지막으로 봐둬야 눈 감고 죽을 수 있어. (영근에게) 같이 가!

영근 형님 고집은 옛날부터 알아 모셔야 혀.

원근 이 김원근헌티서 고집하고 구두쇠기질 빼면 뭣이 남나! 헛허.

일동 (웃는다)

준철 정말 괜찮으시겠어요? 아버님

원근 말이 많네. 잠자기 전에 소피 보러가듯 핵교구경 가겠다는디 뭔 잔소리가 이렇게 많여. 네가 가기 싫으면 (영근에게) 우리 둘이서

새벽길

가지!

영근 예? 예.

준철 제가 모시겠습니다.

준철과 영근이가 양쪽에서 원근을 부축하며 나간다.

부인 준철아. 자동차 천천히 몰라고 혀. 운전기사 보고……

준철 예. 제가 먼저 나가서 자동차 대기 시키겠습니다.

준철이가 나간다. 내빈들이 한 줄로 늘어서 선다. 마치 원근의 마지막
가는 길을 배웅하는 분위기로 변한다. 내빈 가운데 더러는 눈물을 씻
는 사람도 있다. 원근은 한 사람씩 차례로 악수도 하고 등도 다독거려
준다. 윤영화 차례가 온다. 원근은 그의 등을 어루만진다.

원근 윤 주사. 고생 많았어. 나 때문에 궂은 일 마른일 다 겪고……

윤영화 별 말씀을…… 지금 와서 생각하니 이사장님을 잘 모시지 못한
죄스럽고……

원근 아녀. 자네는 내 그늘에서 25년을 지냈지만 자식 이상으로 정도
들었어…… (영근에게) 청주대학 설립인가 낼 때 일 생각나?

영근 그럼유. 윤 주사가 생똥 쌌지유.

원근 다 그런 일, 그런 힘, 그런 사람 때문에 오늘의 대성학원이 있게
되었지. 앞으로 내가 죽드라도 그런 사람들 잘 보살펴줘.

영근 예. 염려마세유 형님. 대신 제가 할께유. 나도 머지않아 형님 뒤
를 따라갈 몸이지만 그날까지는 일할 거구먼유.

원근 조치원에 있더라도 가끔 나와서 준철이 하는 일 돌봐줘. 젊은이
들 일은 잘 할지 몰라도 생각은 늙은이보다는 얕은 뱁이여.

영근   형님은 곧 죽어도 은근히 자기 자랑이시우? 홋흐……

이렇게 얘기하면서 차례로 작별의 악수를 한다.

원근   자! 그럼 이제 다 되었구먼! (새삼스럽게 사람들을 돌아본다. 눈물이
       핑 돈다) 잘들 혀.

윤영화 이사장님! 윽…… (하며 그 앞에 무릎을 꿇는다. 다른 사람들도 흑흑
       흐느껴 운다)

원근   아니 왜들 이런디야? 응? 마치 초상난 집 같구먼. 헛허… 늙은이
       앞에서 이러지들 말어. 이러지들 말란 말이여! 나도 오래 살고
       싶지만 육신이 말을 안 듣는 걸 어쩐디야. 이러지들 마! (지금까지
       참아 온 격정이 폭발하며) 이 김원근이 아직 안 죽었어! 살아있어!
       이렇게 두 눈이 시퍼렇게 살아있는디 왜들 이러는가 말이여 왜
       왜…… 흑……

영근   형님 왜 이러세유? 예?

원근   (영근의 어깨에 기대며) 아…… 이렇게 가기는 싫은데…… 우리
       준철이가 해 놓은 일을 보고 싶은데…… 흑…… 영근아. 영근아!

영근   (함께 울면서) 형님! 형님! 제가 있잖여유. 형님 곁에는 영근이가
       있어유!

원근   그려…… 우리 형제는…… 세상이 끝나도…… 지구가 깨어져
       도…… 함께 있을 것이여 (손을 꼭 쥐며) 이렇게…… 이렇게……

영근   형님!

부인은 저만치서 얼굴을 가리고 소리 없이 흐느낀다. 모두들 운다.

암전

종막

S1. 청주시가
자동차가 가고 있다.

S2. 자동차 내부
앞자리에는 준철이, 뒷자리에 원근, 영근 형제가 앉아 있다.

S3. 대성초등학교

S4. 대성여중

S5. 대성중

S6. 대성여상

S7. 청주상고

S8. 청주대학교

이상의 여러 발전상이 화면에 차례로 점철되며 준철이가 설명을 한다.
원근은 만족스럽다. 이 화면이 전개되면서 〈새벽길〉의 시가 흘러나온
다. (추은희 작)
시 낭송과 함께 원근 영근의 동상과 우암산에 있는 묘지와 그곳에서 부감
되는 청주대학교와 청주시의 아름다운 풍경이 곱게 펼쳐진다.
-대미